Online-Dating

Die kunst im Dating-Dschungel den richtigen Partner zu finden

Erstes Date, Tipps und Tricks

Federico Belmonte

Inhaltsverzeichnis

Einleitung

Ruft der Gedanke, einer Dating-Site beizutreten, Gefühle von Angst und Unruhe hervor - oder, schlimmer noch, Unsicherheit oder Unwürdigkeit? Wenn ja, dann ist der Leitfaden zum Online-Dating das richtige Buch für dich. Darin beschreiben wir alles rund ums Online-Dating - von lässig bis manchmal ernst - und die Tipps, die schon so vielen geholfen haben, zu verstehen, was wirklich wichtig beim Online Dating ist und wie man die besten Ergebnisse erzielt.

Die Online-Dating-Branche hat in

den letzten Jahren an Popularität gewonnen und ist schnell zu einer der wichtigsten Methoden geworden, um Daten und Beziehungen zu finden. Aber wie navigierst du durch diese schnelllebige und sich oft verändernde Welt? Und wie richtest du dein Profil ein, um die richtigen Leute anzuziehen?

In diesem ultimativen Leitfaden findest du eine detaillierte und umfassende Erkundung der Online-Dating-Welt, die dich mit den Tools ausstattet, die du benötigst, um sich von der Masse abzuheben.

Mit praktischen Ratschlägen zur Funktionsweise dieser Websites, was zu erwarten ist, sowie bewährten Tipps, um das Beste aus ihnen herauszuholen, bietet dieses Buch den Lesern alles, was sie brauchen, um den Sprung zu wagen. Du wirst herausfinden:

- Wie sich das Online Dating von dem Dating in der Vergangenheit unterscheidet.
- Wie man sich online verliebt
- Geheime Regeln für das

Online Dating und Fehler, die viele begehen

- Wie du das beste Online Dating Profil erstellen kannst.
- Wie du rote Flaggen erkennen kannst
- Wie du Betrüger erkennst und was du dabei beachten musst
- Wie du online das Gespräch starten solltest
- Und vieles mehr

Die Lösung besteht darin, zu lernen, wie man das Online-Dating-Spiel spielt. Mit dieser Einstellung wirst du die gewünschten Personen richtig ansprechen und die Hindernisse beseitigen, die dich daran hindern, die wahre Liebe zu finden und glücklich zu sein.

Dating im 20 Jahundert

Dating hat sich im Laufe der Jahre sehr verändert.

Die Regeln, wie sich Singles treffen, wohin sie gehen und wer die Rechnung bezahlt, sind viel „lockerer" als noch vor einer Generation.

Apps und das Internet können den Dating-Pool weit über die Grenzen der unmittelbaren Nachbarschaft hinaus erweitern und es dir ermöglichen, Informationen über eine Person zu sammeln, bevor ihr euch persönlich kennenlernt.

Aber es gibt einige Aspekte des Datings im 21. Jahrhundert, die viel komplizierter und möglicherweise gefährlicher sind als das, was deine Eltern getan haben.

Soziale Medien können dir zu viel über einen potenziellen Partner erzählen

Die Verwendung von Facebook und Instagram fürs Kennenlernen kann kompliziert sein. Social Media ist eine der besten Möglichkeiten, einen potenziellen Partner zu „untersuchen", ohne einen privaten Ermittler einstellen zu müssen. Ein kurzer Blick auf die Freundesliste und die Fotos kann dir einen genaueren Einblick in ihre politischen Ansichten, Hobbys und sogar in das geben, was sie gestern Abend zum Abendessen hatten.

Aber all diese Informationen können ihren Preis haben. Wenn du zu viel über einen potenziellen Partner weisst, bevor du ihn überhaupt triffst, kannst du dein Date beurteilen und die Art, wie diese

Person sein wird. Wenn du bereits glaubst, dass du dein Date kennst, siehst du sie oder ihn möglicherweise nur so, wie du möchtest, im Gegensatz dazu, wie er oder sie tatsächlich ist. Außerdem macht ein erstes Date immer mehr Spaß, wenn ihr tatsächlich über Dinge spricht, die ihr beide voneinander noch nicht kennt.

Dating im Zeitalter von Facebook und Instagram kann ebenfalls kompliziert sein. Scheinbar einfache Entscheidungen wie das Posten eines Bildes von euch zusammen oder das Ändern des Beziehungsstatus, um die Beziehung offiziell zu machen, können problematisch werden, wenn du nicht bereit bist, diese Sachen mit dem besten Freund aus der dritten Klasse und Ihrer Großtante zu teilen.

Die Definition eines Dates hat sich geändert

Für deine Eltern mag ein Date ungefähr so ausgesehen haben: Dein Vater hat deine Mutter von ihrem Haus abgeholt - wahrscheinlich mit

einem Blumenstrauß in der Hand - hat sie zum Abendessen oder ins Kino begleitet und sie höflich an ihre Tür gebracht und versprochen, dass er sie am Morgen anrufen wird.
Heute kann ein Date alles sein, von einem Treffen mit dem Partner und ein paar Freunden in einer Bar bis hin zu Netflix zu Hause. Und während man argumentieren könnte, dass jede gemeinsame Zeit eine gute Zeit sein kann, kann es leicht sein, selbstgefällig zu werden und diese Art von weniger romantischen Optionen zur Norm werden zu lassen.

Herauszufinden, wer bezahlt, ist viel komplizierter

Die Zahlungsregeln beim Date haben sich auch weiterentwickelt. Früher war klar, dass ein Mann, nachdem er eine Frau auf ein Date gefragt hat, auch die Verantwortung für die Rechnung übernimmt.

Aber heute ist es genauso wahrscheinlich, dass beide Parteien die Fragen stellen. Die Erwartung, dass jeder, der sich selbst als Mann identifiziert, die Rechnung übernimmt, könnte entweder als völlig ritterlich oder als völlig sexistisch empfunden werden. Wenn ihr euch nicht beide darauf geeinigt habt, wer bezahlt, könntet ihr am Ende des Essens den unangenehmen Zahl-Tango tanzen.

Nachrichten machen Dating viel unpersönlicher

Vorbei sind die Tage am Telefon, wo man darauf wartet, dass der Schwarm anruft. Mit einem Mobiltelefon kann man viel bequemer mit dem Date kommunizieren. Aber diese lästigen kleinen Geräte können auch extrem unpersönlich sein.

Das Entschlüsseln von Emojis und Abkürzungen in einer Textnachricht kann viel für Interpretationen offen lassen - oder schlimmer noch, Fehlinterpretationen. Und wenn du mit jemandem unterwegs bist, der ständig Textnachrichten und Facebook-Updates überprüft, können Mobiltelefone eine große Ablenkung sein.

Online-Dating kann irreführend sein

Online-Dating ist eine zunehmend beliebte Möglichkeit für Singles, sich miteinander zu verbinden. Und während Online-Dating eine großartige Alternative sein kann, wird man manchmal feststellen, dass ein Profil, das deine Aufmerksamkeit zieht, keine genaue Darstellung der Person ist, die beim Date erscheint. Ein 10 Jahre altes Profilbild, eine aufgeblähte Biographie oder das Auslassen wichtiger Fakten können dich glauben lassen, dass du mit jemandem ausgehst, den du nicht kennst.

Das erste Date kann nur Spaß sein und nichts mehr

Früher haben sich deine Eltern wegen einem Ziel verabredet - die Ehe. Die heutigen Singles möchten vielleicht irgendwann den Gang entlang gehen, aber zum größten Teil sind sie nicht in Eile.

Geschlechtskrankheiten sind häufiger als früher

Die Folgen von Sex sind heute viel schwerwiegender als damals, als deine Eltern zusammen waren.

Obwohl Informationen über die Wichtigkeit des Praktizierens von

sicherem Sex heute zugänglicher sind als für deine Eltern, sind die Risiken einer sexuell übertragbaren Krankheit viel größer.

Die Suche nach der großen Liebe

Die Suche nach Liebe im digitalen Zeitalter kann stressig sein. Wie die unzähligen Darstellungen technologisch vermittelter Liebe auf unseren Bildschirmen sowie die realen Gespräche mit Freunden und Kollegen belegen, sind wir beim Online-Dating und seinen Auswirkungen auf die Zukunft der Romantik und der menschlichen Verbindung kollektiv vorsichtig.

Warum zögern wir so zu glauben, dass Online-Dating funktionieren kann? Vielleicht ist es das Stigma. Viele Menschen stimmen der Aussage zu: "Menschen, die Online-Dating-Sites nutzen, sind verzweifelt." Wenn man bedenkt, dass einer der klischeehaftesten Ratschläge, die wir hören, "Liebe wird dich finden, wenn du es am wenigsten erwartest" ist, sollte das keine Überraschung sein. Die Wahrheit ist jedoch, dass immer mehr Menschen das Internet und/oder Dating-Apps nutzen, um romantische Partner zu finden, egal ob sie etwas Lässiges oder Langfristiges suchen.

Tatsächlich ergab eine Umfrage, dass sich 5% der Paare online trafen. Aber funktioniert Online-Dating tatsächlich? Vielleicht müssen Sie über Ihr Ziel nachdenken und Ihre Persönlichkeit und Ihren Lebensstil sorgfältig abwägen, um auf den Punkt zu kommen. Und während es immer am besten ist, Dinge selbst zu erleben, ist es hilfreich, von anderen zu hören, die es versucht haben.

Bevor wir fragen, ob Online-Dating funktioniert, müssen wir herausfinden, was eine erfolgreiche Erfahrung ausmacht. Dazu gehört auch, herauszufinden, wonach die Menschen suchen und ob diese Ziele erreicht werden.

Manche sagen: "Ich benutze Dating Apps, um Leute außerhalb meiner sozialen Kreise zu treffen. Ich finde es entweder mysteriös und romantisch oder komisch."

Andere sagen "Ich habe Apps verwendet, wenn ich alleine zu Hause war, gelangweilt und neugierig, was da draußen war oder einfach nur Zeit zu vertreiben hatte. Es hat Spaß gemacht, mit Leuten zu sprechen, ob es zu einem Date führte oder nicht, und es hat Spaß gemacht, Leute zu treffen."

Manche sagen auch:
„Um einen Partner finden“, „um etwas Spaßiges / Interessantes zu tun“ oder „Gelegenheitssex zu haben“, ...

Die Gründe sind endlos, aber diese sind die typischen...

Kann man sich in jemanden verlieben, den man noch nie getroffen hat?

Heutzutage ist Dating dank der zunehmenden Anzahl von Dating-Apps leichter zugänglich. Dating-Apps bieten Benutzern einen Stapel bildbasierter Profile zur Auswahl. Der Benutzer wischt nach rechts, wenn ihm jemand gefällt, und nach links, wenn nicht. Wenn beide Benutzer nach rechts über das Bild des anderen streichen, mögen sie sich gegenseitig und beginnen ihre Unterhaltung.

Online-Dating ermöglicht es Benutzern, eine Vielzahl potenzieller Partner in ihrem sozialen Netzwerkkreis zu treffen, sodass sie mehr Möglichkeiten haben, ihre besseren Übereinstimmungen zu finden. Dating-Apps geben Menschen jedoch die Möglichkeit, ihre wahre Liebe sowie alte und neue Ängste in Bezug auf Risiko, Selbstbild und Liebe zu finden.

Die Auswahl des Partners aus Dating-Apps kann wie ein Einkaufsbummel sein. Du hast so viele Möglichkeiten und kannst alles anprobieren. Am Ende kaufst du vielleicht das Kleidungsstück, dass wie gemacht für dich ist oder du gehst mit leeren Händen nach Hause.

Liebe sieht immer noch genauso aus, aber die Art und Weise, wie wir sie finden, ändert sich.

Für eine Weile haben wir uns gegen neue Wege gewehrt, einen Seelenverwandten zu finden. Wir spotteten über blinde Dating-Events, lachten über Online-Daten und blickten jeden an, der eine App benutzte. Die Gesellschaft hielt es für verzweifelt und tabu, auf etwas anderes als die „normale“ Weise nach wahrer Liebe zu suchen.

Mit dem Aufkommen der Scheidung, Reality-Dating-TV-Shows und der Nachfrage nach mehr Online-Dating stellten wir jedoch fest, dass diese Computer-Cupids vielleicht auf etwas Kluges aus waren. Es ist jetzt gesellschaftlich akzeptabel, öffentlich zu erklären, dass du ledig bist und nach Liebe suchst.

Das ist ein kleiner Sieg für die Singles. Und hier beginnen die Probleme. Wenn zwei Personen mit unterschiedlichen Absichten in denselben Raum kommen, kann dies zu Herzschmerz führen.

Wir denken, Liebe ist Sex und Sex ist Liebe und Dating-Apps geben uns beide.
Am Anfang wurden Online-Dating und Dating-Apps hauptsächlich verwendet, um eine langfristige Beziehung zu finden. Dies war wahrscheinlich der Grund, warum es etwas peinlich war, offen darüber zu sprechen.

Kurz gesagt, wir haben das Finden von Liebe zu einem Hobby gemacht, um entweder die Zeit zu vertreiben oder ein Loch oder ein Grundbedürfnis zu erfüllen. Dating-Apps haben uns sofortigen Zugriff und Verbindung zu Menschen ermöglicht, ohne die Tiefe und die Kosten von Online-Dating-Sites. Und während sie uns mögliche Dates anbieten, versprechen sie uns keine Liebe.

Letztendlich suchen die Leute nach einer Verbindung mit jemand anderem - das Problem ist, dass einige Leute Liebe erwarten, während andere nur eine Affäre wollen. Und wenn sich die beiden treffen, wird es mit Sicherheit eine kleine Unebenheit geben, da beide aus zwei völlig unterschiedlichen Gründen dasselbe Portal gesucht haben.

Du musst dich an die goldene Regel erinnern

Die goldene Regel lautet: Online-Dating-Sites und Dating-Apps bieten die Möglichkeit, Menschen kennenzulernen. Sie garantieren keine Liebe. Das Treffen mit einem

Fremden im Supermarkt garantiert dir keine glückliche Zukunft.

Möglicherweise verfügen wir über die Werkzeuge, um sofort auf jemanden zuzugreifen. Dies bedeutet jedoch nicht, dass du sofort eine Beziehung hast. Das ist etwas, das im Laufe der Zeit aufgebaut wird. Liebe kann auf der Straße und Dating-Apps gleichermaßen gefunden werden, aber es bedeutet nicht, dass die richtige Person für dich da ist.

Letztendlich hast du die Kontrolle darüber, mit wem du dich triffst, dich verliebst und ein Leben beginnen willst, und Dating-Apps sind nur eine weitere Möglichkeit, eine Chance zu schaffen, diesen besonderen Menschen kennenzulernen.

Also, solltest du dein Herz riskieren?

Eine Konversation auf einer Dating App kann zu großartigen Verbindung führen. Wie bei jeder Online-Site oder Dating-App gibt es bestimmte Möglichkeiten, um bessere Übereinstimmungen zu garantieren. Hab Spaß, schütze dein Herz und folge unseren Tipps! Dann kann auch nichts schief gehen.

Die Vorteile und Nachteile des Online-Datings

Trotz der gegenwärtigen Atmosphäre des Misstrauens passiert es seit Jahrhunderten, dass man sich unsichtbar verliebt, oft durch das geschriebene Wort. Das Web hat es nur einfacher gemacht.

Einige Experten sagen, dass die Online-Kommunikation vor dem Date, tatsächlich starke Beziehungen fördern kann, indem sie Menschen mit ähnlichen Interessen hilft, zusammenzukommen. Potenzielle Partner öffnen sich schneller und tiefer.

Online-Technologie und SMS ermöglichen eine schnellere und direktere Verbindung. Es ermöglicht auch einen kontinuierlichen Dialog im Vergleich zu den live Konversationen.

Während es Monate bis ein Jahr gedauert hat, bis Paare miteinander kommuniziert haben und daher in der Vergangenheit enger zusammengewachsen sind, können wir heute lange und tiefe Interaktionen mit einem Tastendruck (oder Touchscreen) durchführen.

Was macht diese digitalen Beziehungen erfolgreich? Eine der Hauptattraktionen von Internetbeziehungen aller Art ist die Fähigkeit, Menschen zu finden, die das Gleiche mögen wie du.

Offline gibt es so viele Dinge, die man im Auge behalten muss - die Kleidung, die Körpersprache, sogar wie man riecht. Das ist viel zu beachten.

Bei der Online-Kommunikation ist dies weniger problematisch. Du kannst jemanden für seine Überzeugungen, Moral und Ideen kennenlernen, bevor du all das andere Zeug abwägen lässt. Und das ist weit mehr die Person als die unbeabsichtigten Signale, die sie abgeben, nicht wahr? Es stellt sich heraus, dass die Forschung dies bestätigt, wobei Menschen, die sich online treffen, eher von Dauer sind als Menschen, die sich offline treffen.

Ihr wisst beide, was der andere will.

Nicht alles, was Leute auf Profile setzen, ist ganz wahr, aber die großen Striche sind weitaus wahrscheinlicher. Das bedeutet, dass du nicht mehrere Monate deines Lebens in das Leben eines anderen investieren musst, nur um herauszufinden, dass seine Ambitionen völlig anders sind als deine eigenen.

Online kann man innerhalb der ersten Minute nach dem Überprüfen ihres Profils feststellen, ob eure

Lebensziele wirklich übereinstimmen. Und dann kann man weiterziehen oder bleiben. Im wirklichen Leben hätte es Monate kosten können, sich gegenseitig kennenzulernen, bevor du merkst, dass die Person nicht für dich ist.

Außerhalb der Tastatur weißt du nur, welche Art von Person du heute Abend treffen wirst, indem er oder sie auswählt, wohin ihr geht. Gehen wir ins Kino, in ein Restaurant oder zu einem Singleabend in einer Bar?

Dies ist viel weniger wahrscheinlich online, wenn du auswählen kannst, welcher Art von Dating-Website du beitreten möchtest. Es gibt buchstäblich Hunderte von Websites, die sich alle unterschiedlichen Interessen, Persönlichkeitstypen und Karrierewegen widmen. Das bedeutet, dass du die Art von Personen vorab auswählen kannst, mit denen du chatten möchtest.

Und selbst wenn du immer noch auf jemanden stößt, mit dem du nicht klicks, kannst du einfach aufhören, mit der Person zu sprechen.

Du kannst deine Nachricht verbessern und ruhig bleiben.

Das gesprochene Wort ist großartig. Das einzige Problem dabei ist, dass du nicht zu viel Zeit damit verbringen kannst, darüber nachzudenken, was du sagen wirst. Wenn du dies tust, denken andere möglicherweise, dass du etwas seltsam bist. Das ist online viel einfacher. Dies bedeutet, dass dies für diejenigen von uns, die nachdenklicher, introvertierter sind, ein viel natürlicherer Lebensraum ist.

Darüber hinaus können diejenigen von uns, die beim ersten Treffen nicht so gut sind, online viel einfacher mit unseren Ängsten umgehen. Du kannst die Aufregung des Sozialisierens mit dem Komfort des eigenen Zuhauses verbinden. Und wie wir alle wissen, sagen wir, wenn unsere Nerven beruhigt sind, die Dinge viel eher so, wie wir es wollen.

Weniger Angst vor Ablehnung
Auch bei der Nutzung von Online-Dating-Diensten besteht weniger Angst vor Ablehnung. Es ist einfacher, über den Computer abgelehnt zu werden! Manchmal hört man nie wieder etwas von der Person.

Sicherheit
Einer der größten Vorteile von Online-Dating ist die Sicherheit! Du musst nicht riskieren, dein sicheres Zuhause oder den Arbeitsplatz zu verlassen, um in einen Club oder eine Bar zu gehen und möglicherweise überfallen zu werden! Du musst nicht einmal den richtigen Namen oder die Adresse angeben. Du kannst die Person blockieren, falls sie dich belästigt.

Jetzt kann es andererseits mehr Gefahr geben, wenn du einen Teil dieser Sicherheit und Anonymität zerstörst. Du kennst diese Personen nicht so gut wie jemanden, den du durch gemeinsame Freunde oder durch Arbeit kennengelernt hast. Es kann also mehr Risiken geben, wenn du nicht vorsichtig bist!

Nachteile von Online-Dating

Aber auch Online-Dating hat einige Nachteile. Nichts kann die persönliche Verbindung oder die Art und Weise, wie du mit einer Person funktionierst, hautnah ersetzen. Wenn die Dinge klappen, wirst du wahrscheinlich nicht mehr so viel online interagieren. Beziehungen sind physisch, emotional, mental und spirituell. Eine Beziehung hat so viel mehr zu bieten.

Es besteht auch die Tendenz, besonders bei physischen Eigenschaften in dem Online-Profil zu lügen oder zu übertreiben. Es ist etwas ganz anderes, online zu kommunizieren als persönlich. Es ist schwieriger, Tonfall oder Humor zu vermitteln, und einige Dinge können missverstanden werden. Manchmal gibt es kein Zurück von einer schriftlichen Fehlkommunikation. Es ist schwieriger rückgängig zu machen oder sich dafür zu entschuldigen, da es dort in Schwarzweiß ist.

Online-Dating ist der neue Weg bis heute

Was die Sicherheit betrifft, heißt es nicht immer, dass du die Person wirklich genug kennst, wie du gedacht hast. Daher ist es wichtig, die Sicherheitsmaßnahmen des Online-Dating aufrechtzuerhalten (gib weder die Adresse noch andere persönliche Informationen an), bis du sicher sein kannst, dass du in Sicherheit bist.

Wenn ihr euch endlich trefft, soll das an einem öffentlichen Ort sein und du solltest jemanden wissen lassen, wo du sein wirst. Sprich mit der Person mehrmals am Telefon und fordere mehrere Fotos an, damit du wissen kannst, dass sie echt und nett sind.

Unausgesprochene Regeln des Online-Datings

Es gibt Dinge, die du wissen musst, müssen, damit du nicht blöd dastehst. Vor allem, wenn du schon seit einer Weile nicht mehr in der Dating-Welt bist.

Wenn du zum Beispiel die letzten 10 Jahren verheiratet warst oder single, musst du zuerst einiges wissen, bevor du wieder im Spiel bist. Es ist eine ganz andere Welt. Es gibt viel zu lernen und es gibt einige Regeln für die Online-Dating-Etikette.

Gib der Person genügend Zeit, um zu antworten.
Wenn du darauf wartest, dass du in den nächsten fünf Minuten eine Nachricht oder einen Anruf bekommst, bist du sicher aufgeregt, wir verstehen das - aber jemandem etwas mehr Zeit zu geben, ist die bessere Option.

Ein paar Stunden oder nach dem Arbeitstag zu warten ist angemessen.

Frauen und Männer sind oft beschäftigt. Wenn du also erwartest, dass jemand in 30 Sekunden reagiert, kann dies für die andere Person nervig sein.

Antworte bitte innerhalb eines ganzen Tages.
Selbst wenn du beschäftigt bist, wenn du mehr als 24 Stunden brauchst, um auf eine Nachricht oder einen Anruf zu antworten, wird die Person am anderen Ende denken, dass du nicht interessiert bist. Oder sie gehen davon aus, dass du einen anderen Gesprächspartner hast.

Diese Regel gilt für E-Mails, SMS und Telefonanrufe. Wenn du nicht interessiert bist, kannst du die Person informieren oder sich dafür entscheiden, auch jemanden zu "ghosten". Ghosting ist, wenn jemand einfach von der „Erdfläche verschwindet“. Du warst da, dann auf einmal nicht.

Ghosting ist manchmal gemein, aber in der Online-Dating-Welt gehört es zum Leben dazu. Daran wirst du dich (irgendwann) gewöhnen. Zuerst ist es schockierend, aber es passiert meistens.

Lass Google dein Freund sein.
Es ist in Ordnung, ein wenig privat nach dem potenziellen Partner zu suchen. Oft kannst du sogar den Vornamen eingeben, und die Stadt auf Facebook und der Name wird möglicherweise angezeigt.

Du kannst sie auf Facebook, Instagram oder Linkedin finden. Wenn die Person in deiner Stadt lebt, hab keine Angst, Freunde zu

fragen, ob sie etwas über dein potenzielles Date wissen.
Als PI kannst du Zeit sparen. Wenn jemand dich online betrügen will und du feststellst, dass sein Foto nicht das Foto in der Dating-App ist, hast du dir ein emotionales Drama erspart.

Warte nicht zu lange, bis ihr euch verabredet.
Es sei denn, ihr beide möchtet Brieffreunde sein. Möchtest du nicht die Person auch im wahren Leben live sehen? Dann kann der Spaß erst richtig beginnen!

Wenn ihr weit weg wohnt und Pläne für Reisen habt, um sich zu sehen, ist das etwas anders. Manchmal dauert es eine Weile, bis die Zeitpläne übereinstimmen. Wenn ihr jedoch nur eine Straße voneinander entfernt seid, gibt es keine Entschuldigung.

Ein Treffen innerhalb von ein oder zwei Wochen ist eine ausgezeichnete Idee. Auch wenn ihr per SMS oder Telefon gut miteinander auskommt, wirst du nie wirklich wissen, wie gut ihr zusammenpasst, bis ihr euch persönlich trefft. Du musst sicherstellen, dass dir gefällt, wie die andere Person riecht und küsst!

Sei nicht FAKE

Dies beginnt mit deinem Profil. Selbst wenn du ein paar Pfund zugenommen hast, du deine Haare verloren oder jetzt graue hast – sei du selbst. Sei dein bestes Ich und stelle auch aktuelle Fotos vom letzten Jahr auf.

Wenn du keine guten Fotos von dir hast, mach welche so schnell wie möglich. Heutzutage ist es nicht schwer, qualitativ hochwertige Fotos zu erhalten. Jemand, den du kennst, hat eine Kamera auf seinem Handy.

Bitte keine High-School-Bilder von deinen super-fit, nicht biertrinkenden Tagen. Gleiches gilt für die Damen! Wenn du jemanden magst und er dich kennenlernen möchte, wird er wissen, dass deine Fotos von 1995 stammen und nicht von heute.

Sei real in deiner Biografie.

Wenn es um deine Online-Dating-Etikette geht, muss dein Profil auch so real wie möglich sein. Oder jemand könnte denken, dass du in Online-Romantikbetrug verwickelt bist.

Sprich über deine Leidenschaften, was du tust und wonach du suchst. Wenn du heiraten willst, schreib nicht etwas wie "auf der Suche nach etwas Lässigem" !

Folge deinen Instinkten

Wenn jemand deine inneren Alarmglocken auslöst, achte darauf und handel entsprechend. Suche nach Anzeichen von Inkonsistenz. Wenn du jemanden beim Online-Dating getroffen hast und er am Telefon oder Live eine völlig andere Person ist, kann dies darauf hinweisen, dass er nicht echt war und du die Kommunikation beenden solltest. Aber sei dir bewusst, dass Menschen nervös sein können. Dein Instinkt könnte auch richtig sein, wenn du jemanden eine zweite Chance geben solltest. Ersticke niemals deine Instinkte.

Achte auf Beziehungsmuster
Beachte die Lehren aus früheren Beziehungen. Wenn du immer wieder von einer bestimmten Art von Person angezogen wirst, überlege, ob dies gut für dich ist. Mach nicht zweimal dieselben Fehler.

Den Charme durchschauen
Achten Sie auf reibungslose Redner. Charme ist eine gute Sache, wenn er aufrichtig ist. Achte also auf diejenigen, deren Handlungen lauter sprechen als ihre Worte. Wenn jemand aufmerksam auf Sie ist, aber einen Kellner oder Barmann schlecht behandelt, überlege es dir zweimal. Wenn dir jemand sagt, dass er eine langfristige Beziehung sucht, aber sein wanderndes Auge dir etwas anderes sagt, solltest du ebenfalls rennen.

Sei ehrlich
Ehrlichkeit ist der Schlüssel zu einer erfolgreichen Beziehung. Sei ehrlich mit Menschen und du wirst sie ermutigen, mit dir gleich zu sein.

Rufe sie an, wenn du sagst, dass du es tun wirst, und halte dich immer an das Wort. Wenn du jemanden nicht wiedersehen willst, sag es. Wenn ihr beide ehrlich miteinander seid, wisst ihr immer, wo ihr steht.

Wissen, wann man aussteigen muss

So wie du niemanden mitreißen soltest, solltest du auch aufpassen, dass es jemand mit dir nicht macht. Ob es dir gefällt oder nicht, viele Leute sehen Dating als Spiel an. Hinterfrage deine Motive. Auch hier sollten deine Instinkte dir sagen, was gut ist und was nicht.

Online-Dating-Fehler, die du vielleicht selbst machst

Ein paar Dinge, die du über Dating-Apps wissen solltest

Hier sind einige der beliebten deutsche Dating-Sites und Apps, die du kennen solltest, damit du dich auch für die richtige für dich selbst entscheiden kannst.

Finya Dating-Site
Finya ist eine der beliebtesten kostenlosen Dating-Sites in Deutschland.

Das Einrichten eines Profils ist einfach. Es ist kein langwieriger Persönlichkeitstest erforderlich, obwohl Finya einen Abschnitt mit 100 Fragen hat, die du beantworten kannst, um bessere Übereinstimmungen zu erhalten.

Mit Finya kannst du durch den Pool der Singles stöbern. In einem zunderähnlichen Bereich kannst du durch die Profile wischen und Nachrichten senden.

Da Finya kostenlos ist, wird es hauptsächlich durch Werbung finanziert, sodass du viele Anzeigen siehst.

Diese Seite scheint mehr gefälschte Profile und Betrüger zu haben als andere deutsche Dating-Sites.

eDarling Dating-Site
eDarling ist eine der beliebtesten Dating-Sites in ganz Europa und

gehört derselben Firma, die EliteSingles betreibt.

Du musst für ein Abonnement bezahlen, da die meisten Funktionen für kostenlose Benutzer nicht verfügbar sind.

Aber das ist keine schlechte Sache - es reduziert die Anzahl der gefälschten Profile auf der Website.

Sei bereit, einige Zeit damit zu verbringen Fragen zu beantworten. Es lohnt sich jedoch, sie genau zu beantworten, da deine Antworten sich direkt darauf auswirken, mit wem du übereinstimmst.

Parship Dating-Site
Parship ähnelt eDarling insofern, als es sich auf einen Persönlichkeitstest stützt, der den Menschen entspricht.

Es wird als "Parship-Prinzip" bezeichnet und ist ein langwieriger Fragebogen mit Fragen sowie abstrakteren Übungen wie der Auswahl des von dir bevorzugten Bildes.

Das Einrichten des Profils kann bis zu einer Stunde dauern. Wenn du jedoch durch alle Rahmen springst, kannst du Personen aussortieren, die es mit Online-Dating nicht ernst meinen. Du kannst andere Mitglieder nur kontaktieren, wenn du mindestens 50% deines Profils ausgefüllt hast.

Diese deutsche Dating-Website bietet eine Art Garantie. Wenn du innerhalb von 6 Monaten nach dem Kauf einer Premium-Mitgliedschaft keinen Kontakt mit einem Benutzer aufgenommen hast, bekommst du eine weitere 6-monatige Premium-Mitgliedschaft kostenlos.

OkCupid

Sicher, OkCupid gehört möglicherweise demselben amerikanischen Unternehmen wie Tinder. Aber es ist immer noch einer der besten Orte, um interessante, attraktive 20- und 30-Jährige in Deutschland zu finden.

Wenn du dich in der Nähe einer Universität oder in einer großen internationalen Stadt befindest, ist es auf jeden Fall einen genaueren Blick wert.

Die Verwendung von Okcupid kostet keinen Cent. Du kannst dein Profil erstellen, Fotos anzeigen und Nachrichten ohne kostenpflichtiges Abonnement austauschen.

Du kannst das Foto nach links wischen , um das Interesse abzulehnen, oder das Foto nach rechts wischen , um das Interesse anzuzeigen. Du hast auch eine dritte Option: Klick auf das Foto, um zusätzliche Fotos zu durchsuchen, bevor du eine Entscheidung triffst. Wenn du und Mr. Right Interesse aneinander zeigt, ist es ein Match.

Während Tinder eine der beliebtesten Dating-Apps ist, ist es sicherlich nicht die einzige. Die meisten Apps arbeiten nach dem gleichen Prinzip und erleichtern das Durchsuchen möglicher Partner.

Tinder

Tinder ist eine der am häufigsten verwendeten Dating-Apps der Welt, und du wirst dort viele heiße Singles finden, die nach allen Arten von Beziehungen suchen.

Die Verwendung der App ist einfach: Du streichst bei Interesse nach rechts über ein Foto, wenn du nicht interessiert bist, nach links. Wenn sich beide Personen „mögen", wird eine Übereinstimmung hergestellt und ihr könnt Nachrichten austauschen.

Tinder kann kostenlos heruntergeladen und verwendet werden. Du kannst alle 12 Stunden bis zu 100 Profile „liken" und unbegrenzt Nachrichten an sie senden.

Die Mehrheit der Tinder-Benutzer ist 18 bis 34 Jahre alt und lebt in städtischen Gebieten.

Once

Once ist eine gute Alternative zu Tinder, wenn du das Streichen nach links und rechts satt hast.

Jeden Tag um 12.00 Uhr werden dir neue Kandidaten präsentiert. Du hast 24 Stunden Zeit, um die Person zu liken oder abzustreichen. Wenn ihr euch beide "mögt", könnt ihr Nachrichten so lange austauschen, wie ihr möchtet.

Badoo

Badoo ist eine Dating-App wie Tinder, und du kannst im Abschnitt „Begegnungen“ über Profile rechts oder links streichen.

Es gibt jedoch einen großen Unterschied: Badoo zeigt dir auch Benutzer, die in der Nähe sind und ähnliche Interessen haben. Wenn jemand auffällt, kannst du entweder sein Profil „mögen“ oder ihm eine Nachricht senden.

Wenn sich im wirklichen Leben die Wege mit einem anderen Badoo-

Benutzer gekreuzt haben, zeigt die Dating-App die Uhrzeit und den Ort an.

Badoo ist eine kostenlose Dating-App. Durch ein Upgrade auf Badoo Premium werden jedoch einige nützliche Funktionen freigeschaltet, die als Super Powers bezeichnet werden.

Badoo hat eine lockere Atmosphäre als andere Dating-Apps wie Bumble und Once. Diese deutsche Dating-App ist ideal, wenn du nach einer Verbindung oder einer weniger ernsthaften Beziehung suchst.

Happn

Happn ist eine wirklich standortbasierte Dating-App, die in ganz Europa beliebt ist. Anstatt in dem allgemeinen Bereich durch Singles zu stöbern, siehst du nur Personen, deren Wege du tagsüber gekreuzt hast.

Dein Match-Feed besteht aus Happn-Benutzern, die sich in einem Umkreis von 250 Metern um dich herum befinden. Die App zeigt an, wie oft ihr euch nahe beieinander befindet, wann und wo die letzte Begegnung stattgefunden hat.

Kandidat

Diese deutsche Dating-App hat eine einzigartige Wendung: Du kannst Profilfotos nicht sofort sehen. Stattdessen beantwortest du Fragen, die du von anderen Benutzern erhalten hast, und stellst eigene Fragen. Wenn ihr beide die Antworten „mögt“, wird eine Übereinstimmung hergestellt und ihr könnt Fotos austauschen.

Der Einstieg in Candidate ist sehr einfach. Du musst lediglich deinen Namen, dein Alter, dein Geschlecht und die sexuelle Orientierung angeben.

Für diese Dating-App ist weder Facebook noch eine E-Mail-Adresse erforderlich, um loszulegen. Du musst die E-Mail-Adresse angeben, wenn du dein Konto überprüfen möchtest. Dies ist eine gute Idee, da du in deinem Profil eine "Verifiziert" -

Flage erhältst, damit andere Benutzer wissen, dass du legitim bist.

Sobald dein Profil eingerichtet ist, kannst du mit dem „Spielen“ beginnen.

Bumble

Bumble ist eine Dating-App, mit der Frauen beim Messaging auf dem Fahrersitz sitzen - nur sie können die erste senden. Abgesehen davon ähnelt es Apps wie Tinder, bei denen du bei Singles in deiner Nähe nach rechts oder links streichst.

Wenn beide Bumble-Benutzer nach rechts wischen, wird eine „Verbindung“ hergestellt. Zu diesem Zeitpunkt hat sie 24 Stunden Zeit, um dir eine Nachricht zu senden, bevor die Uhr abläuft und das Spiel abläuft. Du hast auch 24 Stunden Zeit, um zu antworten, sonst läuft das Spiel ab.

Sobald beide Hälften eines Spiels eine Nachricht gesendet haben, können sie den

Nachrichtenaustausch so lange fortsetzen, wie sie möchten.

Die Verwendung von Bumble ist kostenlos, aber aktualisierte Benutzer von „Bumble Boost“ können beispielsweise die 24-Stunden-Frist für die Spiele verlängern.

Lovescout 24

LoveScout 24 ist eine beliebte Dating-Website in Deutschland. Du kannst kostenlos auf die Website zugreifen und die App herunterladen.

Wenn du jedoch die Möglichkeit haben willst, Singles in der Nähe frei zu kontaktieren, musst du für ein Abonnement bezahlen.

Warum bist du auf Online Dating Sites/Apps?

Online-Dating ist keine neue Sache mehr und kein skandalöses Geheimnis mehr, das du von der ganzen Familie und den Freunden bewahren musst. In der Tat kann man sagen, dass Online Dating mittlerweile sozial akzeptiert wird. Es ist jedoch ziemlich unmöglich für dich, gute Ergebnisse (großartige Dates und Freunde) ohne ein gutes Online-Dating-Profil zu erzielen. Doch zuerst musst du aber wissen, warum du eigentlich Online datest?

Finde heraus, warum du ein Online-Dating-Service nutzen willst

Was hoffst du mit Online-Dating zu erreichen? Suchst du nur eine ungezwungene Beziehung oder etwas Ernstes? Es ist wichtig, dass du den Grund für die Entscheidung für Online-Dating festlegst, bevor du eine Dating-App herunterlädst oder eine Online-Dating-Website besuchst. Es gibt viele Gründe, warum Menschen Online-Dating-Sites und Apps verwenden.

Einige glauben, dass diejenigen, die Online-Dating-Dienste nutzen, entweder hässlich sind, verzweifelt nach einem Partner suchen oder nur nach einer Verbindung suchen? Nicht unbedingt. Es gibt auch viele Personen, die Online-Dating-Sites nutzen, um Freunde zu treffen. Unabhängig von den unterschiedlichen Überzeugungen aller gibt es viele Gründe, warum Menschen Online-Dating-Diensten beitreten und warum Online-Dating-Dienste so beliebt sind. Diese Gründe umfassen:

Manche Menschen sind einfach zu beschäftigt mit ihrem täglichen Leben, um Leute zu treffen.

Einige Leute denken, dass sie nicht interessant genug sind oder nur wissen, wie man auf altmodische Weise datet.

Einige Leute suchen nur nach Kontakten. Ja, viele Online-Dating-Dienste werden im Allgemeinen verwendet, um einfachen Sex zu bekommen. Eine durchgeführte Umfrage ergab, dass 24 Prozent der Nutzer von Dating-Apps angaben, Online-Dating-Dienste für einfache, nicht festgelegte sexuelle Begegnungen zu nutzen.

Einige Leute mögen einfach keine alltäglichen Orte wie Pubs oder Clubs.

Einige Leute lieben die Sortierfunktion der meisten Online-Dating-Apps und Websites, auf denen Sie nach Personen suchen können, die auf den Eigenschaften basieren, die sie von dem Dating-Partner erwarten, wie z. B. ethnische

Zugehörigkeit, Alter, Haarfarbe, Augenfarbe usw.

Natürlich kommt mit jeder guten Sache eine schlechte Sache. Hier sind einige negative Gründe, warum Menschen Online-Dating-Dienste, Websites oder Apps nutzen:

Sie haben wirklich schlechte Einstellungen und können einfach mit niemandem auskommen.

Sie haben böswillige Absichten.

Sie wollen andere betrügen.

Obwohl viele Menschen, die sich auf Dating-Sites oder Apps kennengelernt haben, geheiratet haben oder gute, gesunde Beziehungen eingegangen sind, musst du sehr vorsichtig sein, wie du dich verhältst und Informationen über Online-Dating-Sites oder Apps austauschst. Unabhängig von den Gründen, die du für die Nutzung von Online-Dating-Diensten hast, kannst du ohne ein gutes und interessantes Online-Dating-Profil keine Fortschritte erzielen.

Fehler, die viele beim Online-Dating machen

Wenn du dich für eine Dating-App anmeldest, kannst du den Zeh in den Dating-Pool eintauchen, aber du willst keine schlechten Gewohnheiten aufgreifen, die dich genau dort belassen, wo du angefangen hast. Wenn du lernst, wie man online datet, ist es wichtig, dass du nicht die großen Fehler in der Dating-App machst, die viele machen.

Fehler Nr. 1: Du machst keinen guten ersten Eindruck.

Männer und Frauen neigen dazu, die Entscheidung zu treffen, basierend auf dem ersten Foto, das sie sehen. Diese Entscheidung wird oft in weniger als einer Sekunde getroffen. Ein Streichen nach links zeigt an, dass sein erster Eindruck von dir nicht sehr einladend war.

Trägst du auf den Fotos eine Sonnenbrille? Ist dein Gesicht immer teilweise bedeckt? Vermeidest du es, dein Gesicht der Kamera zu zeigen? Das sind große No-Nos. Manche nutzen Schutzbrillen, Tauchmasken und Halloween-Kostüme. Diese Fotos zeigen nicht viel von dir.

Wenn man so etwas sieht, denkt man oft, dass die Person unattraktiv oder einfach nicht zuversichtlich ist. Es ist besser, von Anfang an dein hübsches Gesicht zu zeigen.

Fehler Nr. 2: Es ist zu schwer herauszufinden, wer du bist

Sind alle deine Fotos mit dir und deinen 10 engsten Freunden, was es dem Partner schwer macht zu sagen, wer du bist? Viele die als erstes ein Gruppenfoto sehen, werden nach links streichen.

Du willst den Partner nicht dazu bringen, Detektiv zu spielen, nur um dich auf dem Foto zu finden. Wenn du ein Gruppenfoto posten musst, gib an, wer du von den Personen bist. So etwas wie "Ich bin derjenige/diejenige mit den braunen Haaren!" ist hilfreich.

Noch eine schlechte Idee? Das Posten von Fotos mit einer Person des anderes Geschlechts, von dem man annehmen kann, dass dies dein Ex oder aktueller Partner ist. Mach deutlich, dass du Single bist.

Fehler Nr. 3: Dein Profil ist generisch.

Anstatt allgemeine Ausdrücke zu verwenden, teile genau mit, welche Aktivitäten du mit dem Partner durchführen möchtest. Suchst du jemanden, mit dem du reisen kannst? Hoffst du, dass dein Date gerne wandert? Sag es.

Viele Leute sagen, dass sie "gerne reisen", aber man hat keine Ahnung, was das bedeutet. Liebst du es, in den Bergen zu wandern und gehst du dort jedes Wochenende? Möchtest du jemanden treffen, der davon träumt, mit dir nach Paris zu gehen? Sag einfach, was du meinst, damit du dich von der Masse abheben kannst.

Mach dein Profil so spezifisch wie möglich und so werden auch die Gespräche leichter.

Fehler Nr. 4: Dein Profil ist völlig leer.

Sicher, du hast einige sehr schöne Bilder, aber das Aussehen ist nicht alles. Was hast du noch zu bieten? Lass dein Date nicht raten. Ein leeres Profil ist das einzige, was schlimmer ist als ein langweiliges. Wenn man auf ein Profil stößt, das keinen Text enthält, geht man oft weiter. Es spielt keine Rolle, wie gut jemand aussieht. Man sucht auch nach Persönlichkeit und gemeinsamen Interessen.

Verbringe mindestens 15 Minuten damit, dem Profil einige Informationen hinzuzufügen. Denk über deine Erwartungen an die Männer, Frauen nach, die du siehst, und erstelle das Profil, dass du gerne finden möchtest.

Fehler Nr. 5: Du richtest dein Date für Enttäuschung ein.

Du möchtest nicht, dass der erste Gedanke des Dates lautet: "Wow, sie/er sieht nicht so aus wie auf den Bildern." Du wirst den Ausdruck der Enttäuschung in den Augen des Dates sehen können und er/sie wird wahrscheinlich nicht nach diesem zweiten Date fragen, wenn er/sie glaubt, dass du manipuliert hast.

Du möchtest nicht erwischt beim Lügen über das Alter oder Gewicht werden, selbst wenn du dazu täuschende Beleuchtung und Winkel verwendest. Man fühlt sich so viel besser, wenn man weiß, dass das Date weiß, was ihn erwartet. Dies bedeutet, dass man Fotos aus der Nähe, aus der Ferne und aus verschiedenen Blickwinkeln posten sollte. Poste nur Fotos mit der aktuellen Haarfarbe ein Foto, das den Körpertyp und Kleidungsstil zeigt.

Wie kann man eine enttäuschende Date-Katastrophe verhindern? Veröffentliche eine kürzlich in den letzten ein oder zwei Monaten aufgenommene Körperaufnahme anstelle des Fotos, das du am schmeichelhaftesten findest.

Letztendlich sollte das Date mehr beeindruckt sein, wenn er/sie dich persönlich sieht.

Fehler Nr. 6: Du überlegst, wann du kommunizieren solltest.

Es ist Zeit, die Spiele der Date-Methoden in den vergangenen Jahren zu vergessen. Tinder und andere Dating-Apps sollen es einfach machen, sich zu treffen, und daran ist nichts auszusetzen. Die Leute wollen sofortige Befriedigung, was bedeutet, dass erwartet wird, dass du innerhalb von 24 Stunden wieder mit den Nachrichten anfangen wirst.

Leute sagen oft, man sollte (im Fall der Frau) das Date ein paar Tage lang warten lassen. Wenn man innerhalb von Sekunden auf eine Nachricht antwortet, zeigt man sich als leicht. Doch wir sagen, antworte am besten, wenn es sich für dich am besten anfühlt.

Der Wettbewerb ist hart. Es ist keine Zeit, Spiele zu spielen, die früher beim Dating üblich waren. Möglicherweise möchtest du dir darüber Gedanken machen, wie schnell eine SMS zurückgeschickt wird, aber dies ist nicht erforderlich. Das Ziel ist es, jemanden zu treffen, mit dem du dich wohl fühlst - nicht jemanden, mit dem du spielen musst.

Fehler Nr. 7: Du reagierst auf Manipulationstaktiken.

Bist du auf der Suche nach roten Flaggen? Das solltest du sein.

Leute, die im letzten Moment manipulative Nachrichten bearbeiten, sind schlechte Nachrichten, ebenso wie diejenigen, die dich immer wieder daran erinnern müssen, was für ein guter Fang sie sind, oder die dir schmierige, unerwünschte Nachrichten senden.

Suchst du nach Beispielen für Nachrichten mit roter Flagge? Hier sind einige, auf die du achten solltest:

Eine brutale erste Nachricht, die unangemessen ist:

„Ich bin ein netter Kerl. Andere Frauen sehen das nicht. "
"Du wirst wahrscheinlich nicht zurückschreiben."

"Ich bin verheiratet, aber nicht glücklich."

Wenn man eine Nachricht bekommt, die einfach nicht richtig passt, dann solltest du dich nicht verpflichtet, fühlen, zurückzuschreiben. Bei Tinder kannst du jemanden „blockieren“ und im Falle einer Belästigung keine Nachrichten mehr empfangen.

Fehler Nr. 8: Du bestehst darauf, beim ersten Date zum Abendessen zu gehen.

Das Abendessen als erstes Date geht aus dem Fenster, wenn man über Online-Treffen spricht. Der Hauptgrund dafür ist, dass das Abendessen dir keine schnelle Ausstiegsstrategie bietet, wenn du mit der Person einfach nicht den Abend verbringen willst.

Besser ist es, sich in einer gelegenen Bar zu einem Glas Wein und einem Gespräch zu treffen.

Die besten Ideen für das erste Date sind ungezwungene Getränke und Kaffee. Es ist am besten, sich die erste Interaktion im wirklichen Leben als ein Treffen vorzustellen und nicht als ein Date, um den Druck abzubauen.

Fehler Nr. 9: Du bist verschlossen.

Du möchtest sicherlich nicht gleich zu Beginn alle deine Karten auf den Tisch legen, aber du möchtest auch bei deinen ersten Interaktionen nicht völlig steif sein. Zum Beispiel sollte man ein: "Wie geht es dir?" nie mit einem einfachen "fein" beantworten. Man kann auch versuchen anders, lustig und witzig zu sein.

Der Schlüssel ist, sich zu engagieren. Schnelle, witzige Scherze sind ausgezeichnet, weil du damit Teile deiner Persönlichkeit enthüllen kannst, um zu sehen, ob ihr gut zusammenpasst. Wenn dein Sinn für Humor einfach nicht passt, ist es Zeit, weiterzugehen.

Fehler Nr 10: Du packst dein Gepäck früh aus

Jeder kommt mit seinem eigenen Gepäck - sei es die frühere Beziehung, ein Kind oder emotionale Dinge, an denen du gerade arbeitest. Und während dies alles Dinge sind, die du nicht vor einem Partner verstecken möchtest, ist es nicht unbedingt etwas, mit dem du dich führen musst, wenn du jemanden zum ersten Mal triffst. Um dies zu vermeiden, sei optimistisch und positiv in Bezug auf die Liebe. Bring die Vergangenheit oder die negativen

Dinge, denen du nicht begegnen willst, zumindest nicht zu früh in die gegenwärtige Dating-Erfahrung ein.

Fehler Nr 11: Zu viel "Recherche"

Da so viele Dinge im Internet verfügbar sind, kann es verlockend sein, zu einem bestimmten Zeitpunkt viel selbst zu recherchieren. Und während ein bisschen davon dir zugute kommen und dich schützen kann, kann dies auch zu einem falschen Eindruck führen - bevor ihr euch überhaupt sieht. Warte mindestens ein paar Wochen, um das Date zu recherchieren und dieser Person eine echte Chance zu geben.

Fehler Nr 12: Du gibst früh auf

Obwohl es wichtig ist, ehrlich zu sich selbst zu sein und genau das zu tun, worauf du vorbereitet bist, erliegen viele Menschen dem, was man "Dating App Burnout" nennt, und beenden es beim ersten Anzeichen von Enttäuschung.

Anstatt zu diesen Zeiten das Handtuch zu werfen, empfehlen wir, zuerst eine kurze Pause einzulegen. Oft sind Singles frustriert und verlassen Dating-Sites. Du kannst eine Woche Pause machen, aber Dating ist ein Spiel mit Zahlen. Versuche also, nicht aufzugeben. Nimm dir auch Zeit für die Selbstversorgung und tank auf, aber versuch es weiter.

Fehler Nr 13: Verabrede dich nicht, ohne vorher mit dem Date telefoniert zu haben.

Fahr nach einigen Nachrichten mit einem Telefonanruf fort. Warum Zeit verschwenden, wenn ihr möglicherweise keine Chemie habt? Wenn dein potenzielles Date dir nach einem 20-minütigen Chat nicht anspricht, lass ihn oder sie höflich wissen, dass du nicht interessiert bist. Es ist besser, ehrlich zu sein, als jemandes Zeit zu verschwenden.

Fehler Nr 14: Du sprichst mit zu vielen Personen gleichzeitig.

Jongliere nicht mit so vielen Leuten, dass du Karteikarten benötigst, um auf dem Laufenden zu bleiben. Sprich mit zwei oder drei Personen und verstecke dann dein Profil, während du herausfindest, wer für dich am besten geeignet ist. Wenn du überfordert bist und dein Posteingang mit unbeantworteten Nachrichten gefüllt ist, kannst du jemanden, der wunderbar ist, unabsichtlich ablehnen. Nimm es langsam an und warte, bis du bereit bist.

Das perfekte Online Dating Profil

Millionen von Menschen wenden sich an Online-Dating, um ihre perfekte Liebe zu finden. Wenn du zu den Millionen gehörst, die online nach Liebe suchen, fragst du dich vielleicht: "Wie kann ich jemanden dazu bringen, nach rechts bei mir zu streichen?" Ist es dein Foto? Dein Alter? Die Farbe deiner Haare?

Anstatt sich auf die körperlichen Eigenschaften zu konzentrieren, stelle dein Fokus auf dein Profil. Möglicherweise teilst du entweder zu viel oder zu wenig oder verwendest nicht die richtige Sprache, um wirklich aufzufallen. Wenn du deine Chancen erhöhen möchtest, dann solltest du diese Tipps befolgen:

1.Hobbies und Interessen auflisten

Untersuchungen zeigen, dass 64% der Online-Nutzer gemeinsame Interessen für wichtig halten. Dies bedeutet, dass du deine bevorzugten Hobbys und Interessen auflisten solltest, damit die Leute schnell feststellen können, ob ihr gemeinsame Interessen habt oder nicht. Sei nicht vage und sage Dinge wie "Musik" oder "Sport". Schreib stattdessen die drei oder fünf besten Bands und Sportarten auf, die du tatsächlich magst. Zu wissen, wie man surft und an Yoga-Kursen teilnimmt, sind beliebte Aktivitäten bei Männern und Frauen. Wenn du also so was kannst, ist es eine gute Idee, es zu erwähnen.

Was solltest du nicht erwähnen? Erwähne nicht gleich Gott und deine Religion, da dies jemanden sofort abschrecken kann.

2. Achte auf Grammatik und verwende deine eigene Sprache

Wenn du dein Profil schnell einrichtest, hast du wahrscheinlich einige Rechtschreib- und Grammatikfehler gemacht. Es ist nicht nur wichtig, das Profil für eine bessere Optimierung Korrektur zu lesen, sondern du möchtest auch nicht mit großem Wortschatz und komplexen Formulierungen über Bord gehen. Untersuchungen haben gezeigt, dass die Verwendung einfacher Wörter es den Menschen erleichtert, Dinge über dein Profil zu lesen, auszusprechen und sich daran zu erinnern, wodurch es wahrscheinlicher wird, dass sie sich für dich interessieren.

Darüber hinaus bevorzugen 28% der Nutzer, dass ein Mann Frauen eher als Frauen als als Mädchen bezeichnet. Wenn du Grammatik beherrschst, hast du außerdem eine um 31% bessere Chance, vom anderen Geschlecht kontaktiert zu werden.

3. Das perfekte Foto

Dies bedeutet nicht "Wähle das sexy Foto." Das Foto, das du veröffentlichst, ist das erste, was jemanden an dein Profil zieht - und es ist auch der erste Indikator für deine Persönlichkeit. In der Online-Dating-Welt geben 49% der Nutzer an, dass deine körperlichen Eigenschaften das wichtigste Element des Profils sind.
Wähle ein Foto aus, das ein wenig von der Persönlichkeit zeigt (ein Foto, auf dem du etwas tust, das du gerne tust) und gleichzeitig deine Attraktivität zeigt (wähle also ein Foto aus, bei dem du dir sicher bist und mit dem Aussehen zufrieden bist!) Wenn du Wandern liebst, wähle ein Foto von dir bei der Wanderung. Wenn du eines speziell für dein Profil auswählen willst, wähle ein Outfit, das zu deiner Persönlichkeit passt, und nicht eines, das eine Version erstellt, die Benutzer deiner Meinung nach sehen möchten.

Zuletzt stell sicher, dass du lächelst! Wenn du auf deinem Foto lächelst, wirkst du freundlich und zugänglich.

4. Überspringe das Selfie

Während wir uns mit dem Thema Fotos befassen, sollten wir dieses aus dem Weg räumen: Poste kein Selfie. Insbesondere Männer sollten niemals ein Selfie veröffentlichen.

Frauen können mit einem davonkommen, solange es kein schreckliches Entengesicht ist.

5. Schreib über dich, und über das, was du suchst

Obwohl du alle wichtigen Details für das erste Date speichern möchtest, solltest du mindestens 80% deines Profils damit füllen, über sich selbst zu schreiben, und die anderen 20% sollten beschreiben, welche Art von Partner du suchst. Wie du suchen auch andere Benutzer jemanden, mit dem sie sich ein Bild machen können. Deshalb möchtest du mehr Zeit damit verbringen, sich selbst und deine Interessen zu beschreiben. Es ist auf jeden Fall wichtig, ein Gleichgewicht zwischen beiden zu finden, da ein Profil, das nur über dich ist, die Leute abschreckt.

6. Halte es positiv

Vermeiden es, negative Dinge über dich selbst oder die Dinge zu sagen, die du an einer Person nicht magst. Experten sagen, dass nichts einladender ist als Positivität.

7. Stelle Fragen

Hab keine Angst, Aussagen zu machen oder Fragen zu stellen. Dies erleichtert es jemandem, sich mit dir in Verbindung zu setzen, und gibt dir sofort einen Gesprächsstarter über ein gemeinsames Interesse. Darüber hinaus ist dies eine hervorragende Möglichkcit, nach dem Typ der Person zu filtern, an der du interessiert bist, und du hast eine bessere Chance, eine gute Übereinstimmung zu erzielen.

8. Keine App ist gleich.

Happn, Bumble, Tinder. . . Dating-Apps haben nicht nur ihr soziales Stigma verloren, sondern sie haben sich nun auch auf Nischen-Demografien und Interessenkategorien spezialisiert, von denen jede einen eigenen visuellen Ansatz erfordert. Und ähnlich wie du nicht dasselbe Anschreiben für verschiedene Stellenbeschreibungen senden würdest, solltest du auch die vielen Apps unterschiedlich angehen. Zum Beispiel ist Tinder viel verspielter und dort wirst du sicher keiner formalen Fotos aus dem Lebenslauf hochladen, während Parship was ganz anderes ist. Mach deine Recherche.

9.Lass dich von anderen inspirieren

Wenn du zum ersten Mal eine Dating-Website verwendest, schau dir das Profil anderer Personen an und entscheide, was du richtig machst und was nicht. Lass dich von ihrer Herangehensweise, ihrem Ton und ihrem Format inspirieren.

10. Denk darüber nach und sei genau

Nimm dir dann etwas Zeit, um darüber nachzudenken, was dir im Leben am besten gefällt. Was sind die Dinge, die dir wirklich Glück bringen und dich inspirieren? Wenn du einige Beispiele in dein Profil aufnimmst, erhalten die Benutzer einen Einblick in das, was dich froh macht, und zeigen die Interessen, die ihr möglicherweise teilt. Wenn deine Leidenschaft das Reisen ist, liste einige deiner Lieblingsziele auf. Wenn du gerne kochst, was kochst du dann am besten?

Stelle dir dein Profil als ein Eröffnungsgespräch vor, halte jeden Ton hell, die Sprache positiv und den Inhalt interessant.

11. Mach die anderen auf dich aufmerksam

Während das Erstellen eines guten Profils der erste und wichtigste Schritt ist, um auf eine Dating-Website zu gelangen, ist es auch wichtig, dass dein fabelhaftes und sorgfältig ausgearbeitetes Profil von den Mitgliedern, die du magst, wahrgenommen wird! In der realen Welt kannst du dich darauf verlassen, dass ein Freund dich vorstellt. Wenn du jedoch online bist, ist es wichtig, proaktiv zu sein. Wenn du jemanden siehst, dessen Aussehen dir gefällt, schreib ihm eine kurze und freundliche Nachricht. Wenn sie nicht antworten, fahr mit der nächsten Person fort.

12. Leg alles auf den Tisch

Na ja, das meiste sowieso. Während Männer es nicht mögen, wenn Frauen erwähnen, dass sie geschieden sind oder Kinder haben, stellt sich heraus, dass Frauen dies tun. Bei der Erwähnung von Scheidung oder Trennung steigt die Rate der Nachrichtenantworten um 52 Prozent. Also mach weiter und sei ehrlich über solche Dinge. Halten Sie es einfach im Rahmen der Vernunft. Wenn Sie einen Fußfetisch oder eine Hardcore-Drogengewohnheit haben, speichern Sie diese vielleicht für die

Datumsnummer ... niemals. Stellen Sie außerdem sicher, dass Ihr Profil positiv ist. Niemand möchte mit einem traurigen Sack ausgehen, also verwenden Sie Wörter wie "kreativ", "ehrgeizig" oder "lachen". Vermeiden Sie Wörter wie "allein" oder "verzweifelt einsam".

13. Bleib gelassen

Du würdest nicht zu einer Frau in einer Bar gehen, mit der du noch nie gesprochen hast, und sie sofort nach einem Date fragen. Du würdest sie zuerst ein bisschen unterhalten. Lerne sie kennen, lass sie dich kennenlernen. Gleiches gilt online. Zu „Macho“ zu werden ist für Frauen eine große Abschaltung. Außerdem bist du nicht Brad Pitt, also meide erniedrigende Umgangssprachen wie "Baby" oder "Kleine". Es stellt sich heraus, dass Frauen keine großen Fans des Chauvinismus sind, insbesondere von jemandem, den sie nicht einmal kennen.

14. Keine ernsten Themen wie Politik

Politik ist wie Religion ein dunkler, unruhiger Teil des Dating-Ozeans. Es ist nicht etwas, das du Fremden gleich erzählst. Aber unsere politischen Ansichten sagen eine Menge über uns aus: Was wir schätzen, was wir missbilligen und wen wir hassen könnten. Wenn du also deine politischen Ansichten explizit machst, ist dies eine starke Botschaft. Der Vorteil ist, dass du ein Date haben könntest, das deine Ansichten teilt und großartige Diskussionen führt. Es ist definitiv eine Flagge - entweder eine rote Flagge oder eine herrliche, leuchtende Flagge von Gleichgesinntheit.

15.Sei ehrlich über dein Aussehen

Sei nicht unehrlich. Aus dem gleichen Grund solltest du kein irreführendes Foto von dir selbst erstellen. Irreführende potenzielle Übereinstimmungen über dein Aussehen sind ein großer Fehler. Es ist ... eine Lüge! Und es ist selbstzerstörerisch. Betrachte dein Profil als eine erste Einführung. Jede Beziehung, in der die erste

Einführung auf Lügen basiert, ist zum Scheitern verurteilt.

Dies bedeutet jedoch nicht, dass du dich in die Höhle der Einsamkeit und Depression zurückziehen musst, nur weil du möglicherweise nicht die perfekten Kurven hast. Heiß sein ist heiß, aber Ehrlichkeit ist auch heiß! Du wirst nicht mit weniger rasukommen und gibt Leute da draußen, die genau wie du bist. Sei stolz darauf wer du bist, ob dünn, klein, mittleren Alters oder was auch immer. Präsentiere dich als wer du wirklich bist, nicht als wer du sein willst oder was du denkst, dass die Leute sehen wollen.

So startest du eine Konversation

Für Männer

Aufmerksamkeit erregendes Profil – Check! Starke Bilder, die alle deine besten Eigenschaften hervorheben – Check! Du hast alle Teile des Online-Dating-Puzzles zusammengestellt - jetzt ist es an der Zeit, den Sprung zu wagen und ein Gespräch zu beginnen.

Eine schnelle Google-Suche zeigt, dass es Unmengen von Männern gibt, die bereits wissen, wie schwierig es sein kann, eine Frau dazu zu bringen, ihnen zu antworten, insbesondere wenn sie attraktiv ist. Wenn du nicht weisst, wie du ein Online-Dating-Gespräch am besten beginnen kannst, kann es eine Weile dauern, bis du eine Antwort kriegst.

Statistiken zeigen, dass du satte 114 Nachrichten brauchst, um zu 99% sicher zu sein, dass du eine Antwort bekommst.

Aber keine Sorge – wir wissen was funktioniert und was nicht, wenn es darum geht, Nachrichten zu senden, die sie dazu bringen, zurückzuschreiben.

Mach Notizen, denn wir teilen dir alles mit, was du über das Starten eines Gesprächs wissen musst, das mit einem Date endet - einschließlich einiger großartiger Beispiele für Online-Dating-Gesprächsstarter!

Sammle Input

Wenn du jemanden gefunden hast, der deine Aufmerksamkeit auf dich zieht, schaue dir ihre Fotos an (als müssten wir es dir sagen). Dies ist oft der beste Ort, um ihre Persönlichkeit herauszufinden, da ihre Fotos ein Hinweis darauf sind, wie sie sich präsentieren möchte.

Wenn sie ein professionelles Profilbild verwendet, kannst du daraus schließen, dass sie ernst genommen werden möchte. Wenn sie ein lustiges Bild verwenden, kannst du ihre abenteuerliche Seite ansprechen.

Als nächstes überfliegst du das Profil. Versuche herauszufinden, worüber sie leidenschaftlich ist - sie reagiert eher, wenn du sie nach etwas fragst, an dem sie interessiert ist. Beachte auch die Gemeinsamkeiten. Wenn du etwas fragst, an dem ihr euch gegenseitig interessiert, fällt es dir viel leichter, das Gespräch am Laufen zu halten.

PRO TIPP: Du hast keine Zeit, die Profile aller Frauen durchzulesen, denen du eine Nachricht senden möchtest? Hier ist ein Tipp, mit dem du viel Zeit bei Dating-Websites und Apps sparst: Verwende Nachrichten zum Ausschneiden und Einfügen, die du jeder Frau senden kannst. Lies weiter für einige Beispiele.

Sende eine Eisbrecher-Nachricht

Wenn du einer der Typen bist, die mit "Hey, Baby" oder "Du bist wunderschön" geführt haben, weisst du schon, dass dies nicht funktioniert.

Deine Nachricht muss ihre Aufmerksamkeit erregen, ihre Neugier wecken und sie dazu bringen, mehr über dich zu erfahren. Du sollst es ihr auch leicht machen, zu antworten, und der beste Weg, dies zu tun, besteht darin, ihr eine Frage zu stellen.

Zunächst musst du mit einem Gesprächsthema an den Tisch kommen. Eine zum Nachdenken anregende, lustige, verspielte Nachricht, die sich von all den lahmen Nachrichten abhebt, die ihren Posteingang überladen. Hier kommt die Information ins Spiel, die du gesammelt hast.

Wenn sie beispielsweise ein athletischer Typ ist, der ihren Fotobereich mit Bildern auf Skipisten gefüllt hat, versuche Folgendes:
Verwende die erweiterten Suchkriterien, um Frauen zu finden, die gerne Ski fahren, und sende diese Nachricht an eine der Personen, die dich interessieren. Dies funktioniert für jedes Schlüsselwort, z. B. für Reisen.

Wenn du ein paar gute Nachrichten zum Kopieren und Einfügen gefunden hast, teste sie und behalte die Gewinner. Und es ist überraschend einfach, einige gute zu finden, wenn du diese DOs und DONTs berücksichtigst:

Dos:

Mach es ihr einfach zu antworten, indem du eine Frage stellst.
Richte deine Frage auf Informationen, die du aus ihrem Profil gesammelt hast.
Verwende die richtige Grammatik und Rechtschreibung.

Donts:

Komplimente an ihr Aussehen (das machen alle anderen Jungs und es funktioniert auch nicht für sie).
Schreibe mehrere Absätze. Sie wird es nicht lesen und du willst nicht so aussehen, als würdest du dich zu sehr bemühen, sie zu beeindrucken.
Sie in der ersten Nachricht fragen, ob sie dich kennenlernen möchte, bevor sie dich persönlich trifft.

Wenn sie nicht antwortet, wieder schreiben

Was ist, wenn sie trotz aller Bemühungen nicht auf deine Eisbrecher-Nachricht reagiert? Mach dir keine Sorgen - es passiert. Vielleicht ist sie beschäftigt. Vielleicht hat sie es vergessen oder sie ist nicht in der Stadt.

Sende ihr nach ungefähr einem Tag noch eine Nachricht. Du willst sie wissen lassen, dass du wirklich interessiert bist, aber du möchtest nicht verzweifelt nach ihrer Antwort erscheinen. Das ist eine große Abzweigung, also bleib unbeschwert:

Wenn sie auch nicht darauf reagiert, lass es los. Du willst nicht wie ein Stalker aussehen und außerdem gibt es viel mehr Fische im Meer.

Wissen, wann das beste Timing ist

Wenn sie auf den Eisbrecher reagiert, gibt es eine einfache Formel, um das Gespräch auf ein Date zu lenken:

Kommentiere die Antwort auf die von dir gestellte Frage.
Beantworte es selbst, damit sie auch etwas über dich erfährt.
Frag sie noch etwas.
Nutz jede Nachricht als Gelegenheit, um deine positiven Eigenschaften und Merkmale hervorzuheben - der springende Punkt bei einem Online-Dating-Gespräch ist es, Anziehungskraft aufzubauen.

Wenn sie dich beispielsweise nach deinen Plänen für das Wochenende fragt, kannst du erwähnen, wie du deinen Hund auf eine Wanderung mitnehmen, den Neffen zu einem Ballspiel mitnehmen und dann

Freunde für ein Konzert treffen möchtest.

In nur einem Satz hast du mitgeteilt, dass du verantwortlich genug bist, um ein Haustier zu haben, aktiv bist, familienorientiert bist und ein soziales Leben führst - alles attraktive Eigenschaften.

Aber wie viele Nachrichten solltest du austauschen, bevor du sie fragst? Du möchtest sie nicht unter Druck setzen oder abschrecken, indem du sie zu früh fragst, aber du willst auch nicht, dass sie das Interesse verliert, indem es zu lange dauert oder zu viele Folgefragen aufkommen, ohne dass ein Ende in Sicht ist.

Doch aus Erfahrung wissen wir, dass der richtige Zeitpunkt für die Einladung zum Date nach 2 oder 3 Nachrichten ist.

Aber um sie dazu zu bringen, ja zu sagen, musst du sie richtig fragen.

Für Frauen

Online-Dating unterscheidet sich von dem, was passiert, wenn du jemanden live triffst. Menschen verhalten sich anders, wenn sie sich hinter Technologie verstecken können. Es kann schwierig sein, die "Körpersprache" eines Mannes lesen zu können, wenn du seinen Körper nicht sehen kannst!

Wenn du erst kürzlich wieder Single geworden bist, fühlst du dich möglicherweise in dieser neuen Welt des Datings durch Technologie verloren. Eigentlich ist es beängstigend. Doch sobald du unsere Tipps beherrschst, wirst du ein Profi online sein!

P.S. Der Schlüssel zum Erfolg beim Online-Dating ist das Vertrauen. Wenn du einen kleinen Schub brauchst, dann ist dieses Buch perfekt für dich. Du lernst, wie du ein Gespräch mit einem Mann beginnen und wie du einen Mann, den du online kennengelernt hast, dazu bringst, dich zu befragen.

Wenn du online bist, lass dich nicht in die Falle tappen, eine Online-Beziehung aufzubauen.

Was wir meine ist: Wenn du so viel Energie investierst, um wochenlang online mit einem Mann zu sprechen, ohne ihn zu treffen, a) hast du nur einen Brieffreund und b) setzt du dich einem ernsthaften emotionalen Risiko aus. Bis du einen Mann persönlich triffst, kannst du nicht wissen, ob ihr Chemie habt. Natürlich kannst und solltest du ihn durch Text oder Chat kennenlernen, bevor du überhaupt weisst, ob du ihn treffen willst, aber lass den Chat nicht zu lange dauern.

Immerhin haben wir alle von Catfish gehört! Wie kann man sicher sein, dass er wirklich der ist, von dem er sagt, dass er er ist, bis man den Mann von Angesicht zu Angesicht trifft? Es gibt sehr viele Opfer von online Betrug. Man kann sich leicht als jemand anderes vorstellen und die Fotos von jemanden nutzen.
Wir sagen das nicht, um dich abzuschrecken. Es gibt eine Menge legitimer Männer in Dating-Apps,

und es gibt genauso viele Frauen, die durch Online-Dating großartige Partner gefunden haben. Aber wir möchten, dass du vorsichtig bist und diesen Mann triffst, bevor du anfängst, dich emotional auf ihn einzulassen. Stell die eigene Sicherheit (und Gesundheit) an die erste Stelle!

Okay, jetzt ist es Zeit für diese Online-Dating-Tipps für Frauen, die wir dir versprochen haben!

Halte die Nachrichten kurz und bündig

Schreibe kein Buch, wenn du ihm eine SMS schreibst! Halte es kurz.
Es gibt einen bemerkenswerten Unterschied zwischen der Art und Weise, wie Frauen Nachrichten über Dating-Apps senden, und der Art und Weise, wie Männer dies tun. Die meisten Frauen nehmen sich die Zeit, um das Profil eines Mannes zu lesen und etwas zu sagen, das zeigt, dass sie aufmerksam sind:

Hey Mark! Ich liebe das Bild mit dir auf dem Berg. Wo warst du da?

<u>Grüß dich Julian. Ich liebe auch Eisfischen! Ich war letztes Jahr in Alaska. Du auch?</u>

Männer hingegen haben fast nicht so oft etwas Einfälliges. Viele von ihnen machen sich nicht einmal die Mühe, das Profil zu lesen:

<u>Hallo.</u>

<u>Hallo sexy Mama.</u>

Okay?? Wie soll man von einem Mann beeindruckt sein, der kaum einen ganzen Satz schreibt? Trotzdem würden wir sagen, dass du die Kürze der Männertexte zur Kenntnis nimmst und dasselbe tun solltest. Du kannst mehr als nur Hallo sagen, aber geh nicht über Bord und erzähle deine Lebensgeschichte, wenn du zum ersten Mal in der Dating-App Nachrichten sendest.

Das Gespräch sollte zweiseitig sein. Beende deine Antwort daher immer mit einer Frage, um das Gespräch am Laufen zu halten.

Ich arbeite im IT als Projektmanager. Und du?

Ich habe gesehen, dass du Fotografie als Hobby aufgeführt hast. Was fotografierst du gerne?

Denke auch daran, dass eine Nachricht nicht der beste Weg ist, um jemanden kennenzulernen. Dein Ziel sollte es also sein, mit diesem Mann zu telefonieren. Ja, wir haben uns vom Telefonieren entfernt (eine Schande), aber wenn wir mit einem Mann sprechen, mit dem wir ausgehen möchten, kann man besser erkennen, ob er gut zu uns passt und man kann schneller sprechen als tippen, um sich schneller kennenzulernen.

Wenn du jemanden in einer Dating-App getroffen hast, besteht das übliche Protokoll darin, zuerst eine Nachricht zu schreiben und dann am Telefon zu sprechen, bevor du jemanden nach einem Date fragst. Es ist wichtig zu sehen, ob es eine gute sprechende Chemie gibt, bevor ihr euch persönlich sieht. Die meisten Frauen fühlen sich sicherer, nachdem sie zuerst telefoniert haben.

Betrachte Online-Dating als Marathon, nicht als Sprint

Es ist leicht, sich nach ein paar Wochen mit Dating-Apps ohne großartige Ergebnisse entmutigen zu lassen. Du kannst gute Gespräche mit Männern führen, die dich attraktiv finden, nur damit sie am Ende verschwinden. Du kannst unhöfliche Männer kennenlernen. Möglicherweise findest du auch niemanden, der Interesse weckt. Du fühlst dich möglicherweise abgelehnt, wenn du nur wenige Nachrichten erhältst.

Du musst wissen: Das ist alles Teil davon. Online-Dating ist ein Werkzeug, um interessante Leute zu finden, kein Zauberstab, der automatisch den Wunsch nach einem Freund erfüllt. Und es braucht Arbeit. So wie du dich für Dutzende von Jobs bewerben musst, um nur ein paar Interviews und hoffentlich mindestens ein

Jobangebot zu erhalten, musst du dir Zeit für Dating-Apps nehmen, damit es funktioniert.

Einige Websites priorisieren die Profile von Personen, die online sind. Wenn du also mehr Zeit online verbringst, hast du auch mehr Ergebnisse.

Geh zu Dates nur wegen Übung, auch wenn sie nicht funktionieren. Vor allem, wenn du schon länger nicht mehr in dem Dating-Spiel warst, kannst du davon profitieren, Nachrichten zu schreiben, mit Männern zu sprechen und mit Männern auszugehen.

Lass ihn zu dir kommen

Einer der besten Online-Dating-Tipps für Frauen, die wir anbieten können, ist zu wissen, dass du ein verdienender Preis bist. Das heißt, er fährt dir entgegen, nicht umgekehrt. Wähle ein Café oder Restaurant in der Nähe deines Hauses, damit du dich bei diesem ersten Treffen nur minimal anstrengen musst.

Lass dich jedoch NICHT von ihm bei dir abholen!

Bei einem ersten Date (wirklich erstes Treffen) kennst du diesen Kerl nicht gut genug, um ihm deine Adresse anzuvertrauen. Auch hier sollte Sicherheit das Hauptanliegen sein. Gib ihm auch nicht frühzeitig deine Telefonnummer, da er diese verwenden kann, um deine Adresse zu finden.

Gruselig.

(Eine Alternative zur Angabe der Nummer ist die Verwendung einer Telefon- und Messaging-App, damit die Telefonnummer abgeschirmt ist.)

Wenn er nicht kommen will, vergiss ihn. Du willst keinen Mann, der nicht bereit ist, sich ein wenig anzustrengen, um dich kennenzulernen.

Angenommen, er ist 50% weniger attraktiv als seine Bilder

Wir alle machen es. Wir stellen unsere besten Bilder online. Einige von uns photoshopen sogar unsere Fotos, damit wir noch besser aussehen als wir tatsächlich aussehen!

Männer veröffentlichen möglicherweise Bilder von der High School, weil sie zu verlegen sind, um aktuelle Bilder zu veröffentlichen, die zeigen, dass sie eine Glatze haben und übergewichtig sind. Es ist albern, denn klar, du wirst es herausfinden, wenn du ihn treffst, aber er hofft, dass du dich bis dahin in ihn verliebt hast und die kleine Notlüge von Fotos übersehen wird.

Es ist auch die gegenteilige Situation zu beachten: Einige Leute machen nur schlechte Fotos.

Also noch ein Online-Dating-Tipp? Leg nicht so viel Wert auf seine Fotos. Er wird persönlich anders aussehen. Wenn er also auch nur annähernd attraktiv erscheint, kann er persönlich noch attraktiver sein. Wenn dich die Informationen in seinem Profil interessieren, lohnt es sich, ihn kennenzulernen. Das Schlimmste ist, dass er nur ein Freund ist.

Lüge nicht

Einer der besten Online-Dating-Tipps für Frauen: Sei ehrlich!

54% der Menschen lügen auf ihren Dating-Profilen!

Es geht wirklich auf das Vertrauensproblem zurück: Wenn du sicher bist, wer du bist gibt es keinen Grund, das Online-Dating-Profil zu verfälschen.

Sei bei dem Block-Button nicht schüchtern

Wir wünschten, dass jeder Mann, der versucht, deine Aufmerksamkeit online zu erregen, ein guter Typ wäre, aber Tatsache ist, dass es viele schreckliche Männer gibt. Menschen verstecken sich gerne hinter Technologie. Man hat das Gefühl,

Dinge sagen zu können, die man Face-to-Face nicht sagen würde, da online ein gewisses Maß an Anonymität besteht.
Aber denk daran: Du hast die Kontrolle. Du musst dir nicht das schlechte Benehmen von Männern gefallen lassen.

Wenn dir ein Typ unangemessene Fotos schickt ...BLOCK.

Wenn seine erste Nachricht unangemessen ist? BLOCK.

Präqualifiziere ihn vor dem Treffen

Stelle sicher, dass er deinen Anforderungen entspricht, bevor du ein Date vereinbarst.

Während wir gesagt haben, dass du nicht viel Zeit online mit diesem Typen verbringen solltest, bevor du ihn triffst, empfehlen wir dir unbedingt, die Voraussetzungen zu haben, damit du entscheiden kannst, dass ein Mann tatsächlich ein Treffen wert ist.

Online sicher bleiben

Wenn es um Online-Sicherheit geht, insbesondere wenn es um Dating und Freundschaften geht, denken wir gerne, dass wir wissen, wovon wir sprechen.

Wie bei der Begegnung mit einer neuen Person, ob online oder offline, ist es ratsam, einige Sicherheitsvorkehrungen zu beachten. Dating-Apps führen keine kriminellen Hintergrundprüfungen für Benutzer durch. Es liegt also an jedem Benutzer, zu bestimmen, ob er sich gerne mit jemandem trifft. Es ist jedoch wichtig, sich daran zu erinnern, dass es nicht deine Schuld ist, wenn du beim Online-Dating oder bei der Verwendung einer App sexuelle Übergriffe oder Gewalt erfährst.

Diese Dinge gelten nicht nur für Dating-Sites , sondern für alle Arten von sozialen Online-Netzwerken.

Im Folgenden findest du einige Schritte, die du unternehmen kannst, um deine Sicherheit bei der Interaktion mit anderen über Online-Dating-Apps und -Dienste zu erhöhen - unabhängig davon, ob ihr virtuell oder persönlich integriert. Wie alle Sicherheitstipps sind sie keine Garantie, aber sie können dir helfen, sich sicherer zu fühlen.

Die Gefahr ist real

Bevor du jedoch zur Anleitung springst, ist es wirklich wichtig zu betonen, dass wir dieses Zeug nicht einfach erfinden - die Gefahr durch Betrüger im Internet ist sehr real.

Beginnen wir mit der Vermeidung von Online-Betrügern.

Erkenne die Warnsignale eines online Betrügers

Online-Betrüger, die auf Dating-Sites sind, suchen häufig nach Frauen, die kürzlich geschieden oder verwitwet wurden. Mit anderen Worten - emotional verwundbar.

Meistens sind diese Opfer sowohl gebildet als auch mit Computern vertraut, und dennoch werden sie immer getäuscht. Es ist erstaunlich, wie viele Menschen darauf hereinfallen.

Betrüger folgen normalerweise einer einfachen Formel:

Erreiche ein Ziel. Betrüger trollen normalerweise auf einer Dating-Website oder in sozialen Medien wie Facebook nach Opfern.

Vertrauen aufbauen. Er wird sich bei dir „beliebt" machen - oft über "geteilte" Erfahrungen, die du in deinem Dating-Profil oder auf Facebook veröffentlicht hast.

Sobald du emotional begeistert bist, plant er, sich persönlich mit dir zu treffen, bricht jedoch immer ab. Die Gründe sind normalerweise plausibel und sollen dich mit seiner Notlage sympathisieren lassen.

Nach Geld fragen. Dies könnte klein anfangen, wie Geld für ein Flugticket, um dich zu besuchen (aber er muss den Flug in letzter Minute stornieren), ein medizinischer Notfall oder eine unerwartete Anwaltsgebühr. Allmählich erhöht sich dieser Betrag, bis du aufhörst, ihn zu senden.

Und bevor du anfängst zu denken: „Ich würde niemals darauf hereinfallen", denk daran, dass Betrüger dies buchstäblich für ihren Lebensunterhalt tun. Es ist ein Vollzeitjob und sie sind sehr gut darin, deine Emotionen zu manipulieren und an deinen Herzenssträngen zu ziehen.

Viele Betrüger investieren in die langen Jahre, die sie verbringen, oder nehmen langsamer Opfer für jeden letzten Cent. Aber vorgewarnt ist gewappnet, und das gilt insbesondere für Online-Dating.

Hier sind ein paar weitere Anzeichen, die mit einem Online-Betrüger zu tun haben könnten:

Nachrichten eskalieren schnell von „Dich kennenlernen“ zu „Liebesberufen“ und sie versuchen, Dinge nach nur wenigen Nachrichten auf eine andere Kommunikationsplattform zu verschieben.

Er/Sie hat nicht nur immer einen Grund, warum er dich nicht persönlich treffen kann, sondern auch einen Grund, warum er/sie Skype oder FaceTime nicht machen kann.
Er bittet um "intime" Fotos oder Videos. Während es für Paare in allen Phasen einer Beziehung nicht ungewöhnlich ist, sexy Schnappschüsse auszutauschen, warte, bis du zu 100% sicher bist,

dass die Person, mit der du sie teilst, legitim ist. Warte, bis ihr euch persönlich getroffen habt, da viele Betrüger Fotos verwenden, um dich zu erpressen, wenn du dich weigerst, Geld zu senden.

Der einfachste Weg, ein falsches Profil zu erkennen

Führe eine umgekehrte Bildsuche in seinen Profilfotos durch, um festzustellen, ob sie an anderer Stelle im Internet angezeigt werden.
So führst du eine umgekehrte Bildsuche bei Google durch:

Klick mit der rechten Maustaste auf das Foto, das du überprüfen möchtest.
Wähle "Google nach Bild durchsuchen".
Sehe dir die Suchergebnisse an, um festzustellen, ob andere ähnliche Bilder vorhanden sind.

Dank der Suchergebnisse kannst du schnell feststellen, dass dies kein legitimes Profil ist.

Eine umgekehrte Bildsuche dauert nur Sekunden und ist eine Vorsichtsmaßnahme für Online-Dating, die du immer machen solltest, bevor du Nachrichten mit einer neuen Person austauschst.

Erwäge die Verwendung einer kostenpflichtigen Dating-Site

Während du möglicherweise immer noch auf einige stößt, kannst du die Anzahl der gefälschten Profile reduzieren, wenn du für ein Abonnement bezahlen musst, um Nachrichten auszutauschen. Einige Quellen schätzen, dass 10% der neuen Konten auf kostenlosen Dating-Websites gefälschte Profile sind, die von Betrügern erstellt wurden.

Aus dieser Perspektive sind bezahlte Dating-Sites normalerweise die sichersten Online-Dating-Sites.

Du wirst wahrscheinlich auch feststellen, dass die Leute es normalerweise ernst meinen, da sie Geld in den Prozess investiert haben.

Halte deine Kontaktinformationen privat

Es gibt einen Unterschied zwischen Cyber-Know-how und Cyber-Sicherheit. Mögliche Daten führen deinen Namen wahrscheinlich über eine detaillierte Internetsuche. Möglicherweise finden sie auch deinen Bürostandort auf LinkedIn, deine Adresse in einem Instagram-Post oder deine Telefonnummer, die mit einer Anzeige verknüpft ist.

Maßnahmen ergreifen: Veröffentliche niemals identifizierende Details in deinem Profil - einschließlich der Adresse, Telefonnummer oder persönlichen E-Mail-Adresse. Stelle sicher, dass du auch die auf deinen anderen virtuellen Plattformen veröffentlichten Informationen einschränkst. Stelle deine Sicherheitseinstellungen für alle deine Social Media-Konten auf die maximale Stufe ein und autorisiere niemals eine App, deinen Standort zu veröffentlichen.

Spiele einen Detektiv

Es ist wichtig zu überprüfen, ob die Person wirklich so ist, wie sie in wahrem Leben ist. Du kannst überprüfen, wo sonst ihre oder seine Fotos veröffentlicht werden. Vielleicht ist ihr Dating-Profilbild dasselbe wie ihr Twitter-Profilbild - Menschen werden auf Social-Media-Websites wie Twitter viel weniger gefiltert, und Sie du könntest einige unappetitliche Persönlichkeitsmerkmale entdecken. Du kannst auch herausfinden, ob sie ein gefälschtes Foto eines Models oder einer Berühmtheit verwenden oder nicht.

Maßnahmen ergreifen: Kopiere das Profilbild einer potenziellen Übereinstimmung in die Google Bilder-Suchleiste. Google sucht nach diesem Bild mithilfe der Gesichtserkennung, der Identifizierung von Orientierungspunkten und der binären Fotos. Wenn du eine Dating-App auf dem Mobilgerät durchsuchst, verwende eine mobile Version der Google Bildsuche.

Vermeide die Verbindung mit verdächtigen Profilen. Wenn die Person, mit der du eine Übereinstimmung gefunden hast, keine Bio- oder Social-Media-Konten hat und nur ein Bild gepostet hat, handelt es sich möglicherweise um ein gefälschtes Konto. Es ist wichtig, Vorsicht walten zu lassen, wenn du dich mit jemandem verbindest, über den du so wenig Informationen hast.

Überprüf dein potenzielles Date in den sozialen Medien. Wenn du den Namen oder die Informationen des Dates in den sozialen Medien findest - oder noch besser, wenn ihr gemeinsame Freunde online habt -, such sie nach und stelle sicher, dass sie dich nicht betrügen, indem sie ein gefälschtes Social-Media-Konto verwenden, um ihr Dating-Profil zu erstellen.

Blockiere und melde verdächtige Benutzer. Du kannst einen anderen Benutzer blockieren und anmelden, wenn du der Meinung bist , dass sein Profil verdächtig ist oder wenn er unangemessen gegenüber dir gehandelt hat. Dies kann häufig anonym vor oder nach dem Abgleich erfolgen. Wie bei jeder persönlichen Interaktion ist es immer möglich, dass sich Menschen falsch darstellen. Vertraue deinem Instinkt, ob du das Gefühl hast, dass sich jemand wahrheitsgemäß darstellt oder nicht.

Die folgende Liste enthält einige Beispiele für einige häufig vorkommende Geschichten oder verdächtige Verhaltensweisen, mit denen Betrüger möglicherweise Vertrauen und Sympathie aufbauen, um einen anderen Benutzer auf ungesunde Weise zu manipulieren.

- Bittet in irgendeiner Weise um finanzielle Unterstützung, oft wegen einer plötzlichen persönlichen Krise

- Behauptet, aus Deutschland zu stammen, lebt aber derzeit, arbeitet oder reist ins Ausland

- Verschwindet plötzlich von der Site und erscheint dann unter einem anderen Namen wieder

- Gibt vage Antworten auf bestimmte Fragen

- In der Kommunikation ist er/sie übermäßig höflich und romantisch

- Drängt dich, deine Telefonnummer anzugeben oder außerhalb der Dating-App oder Website zu sprechen

- Fordert deine Wohn- oder Arbeitsadresse unter dem Deckmantel des Versendens von Blumen oder Geschenken an

- Erzählt inkonsistente oder grandiose Geschichten

- Verwendet unzusammenhängende Sprache und Grammatik, hat aber ein hohes Bildungsniveau

Beispiele für das Benutzerverhalten, das du möglicherweise anmelden möchtest, sind:

- Fordert finanzielle Unterstützung an
- Fordert Fotos an
- Ist minderjährig
- Sendet belästigende oder beleidigende Nachrichten
- Versuche, dich in irgendeiner Weise zu bedrohen oder einzuschüchtern
- Scheint ein falsches Profil erstellt zu haben
- Versucht, dir Produkte oder Dienstleistungen zu verkaufen

Warte, bis du persönliche Informationen weitergegeben hast. Gib niemals jemandem, den du noch nicht persönlich getroffen hast, deine persönlichen Daten, einschließlich der Sozialversicherungsnummer, Kreditkartendaten, Bankdaten oder Arbeits- oder Privatadresse. Dating-Apps und Websites senden dir niemals eine E-Mail, in der du nach dem Benutzernamen und Passwort gefragt wirst. Wenn du also eine Anfrage nach den Anmeldeinformationen bekommst, lösch diese und ziehe eine Berichterstattung in Betracht.

Beantworte keine Anfragen nach finanzieller Hilfe. Egal wie überzeugend der Grund für jemanden sein mag, antworte niemals auf eine Anfrage, Geld zu senden, insbesondere nicht nach Übersee oder per Überweisung. Wenn du eine solche Anfrage erhältst, melde es sofort der App oder Website, die du verwendest.

Beim persönlichen Treffen

Video-Chat, bevor ihr euch persönlich trefft. Wenn du ein potenzielles Date gefunden und ihr euch unterhalten habt, solltet ihr ein Video-Chat planen, bevor ihr euch zum ersten Mal persönlich sieht. Dies kann ein guter Weg sein, um sicherzustellen, dass die Person dir entspricht. Wenn sie einem Videoanruf stark widerstehen, kann dies ein Zeichen für verdächtige Aktivitäten sein.

Sag einem Freund, wohin du gehst. Mach einen Screenshot des Profils der Person und sende es an den Freund. Lass mindestens einen

Freund wissen, wo und wann du zu dem Date gehen willst. Wenn du das Date an einem anderen Ort fortsetzt, den du nicht geplant hast, sende dem Freund eine SMS, um ihn über den neuen Standort zu informieren. Es kann auch hilfreich sein, den Freund während des Dates anzurufen oder wenn du nach Hause kommst, damit er weiß, dass alles gut ist.

Treff dich mit dem Date an einem öffentlichen Ort. Vermeide es, bei dem ersten Date jemanden zu Hause zu treffen, den du noch nicht kennst. Du bist sicherer, wenn du dich mit deinem Date in einem Café, Restaurant oder einer Bar mit vielen anderen Menschen triffst. Vermeide Treffen in öffentlichen Parks und anderen abgelegenen Orten für erste Dates.

Verlasse dich beim Transport nicht auf dein Date. Es ist wichtig, dass du die Kontrolle über den eigenen Transport zum und vom Datum hast, damit du jederzeit abreisen kannst und dich nicht auf dein Date verlassen musst, falls du dich unwohl fühlst. Vermeide es, mit jemandem in ein Fahrzeug zu steigen, den du nicht kennst und dem du nicht vertraust, insbesondere wenn es sich um das erste Treffen handelt.

Stelle auch sicher, dass dein Telefon aufgeladen ist, oder bringe ein Ladegerät oder einen tragbaren Akku mit.

Halte dich an das, was dir am besten gefällt. Es ist nichts Falsches daran, ein paar Drinks an einem Date zu haben. Versuche, deine Grenzen im Auge zu behalten und fühle dich nicht gezwungen zu trinken, nur weil dein Date trinkt. Es kann auch eine gute Idee sein, die Einnahme von Drogen vor oder während eines ersten Treffens mit einer neuen Person zu vermeiden, da Drogen die Wahrnehmung der Realität verändern oder unerwartete Wechselwirkungen mit Alkohol haben können.

Bitte den Barkeeper oder Kellner um Hilfe. Wenn du dich in einer Situation unwohl fühlst, kann es hilfreich sein, einen Freund zu haben, der dich abholt. Du kannst auch die Hilfe eines Kellners oder Barkeepers in Anspruch nehmen, um Ablenkung zu erzeugen, die Polizei anzurufen oder sicher nach Hause zu fahren.

Vertraue deinen Instinkten. Wenn du dich unwohl fühlst, vertraue deinem Instinkt und brich die Kommunikation mit jemandem ab, der dich unsicher macht. Mach dir keine Sorgen, dass du unhöflich bist - deine Sicherheit ist am wichtigsten, und dein Date sollte das verstehen.

Wenn du dich während des Dates unwohl oder unsicher gefühlt hast, denk daran, dass du die Person immer blockieren oder anmelden kannst, damit sie in Zukunft nicht mehr auf dein Profil zugreifen kann.

Hab keine Angst, jemanden anzumelden

Respektierte Dating-Sites ermutigen Benutzer, zwielichtige Aktivitäten zu melden. Diese Websites tolerieren kein aggressives oder illegales Verhalten. Die meisten Dating-Sites bieten die Möglichkeit, einen einzelnen Benutzer zu blockieren, wenn du dich aufgrund der Interaktionen unwohl fühlst.

Maßnahmen ergreifen: Wenn du von jemandem belästigt oder erpresst wirsr, wende dich sofort an den Kundendienst der Dating-Website.

Wenn du mit Vorsicht an Online-Dating herangehst, kann dies eine unterhaltsame und spaßige Möglichkeit sein, den Dating-Pool zu erleben. Du wirst neue Leute finden, die du nie kennenlernen würdest, und es könnte auch zu einer tollen Beziehungen führen.

Man muss aber natürlich vorsichtig sein und die Sicherheitstipps befolgen.

Online Flirts

Wenn es um Online-Dating geht, kann die erste Nachricht die ausgewählte Person anziehen oder auch das Gegenteil verursachen. Es kann schwierig sein, eine ansprechende Nachricht zu erstellen, die flirtend und dennoch angemessen ist und beim Empfänger einen Eindruck hinterlässt. Schlechte Rechtschreibung ist auch ein No-Go – lies die Nachricht durch, bevor du auf Senden klickst! Was ist der beste Weg, um das Gespräch mit der ersten Nachricht in Gang zu bringen? Finde etwas in ihrem Profil, das ihr beide teilt, und sprich

darüber. Dies hilft nicht nur, die gemeinsamen
Interessen zu etablieren, sondern zeigt auch, dass du das Profil tatsächlich gelesen und auf die Hobbys geachtet hast.

Diejenigen, die neu in der Online-Dating-Szene sind, sollten sich daran erinnern, dass Online-Flirten Spaß macht! Durch Gespräche entstehen tiefe Verbindungen. Lerne also, mit diesen Tipps online charismatisch zu sein, und triff jemanden, der etwas Besonderes ist!

Flirten; Jemandem spielerisch zu zeigen, dass du dich romantisch zu ihm hingezogen fühlst, ist von Angesicht zu Angesicht ziemlich einfach. Frauen berühren ihre Haare und kichern wie kleine Mädchen, während Männer ihre Schultern verbreitern, um ihre Größe zu betonen - und wir alle kennen die intime Wirkung eines längeren Augenkontakts. Aber wie zeigen wir das hinter einem Computerbildschirm?

Wir fühlen uns beim Flirten gut. Dies gilt sowohl für das Offline- als auch für das Online-Flirten - es ist eine erfreuliche Erfahrung, die allen Beteiligten das Gefühl gibt selbstbewusst und attraktiv zu sein.

Letztendlich kommt das Finden einer sinnvollen Beziehung zu jemandem aus einer Verbindung durch Konversation. Sie verlieben sich in den Intellekt, den Witz und den Charme eines Menschen und alles kann online beginnen. Man sollte spielerisch sein, sich engagieren, nach Hinweisen im Profil suchen, Themen, über die ihr sprechen oder mit denen man Geschichten teilen kann, um das Gespräch zu beginnen.

Wie man online flirtet

1) Sei du selbst

Es ist eine klassische Dating-Regel und das aus gutem Grund. Wenn du dich an die kompetenten Ratschläge haltest und gerne online flirten willst, stärkt es dein Selbstwertgefühl und ermöglicht es dir, den Kontakt zu genießen. In deinem Profil kannst du dich selbst beschreiben. Dies ist das erste, was potenzielle Partner über dich erfahren. Nimm dir also Zeit, um sicherzustellen, dass es dich wirklich repräsentiert – sei ehrlich.

Ein guter Tipp, um das Gespräch so natürlich wie möglich zu gestalten, ist, wenn du eine lustige Anekdote über etwas erzählen kannst, das dir an diesem Tag passiert ist. Halte das Gespräch spielerisch und unbeschwert, um das Gefühl von erzwungenem Smalltalk zu vermeiden.

2) Fragen stellen

Es mag offensichtlich erscheinen, aber die Leute lieben es wirklich, über sich selbst zu sprechen. Ein guter Tipp wäre, etwas zu finden, das dir in ihrem Profil aufgefallen ist - etwas, das dich dazu veranlasst hat, ihnen überhaupt eine Nachricht zu senden und sie danach zu fragen. Auf diese Weise bietest du ihnen nicht nur die Möglichkeit, über ihre Interessen und Hobbys zu sprechen, sondern zeigen auch, dass du auf ihr Profil geachtet hast und wirklich daran interessiert bist, was sie zu sagen haben.

Es ist immer gut, mit einigen Fragen zu beginnen, um ein Gefühl für ihre Persönlichkeit zu bekommen und zu bewerten, ob es sich um jemanden handelt, mit dem du möglicherweise kompatibel bist. Es ist immer eine gute Idee, das Date über sich selbst sprechen zu lassen - es gibt nichts Schöneres, als mit jemandem über sich selbst zu sprechen, der interessiert und engagiert ist.

3) Verwende ihren/seinen Namen

Es mag wie eine kleine Geste erscheinen, aber tatsächlich geht es sehr weit. Das Verbinden mit jemandem über einen Computer kann schwierig sein. Daher können kleine Begriffe wie die Verwendung des Namens in einem Satz verwendet werden, der den Kontakt persönlicher erscheinen lässt und eher der Offline-Erfahrung ähnelt. Es ist sicherlich etwas Intimeres, den Namen einer Person zu verwenden, um die Nähe und das Engagement für das Gespräch zu verbessern.

4) Mach ihr/ihm ein Kompliment

Seien wir ehrlich - wir alle lieben ein Kompliment. Dies ist der effektivste Weg, um jemandem ein gutes Gefühl für sich selbst zu geben und dieses Gefühl mit dir zu verbinden. Verwende jedoch kein Kompliment als Eröffnungsrede - dies kann deine Absichten in Frage stellen und du möchtest nicht den falschen Eindruck erwecken. Mache stattdessen ein Kompliment, sobald du bereits eine Verbindung zu jemandem hergestellt hast. Beim Online-Flirten geht es auch darum, dass sich die andere Person wohl fühlt.

Je mehr du von einem authentischen Ort kommst, um ein Gespräch zu beginnen, desto besser geht es dir. Dadurch kann sich auch die andere Person wohl fühlen. Machen der Person ein echtes

Kompliment - was hat dich an dieser Person gereizt? Was zeichnet sie aus? Sag es ihnen und sie werden wissen, dass es von einem ehrlichen Ort stammt.

5) Beende das Gespräch

Es geht darum, die Person mehr von dir wissen zu lassen, aber ihnen gerade genug zu geben. Beende daher das Gespräch und lass die andere Person neugierig auf mehr sein. Das Geheimnis ist eine der größten Formen der Verführung - es lässt dein Date nach dem Gespräch an dich denken und er/sie sehnt sich nach mehr. Dies erhöht die Aufregung und verstärkt das Flirten!

6) Sei humorvoll

Du musst nicht der Klassenclown des Online-Dating sein, aber ein bisschen Humor tut niemandem weh, besonders wenn er gezielt verwendet wird, um einen Partner anzuziehen. Selbst wenn es gegen alles verstößt, was du glaubst, versuche zumindest, sich zu entspannen und einen Witz zu machen.

Humor ist wie ein Zauberstoß. Wer lacht nicht gern? Während es keine einfache Lektion gibt, wie man lustig ist, ist die beste Faustregel, zu versuchen, es natürlich und situativ klingen zu lassen. Mach Witze, wenn dies relevant ist und zutrifft, aber mach keine dummen Witze ohne Grund. Dies bedeutet nicht, dass du Unterricht in Stand-up-Comedy nehmen musst, um mit jemandem ausgehen zu können. Wir schlagen vielmehr vor, dass du versuchst, den Humor in Situationen zu sehen und den natürlichen Humor zum Leuchten zu bringen. Jeder da draußen hat Sinn für Humor. Wir haben nur ein unterschiedliches Maß an Komfort, wenn wir es zeigen.

Diese Tipps helfen dir bei Ihrem Online-Flirt-Selbstvertrauen, aber letztendlich ist es keine Raketenwissenschaft. Überleg es sich nicht – genießes es einfach! Sei ehrlich, offen und engagiert und du wirst sicher beeindrucken und hoffentlich jemanden treffen, der wirklich großartig ist. Dann ist es Zeit, sich auf das alles wichtige erste Date vorzubereiten!

Bonus: Erstes Date, Tipps und Tricks

Du hast nach rechts gewischt. Und er oder sie auch. Ihr habt zwei Wochen lang online geplaudert. Vor dem Schlafengehen seit ihr wach geblieben und habt telefoniert. Ihr kennt alle wichtigen Lebensdetails des anderen. Und jetzt ist es Zeit, sich zu treffen. Persönlich. Von Angesicht zu Angesicht.

Egal, ob du geboren wurdest, nachdem Mobiltelefone erfunden wurden, oder ob du dich zum ersten

Mal verabredet hast, als sich Leute im Park trafen und private Telefonnummern austauschten, diese seltsamen Rituale führen alle zum ersten Date. Und die Rituale sind in der Tat seltsam! Es ist nicht mehr so einfach wie Augenkontakt herzustellen und sich zu verlieben. (OK, vielleicht ist es für einige glückliche Menschen. Aber wir kennen keinen von ihnen.)

Viele der Regeln für die Dates haben sich geändert, unabhängig davon, ob du sie befolgst oder nicht. Und die Regeln für ein erstes Date sind noch komplizierter.

Während einige Date-Regeln für alle gelten, sind andere flüssiger und variieren häufig je nach Alter und Komfortniveau bei SMS und Chat sowie bei Websites und Apps. Wir haben aber einige der besten Ratschläge für diejenigen gegeben, die bereit sind, den Hörer aufzulegen und sich für das erste Date vom Bildschirm zu entfernen.

Das Treffen an einem öffentlichen Ort

Obwohl ein Treffen an einem öffentlichen Ort ein Kinderspiel zu sein scheint, könnte ein Treffen für eine Wanderung eine großartige Alternative zu Abendessen oder Getränken sein.

Beim ersten Date sollte man aber nicht im Wald spazieren gehen. Das Treffen sollte an einem öffentlichen Ort mit guter Beleuchtung sein.

Im Großen und Ganzen ist ein Ort mit Kaffee und Wein eine gute Option. Veranstaltungen sind nicht die beste Option, da man dort nicht wirklich jemanden kennenlernen kann.

Sich in der realen Welt treffen

Die Zeit zwischen dem ersten „Augenzwinkern“ und dem ersten Date kann lustig und flirtend sein. Es kann aber auch frustrierend sein.

Ein Großteil der Probleme, die

Menschen mit Online-Dating haben, sind die unendlichen Nachrichten, die während der Tage, Wochen oder sogar Monate vor diesem ersten Treffen auftreten können. Eine solche Beziehung hat Vor- und Nachteile. Und es gibt keine richtige Antwort darauf, wie lange ein Paar virtuell kommunizieren sollte, bevor es sich trifft.

Es gibt ein gutes Argument dafür, schnell zu diesem ersten Date zu gelangen. Du kannst zwei Wochen deines Lebens damit verschwenden, mit jemandem zu schreiben, oder du kannst dich persönlich mit der Person treffen und in null Sekunden herausfinden, ob eine Verbindung besteht.

Auf der anderen Seite kann Online-Chat die richtige Menge an Aufbau bieten.

Der Chat-Teil sollte nur ein paar Tage dauern, und dann sollten sich die beiden Leute treffen.

Sei bereit, enttäuscht zu sein

Es wäre schön zu glauben, dass jeder, der Online-Dating ist, im Grunde die Wahrheit über sich selbst sagt, aber es ist anscheinend zur Norm geworden, zu lügen. Über alles.

Nach einer Studie lügen 53 Prozent der Menschen beim Erstellen eines Online-Dating-Profils. Es ist ziemlich bekannt, dass viele Männer beim Ausfüllen eines Dating-Profils über ihre Größe lügen. Eigentlich ist es ziemlich albern, denn die einzige Möglichkeit, beim ersten Date damit durchzukommen, besteht darin, niemals aufzustehen.
Aber Menschen aller Art lügen über ihr Alter. Dies ist anscheinend eine sehr häufige Sache, aber auf lange Sicht kann es eine ansonsten gute Beziehung durcheinander bringen.

Wenn man eine Beziehung in einer Lüge beginnt, sagt dies etwas über den Charakter aus. Es bedeutet, du lügst andere an und es heißt, du hast einen Mangel an Selbstvertrauen.

Obwohl es so aussieht, als ob jeder auf Dating-Sites weniger als ehrlich ist, heißt das nicht, dass du es auch sein musst. Veröffentliche ein aktuelles, meist ehrliches Foto und sag die Wahrheit über dein Gewicht. Ansonsten ist es so, als würdest du in deinem Lebenslauf über Fähigkeiten lügen, die du nicht hast: Die Wahrheit wird irgendwann offensichtlich werden und es wird nicht schön sein.

Hab einen Plan-B

Ja, man soll positiv sein und nicht zu viel erwarten, aber man muss auch auf alles vorbereitet sein. Sicher, normalerweise ist das Schlimmste, was passiert, dass du keine gute Zeit beim Date hast und ihr euch nie wieder seht. Wenn dein Date gruselig ist, ganz anders aussieht als das Foto oder etwas schief geht, hast du einen Plan.

Dein/e Freund/in soll dich in der Mitte des Dates anrufen.

Sag dem Kellner vorher, dass ihr zum ersten Mal verabredet seid, und wenn du ihm das Signal gibst, wird er den Check-out so schnell wie möglich durchführen. Denk nur an einen Weg, um rauszukommen, wenn du musst.

Vergiss das Minz-Bonbon nicht

Ja, vielleicht ist dies zu viel, aber dies muss gesagt werden. Egal, ob du Getränke, Kaffee, Eis oder etwas anderes hast, nimm einen Bonbon, bevor du zum Date kommst.

Wenn du schon dabei bist, spritze etwas Parfüm oder reibe zumindest Deodorant ein. Geh nicht über Bord, sondern achte darauf, dass du nach angemessener Hygiene riechst. Mundgeruch und Körpergeruch sind schwer zu ignorieren.

Bereite eine Geschichte vor

Geh immer mit einer lustigen Anekdote in ein erstes Date. Vielleicht hattest du ein Date aus der Hölle, über das du reden kannst. Sogar eine Arbeitsgeschichte oder ein anderes Erlebnis. Halte eine unbeschwerte Geschichte bereit.

Sei nicht mehr als fünf Minuten zu spät.

Idealerweise bist du pünktlich oder früh dran, aber jeder hasst es, der Erste zu sein, der dort ankommt. Dann übernehmen die Nerven. Egal wie rational du bist, es wird Schmetterlinge geben und wenn man in einem Cafe sitzt und darauf wartet, dass die Person durch die Tür geht, wird einem übel.

Stattdessen kann man gerne zur vereinbarten Zeit auftauchen und im Auto warten, bis das Date sagt, dass es angekommen ist. Auf diese Weise stellst du die Bedingungen, kannst dich im Spiegel nochmal ansehen und entspannen.

Halte das Telefon außer Sicht.

Ja, du willst dein Telefon in der Nähe haben, falls es Probleme gibt oder wenn du Fotos deines Welpen zeigen willst, aber halte es außer Sicht. Sogar am Tisch abgelehnt ist ein bisschen viel. Bewahre es in der Tasche auf.

Sicher, wenn du auf die Toilette gehst, kannst du es rausholen, um die neugierigen Freunde zu benachrichtigen, aber wenn es auf dem Tisch liegt, wird es ablenken.
Hör zu.

Nerven können dazu führen, dass wir zu viel sprechen. Du kannst bei der Beantwortung einer Frage, wo Sie studiert haben, zu dem Traumjob und den Zukunftsplänen übergehen. Mach es langsamer und denk daran, dass ihr euch erst kennenlernt.

Anstatt ihre Arbeitsgeschichte mit der Tatsache zu unterbrechen, dass dein Bruder früher für dieselbe Firma gearbeitet hat, lass das Date fertig werden, bevor du antwortest.

Fragen stellen.

Man kann manchmal besorgt darüber sein, wie man auf bestimmte Fragen beantwortet, dass man vergisst, sie selbst zu stellen. Aber denk daran, bei diesem Date geht es nicht nur um dich, sondern um euch beide. Wenn die Person sagt, was sie beruflich macht, frage, ob sie das schon immer wollte.

Sei offen.

Dies ist eines der schwierigsten Dinge beim ersten Date. Es ist fast unmöglich, alle Erwartungen zu erfüllen, aber versuche es, einige Dinge loszulassen. Es mag leicht sein, die Tatsache loszulassen, dass dein Date unterschiedliche politische Ansichten hat, aber versuche es, aufgeschlossen zu sein.

Die Kleidung

Mache nicht den Fehler, deine Erwartungen die Art und Weise beeinflussen zu lassen, wie du dich kleidest. Ziehe dich nicht zu sehr mit der Erwartung an, dass du eine bessere Verbindung herstellen oder deine Chancen erhöhen kannst. Auf der anderen Seite solltest du auch nicht in dem T-Shirt, in dem du geschlafen hast, kommen.

Dein Date verdient ein wenig Mühe und Respekt. Ziehe etwas Schönes an, das für den Anlass geeignet ist, anstatt es zu einem Problem zu machen.

Sei höflich.

Dies ist einer dieser Tipps für ein erstes Date nach einem Online-Treffen, das eine Selbstverständlichkeit sein sollte. Einige Leute finden es jedoch immer noch akzeptabel, sexistische Witze oder grobe Kommentare zu machen, wenn sie jemanden kennenlernen, obwohl dies eigentlich nie in Ordnung ist. Also, wenn dein Date einen Handschlag statt einer Umarmung will, sei damit einverstanden.

Respektiere ihre diätetischen Einschränkungen, ihre Allergien, ihre Offenheit und ihre Entscheidung, zu bleiben oder zu gehen. Dating ist schwer für alle, nicht nur für dich. Behandle sie so, wie du möchtest, dass sie dich behandeln.

Sprich nicht über deine/deinen Ex.

Dies ist ein Dating-Ratschlag, der seit Ewigkeiten und aus gutem Grund erzählt wird. Sprich nicht weiter und weiter über die/den Ex. Erstens ist es respektlos. Zweitens ist es eine Abzweigung. Und schließlich beweist es, dass du nicht bereit bist, zu daten.

Angesichts dessen denken wir, dass es völlig in Ordnung ist, über vergangene Beziehungen zu sprechen. Du kannst sagen, dass du aus der letzten Beziehung viel darüber gelernt hast, was du willst. Oder du kannst sagen, dass du vorsichtiger bist, seit du betrogen wurdest, oder dass du die Dinge jetzt langsamer angehst. Das Teilen des Gelernten zeigt Reife, verweile und beschwere dich aber nicht.

Gib ihm/ihr eine Chance.

Ignoriere die Idee eines Funkens oder einer sofortigen Verbindung. Es ist großartig, wenn das passiert, aber meistens führt dieser anfängliche Funke nicht zu viel anderem. Ein langsames Brennen könnte genau das sein, was du brauchst.

Auch wenn du dich anfangs nicht für dein Date interessierst, solltest du dich ein wenig beruhigen. Wenn du in ein gutes Gespräch gerätst, kannst du auch die andere Seite von dem Partner sehen.

Lade dein Date ein (wenn du männlich bist).

Dies ist eine ganz persönliche Präferenz, aber du solltest beim ersten Date anbieten, zu zahlen. Einige Männer glauben, dass es die ritterliche Sache ist, und einige Frauen möchten sicherstellen, dass ihr Date das richtige ist, wenn er unabhängig und finanziell stabil ist.

Halte die Getränke auf ein Minimum.

Ausgehen auf einen Drink kann helfen, Nervosität beim ersten Date zu beruhigen. Aber halte die

Getränke auf ein Minimum. Bestelle zwischen jeder Nachfüllung ein Glas Wasser oder Pommes, um den Magen zu füllen.

Ein oder zwei Drinks können dir helfen, sich zu entspannen und weniger auf der Hut zu sein und offener zu sein, aber zu viel zu trinken kann zu einer Handvoll Uh-Ohs führen. Denke vorher an ein Limit für Getränke, vor dem Kotzen bis Ohnmacht.

Wenn du dir Sorgen machst, dass du mitgerissen wirst, komm früh und bitte den Barkeeper, dich nach zwei oder drei Getränken diskret abzuschneiden.

Augenkontakt herstellen.

Man geht manchmal zu Dates, wo man einfach nervös ist. Aber manchmal soll man aufhören zu zappeln und wirklich Augenkontakt mit dem Date haben, um mehr Komfort zu erstellen.

Augenkontakt kann wirklich Interesse wecken. Es hilft dir, besser zuzuhören und hält dich sogar mehr im Einklang mit der anderen Person.

Stelle sicher, dass jemand weiß, wo du bist.

Hier noch ein paar fremde Gefahrenhinweise. Teile einem vertrauenswürdigen Freund, Elternteil oder Geschwister mit, wohin du gehst, und gib der Person den Namen und sogar die Telefonnummer, der Person, mit der du dich triffst.

Übertreibe es nicht.

Ein erstes Date sollte nicht zu lang sein. Dies ist einer der wichtigen Tipps für ein erstes Date nach einem Online-Meeting, die du niemals ignorieren solltest.

Für ein erstes Date sind 1-2 Stunden in Ordnung. Wenn man zu viel mit einer Person ist, dann kann diese einen falschen Eindruck bekommen. Ein zu langes erstes Date kann Gedanken verwischen.

Sei ehrlich über deine Absichten.

Wenn du nur an einem Gelegenheitsspiel interessiert bist, stelle sicher, dass dein Date das weiß. Wenn du eine engagierte Beziehung wünschst, sage das dem Date. Wenn du gerade erst da draußen bist und nicht sicher bist, was du willst, sag dies auch. Du willst niemanden weiterführen. Auf der gleichen Seite zu sein ist immer klug.
Sag am Ende des Dates auch nicht, dass du anrufen wirst, wenn du kein Interesse hast. Zu sagen, dass das Spaß gemacht hat und es toll war, die Person kennenzulernen, ist alles, was nötig ist. Wenn du bereits weißt, dass du nicht interessiert bist, kannst du es persönlich sagen, dass du einfach nichts gespürt hast, oder darüber nachdenkst, die Person am nächsten Tag zu informieren.

Akzeptiere das Ergebnis.

Dies war ein erstes Date, keine Ehe. Also entspann dich. Es hat nicht geklappt, schade. Egal, ob du die Person nicht willst oder sie dich nicht mag, ihr habt nur ungefähr eine Stunde zusammen verbracht. Versuche dich zu erinnern, dass dies eine Stunde deines Lebens war.

Wir wissen, bei all dem Druck, dem Stress und den Nerven scheint es, als wäre es mehr als das, aber es ist nur ein Date.

Informieren

Wenn du nicht interessiert bist, lass es die Person wissen. Lass sie wissen, dass du eine schöne Zeit hattest, die Funken aber nicht gespürt hast, und du wünschst der Person viel Glück.

Wenn du interessiert bist, schreibe am nächsten Tag, dass du eine tolle Zeit hattest und es gerne wieder tun würdest. Herumwarten macht niemandem Spaß.

Achte auf rote Fahnen.

Es gibt einige Dinge, über die du mehr Informationen erhalten musst, aber andere Dinge, auf die du achten solltest.

Wenn die Person dir ihren Nachnamen nicht sagt, achte darauf. Wenn sie eine braune Linie am linken Ringfinger haben, frage nach. Wenn die Person Drogen nimmt, verschwinde so schnell wie möglich.

Aktivität.

Im Gegensatz zu dem, was viele Menschen in der modernen westlichen Gesellschaft denken, ist es möglich, ein Date ohne Alkohol zu machen.

Anstatt sich in einem Café oder einer Bar zu treffen, sollte man ein wenig über den Tellerrand hinaus denken und ein aktives Date vorschlagen.

Welche Optionen dir zur Verfügung stehen, hängt davon ab, wo du dich befindest und welche gemeinsamen Interessen ihr habt.

Das Tolle daran, jemanden online zu treffen, ist, dass du dies zumindest teilweise anhand des Dating-Profils und der vorherigen Gespräche herausfinden kannst.

Wenn du jedoch befürchtest, dass sie nicht für die von dir beabsichtigte Aktivität geeignet sind, lass dies für das zweite Date und wähle das klassische Format für das erste Date.

Hoffentlich führen Sie diese Tipps für ein erstes Date nach dem Online-Meeting mit Zuversicht, Sicherheit und Offenheit zu Ihrem nächsten Treffen. Und wer weiß, vielleicht finden Sie auch den!

Überspringe Small Talk

Es ist nicht immer einfach, ein Gespräch mit einem völligen Fremden in Gang zu bringen. Wenn du jedoch bereit bist, etwas tiefer als Smalltalk zu graben, stelle einige Fragen, die dir helfen, dein Date wirklich kennenzulernen.

Verbringe nicht dein ganzes Date damit, über das Wetter zu sprechen. Am Ende wirst du weggehen und feststellen, dass du nichts über die Person weißt und du wirst keine andere Wahl haben, als wieder rauszugehen, um mehr herauszufinden. Spring gleich mit den großen Fragen hinein, auf die du Antworten haben willst - wer sind sie als Person und habt ihr etwas gemeinsam?

Vergiss nicht deine Bedürfnisse

Es ist normal, einen guten Eindruck auf dein Date machen zu wollen, aber das bedeutet nicht, dass du auch deine Wünsche und Bedürfnisse vergessen solltest. Stelle sicher, dass du zur Kenntnis nimmst, ob dein Date * dich * beeindruckt oder nicht, und nicht umgekehrt.

Wenn Menschen zum ersten Mal ausgehen, wollen sie sympathisch sein. Sie zielen darauf ab, einen guten Eindruck zu hinterlassen, und vergessen oft zu untersuchen, ob die andere Person gut zu ihnen passt. Was am Ende passiert, ist, dass sie im Wesentlichen versuchen, sich der anderen Person zu stellen. Wenn du versuchst, dich für in eine beliebige Box für die andere Person zu stellen, verlierst du dich dabei. Priorisiere deine Bedürfnisse, niemand anderes wird diesen Teil für dich tun.

Habe Spaß!

Vor allem sollte der Fokus all deiner ersten Dates - unabhängig davon, mit wem du zusammen bist - Spaß zu haben sein! Auch wenn nichts Romantisches von einem Date kommt, solange du eine gute Zeit hattest und schöne Erinnerungen, wurde die Zeit nicht verschwendet.

Wenn sich Dating wie eine bedrohliche Belastung für eine Aktivität anfühlt, musst du es nicht tun! Vielleicht bist du nicht über deine Ex weg, vielleicht bist du nicht bereit, dich mit einer anderen Person auf dieser Ebene zu beschäftigen, vielleicht hast du einfach keine Lust zu gehen.

Wenn es sich nicht angenehm anfühlt, quäle dich nicht. Dating sollte ein spaßiger Prozess sein, jemanden kennenzulernen, den du attraktiv findest. Es sollte keine lästige Pflicht sein. Du kannst es nutzen, um neue Orte in deiner Stadt zu entdecken, einen neuen Freund zu finden, ein neues Outfit zu zeigen oder sich selbst kennenzulernen. Was auch immer der Zweck ist, tue es nur, wenn du es tun willst und Spaß daran haben kannst.

Kann es beängstigend sein, sich dort draußen aufzuhalten und ein Date mit jemandem zu machen, den du noch nie getroffen hast? Natürlich! Aber solange du realistische

Erwartungen setzt, sich selbst und deinen Wünschen treu bleiben und versuchen, Spaß zu haben, gibt es nichts, vor dem du Angst haben musst - und wer weiß, vielleicht findest du dabei sogar Liebe.

Eisbrecher-Themen für das erste Date

Ein erstes Date kann nervenaufreibend sein. Du machst dir Sorgen um deine Kleidung, deine Haare und was du zu deinem Date sagen wirst. Du willst witzig und interessant klingen, möchtest aber auch nicht so aussehen, als würdest du dich zu sehr anstrengen. Es kann schwierig sein, sich Fragen zu überlegen, die du stellen musst, wenn du nervös bist. Mit ein wenig Vorbereitung kannst du jedoch mit Leichtigkeit und Anmut ein Gespräch beim ersten Date führen. Wenn du die richtigen Fragen stellst, kannst du mehr über dein Date herausfinden. Hier sind einige Tipps für das erste Date sowie Starterfragen, mit denen ihr euch besser kennenlernen könnt.

Entspanne dich: Du willst einen Einblick gewinnen, solltest aber auch daran denken, Spaß zu haben. Du willst nicht, dass sich dein Date wie ein Verhör anfühlt. Stell sicher, einige lustige Fragen zu stellen. Jede Anfrage muss nicht sehr ernst oder prüfend sein. Und du möchtest nicht zu viel untersuchen, wenn ihr euch gerade kennengelernt habt. Übermäßig misstrauisch und defensiv zu sein, wird dein Date wahrscheinlich abschrecken.

Sei höflich: Sprich nicht, während dein Date versucht etwas zu sagen. Gibt euch gegenseitig Zeit, um auf Fragen zu antworten, und verwandle nicht jeden Kommentar in eine Debatte. Wenn du gerne streitest, trete einem Debattenclub bei.

Augenkontakt pflegen: Augenkontakt ist nicht nur sexy, sondern zeigt auch, dass du zuhörst und engagiert bist. Wenn du schüchtern oder nervös bist, nimm ab und zu einen Moment Zeit, um wegzuschauen, aber komm immer wieder zurück, um die Augen des Dates zu treffen. Und wenn du dich mutig fühlst, konzentriere dich ab und zu auf ihre Lippen.

Und hier sind einige Fragen, die du stellen kannst:

1. Was sind einige deiner Hobbys? Wanderst du gerne? Oder bist du eher eine Indoor-Person?

So kannst du sehen, welche Dinge dein Date lustig und interessant findet. Dein Date verbringt möglicherweise viel Zeit mit diesen Hobbys. Wenn du es ernst meinst, willst du villeicht in diese Aktivitäten einbezogen werden.

2. Wie hast du deine Karriere gewählt?
Sind sie absichtlich oder versehentlich dort gelandet, wo sie sind?

Die meisten Menschen haben interessante Geschichten darüber zu erzählen, wie sie auf ihrem gewählten Karriereweg gelandet sind. Eine Diskussion über Karrieren kann dir helfen, mehr über ihre Motivationen und Arbeitsmoral zu erfahren.

3. Was ist deine größte Leidenschaft?
Es ist immer interessant zu erfahren, was andere zum Ticken bringt.

Die Leidenschaft des Dates wird darin bestehen, einen Großteil seiner Zeit und Energie zu verbringen.

4. Was sind einige der Ziele auf deiner Liste?
Dieser wird ein großer Gesprächsstarter sein.

Dies kann einen Einblick in Bereiche des Lebens geben, die noch erforscht werden müssen.

5. Wie lange ist deine letzte ernsthafte Beziehung her?
Hast du einen seriellen Dater an den Händen?

Das Timing kann dir zeigen, ob dein Date bereit ist, eine andere Beziehung zu beginnen. Wenn es sehr frisch war, willst du vielleicht herausfinden, warum er/sie so früh wieder mit Dating angefangen hat.

6. Was war der Grund, warum deine letzte Beziehung nicht geklappt hat? Stelle diese Frage mit Vorsicht.

Frage auch, wer die Trennung initiiert hat und warum. Dies kann dir einen Einblick geben, wie er oder sie mit Konflikten umgeht und was sie in einer Beziehung für wichtig halten. Wie wurden die Nachrichten außerdem übermittelt? Wenn der zukünftige Partner angibt, dass dies per Text, E-Mail oder schlimmer noch - über soziale Medien - geschehen ist, sollte man mit Vorsicht vorgehen. Jemand, der unempfindlich ist, wird dich wahrscheinlich genauso behandeln.

7. Was ist dein größtes Beziehungsreue?
Hör gut zu!

Wünschte er oder sie, sie hätten mehr Zeit mit ihrem Ex verbracht? Haben sie die ganze Zeit gekämpft? Frage, was dein Date anders gemacht hätte.

8. Was machst du gerne, was nicht so gesund ist?

Dies könnte eine TV-Show, ein Dessert oder eine seltsame Angewohnheit sein. Wir alle haben solche Gewohnheiten, denen wir uns hin und wieder hingeben. Denk daran, dein schuldiges Vergnügen nicht zu kritisieren, da dies deinem Date wahre Freude außerhalb ihrer täglichen Aktivitäten bringt.

9.Was ist das Peinlichste, das dir je passiert ist?

Die meisten von uns fühlen sich nicht wohl, wenn sie ihre peinlichen Momente teilen, aber es wäre toll zu sehen, ob dein Date über sich selbst lachen kann, und das hilft dir zu wissen, ob sie einen großartigen Sinn für Humor haben. Diese Frage ermöglicht es dem Date auch, auf humorvolle Weise etwas von sich zu erzählen.

10. Was hast du versucht und würdest es nie wieder tun?

Wir sind uns ziemlich sicher, dass wir alle etwas ausprobiert haben, was wir nie wieder tun würden. Ob es sich um eine neue Frisur handelte, um ein fremdes Gericht, um einen ganzen Tag ohne Koffein oder um einen Auftrag bis zur letzten Minute zu verschieben.

11. Worauf bist du stolz?

Dies ist die Art von Frage, die die Person, die dir gegenüber am Tisch sitzt, dazu bringt, sich am Kinn zu kratzen und nach einer Antwort zu suchen, die dich beeindrucken wird. Stolze Momente sind relativ, daher könnte es für eine Person die Tatsache sein, dass sie erfolgreich mit dem Rauchen aufgehört hat, während es für eine andere Person so großartig sein kann, wie der Kauf des erstes Hauses vor dem 25. Lebensjahr . Beurteile sie nicht, wenn ihr stolzer Moment im Vergleich klein ist. Gratuliere ihnen einfach zu ihrer Leistung.

12. Welchen Dating-Rat würdest du deinem 18-jährigen Ich geben?

Viele von uns haben in ihren jungen, naiven Jahren Beziehungsfehler gemacht. Die Antwort, die du bekommt, gibt dir einen Einblick, wie sich die Person damals und heute wahrnimmt und ob sie aus diesen Erfahrungen gewachsen ist.

13. Was war die schlimmste Strafe, die du jemals hattest?

Wenn du in einem strengen Haushalt aufgewachsen bist, weißt du, dass Disziplin ein wesentlicher Bestandteil der Kindheit war. Verschiedene Eltern und Erziehungsberechtigte disziplinieren ihre Kinder unterschiedlich, und die meisten Geschichten sind wirklich lustig. Wenn die Antwort, die du bekommst, nach Kindesmissbrauch klingt und dein Date zu traumatisieren scheint, solltest du nicht auslachen.

14. Wäre es dir lieber...?

Dies ist ein spielerischer Weg, um ein unangenehmes Gespräch in Gang zu bringen. Es gibt tatsächlich Telefon-Apps, mit denen zwei Spieler auswählen können, was sie lieber tun, sagen oder essen möchten. Eure Antworten werden euch beide zum Lachen bringen und dies wird die allgemeine Stimmung aufhellen.

15. Wenn du für einen Tag das andere Geschlecht sein könntest, was würdest du tun?
Es gibt so viel, dass wir vom anderen Geschlecht lernen können, aber es wäre interessant, einen ganzen Tag lang eins zu sein. Dies ist eine weitere lustige Frage, und die Antworten, die du bekommst, werden dich wahrscheinlich in einen Lachanfall versetzen.

16. Was war das schlechteste Date, an dem du jemals warst?

Hoffentlich ist dieses Date nicht das schlechteste Date, an dem sie jemals waren. Diese Frage wird auch weniger umständlich sein, wenn das Date tatsächlich gut läuft.

17. Was ist der größte Fehler, den Menschen beim ersten Date machen?

Lass ihn oder sie in Geschäftsgeheimnisse des anderen Geschlechts eintauchen.

18. Wonach suchst du bei einem/r Mann/Frau?

Dies wird die Träume und romantischen Bestrebungen der Person offenbaren ... Aber einige können die ehrliche Antwort verstecken, indem sie das Übliche sagen, wie "Gutes Aussehen, Sinn für Humor". usw.

19. Definiere eine wirklich erfolgreiche Beziehung

Eine ideale Antwort wäre eine, bei der beide Männer, sowie Frauen Verantwortung/ Anerkennung für den Erfolg teilen.

20. Was hast du letztes Wochenende gemacht?

Das Date soll sich nicht wie ein Verhör anfühlen. Diese Frage ermöglicht es dir, ungezwungen zu sein und trotzdem ein Gefühl dafür zu bekommen, wer dein Date ist.

Wenn jemand immer noch viel feiert, zu viele Pläne zu haben scheint oder nur die meisten Wochenenden damit verbringt, zu arbeiten, kann es sein, dass er nicht bereit für eine Beziehung ist. Wenn du das Gefühl hast, dass sie eine Routine haben, die aber Raum für Flexibilität und Spaß lässt, bekommst du möglicherweise den Einblick, dass diese Person dieses zweite Date wert sein könnte.

21. Magst du deinen Job?

Wenn du nicht weißt, was sie beruflich machen, musst du nicht direkt fragen. Gib stattdessen die Möglichkeit, allgemeiner über den Job zu sprechen.

Wenn du dich nach seinen Gefühlen für einen Job erkundigst, erhältst du einen Einblick in die Leidenschaften, Prioritäten und Werte dieser Person. Findet dein Date Sinn und Zweck in dem, was er oder sie tut? Sind sie motiviert, weiterzumachen und andere Dinge zu tun, oder sind sie zufrieden mit dem, was sie jetzt haben? Es ist eine großartige Möglichkeit, dies zu tun. Öffne die Tür für Gespräche über zukünftige Bestrebungen und die Rolle, die das Einkommen im Leben eines Menschen spielt.

22. Hast du Haustiere?"

Die Leute lieben es, über ihre Haustiere zu sprechen, aber es gibt tatsächlich mehr, was man in die Antwort einlesen kann, als nur, ob sie eine Katzen- oder eine Hundeperson sind.

Du bekommst eine Vorstellung davon, wie dein Date Verpflichtungen eingeht. Ähnliche Fragen könnten sein: "Hast du Zimmerpflanzen?" und "Wie lange kennst du deinen engsten Freund schon?" "Wenn dein Date mit den Worten" Ich kenne meinen besten Freund seit dem Kindergarten "oder" Ich habe einen Hund und eine Katze und eine Wohnung voller Pflanzen "antwortet, kannst du ziemlich sicher sein, dass dein Date keine Verpflichtungsprobleme hat.

Höre so viel oder mehr zu, als du sprichst

Manche Menschen betrachten sich als qualifizierte Kommunikatoren, weil sie endlos sprechen können. Die Fähigkeit zu sprechen ist jedoch nur ein Teil der Gleichung - und nicht der wichtigste Teil. Die beste Kommunikation findet mit einem gleichmäßigen und gleichberechtigten Austausch zwischen zwei Personen statt. Stelle dir ein Gespräch als ein Tennismatch vor, bei dem die Spieler den Ball hin und her werfen. Jede Person spricht genauso viel.

Die Zwiebel schälen, nicht mit einem Gemüsemesser erstechen

Jemanden neu kennenzulernen ist wie eine dünne Schicht Zwiebel zu schälen. Es ist ein langsamer und sicherer Prozess. Aber einige Leute, die zu sehr darauf aus sind, sich tief und bedeutungsvoll zu unterhalten, gehen zu schnell zu weit. Sie stellen persönliche oder sensible Fragen, die die andere Person in die Defensive führen. Sollte sich die Beziehung weiterentwickeln, bleibt genügend Zeit, um sich mit wichtigen Themen zu befassen. Gehe es vorerst langsam an.

Nutze das Date nicht aus

Wenn es für manche Menschen ein Problem ist, sich gehemmt zu fühlen, gehen andere in die entgegengesetzte Richtung: Sie nutzen ein Date als Gelegenheit, sich zu reinigen und zu entlüften. Wenn eine Person zu früh zu viel preisgibt, kann dies ein falsches Gefühl der Intimität vermitteln. In Wirklichkeit sind vorzeitige oder übertriebene Enthüllungen eher auf Grenzprobleme, ungelösten Schmerz oder Selbstbezogenheit als auf echte Intimität zurückzuführen.

Zeichen, dass dein Date gut gelaufen ist

Manchmal weiß man einfach, wann ein erstes Date gut gelaufen ist. Das Gespräch verlief reibungslos, ihr hattet ein paar Gemeinsamkeiten, vielleicht habt ihr euch sogar am Ende der Nacht geküsst. Aber manchmal ist es nicht so klar. Vielleicht haben dir einige Dinge nicht ganz gepasst. Oder du warst ängstlicher als gewöhnlich. Oder du hast seitdem einfach nie mehr von ihr/ihm gehört - auch wenn es so aussah, als hätten sie eine gute Zeit gehabt. Was auch immer es ist, wir können uns total darauf beziehen: Die ersten Dates sind hart. Egal, ob du neu in der Dating-Szene bist oder nur prüfen möchtest, ob deine Bauchgefühle korrekt sind, dies sind die unbestreitbaren Anzeichen dafür, dass ein erstes Date gut verlaufen ist.

Dein Date dauerte länger als erwartet

Eines der wichtigsten Anzeichen dafür, dass ein erstes Date gut verlaufen ist, ist, wenn das Date länger dauert als von dir erwartet. Niemand wird ewig bei einem schlechten Date bleiben, was bedeutet, wenn du ein oder zwei Stunden mehr als geplant zusammen bleibt, dann habt ihr wahrscheinlich Spaß. Wenn euch die Zeit beim Date nicht genug war, dann werdet ihr euch wahrscheinlich wiedersehen.

Ihr habt beide gleichermaßen an dem Gespräch teilgenommen.

Nach einem guten ersten Date haben beide Seiten das Gefühl, dass sie gleich viel gesprochen haben. Und nach einem großartigen Date wirst du das Gefühl haben, dass die andere Person wirklich interessiert an dem war, was du erzähltest und dass ihr ein paar gegenseitige Interessen gefunden habt.

Sie beide lachten über genau die gleichen Dinge.

Geteiltes Lachen ist eines der ultimativen Zeichen der Verbindung. Eine Studie fand sogar heraus, dass das Lachen über die Witze einer anderen Person ein Zeichen von Interesse an dieser Person war (dies traf insbesondere dann zu, wenn es sich um eine Frau handelte, die über die Witze eines Mannes lachte). Und wenn ihr zusammen lacht, ist das noch besser. Die Untersuchung ergab, dass zwei gleichzeitig lachende Personen signalisierten, dass sie eher ein romantisches Interesse aneinander haben.

Ihr habt jeweils Augenkontakt miteinander hergestellt.

Es ist nicht nur höflich, Augenkontakt mit jemandem aufzunehmen - anstatt an andere Orte zu schauen - es ist auch eines der subtilsten Anzeichen dafür, dass ein erstes Date gut läuft. In einer veröffentlichten Studie baten Forscher Freiwillige, sich Fotos von Fremden anzusehen und zu beantworten, ob sie auf romantische oder sexuelle Weise von dieser Person angezogen wurden. Wenn die Freiwilligen ein romantisches Interesse hatten, wurden ihre Augen auf das Gesicht der Person gerichtet. Wenn es einfach nur sexuell war, wanderten ihre Augen direkt zum Körper der Person.

Keiner von euch scheute sich vor körperlichem Kontakt.

Neben den fließenden Gesprächen ist es auch wichtig, dass zwei Personen beim ersten Date eine gute nonverbale Kommunikation haben. Das bedeutet, dass du und dein Date sich mehrmals berührt habt, nicht auf intime, sondern auf subtile Weise. Halte kurz seine oder ihre

Hand während eines lauten Lachens oder leicht das Knie berühren.

Du hattest nicht einmal den Drang, nach dem Telefon zu greifen.

Man weiß, dass es unhöflich ist, das Telefon zu überprüfen, aber das hat dich wahrscheinlich nicht davon abgehalten, es bei einem ersten Date in der Vergangenheit zu lassen. Eine Studie ergab, dass die meisten Menschen ihr Telefon durchschnittlich 52 Mal am Tag sehen. Du weißt, dass es ein großartiges erstes Date ist, wenn du feststellst, dass du in den letzten anderthalb Stunden nicht nach dem Telefon gegriffen hast. Wenn du den Drang verspürt hast, Insta oder Facebook mehr als ein paar Mal zu überprüfen, ist es möglich, dass ihr beide nicht perfekt zusammenpasst.

Du hast dich während des Dates selten nervös oder ängstlich gefühlt.

Schmetterlinge sind eine Sache, aber wenn du dich auf natürliche Weise mit jemandem verbindest, solltest du dich nicht sorgen. Angesichts der unvermeidlichen Unbeholfenheit eines ersten Dates ist es ein Zeichen dafür, dass dein erstes Date gut verlaufen ist, wenn du siehst, dass du dich mit dieser Person irgendwie schon wohl fühlst. Das Gespräch fließt, du lachst und du kannst nicht anders, als dein authentischstes Selbst um sie herum zu sein. Es ist viel zu fragen, aber so sollte sich ein gutes erstes Date anfühlen.

Ihr habt euch gegenseitig in den sozialen Medien hinzugefügt.

Wenn du nach dem Date eine neue Freundschaftsanfrage hast, ist dies höchstwahrscheinlich ein Zeichen dafür, dass die Person an Bord ist, um mit dem zweiten Datum fortzufahren.

Ihr habt gemeinsam über "Zukunftspläne" gesprochen

Die Festigung der Pläne für Date Nummer zwei ist eines der offensichtlichsten Anzeichen dafür, dass ein erstes Date gut verlaufen ist. Es ist noch besser, wenn diese Pläne etwas mit dem zu tun haben, was ihr beim Date besprochen habt. Zum Beispiel kann das Date vorschlagen, einen speziellen Wanderweg am folgenden Wochenende gemeinsam zu erkunden.

Ihr habt Geschichten über eure Freundesgruppen ausgetauscht.

Wenn dein Date Geschichten über seine Freundesgruppe erzählt oder du ihm oder ihr Geschichten über deine erzählst, ist dies ein klares Zeichen dafür, dass sie erwägen, diesen engen Teil ihres Lebens zu öffnen. Es ist noch aussagekräftiger, wenn sie vorschlagen, dass du seine Freunde toll findest. Dies kann bedeuten, dass ihr beide wirklich sofort geklickt habt und er oder sie dich sofort in ihren sozialen Kreis aufnehmen möchte.

Das Gespräch ging weiter als Smalltalk.

Ein intensives Gespräch ist der Schlüssel zu einem großartigen ersten Date. Während es wichtig ist, alle grundlegenden Fakten über eine Person herauszufinden - Dinge wie woher sie kommt und was sie tut -, ist es auch notwendig, in ein tieferes Gespräch einzusteigen. Dies zeigt, dass du dich wohl genug fühlst, um über etwas Sinnvolles zu sprechen, und dass du das Potenzial hast, sich auf einer spirituelleren und intellektuelleren Ebene zu verbinden.

Das Date bringt dich zum Auto, Bushaltestelle oder nach Hause.

Ob zum Zug, zu dem Auto oder zur Ecke der Straße, wenn dein Date dich dorthin führt, liegt es wahrscheinlich daran, dass sie nicht bereit sind, sich zu trennen. Ein noch stärkeres Zeichen dafür ist, dass sie eine Weile verweilen, nachdem du am nächsten Ziel angekommen bist. Es ist klar, dass sie lieber Zeit mit dir verbringen möchten, als ihren eigenen Weg zu gehen.

Du hast deinen Freunden von dem Date erzählt.

Hast du nach dem Date dein Telefon herausgezogen, um den Freunden eine SMS zu schicken? Solange du gute Dinge sagst, kann dies eines der verräterischen Anzeichen dafür sein, dass ein erstes Date gut verlaufen ist. Unabhängig davon, ob du nach Feedback suchst, um sicherzustellen, dass du den richtigen nächsten Schritt tust, oder einfach nur deine Begeisterung für diese neue Person teilst, ist das Gespräch mit Freunden über ein erstes Date ein positives Zeichen dafür, dass die andere Person Potenzial hat.

Es gab eine absichtliche und rechtzeitige Nachverfolgung.

Hast du innerhalb von 24 Stunden nach dem Date eine Nachricht oder Anruf erhalten? Das ist normalerweise ein gutes Zeichen. Wenn dein Date über das obligatorische "Hast du es gut nach Hause geschafft?" geht und in ein weiteres Gespräch führt, das ist ein klares Zeichen, dass sie das Date genossen haben und ein zweites Date planen möchten.

Wenn du nun weißt, dass das erste Date gut verlaufen ist, fragst du vielleicht: "Mein erstes Date ist gut gelaufen, was nun?" Eigentlich ist dies die interessanteste Phase einer Beziehung, denn jetzt beginnt ein großartiges Spiel. Als ihr beide feststellten, dass euer erstes Date ein Erfolg war und ihr euch für einander interessiert, beginnst du darüber nachzudenken, wie du ihn oder sie wissen lassen kannst, dass du die Person wirklich magst. Einige Leute empfehlen, ein paar Tage zu warten und erst dann dem neuen Partner zu schreiben. Doch das bleibt bei dir und deinem Gefühl.

Doch warte nicht zu lange, bevor du um ein zweites Date bittest. Wenn du zu schüchtern bist, um anzurufen, kannst du eine SMS schreiben.

Wir hoffen, dass du anhand unserer Zeichen, dass das erste Date gut verlaufen ist, sicher weißt, ob das Date erfolgreich ist oder nicht. Im schlimmsten Fall, wenn du dich sehr paranoid fühlst und nicht aufhören kannst, dich zu fragen: "Ist mein erstes Date gut gelaufen?" kannst du die Person auch direkt fragen, ob es ihr/ihm gefallen hat oder nicht. Ja, das mag zu einfach erscheinen und erfordert viel Mut, aber in Zweifeln zu leben ist viel schwieriger. Im Allgemeinen empfehlen wir dir, deinen Gefühlen zu vertrauen, da der beste Weg, um sicher zu sein, darin besteht, nach dem Date auf deine Gefühle zu achten. Deine Gefühle können nicht lügen.

Fazit

Bevor du ins Online-Dating-Meer eintauchst, musst du dir darüber im Klaren sein, nach welcher Art von Beziehung du suchst. Du möchtest vielleicht nur Langeweile töten, Spaß haben oder wahre Liebe finden.

Die Welt des Online-Dating kann für Anfänger schwierig sein. Aber du hast bereits die richtige Wahl getroffen und hast wertvolle Tipps und Methoden gelernt, um sicherzustellen, dass deine Dating-Reise erfolgreich verläuft. Lehne dich also zurück und entspanne dich, denn dein Partner ist schon sehr nah.

Online-Dating ist riesig, es ist nicht zu leugnen. Eine kürzlich durchgeführte Studie ergab, dass ein Drittel der Beziehungen jetzt online beginnt und jede Altersgruppe, die Online-Dating nutzt, in den letzten Jahren zugenommen hat. Und du bist mit diesem Buch auf dem richtigen Weg, um deine Liebe kennenzulernen.

Der wichtigste Online-Dating-Tipp - Sei du selbst

Sei einfach du selbst. Es mag nach einer simplen Regel klingen, aber es ist eine, die man leicht vergisst, wenn man sich in einem romantischen Wirbelwind befindet.

Bevor du dich auf eine Dating-Reise begibst, ist es wichtig zu verstehen, was du von einer Beziehung und einem potenziellen Partner erwartest. Denk über deine Zukunftspläne nach, was du erreichen willst und welche Ziele und Werte deiner Meinung nach für einen Partner wichtig sind. Dies gibt dir ein einfaches Mantra und einen Wegpunkt, dem du folgen kannst, während du neue Leute kennenlernst und neue Abenteuer erlebst. Bleib dir selbst treu und deine Persönlichkeit wird scheinen.

Du solltest das Dating auf die richtige Art und Weise - mit Zuversicht – beginnen.
Du musst daran denken, die Erfahrung des Online-Dating zu genießen, um das Beste daraus zu

machen. Dies liegt normalerweise daran, dass die Menschen beim Online-Dating nicht in der richtigen Stimmung sind und sich daher weniger zufrieden fühlen als erwartet. Bevor du einen der vorherigen Online-Dating-Tipps ausprobierst, stelle sicher, dass du gute Laune hast, um nach dem zukünftigen Partner zu suchen. Selbstvertrauen kommt von innen und du kannst es nur steigern, indem du dich gut fühlst.

Also, bereit, der Welt dein bestes Selbst zu zeigen?

Viel Glück!

Hat ihnen das Buch gefallen?

Gerne können Sie mir eine kurze Bewertung auf Amazon hinterlassen darüber freue ich mich sehr.

Gibt es etwas zu verbessern oder zu verändern?
Feedback ist willkommen
gerne an dlamancu@gmx.de

Weitere Bücher Finden sie hier

https://amzn.to/2SMzIo7

https://amzn.to/2Tg0TFY

https://amzn.to/2zCjt2d

https://amzn.to/2ZJ8XSV

Vielen lieben Dank für Ihre Unterstützung.

Haftungsausschluss

Die Umsetzung aller enthaltenen Informationen, Anleitungen und Strategien dieses E-Books erfolgten auf eigenes Risiko. Für etwaige Schäden jeglicher Art kann der Autor aus keinem Rechtsgrund eine Haftung übernehmen. Für Schäden materieller oder ideeller Art, die durch die Nutzung oder Nichtnutzung der Informationen bzw. durch die Nutzung fehlerhafter und/oder unvollständiger Informationen verursacht wurden, sind Haftungsansprüche gegen den Autor grundsätzlich ausgeschlossen. Ausgeschlossen sind daher auch jegliche Rechts- und Schadensersatzansprüche. Dieses Werk wurde mit größter Sorgfalt nach bestem Wissen und Gewissen erarbeitet und niedergeschrieben. Für die Aktualität, Vollständigkeit und Qualität der Informationen übernimmt der Autor jedoch keinerlei Gewähr. Auch können Druckfehler und Falschinformationen nicht vollständig ausgeschlossen werden. Für fehlerhafte Angaben vom Autor kann keine juristische Verantwortung sowie Haftung in irgendeiner Form übernommen werden.

□

Urheberrecht

Impressum

ISBN: 9798622995477

1. Auflage

Kontakt:
La Mancusa Daniele
Vorstadtstr. 52
73614 Schorndorf

Printed in Germany
by Amazon Distribution
GmbH, Leipzig

21940482R00102

JEF

Né en Angleterre en 1940, Jeffrey Archer, baron Archer de Weston-super-Mare, a fait ses études à l'université d'Oxford avant de se tourner vers la politique. Il démissionne de la Chambre des communes en 1974 pour se consacrer à l'écriture. Il est l'auteur de nombreux best-sellers internationaux dont *Kane et Abel* (1979), *Seul contre tous* (2009), prix Polar international de Cognac, et *Le Sentier de la gloire* (2010), prix Relay du roman d'évasion. Traduits dans le monde entier, ses livres se sont déjà écoulés à plus de 270 millions d'exemplaires et figurent régulièrement en tête des meilleures ventes. *À pile ou face* a paru aux Éditions Les Escales en 2019.

JEFFREY ARCHER

Né en Angleterre en 1940, Jeffrey Archer, auteur de [illegible], a fait ses études à l'université d'Oxford [illegible] la politique. Il [illegible] de la Chambre des communes en 1974 pour se consacrer à l'écriture. Il est l'auteur de nombreux best-sellers internationaux dont *Kane et Abel* (1979), *Seul contre tous* (2009), prix Polar international de Cognac, et *Le Sentier de la gloire* (2010), prix Relay du roman d'évasion. Traduits dans le monde entier, ses livres se sont déjà vendus à plus de 275 millions d'exemplaires. Il figure régulièrement en tête des meilleures ventes [illegible] paru aux éditions Les Escales, 2015.

À PILE OU FACE

JEFFREY ARCHER

À PILE OU FACE

Traduit de l'anglais
par Oscar Perrin

LES ESCALES

Titre original :
HEADS YOU WIN

MIXTE
Papier issu de
sources responsables
FSC® C003309
FSC
www.fsc.org

Pocket, une marque d'Univers Poche,
est un éditeur qui s'engage pour la préservation
de l'environnement et qui utilise du papier fabriqué
à partir de bois provenant de forêts gérées
de manière responsable.

ISBN : 978-2-26631-176-2
Dépôt légal : juillet 2020

À Boris Nemtsov
J'aurais aimé avoir son courage

Livre 1

Chapitre 1

Aleksandr
Leningrad, 1968

— Qu'est-ce que tu vas faire après le lycée ? demanda Aleksandr.

— J'aimerais intégrer le KGB, annonça Vladimir, mais si je ne rentre pas à l'université, aucune chance qu'ils examinent ma candidature. Et toi ?

— Je voudrais être le premier président russe élu démocratiquement, répondit Aleksandr en riant.

— Si tu y arrives, tu pourras me nommer chef du KGB, ajouta Vladimir sans comprendre.

— Le népotisme ce n'est pas trop mon genre !

— Le népotisme ? questionna Vladimir.

— Ça vient du mot italien *nipote*, qui veut dire « neveu ». Le terme remonte aux papes du XVIIe qui distribuaient des titres à leur famille et leurs amis.

— Je ne vois pas vraiment le problème. Le KGB a remplacé les papes, voilà tout.

— Tu vas au match dimanche ? demanda Aleksandr pour changer de sujet.

— Non. Depuis que Leningrad est en demi-finale, les gens comme moi n'ont plus une seule chance d'avoir des places. Mais toi, vu que ton père est superviseur des docks, tu devrais en obtenir dans les gradins réservés aux membres du Parti.

— Tant qu'il refuse de rejoindre le Parti communiste, aucune chance. La dernière fois que je lui ai demandé, il n'était pas très optimiste. Oncle Niko est mon dernier espoir…

Aleksandr se rendit compte qu'ils évitaient le sujet qui les taraudait tous les deux.

— Quand penses-tu qu'on aura les résultats ?

— Je ne sais pas. Je soupçonne nos professeurs de prendre un malin plaisir à nous voir souffrir, ils savent très bien que c'est la dernière fois qu'ils auront de l'autorité sur nous.

— Tu n'as rien à craindre. Dans ton cas, la seule question est de savoir si tu auras la bourse Lénine pour l'Institut de langues étrangères de Moscou ou une place en mathématiques à l'université. Moi je ne suis même pas sûr de rentrer à l'université, et si je n'y vais pas, je peux dire adieu au KGB. Je vais probablement passer le reste de mes jours aux docks sous les ordres de ton père, soupira Vladimir.

Aleksandr ne répondit pas. Ils entrèrent dans l'immeuble et montèrent l'escalier en pierre usé qui conduisait à leurs appartements.

— Qu'est-ce que j'aimerais habiter au premier plutôt qu'au quatorzième !

— Vladimir, tu sais aussi bien que moi que seuls les membres du Parti vivent en dessous du quatrième étage. Mais quand tu seras au KGB, nul doute que tu pourras descendre dans ce monde.

— À demain matin, dit Vladimir en ignorant la moquerie de son ami alors qu'il entamait les six étages restants.

En ouvrant la porte du petit appartement familial au huitième étage, Aleksandr se souvint d'un article qu'il avait lu récemment : en Amérique il y avait tant de criminels que les portes avaient toutes au moins deux verrous. Mais ici, se dit-il, s'il n'y en avait pas c'était sûrement parce qu'il n'y avait rien à voler.

Il alla directement dans sa chambre, sachant bien que sa mère rentrerait tard. De sa sacoche il tira un paquet de feuilles, un crayon et un exemplaire corné de *Guerre et Paix*. Il déposa le roman sur une petite table dans un coin de sa chambre et l'ouvrit à la page 179 pour reprendre sa traduction de Tolstoï en anglais. « Lorsque la famille Rostov se mit à table pour le souper ce soir-là, Nicolas semblait distrait et non seulement car… »

Aleksandr relisait attentivement chaque ligne, traquant les fautes d'orthographe et cherchant des mots plus précis, lorsqu'il entendit la porte d'entrée s'ouvrir. Son estomac se mit à gargouiller ; sa mère avait-elle pu faire sortir quelque chose en douce du club des officiers où elle travaillait comme cuisinière ? Il referma son livre et la rejoignit dans la cuisine.

Elena lui adressa un sourire chaleureux en s'asseyant sur l'un des bancs en bois qui entouraient la table.

— Tu vas nous préparer quelque chose de spécial ce soir, Maman ? demanda Aleksandr, plein d'espoir.

Elle sourit à nouveau et vida ses poches : une grosse pomme de terre, deux panais, la moitié d'une miche de pain rassis et, le clou de la soirée, un morceau de saucisse, probablement abandonné par un officier au bord de son assiette. *Un vrai festin comparé au dîner de Vladimir*, pensa Aleksandr. On trouve toujours moins bien loti que soi.

— Du nouveau ? demanda Elena en épluchant la pomme de terre.

— Tu me poses la question tous les soirs, Maman, et je te répète que je n'en saurai pas plus avant au moins un mois, peut-être même plus.

— Ton père serait tellement fier si tu décrochais la bourse Lénine.

Elle reposa la pomme de terre et mit la pelure de côté. Ici, on ne gâchait rien.

— Sans la guerre, ton père serait allé à l'université, tu sais.

Aleksandr connaissait bien cette histoire, mais il aimait l'entendre : comment la section de son père, stationnée au front pendant le siège de Leningrad, avait subi l'assaut discontinu pendant quatre-vingt-treize jours d'une division d'élite de panzers ; il n'avait pas quitté son poste avant que les Allemands, vaincus, battent en retraite.

— Et on lui a remis la médaille pour la défense de Leningrad, conclut-il en cœur avec sa mère.

Aleksandr ne se lassait pas de cette histoire, que sa mère avait dû lui raconter une centaine de fois. Son père, lui, n'abordait jamais le sujet. Aujourd'hui, près de vingt-cinq ans plus tard, il était devenu camarade chef superviseur des docks et avait trois mille hommes sous sa responsabilité. Il n'était pas membre du Parti, mais le KGB était forcé d'admettre qu'il était le meilleur dans son domaine.

Le bruit de la porte annonça l'arrivée de son père. Il souriait en entrant dans la cuisine. Konstantin Karpenko était grand, fort et bel homme ; les jeunes femmes se retournaient encore sur son passage. Son visage tanné par le soleil était dominé par une luxuriante moustache avec laquelle Aleksandr se souvenait avoir joué dans son enfance, chose qu'il n'avait pas osé faire depuis des années. Konstantin se glissa sur le banc à côté de son fils.

— Le dîner ne sera pas prêt avant une demi-heure, annonça Elena en découpant l'unique pomme de terre.

— Nous devons parler anglais entre nous, déclara Konstantin.

— Pourquoi ? demanda Elena en russe. Je n'ai jamais rencontré un seul anglais, et ça ne risque pas d'arriver.

— Si Aleksandr veut décrocher la bourse et aller à Moscou, il faut qu'il parle parfaitement la langue de nos ennemis.

— Mais Papa, les Britanniques et les Américains se sont battus à nos côtés pendant la guerre.

— Oui, mais seulement parce que nous étions moins dangereux que les nazis à leurs yeux.

Aleksandr réfléchissait aux paroles de son père.

— Tu veux jouer aux échecs en attendant le dîner ? proposa Konstantin en se levant.

Aleksandr acquiesça. C'était son moment préféré de la journée.

— Installe l'échiquier pendant que je me lave les mains.

Lorsque Konstantin eut quitté la pièce, Elena murmura :

— Pourquoi est-ce que tu ne le laisses pas gagner pour une fois ?

— Jamais ! s'écria Aleksandr. De toute façon, il s'en rendrait compte et je prendrais encore une raclée.

Il ouvrit le tiroir de la table de la cuisine pour en sortir un vieil échiquier en bois et une boîte avec les pièces, dont l'une manquait. Tous les soirs une salière en plastique remplaçait l'un des fous.

Aleksandr avança son pion de deux cases avant le retour de son père. Konstantin répliqua immédiatement en déplaçant son pion d'une case.

— Comment s'est passé le match ?

— On a gagné trois à zéro, lança Aleksandr en déplaçant son cavalier.

— Jolie victoire, bien joué ! Mais le plus important c'est la bourse. Je suppose que tu n'en sais pas plus ?

— Rien du tout, répondit Aleksandr en jouant son coup suivant.

Son père ne répliqua pas tout de suite.

— Papa, je voulais te demander, est-ce que tu as pu avoir une place pour le match de samedi ?

— Non, annonça son père sans quitter l'échiquier des yeux. Elles sont encore plus rares qu'une vierge sur les trottoirs de la perspective Nevski.

— Konstantin ! cria Elena. Tu peux parler comme ça sur les docks mais pas ici !

Il adressa un sourire en coin à son fils.

— Mais on a promis à ton oncle Niko quelques places dans les tribunes et comme je ne tiens pas particulièrement à y aller…

— Tu pourrais avoir autant de places que tu veux si seulement tu rejoignais le Parti, intervint Elena.

— Je ne le ferai pas, tu le sais très bien. *Quid pro quo*. Une expression que tu m'as apprise, Aleksandr, dit-il en regardant son fils. N'oublie pas, ces gens-là attendent toujours quelque chose en retour, mais hors de question que je trahisse mes amis pour un match de football.

— Mais nous ne nous sommes pas qualifiés en demi-finale de la Coupe depuis des années !

— Et ça n'arrivera probablement plus jamais de mon vivant. Mais il en faudra beaucoup plus pour me faire adhérer au Parti.

— Vladimir fait déjà partie des pionniers et il s'est inscrit pour le Komsomol[1], répondit Aleksandr après avoir joué.

— Rien d'étonnant. Sans ça il n'a aucune chance d'intégrer le KGB, et c'est la carrière parfaite pour ce genre de sale type.

À nouveau, Aleksandr était distrait.

— Pourquoi es-tu toujours si dur avec lui, Papa ?

— Parce qu'il n'est rien qu'un petit imbécile sournois, comme son père. Ne lui confie jamais un secret, ou tu peux être sûr que le KGB sera au courant avant que tu aies le temps de dire ouf.

---

1. Le Mouvement des pionniers et le Komsomol sont deux organisations de jeunesse du Parti communiste soviétique, l'une à destination des dix/quatorze ans, l'autre pour les quinze/vingt-neuf ans.

— Il n'est pas assez intelligent. Honnêtement, il aura de la chance d'être accepté à l'université.

— Il n'est peut-être pas intelligent, mais il est fourbe et sans pitié, une combinaison dangereuse. Crois-moi, il vendrait sa mère pour une place pour la finale, peut-être même pour la demi-finale.

— Le dîner est prêt, annonça Elena.

— On déclare la partie nulle et on s'arrête là ?

— Non, Papa. Tu es échec en six coups et tu le sais aussi bien que moi.

— Arrêtez de vous chamailler et mettez la table, vous deux.

— Quand est-ce que je t'ai battu pour la dernière fois ? demanda Konstantin en abaissant son roi.

— Le 15 novembre 1967, répondit Aleksandr en serrant la main de son père.

Aleksandr reposa la salière sur la table et rangea les pièces dans la boîte, tandis que son père prenait trois assiettes sur l'étagère au-dessus de l'évier. Aleksandr sortit trois couteaux et trois fourchettes dépareillés d'un tiroir de la cuisine. Il se souvint d'un paragraphe de *Guerre et Paix* qu'il venait juste de traduire. Les Rostov prenaient régulièrement un dîner à cinq services (un bien meilleur mot que « souper », il le changerait une fois dans sa chambre) et avaient des couverts différents à chaque plat. Une dizaine de domestiques en livrée se tenaient derrière chaque chaise et servaient les plats préparés par trois cuisiniers, qui semblaient ne jamais quitter leurs fourneaux. Mais il était certain que les cuistots des Rostov ne pouvaient pas être meilleurs que sa mère, sinon elle n'aurait pas travaillé pour le club des officiers.

Un jour... rêvassait-il en finissant de mettre la table avant de s'asseoir en face de son père. Elena apporta le dîner qu'elle avait divisé en trois parts inégales. Les restes de la saucisse avaient été coupés en deux, la pomme de terre en morceaux et les épluchures plongées dans la friture et présentées comme une spécialité maison. Ses hommes, comme elle disait, avaient un panais chacun, une épaisse tranche de pain noir et un morceau de lard.

— J'ai une réunion à l'église ce soir, annonça Konstantin en levant sa fourchette. Mais je ne devrais pas rentrer trop tard.

Aleksandr divisa sa saucisse en quatre morceaux, qu'il mastiqua lentement entre deux grosses bouchées de pain et de grandes rasades d'eau. Il gardait son panais pour la fin. Son goût fade lui restait longtemps en bouche. Il n'était même pas sûr d'aimer ça. Dans *Guerre et Paix,* seuls les domestiques en mangeaient. Aleksandr et ses parents avaient beau prendre leur temps et parler constamment, le repas ne dura que quelques minutes.

Konstantin vida son verre d'eau, s'essuya la bouche sur la manche de sa veste, se leva et quitta la pièce sans rien dire.

— Tu peux retourner à tes livres, Aleksandr. Ça ne me prendra pas longtemps, ajouta sa mère en le chassant d'un geste de la main.

Aleksandr ne se fit pas prier. Dans sa chambre, il remplaça le mot « souper » par « dîner » avant de tourner la page pour continuer sa traduction du chef-d'œuvre de Tolstoï. « Les Français marchaient sur Moscou... »

Konstantin sortit de l'immeuble et s'avança dans la rue, sans savoir qu'il était observé.

Vladimir, incapable de se concentrer sur ses devoirs, regardait distraitement par la fenêtre lorsqu'il vit le camarade Karpenko sortir de l'immeuble. C'était la troisième fois cette semaine. Où pouvait-il bien aller à cette heure-ci ? Il ferait sûrement mieux de mener l'enquête. Il sortit en vitesse de sa chambre et traversa le couloir sur la pointe des pieds. Il entendit des ronflements puissants provenant du salon et jeta un coup d'œil à son père avachi dans un fauteuil, une bouteille de vodka vide gisant à ses pieds. Il ouvrit la porte sans faire de bruit puis dévala l'escalier jusque dans la rue. À droite, il aperçut Karpenko qui tournait à l'angle et se lança à sa poursuite, ne ralentissant qu'au coin de la rue.

Il vit le camarade Karpenko entrer dans l'église Saint-André. *Quelle perte de temps*, pensa Vladimir. L'Église orthodoxe n'était pas très bien vue par le KGB, mais n'était pas interdite. Il allait rentrer chez lui lorsqu'il discerna un autre homme qui sortait de l'ombre, un homme qu'il n'avait jamais aperçu à l'église le dimanche.

Vladimir s'approcha en prenant garde à ne pas être vu. Aux aguets, il observa deux hommes entrer en vitesse, puis se raidit en entendant des pas derrière lui. Il se glissa par-dessus le mur d'enceinte et se coucha par terre en attendant que l'homme passe pour pouvoir se faufiler entre les pierres tombales jusqu'à la porte arrière de l'église, que seuls les choristes empruntaient. Il essaya la poignée et laissa échapper un juron lorsqu'elle ne céda pas.

En regardant aux alentours, il remarqua une fenêtre entrouverte au-dessus de lui. Pour l'atteindre, il dut s'appuyer sur une stèle en pierre. Au troisième essai, il parvint à s'agripper au rebord, se hissa péniblement, se glissa par la fenêtre et se laissa tomber à l'intérieur.

Sur la pointe des pieds, Vladimir traversa le fond de l'église et se cacha derrière l'autel. Son rythme cardiaque apaisé, il jeta un coup d'œil hors de sa cachette et vit une douzaine d'hommes assis sur les stalles du chœur, en pleine conversation.

— Quand allons-nous partager nos idées avec le reste des travailleurs ?

— Samedi prochain, Stefan, répondit Konstantin, pendant la réunion mensuelle de travail. Je n'aurai pas de meilleure occasion de convaincre les camarades de nous rejoindre.

— Ne devrions-nous pas prévenir les contremaîtres ? demanda l'un des hommes.

— Non. L'effet de surprise est notre seule chance. Mieux vaut que le KGB ne sache rien de ce que nous préparons.

— Mais il y aura des espions, à l'affût de chacun de tes mots.

— J'en suis conscient, Mikhaïl. Mais la seule chose qu'ils pourront rapporter à leurs supérieurs, c'est que nous disposons d'un soutien fort pour créer un syndicat indépendant.

— Je ne doute pas du soutien des ouvriers, mais les discours enflammés n'arrêtent pas les balles, ajouta une quatrième voix.

Plusieurs d'entre eux acquiescèrent.

— Après mon discours samedi, le KGB se gardera bien d'une action aussi stupide. Un coup comme ça et les hommes se révolteraient ; jamais ils ne seraient capables d'étouffer le mouvement. Mais Yuri a raison. Vous prenez tous un risque considérable pour une cause qui m'est chère depuis tant d'années. Si vous souhaitez partir, il est encore temps.

— Il n'y a pas de Judas parmi nous, ajouta une autre voix, alors que Vladimir retenait une quinte de toux.

Les hommes se levèrent tous, reconnaissant tacitement Karpenko comme leur chef.

— Nous nous retrouverons samedi matin. D'ici là, pas un mot et restez sur vos gardes.

Le cœur de Vladimir battait à tout rompre tandis que les hommes se serraient la main et quittaient l'église l'un après l'autre. Il ne bougea pas avant d'avoir entendu le fracas de la grande porte et le bruit de la clef dans la serrure. Il se précipita alors vers la sacristie et, à l'aide d'un tabouret, agrippa le rebord de la fenêtre, s'y faufila et atterrit de l'autre côté comme un lutteur aguerri. La seule matière dans laquelle il était meilleur qu'Aleksandr.

Il n'avait pas une minute à perdre. Il se rua dans la direction opposée à celle de Karpenko, vers une rue dans laquelle seuls les membres du Parti osaient pénétrer : Staline Prospekt. Il savait pertinemment où vivait le major Poliakov, mais aurait-il le courage de frapper à sa porte à une heure si tardive ? À n'importe quelle heure d'ailleurs ?

Lorsqu'il atteignit la rue, au pavé propre et aux arbres feuillus, Vladimir resta planté devant la maison, perdant chaque seconde un peu plus son courage. Quand il eut rassemblé assez de forces pour frapper à la porte, celle-ci pivota brusquement, tirée par un homme qui n'aimait pas les surprises.

— Qu'est-ce que tu veux ? demanda l'homme en attrapant le visiteur importun par l'oreille.

— J'ai quelque chose à vous dire. Vous avez dit, quand vous êtes venu chercher des recrues dans notre lycée l'année dernière, que l'information était sacrée.

— Tu as intérêt à ce que ce soit important, menaça Poliakov en traînant le garçon à l'intérieur.

Il claqua la porte.

— Parle.

Vladimir raconta fidèlement tout ce qu'il avait entendu dans l'église. Au fil de son récit, la pression sur son oreille se changea en main sur son épaule.

— Tu as reconnu quelqu'un à part Karpenko ?

— Non, camarade major-général, mais il a mentionné les noms de Yuri, Mikhaïl et Stefan.

Poliakov nota les noms puis demanda :

— Tu vas au match samedi ?

— Non, camarade major-général, c'est complet et mon père n'a pas pu…

Comme un magicien, le chef du KGB tira un billet de sa poche intérieure et le tendit à sa nouvelle recrue.

***

Konstantin ferma doucement la porte de la chambre pour ne pas réveiller sa femme. Il enleva ses lourdes bottes, se déshabilla et se mit au lit. S'il se levait assez tôt, il n'aurait pas à expliquer à Elena ce que lui et ses camarades faisaient et, plus important encore, ce qui était prévu samedi. Il valait mieux qu'elle le croie en train de se soûler au café ou au lit avec une maîtresse que de l'accabler avec la vérité. Elle ne ferait qu'essayer de le dissuader de faire son discours.

Après tout, leur vie n'était pas si terrible, l'entendait-il répéter. Leur immeuble avait l'électricité et l'eau courante. Elle était cuisinière au club des officiers et Aleksandr attendait la réponse d'une prestigieuse bourse pour l'Institut de langues étrangères de Moscou. Que pouvaient-ils demander de plus ?

Qu'un jour tout le monde puisse tenir pour acquis ce genre de privilèges, voilà ce que Konstantin lui aurait répondu.

Il resta éveillé toute la nuit, préparant ce discours qu'il ne pouvait risquer de mettre par écrit. Il se leva à cinq heures et demie en prenant encore une fois soin de ne pas réveiller sa femme. Il se lava le visage à l'eau froide mais ne se rasa pas, enfila une chemise rêche et une salopette. Il sortit de la chambre sur la pointe des pieds et prit sa gamelle dans la cuisine : un œuf dur, un oignon, deux tranches de pain et du fromage. Seuls les membres du KGB mangeaient mieux.

Il ferma doucement la porte d'entrée derrière lui, descendit l'escalier en pierre usé et s'engagea dans la rue déserte. Il parcourait toujours les six kilomètres jusqu'à son travail à pied, fuyant le bus bondé qui transportait les ouvriers vers les docks. S'il voulait survivre à la journée de samedi, il fallait qu'il soit en forme, comme un soldat entraîné pour l'action.

Quand il rencontrait un collègue dans la rue, Konstantin lui adressait immanquablement un salut ironique. Certains le lui rendaient, d'autres hochaient la tête et d'autres encore, comme Judas, détournaient le regard. Ceux-là auraient pu tout aussi bien avoir leur carte du Parti tatouée sur le front.

Une heure plus tard, Konstantin arriva devant les portes des docks et pointa. En tant que superviseur, il aimait arriver le premier et repartir le dernier. Il parcourait les quais en pensant à sa première tâche de la journée. Dans une heure, un sous-marin en partance pour Odessa dans la mer Noire viendrait se réapprovisionner en carburant et en vivres au dock 11. Seuls les ouvriers les plus fiables auraient le droit de s'approcher du dock ce matin-là.

L'esprit de Konstantin divagua jusqu'à la réunion de la veille. Quelque chose n'allait pas, mais il ne parvenait pas à mettre le doigt dessus. *Quelque chose ou quelqu'un*, pensa-t-il alors qu'à l'autre bout du quai une immense grue soulevait un lourd chargement et pivotait lentement vers le sous-marin du dock 11.

Le grutier avait été choisi avec précaution. Il était capable de charger un tank sur un bateau avec seulement quelques centimètres de marge de manœuvre de chaque côté. Mais pas aujourd'hui. Aujourd'hui, il transbordait des barils d'essence sur un sous-marin qui resterait immergé des jours entiers, tâche qui demandait la même précision. Par chance, il n'y avait pas de vent ce matin-là.

Konstantin essayait de se concentrer en répétant son discours. Tant qu'aucun de ses collègues n'ouvrait la bouche, il était sûr que tout se passerait bien. Il laissa échapper un sourire.

Le grutier était fier de sa précision : tout avait été calculé au centimètre près. Le chargement était stable et parfaitement équilibré. Il patienta encore un instant avant d'actionner avec dextérité un lourd levier. La grande pince s'ouvrit en deux et libéra trois barils. Ils s'écrasèrent sur le sol. Au centimètre près. Konstantin Karpenko avait levé la tête mais il était trop tard. Il mourut sur le coup. Un terrible accident, dont personne n'était responsable. L'homme dans la cabine savait qu'il devait s'éclipser avant l'arrivée de l'équipe du matin. Il remit le bras de la grue en place, coupa le moteur, sortit de la cabine et commença à descendre le long de l'échelle.

Trois ouvriers l'attendaient en bas. Il les salua, sans voir la lame crantée de dix centimètres avant qu'elle ne s'enfonce dans son estomac pour y tourner plusieurs fois. Les deux autres le soutinrent jusqu'à ce qu'il arrête de gémir. Ils lui attachèrent les pieds et les mains et le jetèrent dans l'eau. Son corps remonta trois fois avant de disparaître sous la surface. Il n'avait pas pointé ce matin-là, sa disparition ne serait pas remarquée tout de suite.

***

Les funérailles de Karpenko eurent lieu à l'église Saint-André. Il y avait tellement de monde que, bien avant que le chœur pénètre dans la nef, l'assistance débordait déjà dans la rue.

Dans son éloge funèbre, le pope décrivit la mort de Konstantin comme un accident tragique. Il était probablement l'un des seuls à croire le communiqué officiel publié par le commandant des docks et approuvé par Moscou.

Assis devant, douze hommes savaient que ce n'était pas un accident. Ils avaient perdu leur leader et l'enquête approfondie du KGB mettrait des années à rendre ses conclusions ; d'ici là, leur fenêtre de tir serait passée.

Seuls la famille et les amis proches s'approchèrent de la tombe pour rendre un dernier hommage. Elena pleurait alors que le corps de son mari s'enfonçait lentement dans la terre. Aleksandr retenait ses larmes en serrant la main de sa mère, ce qu'il n'avait pas fait depuis des années. Soudain, il se rendit compte que, malgré son jeune âge, c'était désormais lui le chef de famille.

Il leva les yeux et aperçut Vladimir, à qui il n'avait pas parlé depuis la mort de son père, presque caché au fond de l'église. Lorsque leurs regards se croisèrent, son meilleur ami détourna rapidement les yeux. Aleksandr se rappela alors les mots de son père : *Il est fourbe et sans pitié. Crois-moi, il vendrait sa mère pour une place pour la finale, peut-être même pour la demi-finale*. Vladimir n'avait pas pu s'empêcher de lui parler de sa place dans les gradins pour le match de samedi, mais il refusait de dire qui la lui avait donnée ou comment il l'avait obtenue.

Aleksandr était forcé de se demander jusqu'où irait Vladimir pour entrer à l'université. À cet instant, il comprit qu'ils n'étaient plus amis. Au bout de quelques minutes, Vladimir fila comme Judas dans la nuit. Il avait tout fait, sauf embrasser le père d'Aleksandr sur la joue.

Après le départ des invités, Elena et Aleksandr étaient restés longtemps agenouillés devant la tombe.

En se relevant, Elena se demanda ce que Konstantin avait fait pour provoquer une telle colère. Seuls les membres du Parti les plus fanatiques pouvaient croire au discours officiel, le suicide du grutier après l'accident. Le mensonge était même remonté jusqu'à Leonid Brejnev, le secrétaire général du Parti. Un porte-parole du Kremlin avait annoncé que le camarade Konstantin Karpenko serait fait Héros de l'Union soviétique et que sa veuve recevrait une pension complète de l'État.

L'attention d'Elena était déjà tournée vers l'autre homme de sa vie. Elle voulait déménager à Moscou, trouver un nouveau travail et faire tout son possible pour la carrière de son fils. Mais une longue discussion avec son frère Niko lui avait fait admettre qu'ils devaient rester à Leningrad et faire comme si de rien n'était. Elle devrait s'estimer heureuse de garder son travail actuel, les tentacules du KGB s'étendait au-delà de son existence insignifiante.

Le samedi, Leningrad gagna la demi-finale contre Odessa 2-1 et se qualifia pour jouer contre le Torpedo Moscou.

Vladimir réfléchissait déjà à la façon dont il obtiendrait une place.

Chapitre 2

Aleksandr

Elena n'avait pas encore l'habitude de dormir seule et se réveilla tôt. Elle prépara le petit déjeuner d'Aleksandr et une fois qu'il fut en route pour l'école rangea l'appartement, mit son manteau et partit travailler. Comme Konstantin, elle préférait marcher jusqu'aux docks, s'épargnant ainsi les inlassables « toutes mes condoléances ». Elle pensait à la mort du seul homme qu'elle avait jamais aimé. Que lui cachaient-ils ? Pourquoi personne ne lui disait la vérité ? Elle devait attendre le bon moment pour poser la question à son frère, elle était sûre qu'il en savait plus qu'il ne voulait bien le dire. Puis elle pensa à son fils, dont les résultats d'examen tomberaient bientôt.

Enfin, elle songea à son travail, qu'elle devait à tout prix garder tant qu'Aleksandr faisait encore des études. Cette pension était-elle un signe qu'on la mettrait bientôt dehors ? Sa présence rappelait-elle constamment à tout le monde comment son mari était mort ? Mais elle faisait bien son travail, c'était d'ailleurs la raison pour laquelle elle travaillait au club des officiers et pas à la cantine des ouvriers.

— Content de vous revoir, camarade Karpenko, lui dit le garde à l'entrée.

— Merci.

Alors qu'elle traversait les docks, plusieurs ouvriers soulevèrent leur casquette et lui dirent bonjour, lui rappelant combien Konstantin était populaire.

En passant la porte de service du club des officiers, elle ôta son manteau, enfila un tablier et se dirigea vers les cuisines. Elle examina le menu, comme elle le faisait tous les matins. Soupe de légumes et tourte au lapin. On devait être vendredi. Elle s'attela aux préparatifs, comme chaque jour. D'abord, elle inspecta la viande, trois lapins à dépecer, puis les légumes à découper et les pommes de terre à éplucher.

Une main se posa délicatement sur son épaule. Elle se tourna pour faire face au camarade Novak, un sourire chaleureux sur le visage.

— C'était un très bel enterrement, dit son superviseur. Ni plus ni moins que ce que Konstantin méritait.

Encore quelqu'un qui connaissait la vérité mais n'était pas prêt à la dire. Elena le remercia et travailla sans relâche jusqu'à ce que la sirène annonce la pause du matin. Elle accrocha son tablier et retrouva Olga dans la cour. Son amie était en train de fumer avec plaisir l'autre moitié de sa cigarette de la veille, dont elle offrit la dernière bouffée à Elena.

— Quelle semaine infernale ! Mais nous avons tout fait pour que tu ne perdes pas ton travail. Je suis personnellement responsable du désastreux dîner d'hier. La soupe était froide, les légumes fades, la viande dure comme de la semelle et quelqu'un a malencontreusement oublié de faire de la sauce. Tous les officiers ont demandé quand tu reviendrais.

— Merci beaucoup, répondit Elena.

Elena voulut prendre son amie dans ses bras mais la sirène l'interrompit.

***

Aleksandr n'avait pas versé une seule larme à l'enterrement de son père. Ce soir-là, en trouvant son fils en pleurs en rentrant du travail, Elena comprit qu'il ne pouvait s'agir que d'une seule chose.

Elle s'assit à côté de lui sur le banc de la cuisine et le prit par l'épaule.

— La bourse n'a aucune importance. Une place à l'Institut de langues étrangères est déjà un grand honneur.

— Mais je ne suis pris nulle part.

— Pas même en mathématiques à l'université ?

Aleksandr secoua la tête.

— J'ai reçu l'ordre de me présenter aux docks lundi matin, on m'affectera à une équipe.

— Ça, jamais ! J'irai me plaindre.

— Tout le monde s'en moque. Ils m'ont clairement fait comprendre que je n'avais pas le choix.

— Et ton ami Vladimir ? Il travaillera aussi aux docks ?

— Non. Il est pris à l'université. Il fera sa rentrée en septembre.

— Mais tu es meilleur que lui dans toutes les matières !

— Sauf en trahison, répondit Aleksandr.

***

Le lundi suivant, lorsque le major Poliakov entra dans les cuisines, juste avant l'heure du déjeuner, il regarda Elena comme si elle aussi était au menu. Il n'était pas plus grand qu'elle, mais faisait le double de son poids. « Un hommage à ta cuisine », plaisantait souvent Olga. Poliakov avait le titre de chef de la sécurité, mais tout le monde savait qu'il était du KGB et recevait ses ordres non pas du chef des docks, mais directement de Moscou, les autres officiers se méfiaient donc de lui.

En peu de temps, les regards appuyés se changèrent en une inspection minutieuse des plats d'Elena. Les officiers venaient de temps à autre goûter les plats, mais ce jour-là la main de Poliakov courut dans son dos pour s'arrêter sur ses fesses. Il se colla à elle.

— À plus tard, lui murmura-t-il à l'oreille avant de rejoindre les autres officiers dans la salle à manger.

Elena fut soulagée de le voir sortir du bâtiment une heure plus tard. Il ne revint pas avant qu'elle quitte le service, mais désormais elle craignait que ce ne soit plus qu'une question de temps.

***

À la fin de la journée, Niko fit un détour par les cuisines pour voir sa sœur et elle lui raconta en détail ce qu'elle avait enduré l'après-midi même.

— Nous ne pouvons rien faire contre Poliakov. Pas si nous voulons garder notre travail. Du vivant de Konstantin jamais il n'aurait osé poser la main sur toi, mais maintenant… rien ne peut l'empêcher de t'ajouter à la longue liste de celles qui ne pourront jamais protester. Parles-en à Olga.

— Pas besoin. Mais en parlant d'Olga, quelque chose qu'elle a laissé échapper aujourd'hui me fait dire qu'elle sait pourquoi Konstantin est mort et qui est responsable. Évidemment elle a trop peur pour parler, mais il est temps que tu me dises la vérité. Tu étais à cette réunion ?

— C'était un tragique accident, répondit Niko en plaçant un doigt sur ses lèvres.

Elena alluma tous les robinets avant de murmurer : « Ta vie aussi est en danger ? » Son frère acquiesça et quitta la cuisine sans un mot.

***

Cette nuit-là, Elena resta éveillée. Elle pensait à son mari. Une partie d'elle-même était encore incapable d'accepter sa mort. Pour ne rien arranger, Aleksandr adorait son père et avait toujours essayé de vivre selon ses exigences démesurées. Des principes pour lesquels Konstantin avait sacrifié sa vie et en même temps condamné son fils à être ouvrier sur les docks pour le restant de ses jours.

Elena aurait voulu que son fils intègre le ministère des Affaires étrangères et vivre assez longtemps pour le voir devenir ambassadeur. Mais c'était peine perdue.

« Si les hommes braves ne sont pas prêts à prendre des risques pour leurs convictions, lui avait un jour dit Konstantin, rien ne changera jamais. » Si seulement son mari avait été plus lâche… Mais peut-être alors ne serait-elle jamais tombée amoureuse de lui.

Niko, le frère d'Elena, était troisième dans la chaîne de commandement des docks ; mais aux yeux de Poliakov il ne devait pas constituer une menace puisqu'il conserva son poste de responsable du chargement après « l'accident tragique » de Konstantin. Ce que Poliakov ignorait, c'est que Niko détestait encore plus le KGB que son beau-frère, et que derrière son apparente obéissance, il fomentait déjà sa vengeance, qui demanderait autant de courage qu'un discours passionné.

***

Le mardi soir, Elena fut étonnée de voir son frère l'attendre à la sortie des docks à la fin de son service.

— Quelle bonne surprise ! s'écria-t-elle alors qu'ils se dirigeaient ensemble vers la maison.

— Tu risques de changer d'avis quand tu vas entendre ce que j'ai à te dire.

— Ça concerne Aleksandr ? demanda-t-elle, inquiète.

— J'ai bien peur que oui. Il prend un mauvais départ. Il refuse d'obéir et méprise ouvertement le KGB. Aujourd'hui, il a dit à un officier subalterne – les pires – d'aller se faire voir.

Elena se mit à trembler.

— Tu dois lui dire de rentrer dans le rang, je ne pourrai pas le couvrir encore longtemps.

— Je crains qu'il n'ait hérité de l'esprit indépendant de son père, sans une once de discrétion ou de sagesse.

— Pour ne rien arranger, les agents du KGB ont conscience qu'il est bien plus intelligent que tout le monde, eux y compris.

— Mais il ne m'écoute plus, qu'est-ce que je peux bien faire ?

Ils marchèrent en silence un moment. Niko ne reprit la parole que lorsqu'il fut absolument sûr qu'ils étaient seuls.

— J'ai peut-être une solution. Mais ça ne marchera pas sans ta coopération la plus totale. Il marqua une pause. Et celle d'Aleksandr.

***

Comme si les problèmes d'Elena à la maison ne suffisaient pas, les choses empiraient au travail, les avances du major se faisaient de plus en plus pressantes ; elle avait envisagé de verser de l'eau bouillante sur ses mains baladeuses, mais elle n'osait même pas penser aux conséquences.

Environ une semaine plus tard, tandis qu'elle rangeait les cuisines avant de partir, Poliakov entra, visiblement ivre, et déboutonna son pantalon en avançant vers elle. Alors qu'il allait poser sa paume poisseuse sur son sein, un officier subalterne pénétra précipitamment dans la pièce et annonça que le commandant voulait le voir de toute urgence. Poliakov ne put dissimuler sa frustration et en partant souffla à Elena : « Reste là.

Je reviens tout de suite. » Elena avait si peur qu'elle ne bougea pas pendant une heure. Mais dès que la sirène retentit, elle attrapa son manteau et fut parmi les premiers à pointer.

Lorsque son frère vint dîner ce soir-là, elle le supplia de lui dévoiler son plan.

— J'ai peur que tu ne trouves cela trop risqué.

— Je sais, mais ça, c'était avant de comprendre que je ne pourrai pas éviter les avances de Poliakov encore longtemps.

— Tu disais que tu pouvais tout supporter, à condition qu'Aleksandr n'en sache jamais rien.

— Mais s'il l'apprend, dit faiblement Elena, tu imagines les conséquences ? Parle-moi de ce plan, je suis prête à envisager n'importe quoi.

Niko se pencha pour se servir un verre de vodka avant de lui expliquer son idée.

— Comme tu le sais déjà, plusieurs navires étrangers déchargent leur cargaison aux docks chaque semaine, et nous devons le faire le plus vite possible, pour que d'autres bateaux en attente puissent prendre leur place. Ça, c'est mon travail.

— En quoi est-ce que ça va nous aider ?

— Une fois qu'un bateau est vide, l'étape du chargement commence. Mais comme les caisses de vodka et les sacs de sel n'intéressent pas tout le monde, certains navires quittent le port à vide.

Elena écouta son frère sans dire un mot.

— Ce vendredi, deux bateaux doivent arriver, qui une fois déchargés, repartiront samedi après-midi avec des cales vides. Aleksandr et toi, vous pouvez vous y cacher.

— Mais si nous nous faisons prendre, ce sera le wagon à bestiaux direction la Sibérie !

— C’est pourquoi il faut que vous tentiez votre chance samedi. Pour une fois la fortune est de notre côté.

— Comment ça ?

— C’est la finale de la Coupe d’URSS : Leningrad affronte le Torpedo Moscou. Les officiers seront dans les loges du stade pour soutenir Moscou et la plupart des ouvriers encourageront Leningrad depuis les tribunes. Ça nous laisse une fenêtre de trois heures. Lorsque le coup de sifflet final retentira, toi et Aleksandr serez en route pour une nouvelle vie à Londres ou à New York.

— Ou en Sibérie.

Chapitre 3

Aleksandr

Niko et Elena ne partaient jamais pour les docks en même temps et ils ne rentraient pas non plus ensemble. Au travail, ils n'avaient aucune raison de se croiser et faisaient en sorte que cela n'arrive pas. Tous les soirs, Niko descendait de son appartement, à l'étage au-dessus, mais ils attendaient qu'Aleksandr soit couché pour discuter de ce qu'ils prévoyaient ; à partir de ce moment-là, ils ne parlaient de rien d'autre.

D'ici le vendredi matin, ils avaient passé et repassé en revue tout ce qui pouvait mal tourner, mais Elena restait persuadée que quelque chose coincerait à la dernière minute. Cette nuit-là, elle ne ferma pas l'œil, mais elle n'avait pas dormi plus de quelques heures pendant tout le mois dernier.

Niko lui avait dit qu'en raison de la finale de la Coupe presque tous les dockers avaient choisi de travailler dans l'équipe du matin le samedi – de six heures à midi. Lorsque la sirène du midi retentirait, il ne resterait presque plus personne sur les docks.

— Et j'ai déjà expliqué à Aleksandr que je n'avais pas pu lui trouver une place, alors il a accepté de travailler l'après-midi.

— Quand est-ce que tu lui diras ? demanda Elena.

— Au dernier moment. Il faut penser comme le KGB. Eux-mêmes ne se disent pas les choses.

Le camarade Novak avait déjà proposé à Elena de prendre son samedi, parce qu'il doutait que les officiers, qui ne voudraient sans doute pas rater le coup d'envoi, viennent déjeuner au club.

— Je passerai le matin. Après tout, ils ne sont peut-être pas tous fans de football. Mais je partirai à midi s'il n'y a personne, lui avait-elle répondu.

L'oncle Niko avait réussi à se procurer des places debout dans les tribunes, mais il n'avait pas dit à Aleksandr qu'il les avait sacrifiées pour s'assurer que le responsable adjoint du chargement et le chef grutier seraient absents le samedi après-midi.

***

Lorsque Aleksandr descendit dans la cuisine pour prendre son petit déjeuner le lendemain matin, il fut étonné d'y voir son oncle et se demanda s'il avait trouvé une place à la dernière minute. Quand il lui posa la question, Aleksandr resta stupéfait devant sa réponse :

— Tu vas peut-être disputer un match bien plus important cet après-midi. C'est aussi un match contre Moscou, le genre de match qu'on ne peut pas se permettre de perdre.

Le jeune homme resta silencieux tandis que son oncle lui expliquait ce que lui et sa mère avaient manigancé pendant tout le mois. Elena avait déjà prévenu son frère, si Aleksandr refusait de se joindre à eux, pour quelque raison que ce soit, ils annuleraient tout. Elle voulait être certaine qu'il était conscient des risques qu'ils prenaient. Niko lui offrit même un pot-de-vin pour s'assurer de son engagement.

— J'ai réussi à avoir une place pour le match, alors si tu préfères… dit-il en brandissant le ticket.

Niko et Elena observaient tous les deux attentivement le jeune homme, guettant sa réaction.

— Au diable le match !

— Mais ça veut dire que tu dois quitter la Russie, tu ne pourras peut-être jamais revenir, dit l'oncle Niko.

— Je n'en serai pas moins russe. Et nous n'aurons peut-être jamais de meilleure occasion d'échapper aux salauds qui ont tué mon père.

— Alors c'est décidé. Mais tu dois comprendre que je ne viendrai pas avec vous.

— Dans ce cas, je ne viens pas. Je refuse de te laisser dernière nous affronter les conséquences, dit Aleksandr en se levant brusquement de la chaise de son père.

— Je crains que tu n'aies pas le choix. Pour que ta mère et toi ayez une chance de vous en sortir, il faut que je reste pour couvrir vos traces. C'est ce que ton père aurait voulu.

— Mais… répliqua Aleksandr.

— Il n'y a pas de « mais » qui tienne. Il faut que j'aille me joindre à l'équipe du matin pour superviser le déchargement des deux bateaux et que tout le monde pense que, comme eux, je serai au match cet après-midi.

— Mais est-ce que ça ne sera pas suspect si personne ne se souvient t'avoir vu au match ?

— Pas si je suis mon plan à la lettre. La seconde mi-temps devrait commencer à quatre heures, heure à laquelle je devrai être au stade avec les autres. Avec un peu de chance vous aurez quitté les eaux territoriales lorsque le coup de sifflet final retentira. Assure-toi d'arriver à l'heure au service de l'après-midi et, pour une fois, obéis à ton superviseur au doigt et à l'œil.

Aleksandr sourit tandis que son oncle le serrait dans ses bras.

— Montre-toi digne de ton père, ajouta-t-il avant de partir.

En sortant de l'appartement, Niko rencontra l'ami d'Aleksandr dans l'escalier.

— Vous avez une place pour le match, camarade Obolski ? lui demanda Vladimir.

— Oui. Dans la tribune nord, avec les autres. Nous nous y verrons.

— J'ai bien peur que non. Je suis dans les gradins ouest.

— Petit veinard ! répondit Niko, et bien qu'il en eût envie, il ne demanda pas ce qu'il avait fait pour avoir cette place.

— Et Aleksandr, il vient avec vous ?

— Malheureusement non. Il doit travailler cet après-midi-là et je peux te dire qu'il est très énervé.

— Dites-lui que je passerai le soir même pour lui raconter le match action par action.

— C'est très gentil de ta part Vladimir. Je suis sûr qu'il sera très content. Bon match ! ajouta-t-il en partant.

***

Une fois Niko parti pour les docks, Aleksandr avait des dizaines de questions à poser à sa mère, dont certaines auxquelles elle n'avait pas de réponse, notamment dans quel pays ils iraient.

— Il y a deux bateaux qui lèveront l'ancre avec la marée de l'après-midi, vers trois heures, mais nous ne saurons pas lequel oncle Niko a choisi avant le dernier moment.

Elena savait que son fils avait déjà oublié le match ; il faisait les cent pas dans la pièce, ne pensant qu'à la perspective de s'enfuir. Elle le regardait d'un air inquiet.

— Ce n'est pas un jeu, Aleksandr, dit-elle avec aplomb. Si nous nous faisons prendre, ton oncle sera fusillé et nous serons déportés en camp de travail, où tu passeras le restant de tes jours à regretter de ne pas être allé à ce match. Il n'est pas trop tard pour changer d'avis.

— Je sais ce que Papa aurait fait, répondit Aleksandr.

— Dans ce cas, tu ferais mieux d'aller te préparer.

Sans un mot de plus, Aleksandr se dirigea vers sa chambre, tandis que sa mère préparait la gamelle qu'il emmenait tous les jours au travail. Aujourd'hui elle ne contenait pas de nourriture, mais tout l'argent, billets et pièces, qu'elle et Konstantin avaient réussi à mettre de côté toutes ces années, ainsi que quelques bijoux, la plupart sans grande valeur, à l'exception de la bague de fiançailles de sa mère, qu'elle fit glisser à côté de son alliance, espérant pouvoir la vendre une fois arrivée dans ce pays inconnu, et enfin un dictionnaire russe-anglais. Elena regrettait amèrement de ne pas avoir été plus attentive lorsque Konstantin et Aleksandr parlaient anglais tous les soirs. Elle fit sa propre petite valise, espérant qu'elle n'attirerait pas trop l'attention au travail ce matin. Décider de ce qu'elle emmenait et de ce qu'elle laissait derrière elle lui posait problème. Les photos de Konstantin et de la famille étaient sa priorité, puis une tenue de rechange et un pain de savon. Elle parvint à glisser une brosse à cheveux et un peigne avant de fermer la valise à grand-peine. Aleksandr souhaitait emporter son exemplaire de *Guerre et Paix* mais elle lui avait assuré qu'il en trouverait un autre, où qu'ils aillent.

Aleksandr était pressé, mais sa mère ne voulait pas partir avant l'heure prévue. Niko l'avait prévenue qu'ils ne pouvaient pas risquer d'attirer l'attention en arrivant aux docks avant la sirène de midi. Ils quittèrent l'appartement un peu avant onze heures, empruntant un itinéraire détourné pour ne croiser personne. Ils arrivèrent devant les portes juste après midi, à temps pour faire face au troupeau des travailleurs qui se dirigeaient dans la direction opposée.

Aleksandr se fraya un chemin parmi cette armée en marche, tandis que sa mère, tête baissée, avançait dans son sillage. Une fois qu'ils eurent pointé, Elena lui rappela :

— La sirène sonnera à deux heures pour la pause de l'après-midi. À ce moment-là, nous aurons vingt minutes, pas une de plus, alors rejoins-moi au club des officiers le plus vite possible.

Aleksandr acquiesça et se dirigea vers le dock 6 pour prendre son service. Sa mère s'éloigna dans l'autre direction. Elena ouvrit précautionneusement la porte arrière du club des officiers, passa la tête à l'intérieur et écouta attentivement. Pas un bruit.

Elle accrocha son manteau et se dirigea vers les cuisines. Quelle ne fut pas sa surprise de trouver Olga attablée, une cigarette à la main, chose qu'elle n'aurait jamais faite si un officier avait été dans les parages. Olga l'informa que même le camarade Novak était parti juste après la sirène de midi. Elle laissa échapper un épais nuage de fumée, son idée de la rébellion.

— Je n'ai qu'à nous préparer un bon petit repas. Nous pourrions manger assises pour une fois, comme si nous étions des officiers, annonça Elena en attachant son tablier.

— Et il reste une demi-bouteille de vin rouge albanais d'hier, nous pouvons même trinquer à la santé de ces salauds.

Pour la première fois de la journée, Elena rit, puis elle s'attela à la préparation de ce qu'elle espérait être son dernier repas à Leningrad.

Sur le coup d'une heure, Olga et Elena dressèrent une table dans la salle à manger des officiers, sortant la plus belle argenterie et les serviettes en lin. Olga servit deux verres de vin rouge et s'apprêtait à porter le verre à ses lèvres lorsque la porte pivota brusquement sur ses gonds pour laisser entrer le major Poliakov.

— Votre dîner est prêt, camarade major, dit-elle sans perdre son sang-froid.

Il jeta un regard soupçonneux en direction des deux verres.

— Attendez-vous de la compagnie ? ajouta-t-elle rapidement.

— Non, ils sont tous au match. Je mangerai seul, répondit le major avant de se tourner vers Elena. Ne partez pas d'ici avant que j'aie fini mon déjeuner camarade Karpenkova.

— Très bien, camarade major, répondit Elena.

Les deux femmes filèrent vers les cuisines.

— Ça ne peut vouloir dire qu'une chose, dit Olga tandis qu'Elena remplissait un bol de soupe de poisson.

Olga se chargea de servir le premier plat au major Poliakov. Lorsqu'elle se tourna pour se diriger vers les cuisines, il lui dit :

— Après m'avoir servi le plat de résistance, vous pourrez rentrer chez vous.

— Merci, camarade major. Mais l'une de mes attributions est de nettoyer après votre dé…

— Immédiatement après le plat principal, répéta-t-il. Me suis-je bien fait comprendre ?

— Oui, camarade major.

Une fois que la porte des cuisines se fut refermée derrière elle, Olga raconta à Elena ce que le major lui avait ordonné.

— Je ferai ce que je peux pour t'aider mais je n'ose pas contrarier ce salaud.

Elena resta silencieuse alors qu'elle remplissait une assiette de ragoût de lapin, de navets et de purée de pommes de terre.

— Tu pourrais toujours rentrer chez toi maintenant. Je lui dirai que tu ne te sentais pas bien, dit Olga.

— Je ne peux pas, répondit Elena en remarquant qu'Olga défaisait les deux premiers boutons de son chemisier. Merci. Tu es une grande amie, mais j'ai peur qu'il ne veuille quelque chose qu'il n'a pas encore goûté.

Elle tendit l'assiette à Olga.

— Je le tuerais avec plaisir, ajouta Olga avant de quitter la pièce.

Le major repoussa son bol vide tandis qu'Olga posait l'assiette de ragoût fumant devant lui.

— Si tu es toujours là quand j'aurai fini mon plat, tu retourneras servir la vermine de la cantine des ouvriers dès lundi matin.

Olga rapporta le bol de soupe à la cuisine, surprise par le calme que montrait son amie, qui savait pourtant exactement ce qui allait arriver. Mais ce qu'Elena ne pouvait pas lui dire, c'est qu'elle était même prête à endurer ça si cela signifiait qu'elle et son fils pourraient échapper enfin à l'emprise de Poliakov.

— Je suis vraiment désolée, dit Olga en enfilant son manteau, mais je ne peux pas perdre mon travail. On se voit lundi.

Elle serra Elena dans ses bras, plus fort encore que d'habitude.

— J'espère bien que non, murmura Elena une fois qu'Olga eut refermé la porte derrière elle.

Elle s'apprêtait à éteindre le four lorsqu'elle entendit la porte de la salle à manger s'ouvrir. Elle se retourna et vit Poliakov qui avançait lentement vers elle, mastiquant encore une dernière bouchée de ragoût. Il s'essuya la bouche sur sa manche avant de déboutonner sa veste couverte de médailles qui n'avaient pas été gagnées sur un champ de bataille. Il enleva sa ceinture et la posa sur la table, à côté de son pistolet, puis ôta ses bottes avant de défaire les boutons de son pantalon, qui tomba sur le sol. Il se tint là, incapable de cacher les bourrelets de graisse que son uniforme seyant dissimulait d'habitude.

— Maintenant, ça peut se passer de deux façons, annonça le chef du KGB local alors qu'il s'avançait jusqu'à ce que leurs corps se touchent presque. Je te laisse le choix.

Elena se força à sourire, voulant en finir au plus vite. Elle enleva son tablier et déboutonna son chemisier.

Poliakov affichait un rictus de satisfaction alors qu'il lui caressait maladroitement les seins.

— Tu es comme toutes les autres, dit-il en la poussant vers la table tout en essayant de l'embrasser.

Elena pouvait sentir son haleine fétide et détourna la tête pour que leurs lèvres ne se touchent pas. Elle sentait ses doigts épais fouiller sous sa jupe, mais cette fois elle ne résista pas, elle se contenta de regarder dans le vide par-dessus son épaule, alors que sa main suintante remontait l'intérieur de sa cuisse.

Il la coinça contre la table, souleva sa jupe et écarta ses cuisses. Elena ferma les yeux et serra les mâchoires. Elle sentait sa respiration saccadée contre son cou alors qu'il se penchait sur elle. Elle priait pour que ce soit rapide.

La sirène de deux heures retentit.

Elena releva la tête lorsqu'elle entendit la porte s'ouvrir à l'autre bout de la pièce et contempla avec horreur Aleksandr qui se ruait vers eux. Poliakov se retourna, poussa Elena sur le côté et s'élança vers son pistolet, mais le jeune homme n'était plus qu'à un mètre. Aleksandr empoigna la marmite sur la cuisinière et jeta le restant de ragoût fumant au visage de Poliakov. Le major recula et tomba, lâchant un chapelet de jurons d'une voix si forte qu'Elena craignit qu'on ne l'entende à l'autre bout de la cour.

— Tu vas payer ! Je te ferai pendre ! cria Poliakov alors qu'il essayait de se relever à l'aide du coin de la table.

Mais avant d'avoir pu dire un mot de plus, Aleksandr lui flanqua un coup de marmite au visage. Poliakov s'écroula sur le sol comme une marionnette dont on aurait coupé les fils, du sang coulant à flots de son nez et de sa bouche. La mère et le fils ne bougeaient plus, les yeux rivés sur leur ennemi étendu à terre.

Aleksandr fut le premier à sortir de sa stupeur. Il ramassa la cravate de Poliakov et s'en servit pour lui attacher les mains dans le dos, puis il attrapa une serviette de table et la lui enfonça dans la bouche. Elena n'avait pas bougé. Elle regardait droit devant elle, comme paralysée.

— Sois prête à partir dès que je reviens, lui dit Aleksandr en attrapant Poliakov par les chevilles.

Il le traîna hors des cuisines et dans le couloir, ne s'arrêtant pas avant d'avoir atteint les toilettes, où il le fit entrer tant bien que mal dans la dernière cabine. Au prix d'un immense effort, il parvint à le hisser sur la cuvette puis à l'attacher au tuyau. Il ferma le verrou de l'intérieur puis, en prenant appui sur les cuisses du major, grimpa par-dessus la paroi de la cabine et retomba de l'autre côté. Il courut jusqu'aux cuisines et trouva sa mère en pleurs, à genoux sur le sol.

Il s'agenouilla à côté d'elle.

— Nous n'avons pas le temps de pleurer, Maman, dit-il avec douceur. Il faut que nous partions pour ne pas laisser à ce salaud la moindre chance de nous rattraper.

Lentement, il l'aida à se relever, et pendant qu'elle enfilait son manteau et prenait sa valise dans le garde-manger, il rassembla l'uniforme de Poliakov, son pistolet et sa ceinture, et jeta le tout dans la première poubelle venue. Serrant la main d'Elena, il la guida hors des cuisines par la sortie de service. Il poussa la porte avec hésitation, mit un pied au-dehors en jetant des coups d'œil inquiets dans toutes les directions avant de s'écarter pour faire sortir sa mère.

— Où est le rendez-vous avec oncle Niko ? demanda-t-il, la responsabilité ayant une fois encore changé de camp.

— Dirigeons-nous vers ces deux grues, répondit Elena en montrant l'extrémité du dock. Quoi que tu fasses, Aleksandr, ne dis rien de ce qui vient de se passer à ton oncle. Il vaut mieux pour lui qu'il ignore tout. Tant que tout le monde pense qu'il était au match, rien ne le reliera à nous.

Aleksandr guida sa mère à travers le dock 3 ; les jambes d'Elena étaient si faibles qu'elle pouvait à peine mettre un pied devant l'autre. Même si elle avait voulu changer d'avis au dernier moment, elle comprenait maintenant qu'elle n'avait pas d'autre choix que d'essayer de fuir. Il fallait mieux ne pas penser à ce qui adviendrait si elle n'y parvenait pas. Elle ne lâchait pas des yeux les deux grues à l'arrêt que Niko avait désignées comme repère, et alors qu'ils se rapprochaient, ils virent une silhouette solitaire sortir de derrière deux larges caisses en bois, à l'entrée d'un entrepôt désert.

— Qu'est-ce qui vous a pris tout ce temps ? demanda Niko nerveusement, jetant des regards inquiets de tous les côtés, comme un animal pris au piège.

— Nous avons fait aussi vite que possible, répondit Elena, sans un mot de plus.

Aleksandr jeta un coup d'œil à l'intérieur des caisses en bois et vit la demi-douzaine de cartons de vodka soigneusement alignés dans chacune d'elle. Le prix d'un aller simple vers…

— Tout ce qu'il vous reste à faire, c'est décider si vous voulez partir pour les États-Unis ou pour la Grande-Bretagne, expliqua l'oncle Niko.

— Pourquoi ne pas laisser le destin en décider ? répondit Aleksandr.

Il tira une pièce de un kopeck de sa poche et la plaça en équilibre sur l'extrémité de son pouce.

— Face pour les États-Unis, pile pour la Grande-Bretagne, annonça-t-il, en lançant la pièce dans les airs.

Le kopeck rebondit sur le sol du dock avant de s'arrêter à ses pieds. Aleksandr se pencha, regarda un moment la pièce, puis attrapa la valise de sa mère et sa gamelle et les plaça dans l'une des caisses en bois. Elena grimpa à l'intérieur et attendit son fils.

Ils s'accroupirent et se serrèrent l'un contre l'autre tandis que Niko refermait solidement le couvercle. Il ne lui fallut que quelques instants pour planter la douzaine de clous qui fermaient la caisse, mais Elena s'attendait déjà à entendre un tout autre son. Celui des bottes qui couraient vers eux, du couvercle de la caisse qu'on arrachait, et eux deux qu'on traînait aux pieds d'un major Poliakov triomphant.

Niko cogna sur le bord de la caisse avec le plat de sa main et soudain ils se sentirent soulevés du sol. La caisse oscillait doucement de droite à gauche alors qu'ils montaient de plus en plus haut, avant de redescendre lentement dans la cale de l'un des deux bateaux. Puis, brusquement, la caisse tomba dans un bruit sourd.

Elena se demandait s'ils passeraient le reste de leur vie à regretter de ne pas être montés dans l'autre caisse.

Livre 2

Chapitre 4

Livre 2

Sacha

Direction Montgomery

Sacha entend un coup [illegible] le bord de la caisse. [illegible] ramque.

— Qui [illegible]-ils [illegible] ?

— Je [illegible] [illegible], [illegible] des eaux territoriales.

— Non, [illegible] Sacha.

[illegible] longuet, [illegible] jusqu'à [illegible].

[illegible]

— Nous [illegible]. [illegible] nos [illegible].

Sacha [illegible].

[illegible]

[illegible]

[illegible]

[illegible] du port. Sacha [illegible] ses [illegible] de [illegible].

Chapitre 4

Sasha
Direction Southampton

Sasha entendit un coup sec sur le bord de la caisse.

— Y a quelqu'un là-dedans ? demanda une voix rauque.

— Oui, répondirent-ils en chœur.

— Je reviendrai quand nous serons hors des eaux territoriales.

— Merci, répondit Sasha.

Ils entendirent le bruit de lourdes bottes s'éloigner, suivi, quelques instants après, d'un grand fracas.

— Je me demande si…

— Ne dis rien, murmura Elena. Nous devons garder nos forces.

Sasha hocha la tête, bien qu'il pût à peine la distinguer dans le noir.

Le bruit suivant fut le grondement d'un immense piston qui tournait quelque part sous leurs pieds. Puis ils sentirent le mouvement du bateau qui se glissait hors du dock et s'éloignait doucement du port. Sasha ne savait pas combien de temps les séparait de la ligne invisible que les lois maritimes considéraient comme la frontière des eaux internationales.

— Douze milles marins et nous serons à l'abri, dit Elena, répondant à la question qu'il n'avait pas posée. Oncle Niko m'a dit que ça devrait prendre un peu plus d'une heure.

Quelle est la différence entre un mille marin et un mile, aurait voulu demander Sasha, mais il garda le silence. Il pensa à son oncle Niko, espérant qu'il était sain et sauf. Le major Poliakov avait-il déjà été retrouvé ? Était-il déjà en train de préparer sa vengeance ? Sasha avait dit à son oncle de lancer une rumeur selon laquelle leur fuite avait été planifiée par son ami Vladimir, pour ruiner ses chances d'entrer au KGB. Il pensa à sa patrie, à ce qui lui manquerait le plus et se demanda même si Leningrad avait réussi à battre le Torpedo Moscou et à soulever la coupe d'URSS.

Il leur semblait qu'il s'était écoulé beaucoup plus qu'une heure avant d'entendre les pas lourds revenir vers eux. Il y eut un autre coup sur le bord de la caisse.

— Vous serez sortis de là en moins de deux, annonça la voix rauque.

Sasha agrippa les bras de sa mère alors que le bruit des clous qu'on arrachait un par un retentissait. Enfin, le couvercle fut enlevé. Ils prirent tous deux une grande inspiration et levèrent les yeux en direction d'un petit homme dépenaillé vêtu d'une salopette crasseuse, qui leur souriait.

— Bienvenue à bord ! dit-il après avoir vérifié que les six cartons de vodka étaient bien à leur place.

Je m'appelle Matthews, ajouta-t-il avant d'offrir son bras à Elena.

Elle étira ses membres raidis avant d'attraper son bras et de s'extraire tant bien que mal de la caisse. Sasha tendit la petite valise et la gamelle à Matthews puis sortit à son tour.

— Je dois vous emmener sur le pont pour rencontrer le capitaine Peterson, ajouta Matthews avant de les guider vers une échelle rouillée fixée à l'une des parois de la cale.

Sasha, la valise de sa mère à la main, fut le dernier à grimper l'échelle. À chaque barreau, le soleil brillait plus fort, jusqu'à ce qu'il lève les yeux vers un ciel bleu sans nuages. Une fois sur le pont, il s'arrêta pour regarder sa ville natale, il espérait et redoutait en même temps que ce ne soit la dernière fois.

— Suivez-moi, leur dit Matthews alors que deux de ses collègues descendaient dans la cale pour récolter leur dû.

Matthews accompagna Elena et Sasha le long d'un escalier en colimaçon qu'il monta sans regarder en arrière. Ils le suivaient avec diligence comme des épagneuls fidèles et quelques instants après se trouvèrent sur le pont, se sentant un peu étourdis.

Le timonier derrière le gouvernail ne leur adressa même pas un regard, mais un homme plus âgé, vêtu d'un uniforme bleu foncé, arborant quatre bandes dorées sur les manches de sa veste croisée, se tourna vers les deux passagers clandestins.

— Bienvenue à bord, madame Karpenko ! Comment s'appelle ce jeune homme ?

— Sasha, monsieur, répondit-il.

— Pas besoin de m'appeler « monsieur ». M. Peterson ou capitaine feront l'affaire. Bien, madame Karpenko, votre frère m'a dit que vous étiez une remarquable cuisinière, nous allons maintenant découvrir s'il disait bien la vérité.

— C'est la meilleure cuisinière de tout Leningrad, dit Sasha.

— Ah vraiment ? Et vous, qu'avez-vous à offrir, jeune homme ? Nous ne sommes pas sur un bateau de plaisance ici, chacun doit faire sa part.

— Il peut faire le service, répondit Elena avant que Sasha puisse dire un mot.

— Ce sera une première, ajouta le capitaine.

C'est le cas de le dire, pensa Sasha, qui n'avait jamais mis les pieds dans un restaurant de sa vie, et qui, à l'exception de mettre la table et de faire la vaisselle, entrait rarement dans la cuisine.

— Matthews, la cabine à côté de celle de Fergal est bien libre ? demanda le capitaine.

— Oui, capitaine, mais elle est trop petite pour deux.

— Mets le garçon avec Fergal. Il peut dormir sur le lit du haut et sa mère prendra la cabine. Quand ils auront défait leurs bagages, ajouta-t-il en jetant un œil à la petite valise, emmène-les à la coquerie et présente-les au chef.

Sasha remarqua que les paroles du capitaine faisaient sourire le timonier, mais les yeux de ce dernier étaient toujours rivés sur l'océan.

— À vos ordres, capitaine, répondit Matthews.

Sans un mot de plus, ils redescendirent ensemble l'escalier en colimaçon et traversèrent le pont principal.

Sasha regarda à nouveau vers l'horizon, mais cette fois Leningrad avait disparu.

Ils suivirent Matthews à travers le pont jusqu'à un escalier encore plus étroit que le précédent qui descendait dans les entrailles du bateau. Puis ils empruntèrent un couloir plongé dans la pénombre, s'arrêtant devant deux cabines mitoyennes.

— Voilà, c'est ici que vous allez dormir pendant le voyage.

Elena ouvrit la porte de sa cabine et regarda l'ampoule nue qui projetait un petit cercle de lumière sur l'étroite couchette. Le bruit sourd et lancinant du moteur garantissait que même si elle n'avait pas dormi la semaine précédente, elle ne trouverait pas non plus le sommeil cette semaine-ci.

Matthews ouvrit la porte de l'autre cabine. À l'intérieur, Sasha vit le lit superposé qui prenait presque tout l'espace.

— Tu dormiras en haut. Je reviens dans une demi-heure, pour vous emmener à la coquerie.

— Merci, répondit Sasha.

Il grimpa immédiatement sur sa couchette. Elle n'était pas beaucoup plus confortable que son lit à Leningrad. Il se demanda s'il avait choisi la bonne caisse.

***

— Maintenant ouvrez bien vos oreilles ! cria quelqu'un. Parce que je ne vais pas me répéter.

Tout le monde arrêta son activité et se tourna vers le chef, qui se tenait au centre de la coquerie, les poings sur les hanches.

— Nous avons une femme à bord, qui va travailler avec nous. Mme Karpenko est une cuisinière aguerrie, qui a beaucoup d'expérience, vous devez la traiter avec tout le respect qu'elle mérite. Le premier d'entre vous qui dépasse les bornes, je le coupe en rondelles pour servir de nourriture aux mouettes. Est-ce que je me suis bien fait comprendre ?

Les rires nerveux qui suivirent suggéraient que le message était bien passé.

— Son fils, Sasha, reprit le chef, qui voyage aussi avec nous, aidera Fergal dans la salle à manger. Très bien, maintenant remettons-nous au travail. Le dîner doit être prêt dans quelques heures.

Un homme frêle et pâle avec une crinière rousse s'approcha d'un pas nonchalant et s'arrêta devant Sasha.

— Moi c'est Fergal, dit-il.

Sasha acquiesça sans dire un mot.

— Maintenant écoute-moi bien, ajouta-t-il d'une voix ferme, les mains sur les hanches, parce que je ne vais pas me répéter. Je suis l'intendant du navire et tu peux m'appeler monsieur.

— Bien, monsieur, répondit Sasha docilement.

Fergal éclata de rire, serra la main de sa nouvelle recrue et lui dit :

— Allez, Sasha, suis-moi.

Sasha le suivit hors de la coquerie et jusque dans l'escalier le plus proche.

— Qu'est-ce que je dois faire ? demanda Sasha quand il eut rattrapé Fergal.

— Exactement ce qu'on te dit de faire, répondit Fergal, arrivé sur la dernière marche. Notre travail c'est de servir les passagers dans la salle à manger.

— Il y a des passagers sur ce bateau ?

— Juste une dizaine. C'est un bateau de marchandises mais si on a plus de douze passagers, on est enregistré comme navire de croisière. La compagnie a bien quelques paquebots, mais on fait partie de la flotte de cargos, expliqua-t-il en poussant la porte de la salle, qui contenait trois grandes tables rondes avec chacune six chaises.

— Mais il y a dix-huit places. Vous avez dit…

— Ah ! Un petit futé, dit Fergal en souriant. En plus des douze passagers, il y a six officiers qui mangent dans la salle, mais ils dînent à leur propre table. Notre première tâche, ajouta-t-il en prenant trois nappes dans le large tiroir du buffet, c'est de dresser les tables.

Sasha n'avait jamais vu une nappe auparavant et observa Fergal les installer avec dextérité sur chacune des tables. Du buffet, il tira également un ensemble de couverts assortis qu'il déposa sur les tables.

— Ne reste pas là les bras ballants. Tu es mon assistant, pas l'un des passagers.

Sasha attrapa des fourchettes, des couteaux et des cuillères et copia les gestes de son mentor, vérifiant bien chaque couvert, s'assurant que tout était à sa place et bien aligné.

— Maintenant la chose la plus importante dont tu seras responsable, c'est d'organiser le monte-plats, expliqua Fergal quand il eut ajouté deux verres à chaque couvert ainsi qu'une salière et un poivrier au centre de la table.

— C'est quoi un monte-plats ?

— C'est ce qui va permettre que tu ne finisses pas la soirée complètement à plat.

Il traversa la pièce et ouvrit une petite trappe dans le mur qui révéla une boîte carrée équipée de deux rayonnages et une corde épaisse à côté.

— Ça descend vers les cuisines, dit Fergal, en tirant sur la corde pour faire disparaître la boîte. Lorsque la nourriture sera prête, elle reviendra avec le premier plat, que tu mettras sur le buffet pour que je le serve. Ne parle à personne tant qu'on ne t'a pas adressé la parole et seulement si on te pose une question. Tu dois toujours t'adresser aux convives en disant « monsieur » ou « madame ».

Sasha acquiesça à chacune des phrases.

— Bien, maintenant il nous reste à te trouver une veste blanche et un pantalon à ta taille. Tu ne peux quand même pas faire le service en ressemblant à un oursin rejeté par la mer.

— Est-ce que je peux poser une question ? demanda Sasha.

— Si c'est bien nécessaire.

— Vous venez d'où ?

— De l'Île d'Émeraude, répondit Fergal.

Mais ça n'aidait pas beaucoup Sasha.

***

Le chef jeta un coup d'œil en direction d'Elena, qui préparait une sauce à partir de quelques restes.

— Ça se voit que tu as de l'expérience. Quand tu auras fini, est-ce que tu voudras bien préparer les légumes pendant que je m'occupe du plat de résistance…

Il regarda le menu épinglé au mur.

— Les côtelettes d'agneau, ajouta-t-il.

— Bien sûr, monsieur, répondit Elena.

— Appelle-moi Eddie, dit-il avant de se diriger vers le frigo pour en retirer un plateau d'agneau.

Une fois que les légumes furent préparés et arrangés dans des assiettes séparées, Eddie les inspecta.

— Heureusement que vous nous quittez à Southampton. Sinon je n'aurais plus qu'à trouver un autre travail.

C'est moi qui vais devoir trouver un autre travail, aurait voulu dire Elena, mais elle se contenta de répondre :

— Qu'est-ce que vous voulez que je fasse maintenant ?

— Sors le saumon fumé du frigo et prépare dix-huit portions. Une fois qu'elles seront prêtes, mets-les dans le monte-plats, appuie sur la sonnette et envoie-les à Fergal.

— Le monte-plats ? demanda Elena, perplexe.

— Ah, enfin quelque chose que tu ne sais pas !

Il se dirigea, sourire aux lèvres, vers une large trappe carrée dans le mur.

***

Une sonnerie retentit.

— Le premier plat arrive, annonça Fergal.

L'instant d'après, six assiettes de saumon fumé apparurent. Sasha les déposa sur le buffet avant de renvoyer le monte-plats. Il déchargeait les trois dernières assiettes de saumon lorsque la porte s'ouvrit pour laisser entrer deux officiers élégamment vêtus.

— M. Reynolds, l'ingénieur en chef, et le commissaire de bord, M. Hallett, murmura Fergal.

— Et qui avons-nous là ? demanda M. Reynolds.

— Voici Sasha, mon nouvel assistant, répondit Fergal.

— Bonsoir, Sasha. Il me semble que c'est vous que nous devons remercier pour les bouteilles de vodka, les marins sauront les apprécier, je vous l'assure.

— Oui, monsieur, répondit Sasha.

La porte s'ouvrit à nouveau et les passagers entrèrent les uns après les autres et prirent place.

Sasha n'arrêtait pas de tirer la corde et de décharger le monte-plats. Fergal servit les quinze hommes et les trois femmes avec un charme discret qui, d'après ce que le chef avait dit à Elena, lui venait d'avoir souvent embrassé la Pierre de l'éloquence. Voilà encore quelque chose qu'il fallut expliquer à son nouvel assistant.

Une heure plus tard, après le départ du dernier passager, Sasha s'écroula dans la chaise la plus proche et souffla :

— Je suis exténué.

— Non, pas encore, répondit Fergal dans un rire. Il faut qu'on nettoie tout puis qu'on mette la table pour le petit déjeuner. Tu peux commencer par passer l'aspirateur.

— L'aspirateur ?

***

Fergal lui fit une rapide démonstration de l'étrange machine avant de se remettre à dresser les tables. Sasha était fasciné par l'aspirateur, mais ne voulait pas admettre qu'il n'en avait jamais vu, bien que ce fût évident à le voir cogner les chaises et les pieds de table. Fergal le laissa apprendre à le manier, tandis qu'il dressait les dix-huit couverts.

— C'est tout pour aujourd'hui. Tu peux déguerpir maintenant.

Sasha retourna vers les quartiers et frappa à la porte de sa mère. Il n'entra pas avant de l'entendre dire : « Entrez. » La première chose qu'il remarqua, c'était qu'elle avait défait sa valise et la gamelle. Il trouvait également la pièce bien mieux rangée que dans son souvenir.

— Alors, c'est comment d'être serveur ? demanda-t-elle.

— On est sans arrêt sur ses pieds, mais c'est amusant. Ils filent doux avec Fergal, même le capitaine.

Elena rit.

— Oui, le chef m'a raconté qu'il avait brisé bien des cœurs au fil des années et qu'il s'en sortait uniquement parce que les passagers restent rarement plus de quinze jours à bord.

— Comment est le chef ?

— Un professionnel, de la vieille école. Si bon cuisinier que je me demande bien ce qu'il fait sur un si petit bateau. Les gens de la Barrington Line feraient bien mieux de le mettre sur l'un de leurs paquebots. Ils doivent avoir une raison de ne pas le faire.

— S'il y en a une, Fergal sera au courant, alors je le saurai bien avant qu'on arrive à Southampton.

pas admettre qu'il s'en serait [illegible], bien que ce fût évident à le voir essuyer les chaises et les pieds de table. [illegible] qu'il [illegible] des [illegible].

— C'est tout pour aujourd'hui ? Tu peux [illegible] [illegible].

Sasha retourne vers la cuisine et [illegible] la porte de service. Il n'entre pas avant de l'entendre dire « Entrez. » La première chose qu'il remarque, c'est qu'elle a [illegible] sa natte, et [illegible] [illegible] bien [illegible] rangé que dans son [illegible].

— Alors, c'est comment d'être serveur ? demanda-t-elle.

[illegible]

[illegible] sa mère, il [illegible] [illegible] pour la [illegible] de son oncle [illegible] avait [illegible]

Chapitre 5

Alex
Direction New York

Dès qu'Alex entendit la cale se refermer, il se mit à tambouriner sur les parois de la caisse.

— On est là ! cria-t-il.

— Ils ne peuvent pas t'entendre. Oncle Niko m'a dit que la cale ne serait pas ouverte avant que nous soyons loin des eaux territoriales soviétiques.

— Mais…

Alex s'interrompit et se contenta de hocher la tête, même s'il commençait à comprendre ce que voulait dire être enterré vivant. Ses pensées furent interrompues par le grondement irrégulier d'un moteur quelque part sous leurs pieds, suivi d'un mouvement. Il se dit qu'ils devaient enfin être en train de sortir du port, mais il n'avait aucune idée du temps qu'il leur faudrait pour être libérés de cette prison qu'ils s'étaient imposée.

Alex avait espéré aller au match avec son oncle cet après-midi-là et voilà qu'il était dans une caisse avec sa mère. Il pria, peu importait le dieu, pour la sécurité de son oncle. Poliakov avait sûrement été retrouvé maintenant. Peut-être essayait-il de faire revenir le bateau ? Il avait dit à son oncle de lancer une rumeur selon laquelle son ami Vladimir l'avait aidé à s'enfuir, il espérait ainsi compromettre ses chances d'entrer au KGB. Il pensa à ce qu'il laissait derrière lui. *Pas grand-chose*, conclut-il. Mais il aurait aimé connaître le résultat du match Leningrad-Torpedo Moscou et se demandait s'il le saurait un jour.

Il finit par somnoler, mais fut réveillé par le fracas de la porte de la cale s'ouvrant brusquement, puis par ce qui semblait être le bruit de quelqu'un tapotant sur le flanc d'une des caisses alentour. Il serra les poings et cogna la paroi de sa prison en criant : « On est là ! » Cette fois, sa mère n'essaya pas de l'en empêcher.

Quelques instants plus tard, il entendit deux, peut-être trois voix qui parlaient une langue qu'il reconnaissait. Il attendait, impatient, et lorsque le couvercle fut finalement retiré, il vit trois hommes qui se dressaient devant lui.

— Vous pouvez sortir maintenant, leur dit l'un d'eux en russe.

Alex se leva et aida sa mère alors qu'elle étirait son corps raidi. Il lui prit la main quand elle sortit avec précaution de la caisse. Il se saisit de la petite valise et de sa gamelle et s'extirpa à son tour.

Les trois matelots, vêtus de combinaisons de travail bleu foncé couvertes de taches d'huile, regardaient à l'intérieur de la caisse pour s'assurer que la récompense promise s'y trouvait bien.

— Venez avec moi, ordonna l'un d'entre eux, tandis que les deux autres retiraient les cartons de vodka de la caisse.

Alex et Elena suivirent docilement l'homme qui avait parlé tandis qu'il serpentait parmi les caisses jusqu'à une échelle fixée au bord de la cale. Alex leva les yeux vers un vaste ciel accueillant et, pour la première fois, il pensa qu'ils étaient peut-être en sécurité. Il suivit avec précaution le matelot le long de l'échelle, la valise dans une main, tandis que sa mère portait la gamelle sous son bras.

Alex mit un pied sur le pont et respira une grande bouffée d'air frais marin. Il regarda en direction de Leningrad, qui ressemblait à un petit village disparaissant dans le soleil couchant.

— Ne traînez pas ! aboya le marin tandis que ses deux collègues passaient devant eux, un carton de vodka sous le bras. Le cuisinier n'aime pas qu'on le fasse attendre.

Il les guida à travers le pont, jusqu'à un escalier en colimaçon qui menait aux entrailles du navire. Alex et Elena étaient étourdis en arrivant au pont inférieur, où leur guide se tenait devant une porte frappée des mots délavés « M. Strelnikov, chef cuisinier ».

Le marin tira la lourde porte, dévoilant la plus petite cuisine qu'Elena ait jamais vue. Ils entrèrent et furent accueillis par un homme gigantesque, vêtu d'une veste blanche sale à laquelle il manquait un certain nombre de boutons et d'un pantalon rayé bleu, froissé comme si on avait dormi avec. Il était déjà en train de déboucher une bouteille de vodka. Il but une gorgée avant de lancer d'une voix rauque :

— Ton frère m'a dit que tu étais une bonne cuisinière. Y a intérêt ou vous allez tous les deux passer par-dessus bord et il faudra rentrer à la maison à la nage. Il y a probablement deux trois personnes qui vous attendent de pied ferme sur les docks.

Elena aurait voulu rire, mais elle ne savait pas si le cuisinier avait dit cela sérieusement. Après une deuxième gorgée, il se tourna vers Alex.

— Et toi, tu sers à quoi ? demanda-t-il.

— Il sait faire le service, répliqua Elena avant qu'Alex ait eu la chance de répondre.

— Pas besoin de ça. Il peut faire la vaisselle et éplucher les patates. Tant qu'il gardera sa bouche fermée, je le laisserai peut-être manger une partie des restes à la fin de la journée.

Alex s'apprêtait à protester quand le chef reprit :

— Bien sûr, si ça ne plaît pas à Votre Seigneurie, elle peut toujours travailler dans la salle des machines et passer le restant de ses jours à lancer du charbon dans un fourneau ardent. Je lui laisse le choix.

Il avait prononcé les mots « le restant de ses jours » avec une certitude inquiétante.

— Montre-leur où ils vont dormir, Karl. Assure-toi qu'ils soient revenus à temps pour m'aider à préparer le dîner.

Le marin acquiesça et les accompagna hors de la coquerie, jusque dans l'escalier étroit puis sur le pont. Il finit par s'arrêter devant un unique canot de sauvetage, ballotté par le vent.

— C'est la suite royale, dit-il sans une once d'ironie. Si ça vous plaît pas, vous pouvez toujours dormir sur le pont.

Elena se retourna en direction de sa patrie, qui avait presque disparu dans l'horizon. Les maigres conforts de son petit appartement typique des *khrouchtchevka* lui manquaient déjà. Ses pensées furent interrompues par les aboiements de Karl :

— Ne faites pas attendre le chef ou on va tous le regretter !

***

La plupart des cuisiniers goûtent de temps à autre leurs préparations, d'autres essayent chaque plat, mais Elena comprit rapidement que celui-ci aimait dévorer des portions entières arrosées de franches rasades de vodka. Elle était étonnée qu'il reste assez de nourriture pour les officiers et pour le reste de l'équipage.

La cuisine, qu'Elena appellerait bien vite la coquerie, était si petite qu'il était pratiquement impossible, où qu'on aille, de ne pas se cogner contre quelqu'un ou quelque chose, et si étouffante qu'elle était en sueur seulement quelques instants après avoir revêtu sa veste, qui n'était plus si blanche que ça et ne lui allait pas très bien.

Strelnikov était un homme de peu de mots et ceux qu'il prononçait étaient rarement accompagnés de plus d'un explétif. Il avait l'air d'avoir cinquante ans, mais Elena pensait qu'il n'en avait que quarante. Il pesait plus de cent vingt kilos et avait vraisemblablement dépensé une bonne partie de ses gages en tatouage. Elena le regardait se pencher au-dessus d'une large cuisinière, inspectant son travail tandis que son second, un Chinois de petite taille à l'âge indéterminé, accroupi dans un coin, la tête baissée, épluchait inlassablement des pommes de terre.

— Toi, glapit le chef qui avait déjà oublié le prénom d'Alex, tu vas aider M. Ling, pendant que toi, ajouta-t-il en pointant Elena du doigt, tu vas préparer la soupe. On va vite savoir si tu es aussi douée que ton frère le raconte.

Elena se mit à vérifier les ingrédients. Une partie des restes avait déjà servi à plusieurs repas. Il y avait aussi les étranges os d'un animal qu'elle ne put immédiatement identifier, flottant dans une poêle graisseuse, mais elle fit de son mieux pour récupérer toute la viande qu'elle pouvait. Elle jeta le reste à la poubelle ; Strelnikov fronça les sourcils, lui n'avait pas l'habitude de jeter quoi que ce soit.

— Pour certains des matelots, les os sont un luxe, dit-il.

— Il n'y a que pour les chiens ou les loups que c'est un luxe, répondit Elena.

— Ou pour les vieux loups de mer ! aboya Strelnikov.

Le chef se remit à la préparation du plat du jour. Elena découvrit plus tard que c'était en réalité le plat de tous les jours : poisson et pommes de terre. Trois poissons entiers étaient en train de frire dans une grande poêle brûlée ; pendant ce temps M. Ling découpait avec dextérité les pommes de terre en rondelles à la seconde où Alex avait fini de les éplucher. Elena remarqua qu'il n'y avait que trois bols de soupe et trois assiettes, de tailles différentes, sur le comptoir, bien qu'il y eût au moins vingt marins à bord. Strelnikov interrompit sa friture pour goûter la soupe, et comme il ne dit rien, Elena songea qu'elle avait réussi le premier test. Il versa une grosse louche de soupe dans chacun des bols, que M. Ling déposa sur un plateau avant de les emporter vers le mess des officiers. Lorsqu'il ouvrit la porte, Elena vit une longue file de visages moroses, gamelle à la main, qui attendaient d'être servis.

— Une louche chacun, grogna Strelnikov en direction du premier matelot qui s'approchait, gamelle tendue.

Elena exécutait ses ordres et essaya de retenir sa consternation lorsqu'elle le vit mettre un morceau de poisson frit directement dans la soupe. Seul l'un des marins lui adressa un chaleureux sourire et la remercia en russe.

Sa tâche accomplie, vingt-trois hommes en tout ayant été servis, le chef retourna à ses fourneaux pour faire frire les trois plus belles pièces de poisson, l'une après l'autre, puis les fit glisser dans les assiettes des officiers. M. Ling choisit les rondelles de pommes de terre les plus fines pour les accompagner puis déposa les assiettes sur un plateau avant de quitter à nouveau la coquerie.

— Commence à nettoyer ! aboya Strelnikov en s'affalant dans la seule chaise, une bouteille de vodka à moitié vide à la main.

Quand M. Ling revint avec les bols de soupe vides, il se mit immédiatement à récurer les marmites et les deux poêles à frire. Lorsqu'il entendit le ronflement de Strelnikov, il adressa un sourire à Alex et montra du doigt une poêle pleine de rondelles de pommes de terre. Alex les dévora toutes pendant qu'Elena récurait les marmites. Son labeur terminé, elle jeta un coup d'œil en direction de Strelnikov. Il dormait d'un sommeil de plomb, alors Alex et elle se faufilèrent hors de la coquerie et remontèrent l'escalier en colimaçon jusqu'au pont.

Elena défaisait sa petite valise et posait délicatement chaque objet sur le pont, lorsqu'elle entendit des pas lourds derrière elle. En se retournant, elle aperçut un homme massif qui s'approchait d'eux. Alex reposa son dictionnaire, se leva d'un bond et vint se positionner entre sa mère et le géant qui s'avançait. Il savait que le combat serait inégal, mais il ne voulait pas abandonner sans se battre. Le mouvement de l'homme les prit cependant tous les deux par surprise. Il s'assit en tailleur sur le pont et leur sourit.

— Je m'appelle Dimitri Balanchuk. Moi aussi je suis un exilé russe.

Elena regarda Dimitri plus attentivement et se rappela que c'était lui qui l'avait remerciée au dîner. Elle lui rendit son sourire et prit place en face de lui. Alex resta debout, les bras croisés.

— Nous serons à New York dans une dizaine de jours, expliqua Dimitri d'une voix douce.

— Êtes-vous déjà allé à New York ? demanda Elena.

— C'est là que je vis, même si à mes yeux Leningrad sera toujours mon chez-moi. J'étais sur le pont quand je vous ai vus grimper dans la caisse. J'ai essayé de vous dire de monter dans l'autre.

— Pourquoi ? questionna Alex. J'ai lu beaucoup de choses sur New York et même s'il y a plein de gangsters ça a l'air d'être une ville palpitante.

— Palpitante, c'est le cas de le dire, même s'il n'y a pas plus de gangsters à New York qu'à Moscou, répondit-il avec un sourire en coin. Mais je ne suis pas sûr que vous arriverez à quitter ce bateau sans mon aide.

— Ils vont nous renvoyer à Leningrad ? demanda Elena, frissonnant à cette idée.

— Non. Les Américains sont des gens accueillants, surtout lorsqu'on est des réfugiés du communisme.

— Mais nous ne connaissons personne en Amérique, répliqua Alex.

— Maintenant si. Je ferai tout pour aider des compatriotes à fuir ce régime diabolique. Non, votre problème, ce n'est pas les Américains, c'est Strelnikov. Du fait que vous avez divisé sa charge de travail par deux, il fera tout son possible pour vous empêcher de quitter ce navire.

— Mais comment peut-il faire ça ?

— Exactement comme pour M. Ling, qui a rejoint l'équipage aux Philippines il y a maintenant plus de six ans. Dès que nous approchons d'un port, Strelnikov l'enferme dans la coquerie et ne le laisse pas sortir avant que nous soyons en pleine mer. Et je crois que c'est exactement ce qu'il a en tête vous concernant.

— On doit prévenir l'un des officiers, s'écria Elena.

— Ils ne savent même pas que vous êtes ici. Et même s'ils le savaient, froisser Strelnikov pourrait leur coûter très cher. Mais pas de panique. J'ai une idée, et grâce à elle le chef pourrait bien être pris à son propre piège.

***

Malgré la fatigue, Elena ne trouva pas tout de suite le sommeil, parce qu'elle n'arrivait pas à s'habituer au roulis du canot de sauvetage. Après être parvenue enfin à s'endormir une heure, peut-être deux, elle rouvrit les yeux pour apercevoir M. Ling qui se tenait à côté d'elle. Elle se hissa hors de la chaloupe et réveilla Alex, qui dormait à poings fermés sur le pont. Ils suivirent M. Ling jusqu'à la coquerie avec la lune pour seul guide. De toute évidence, ils ne verraient pas le soleil pendant les dix prochains jours.

Le petit déjeuner comprenait deux œufs frits et des haricots sur des toasts pour les officiers, servis dans les trois mêmes assiettes que la veille, accompagnés de café noir. Le reste de l'équipage avait droit à deux tranches de pain avec du saindoux, ainsi qu'à une tasse de thé sans sucre. Dès le rangement du petit déjeuner terminé, Elena, Alex et M. Ling devaient préparer le déjeuner pendant que Strelnikov faisait sa sieste matinale. Plus de sommeil qu'Elena en avait eu la nuit précédente.

Après le déjeuner, Elena et Alex pouvaient prendre une courte pause, mais n'avaient pas le droit de retourner sur le pont, car Strelnikov ne voulait pas que les officiers s'aperçoivent de leur présence à bord. Ils s'asseyaient dans le couloir, blottis contre un mur, se demandant ce qui serait arrivé s'ils étaient montés dans l'autre caisse.

Chapitre 6

Sasha
Direction Southampton

À la fin de leur première semaine à bord, Sasha maîtrisait si bien le monte-plats qu'il trouvait le temps d'aider Fergal à servir les passagers, bien qu'il n'eût pas le droit de s'approcher de la table du capitaine. Tous les soirs, après avoir dressé la table pour le petit déjeuner, Sasha retournait dans la cabine de sa mère et lui faisait le récit, pour son plus grand plaisir, de tout ce que les passagers se racontaient et de ce qu'il leur avait dit.

— Mais je croyais que tu n'avais pas le droit de leur parler.

— Oui, sauf s'ils me posent une question. Désormais ils savent tous que tu travailles en cuisine et que tu cherches un travail en Angleterre, et que si tu n'en as pas trouvé lorsque nous arriverons à Southampton, les services de l'immigration ne nous laisseront pas entrer et nous devrons rester à bord. Et il y a une mauvaise nouvelle. Après le chargement des marchandises et l'arrivée des nouveaux passagers, ce bateau repart droit pour Leningrad.

— Nous ne pouvons pas prendre ce risque ! Est-ce que l'un des passagers a montré un quelconque intérêt pour notre situation ?

— Pas le moindre oiseau.

— Qu'est-ce que ça veut dire ?

— C'est une expression cockney. On remplace « mot » par « oiseau » parce que ça rime.

— C'est quoi un Cockney ?

— Quelqu'un qui est né là où on entend les cloches de St Mary-le-Bow.

— C'est quoi St Mary-le-Bow ?

— Aucune idée. Mais Fergal doit le savoir.

— Il y a des passagers anglais à bord ? demanda Elena.

— Seulement quatre, et ils parlent rarement entre eux, encore moins à quelqu'un d'aussi insignifiant qu'un serveur. Ils sont plutôt bêcheurs.

— Je n'ai jamais entendu ce mot.

— Fergal l'emploie beaucoup, surtout quand il parle des Anglais. J'ai regardé dans le dictionnaire. Ça veut dire froid et hautain.

— Peut-être qu'ils sont juste timides, suggéra Elena.

***

Il restait seulement trois jours de voyage avant d'arriver à Southampton quand le chef informa Elena que M. Hallett, le commissaire de bord, souhaitait la voir dans son bureau.

— J'ai fait quelque chose qu'il ne fallait pas ? demanda nerveusement Elena.

— Pas le moins du monde. Je crois même que c'est tout le contraire.

Quand le chef donna congé à tout le personnel à la fin du service, Elena fila droit vers le bureau du commissaire. Elle toqua à la porte, et lorsqu'elle fut invitée à entrer, elle trouva deux hommes assis à l'intérieur, de chaque côté d'un large bureau. Ils se levèrent tous les deux et le commissaire, vêtu d'un uniforme blanc très seyant aux manches frappées de deux bandes dorées, attendit qu'elle prenne place pour se rasseoir et lui présenter M. Moretti, l'un des passagers, et lui expliquer que c'était lui qui avait demandé à la voir.

Elena observa l'homme d'âge mûr qui portait un costume trois-pièces. Il lui parlait dans un anglais teinté d'un accent qu'elle ne parvenait pas à reconnaître. Il lui posa des questions sur son travail à Leningrad et sur les raisons de sa présence sur ce bateau. Elle lui raconta tout ce qui était arrivé durant ce dernier mois, y compris comment son mari était mort, mais ne mentionna pas la raison pour laquelle son fils avait attaqué le chef du KGB de Leningrad. À la fin des questions de M. Moretti, Elena ne savait pas quel genre d'impression elle avait donné, mais il lui avait adressé un chaleureux sourire.

— Merci, madame Karpenko. Ce sera tout pour le moment, lui dit M. Hallett.

Les deux hommes se levèrent une nouvelle fois lorsqu'elle quitta la pièce.

Stupéfaite, Elena retourna à sa cabine, où l'attendait Sasha. Elle lui raconta toute son entrevue avec M. Moretti et il lui répondit :

— Ça doit être l'Italien qui possède un restaurant, quelque part dans un endroit appelé Fulham. Il a demandé à parler au chef et à Fergal. Touche du bois, Maman !

— Pourquoi Fergal ?

— Il voulait savoir comment je me débrouille pour le service. Je crois qu'il espère faire d'une pierre deux coups. Fergal va lui dire que je suis le meilleur assistant serveur qu'il ait jamais eu.

— Tu es le seul assistant serveur qu'il ait jamais eu.

— Un détail dont Fergal ne parlera pas.

***

Les rendez-vous avec le chef et Fergal avaient dû bien se passer puisque M. Moretti demanda une seconde entrevue avec Elena et lui proposa à elle et à son fils un travail dans son restaurant à Fulham.

— Dix livres par semaine, avec un petit appartement au-dessus du restaurant, déclara M. Moretti.

Elena ne savait ni où était Fulham, ni si c'était un bon salaire, mais elle accepta joyeusement ce qui était probablement la seule offre qu'elle recevrait lui permettant de ne pas retourner directement à Leningrad.

Le commissaire de bord lui posa ensuite des questions sur les motivations de sa demande d'asile pendant qu'il remplissait le long formulaire du *Home Office*, le ministère de l'Intérieur. Après avoir bien revérifié les informations, lui et M. Moretti signèrent au bas du formulaire, acceptant de se porter garants pour elle et son fils.

— Bonne chance, madame Karpenko, dit M. Hallett en tendant le formulaire à M. Moretti. Vous nous manquerez beaucoup, et si par malheur tout ne se passait pas comme vous le voulez, vous pourrez toujours trouver un travail sur les bateaux de la Barrington Line.

— C'est très gentil de votre part, répondit Elena.

— Mais dans votre intérêt, j'espère que non, madame Karpenko. Avant de partir, n'oubliez pas d'aller chercher vos gages.

— Vous allez me payer ? demanda Elena, stupéfaite.

— Bien sûr.

Le commissaire de bord lui tendit deux enveloppes en papier kraft. Puis il se dirigea vers la porte, l'ouvrit et dit :

— J'espère qu'on ne se reverra plus jamais, madame Karpenko.

— Merci beaucoup, monsieur Hallett, dit Elena en se mettant sur la pointe des pieds pour l'embrasser sur les deux joues, ce qui laissa le commissaire interdit.

Elle fila droit vers sa cabine, impatiente de tout raconter à Sasha. En ouvrant la porte, elle se trouva à la fois ravie et surprise. Ravie de trouver son fils et surprise par le large paquet qui l'attendait au bord du lit.

— Qu'est-ce que c'est ? demanda Elena en inspectant le paquet bombé enveloppé dans du papier marron et maintenu par une ficelle.

— Aucune idée, c'était là quand je suis revenu.

Elena défit la ficelle et ouvrit délicatement le papier. Elle eut un cri de surprise en voyant les vêtements qui s'éparpillaient sur le lit ainsi qu'une carte qui disait : « Merci à tous les deux et bonne chance ! » Elle avait été signée par tous les membres de l'équipage, y compris le capitaine. Elena pleurait de joie.

— Comment pourrons-nous un jour les remercier ?

— En étant des citoyens modèles, si je me souviens des mots exacts du capitaine, répondit Sasha.

— Mais nous ne sommes pas encore des citoyens et nous serons apatrides tant que les services d'immigration ne seront pas convaincus que nous sommes de vrais réfugiés politiques et que nous avons réellement trouvé du travail.

— Alors, espérons qu'ils seront un peu plus accueillants que les passagers anglais du bateau, parce que sinon nous allons découvrir le véritable sens du mot « bêcheur ».

— Le chef aussi est anglais et il n'aurait pas pu être plus gentil. Il s'est même excusé de ne pas pouvoir être mon garant.

— Il ne peut pas prendre le risque. Il est recherché par la police. Quand le bateau accoste à Southampton, il est obligé de rester à bord. Fergal m'a dit qu'il s'enferme dans la cuisine et n'en sort pas avant d'être loin du port.

— Pauvre homme.

Sasha décida de ne pas lui révéler pourquoi la police britannique recherchait Eddie.

***

Elena et Sasha rejoignirent M. Moretti sur le pont des passagers le lendemain matin, mais pas avant que Sasha ait passé l'aspirateur dans la salle à manger et qu'Elena ait nettoyé la cuisine de fond en comble.

— *Magnifico !* Quand avez-vous trouvé le temps de faire les magasins ? plaisanta M. Moretti en voyant la nouvelle robe d'Elena.

— L'équipage a été si généreux. Mais ne dites rien à propos du jean de Sasha, murmura-t-elle, Fergal est plus petit que lui et il n'a pas encore fini de grandir. Enfin, il n'est rien qu'une aiguille et un peu de fil ne puissent arranger.

M. Moretti sourit tandis que Sasha, penché au-dessus du bastingage, regardait deux dockers enrouler l'amarre du navire autour d'un bollard et faire un nœud.

— Espérons que les services de l'immigration seront aussi compréhensifs, dit Moretti en prenant ses valises et en se dirigeant vers la passerelle, Elena et Sasha dans son sillage. Mais vous avez un avantage : les Britanniques détestent les communistes autant que vous.

— Vous pensez qu'ils nous laisseront entrer ? demanda nerveusement Elena alors qu'ils posaient le pied à terre.

— Grâce au commissaire de bord, nous sommes certains que tous les formulaires ont été dûment remplis. Nous n'avons plus qu'à croiser les doigts.

— À croiser les doigts ? répéta Sasha.

— À espérer que nous ayons de la chance, expliqua Moretti. Souviens-toi bien, Sasha, ne parle que si on t'adresse la parole et si l'agent de l'immigration te pose une question, réponds simplement « Sésame, ouvre-toi ».

Elena éclata de rire. Sasha ne pouvait s'empêcher de regarder tout autour de lui à mesure qu'ils avançaient le long du quai. Certains bâtiments semblaient très récents, d'autres paraissaient avoir survécu à la guerre. Les passants avaient l'air détendus, personne ne marchait la tête baissée. Les femmes portaient des vêtements colorés et s'adressaient aux hommes comme à leurs égaux. Sasha avait déjà décidé que c'était ici qu'il voulait vivre.

M. Moretti se dirigea vers un grand bâtiment en brique au fronton en pierre frappé du mot « Étrangers ».

À l'entrée, ils furent accueillis par deux panneaux : « Ressortissants britanniques » et « Ressortissants étrangers ». Alors qu'ils rejoignaient la plus longue file, Elena croisa les doigts, elle ne pouvait s'empêcher de se demander s'ils allaient se retrouver sur un navire faisant route pour Leningrad avant que le soleil ne se couche sur ce qui restait de l'Empire britannique.

Sasha observa les porteurs de passeports britanniques être sommairement inspectés, avec le sourire. Pour les touristes non plus, l'attente n'était pas bien longue. Mais les Karpenko s'apprêtaient à découvrir comment les Britanniques traitaient ceux qui n'avaient pas de passeport.

— Suivant ! annonça une voix.

M. Moretti s'avança et donna son passeport à l'agent de l'immigration, qui l'inspecta soigneusement avant de le lui rendre. Puis Moretti lui tendit plusieurs feuilles de papier ainsi que deux photographies, et se retourna vers ses protégés. Sans un sourire, l'agent tourna lentement chacune des pages, puis vérifia que les photos correspondaient bien aux deux postulants qui se tenaient devant lui. Moretti était confiant, tout était « nickel » comme disait le commissaire de bord, mais il ne pouvait s'empêcher de se demander si cela suffirait.

Elena était de plus en plus nerveuse, tandis que son fils était simplement impatient de découvrir ce qui se cachait derrière la barrière. L'officier finit par lever les yeux et fit signe aux deux postulants d'approcher. Elena était soulagée de ne pas porter ses vieux habits.

— Vous parlez anglais ? demanda l'officier à Elena.

— Un petit peu, répondit-elle, nerveuse.

— Êtes-vous en possession d'un passeport, madame Karpenko ?

— Non, monsieur. Les communistes n'autorisent personne à quitter le pays, même pas pour visiter de la famille. Mon fils et moi nous sommes échappés sans papiers d'identité.

— J'ai le regret de vous annoncer, commença l'agent – le cœur d'Elena se serra dans sa poitrine –, que compte tenu des circonstances je ne peux vous attribuer qu'un visa temporaire, juste le temps que vous fassiez la demande du statut de réfugié au ministère de l'Intérieur, et je ne peux pas vous garantir qu'elle sera acceptée.

Elena hocha la tête.

— De plus, pendant toute la durée de votre demande, vous serez soumis à des obligations particulières. Si vous ne les respectez pas, vous serez renvoyés vers – il baissa les yeux vers le formulaire – Leningrad.

— Où ils seront emprisonnés pour le reste de leurs jours. Ou pire encore, intervint Moretti.

— Soyez certain que ceci sera pris en compte lorsque leur demande sera étudiée par le ministère de l'Intérieur.

Il sourit à Elena et à Sasha pour la première fois depuis le début de la conversation et dit :

— Bienvenue en Grande-Bretagne.

— Merci, répondit M. Moretti avant qu'Elena ait pu répondre. Mais peut-on savoir quelles sont ces obligations ?

— Mme Karpenko et son fils devront pointer au commissariat le plus proche une fois par semaine pendant les six prochains mois. S'ils ne se présentent pas, un avis de recherche sera émis à leur encontre et ils seront placés en centre de détention à leur capture. Dans ce cas de figure, ils doivent s'attendre à ce que leur demande de citoyenneté soit rejetée. Je dois ajouter, monsieur Moretti, qu'en tant que garant vous êtes responsable d'eux à tout moment. Si l'un d'entre eux vous échappait, vous seriez non seulement condamné à payer une forte amende, mais vous risqueriez aussi une peine de plus de six mois de prison.

— Je comprends, répondit M. Moretti.

— Et si quoi que ce soit sur les formulaires se révélait fallacieux…

— Fallacieux ? demanda Elena.

— Mensonger. Si c'était le cas, la demande serait automatiquement rejetée.

— Mais je n'ai dit que la vérité, s'exclama Elena.

— Alors vous n'avez rien à craindre, madame Karpenko. Vous trouverez toutes les informations dont vous avez besoin là-dedans, ajouta-t-il en tendant un petit fascicule à Moretti.

Elena frémit et se demanda s'ils étaient montés dans la bonne caisse.

— Je peux vous l'assurer, monsieur l'agent, Mme Karpenko et son fils seront des citoyens modèles.

— Le jeune homme va-t-il également travailler dans votre restaurant, monsieur Moretti ? demanda l'agent, sans regarder Sasha.

— Non, monsieur, répondit Elena avec fermeté, je veux qu'il continue ses études.

— Alors il faudra l'inscrire dans son lycée de secteur.

Elena acquiesça, bien qu'elle n'eût aucune idée de ce qu'il racontait. L'agent se tourna pour la première fois vers Sasha et fixa ses chevilles.

— Je vois que tu grandis vite.

Sasha se souvint du conseil de M. Moretti et resta silencieux.

— Il faudra travailler dur dans ton nouveau lycée si tu veux réussir dans ce pays, reprit l'agent en adressant un chaleureux sourire au jeune immigrant.

Sasha lui rendit son sourire et dit :

— Sésame, ouvre-toi.

— Alors il faudra t'insérer dans son équipe de secteur.

Alors acquiesça, bien qu'elle n'eût aucune idée de ce qu'il racontait. L'agent se tourna pour la première fois vers Sasha et [illegible] ses cheveux.

— Il y a une grande ville.

Sasha se souvint du [illegible] de M. Moretti et resta silencieux.

— Il faudra travailler dur dans ton nouveau lycée si tu veux réussir dans ce pays, reprit l'agent en s'adressant directement au jeune immigrant.

Sasha lui fit un sourire et dit :

— Nous serons prêts.

Chapitre 7

Alex
Direction New York

Alex fixait la mer paisible qui s'étendait à perte de vue en se demandant s'il verrait un jour à nouveau la terre ferme. Pendant ce temps, sa mère ne semblait préoccupée que par son travail. Le menu ne changeait pas d'un jour à l'autre, si bien qu'Elena maîtrisa rapidement cette routine simple et prit de plus en plus de responsabilités à mesure que les siestes de Strelnikov rallongeaient.

Tous les soirs, Alex et Elena attendaient avec impatience la fin du travail, quand Dimitri les rejoignait sur le pont et leur parlait de la Grosse Pomme et de son petit appartement à Brighton Beach, dans le quartier de Brooklyn.

Elena parlait à Dimitri de son mari et de son frère Niko, et lui raconta pourquoi le major Poliakov les avait finalement contraints à prendre la fuite. Alex observait Dimitri avec attention et sentait bien que le Russe amical savait pertinemment qui était Poliakov et se demandait même s'ils avaient mis en danger l'oncle Niko. Mais le sujet qui les occupait constamment, c'était de savoir comment Elena et Alex allaient pouvoir descendre du bateau une fois à New York. Alex avait fini par accepter qu'ils ne pourraient pas se passer de l'aide de Dimitri.

— Qu'allons-nous faire si Strelnikov nous enferme dans la coquerie pendant le déchargement des marchandises ? demanda Elena.

— Il reste quelques bouteilles de vodka dont il ignore l'existence. Elles pourraient mystérieusement apparaître dans la cuisine la veille de l'arrivée à New York. Avec un peu de chance, lorsqu'il se réveillera, nous serons tous sur le chemin de Brooklyn.

***

La semaine suivante, Elena et Alex travaillèrent sans relâche et sans jamais se plaindre, bien que le chef se levât rarement de sa chaise.

Puis, il ne resta que quelques jours, et Strelnikov, à court de vodka, ne s'endormait plus si aisément et ils devaient tous les deux subir sa colère.

Comme Dimitri l'avait promis, quelques bouteilles apparurent pendant la sieste de Strelnikov l'après-midi qui précéda leur arrivée au port de New York. Elena dut s'occuper seule de la préparation du dîner puisqu'au moment où Strelnikov ouvrit les yeux et vit les bouteilles, il en déboucha immédiatement une pour boire plusieurs rasades avant de demander :

— D'où est-ce qu'elles viennent ?

M. Ling haussa les épaules et continua de couper des pommes de terre tandis qu'Elena surveillait la soupe. Strelnikov semblait plus intéressé par la perspective de finir sa bouteille que par la préparation du repas. Elena ne pouvait qu'être ébahie par la quantité d'alcool que cet homme était capable d'absorber sans s'effondrer et il fallut attendre la fin du dîner pour qu'il s'affale sur sa chaise et tombe dans un profond sommeil.

Elena et Alex sortirent de la coquerie sur la pointe des pieds et se dirigèrent vers le pont. Incapables de dormir, ils fixaient l'océan infini, priant pour voir Manhattan se dessiner au loin, et avaient de plus en plus confiance dans le plan de Dimitri. Mais au moment où le soleil se montrait à l'horizon, une voix derrière eux beugla :

— Vous croyiez vous en tirer comme ça !

Ils firent volte-face et tombèrent nez à nez avec Strelnikov, dressé devant eux, un couteau de boucher à la main. Alex se leva d'un bond et lui lança un regard de défi.

— Tu peux toujours essayer. Tu serais pas le premier, et quand les mouettes auront nettoyé tes os je peux t'assurer qu'à part à ta mère, tu ne manqueras à personne.

Alex ne bougea pas. Derrière eux, les gratte-ciel de New York pointaient à l'horizon. Strelnikov fut distrait par la gamelle d'Alex. Il se courba pour la ramasser, l'ouvrit et prit toutes les économies qu'elle renfermait. Puis il s'empara de la valise d'Elena et, après une inspection sommaire, jeta le contenu par-dessus bord.

— Tu n'auras plus besoin de ça, grogna-t-il.

Puis Strelnikov attrapa Elena par le bras, lui colla la lame du couteau sous la gorge et l'entraîna dans l'escalier. Alex n'avait d'autre choix que de les suivre.

En arrivant sur le pont inférieur, Strelnikov les fit passer devant et ordonna à Alex d'ouvrir la porte de la coquerie avant de les pousser tous les deux à l'intérieur et de refermer d'un coup sec la porte derrière eux. Elena éclata en sanglots en entendant le bruit de la clef dans la serrure.

M. Ling était installé sur la chaise du cuisinier, serrant contre lui la dernière bouteille de vodka. Il la vida jusqu'à la dernière goutte sans leur accorder ne serait-ce qu'un regard, puis il s'endormit.

Le son de la sirène du navire, qui annonçait l'arrivée dans le port de New York, se réverbéra jusqu'à la coquerie, mais ni Elena ni Alex ne pouvait agir. Ils sentirent le bateau ralentir, jusqu'au dernier frémissement avant l'arrêt. Ling continuait à ronfler paisiblement tandis qu'Elena et Alex étaient assis par terre, impuissants, conscients que lorsque le navire retournerait à Leningrad, Strelnikov n'aurait même pas besoin de les enfermer.

Il avait dû s'écouler une heure, peut-être deux, quand M. Ling ouvrit les yeux. Il s'étira, se leva doucement et se dirigea vers son plan de travail. Mais au lieu de se mettre à éplucher une pomme de terre, il se baissa, souleva une latte du parquet et se mit à fouiller. Quelques instants plus tard, un large sourire se dessina sur son visage. Il traversa tranquillement la coquerie, enfonça la clef dans la serrure et poussa la porte.

Alex et Elena se redressèrent et le fixèrent. Alex finit par dire :

— Vous devez venir avec nous.

M. Ling s'inclina et répondit :

— Non. Impossible. C'est chez moi maintenant.

C'étaient les premiers mots qu'ils l'avaient jamais entendu prononcer. Il referma la porte derrière eux et ils entendirent à nouveau le bruit de la clef dans la serrure.

Alex grimpa précautionneusement les marches. Arrivé en haut, il regarda aux alentours, comme un sous-marinier cherchant l'ennemi dans son périscope. Il patienta un moment, afin d'être certain que Strelnikov et le reste de l'équipage étaient bien descendus à terre, ne laissant que les hommes de service à bord.

Il se courba et murmura à sa mère :

— Je peux voir la passerelle qui mène au quai. Quand je dirai « Maintenant », suis-moi et, quoi qu'il arrive, ne t'arrête pas.

Alex attendit encore quelques secondes et, lorsque la voie fut libre, il grimpa sur le pont et se dirigea à pas pressés, mais sans courir, vers la passerelle, jetant un coup d'œil en arrière pour s'assurer que sa mère était bien derrière lui. Au moment où il arrivait en haut de la passerelle, il entendit quelqu'un crier :

— Arrêtez-les !

Sa mère le dépassa en courant.

Il leva les yeux vers le pont supérieur et vit un officier qui faisait des grands signes en direction de deux marins occupés à décharger une caisse. Ils s'arrêtèrent immédiatement, mais Alex était déjà au milieu de la passerelle. Lorsqu'il posa le pied sur le quai, il se retourna pour regarder les deux marins qui couraient vers lui, sa mère pétrifiée à ses côtés. Puis il entendit des pas derrière lui et serra les poings, bien qu'il sût n'avoir aucune chance.

— Ils ne poseront pas de problème, dit doucement Dimitri en se plaçant à côté d'Alex.

En apercevant Dimitri, les deux marins s'arrêtèrent brusquement. Ils hésitèrent quelques instants avant de battre en retraite et de remonter la passerelle.

— Deux braves types. Ils préfèrent perdre quelques jours de paie que quelques dents, expliqua Dimitri.

— Et maintenant ? demanda Alex.

— Suivez-moi, annonça Dimitri en se mettant immédiatement en route, sûr de sa direction.

Elena prit la main de son fils. Alex ne pouvait cacher son enthousiasme à l'idée de vivre aux États-Unis.

Alex remarqua qu'un bon nombre de passagers des autres bateaux se dirigeaient dans la direction opposée. Certains d'entre eux portaient des sacs en cuir, d'autres poussaient des chariots pleins à craquer et quelques-uns se faisaient même aider par des porteurs. Elena et Alex n'avaient pas de bagages. Tout ce qu'ils possédaient avait été volé ou jeté par-dessus bord par Strelnikov.

Ils suivirent Dimitri jusqu'à un imposant édifice dont le fronton annonçait, en lettres d'un blanc éclatant : « Étrangers. »

En entrant dans le bâtiment, Elena se figea, paralysée par la longueur de la file de ces gens apatrides qui discutaient dans un tas de langues différentes mais espéraient tous la même chose : être autorisés à passer la barrière pour découvrir un monde nouveau.

Dimitri se plaça au bout de la plus courte des files d'attente et invita Elena et Alex à le rejoindre. Alex n'hésita pas une seule seconde, mais Elena resta plantée là, aussi immobile qu'une statue.

— Garde nos places pendant que je vais chercher ta mère, dit Dimitri.

— Elena, tu veux retourner en Russie ? demanda-t-il en s'approchant d'elle.

— Non, mais…

— Alors viens dans la file, lâcha Dimitri, élevant la voix pour la première fois.

Elena n'avait toujours pas l'air convaincu, comme si elle essayait de juger du moindre des deux maux. Dimitri finit par dire :

— Si tu ne viens pas, tu ne verras plus jamais ton fils, parce que lui ne retournera certainement pas à Leningrad.

Elle rejoint à contrecœur Alex au bout de la queue.

Alex était impatient d'avancer, mais dut observer la grande aiguille noire faire trois fois le tour du cadran massif sur le mur avant d'atteindre l'avant de la file d'attente.

Il passa le temps en mitraillant Dimitri de questions sur ce qui se cachait derrière la ligne blanche. Dimitri, quant à lui, préférait s'assurer que leurs récits concordaient avant qu'ils soient interrogés par l'agent de l'immigration qui avait déjà tout entendu dans sa carrière. Elena était convaincue que son histoire hors du commun lui vaudrait d'être immédiatement ramenée au bateau et remise à Strelnikov, avant un aller simple pour Leningrad, où Poliakov l'attendrait sur le quai.

— Assurez-vous de vous en tenir à l'histoire qu'on a choisie, murmura Dimitri.

— Suivant ! cria une voix.

Elena avança avec hésitation, sans quitter des yeux l'homme assis sur un haut tabouret derrière un bureau en bois, vêtu d'un uniforme bleu marine orné de trois étoiles. Les uniformes ne disaient rien qui vaille à Elena. Plus il y avait d'étoiles, plus il y avait d'ennuis. Alors qu'elle s'approchait du bureau, Alex lui passa devant et adressa un franc sourire à l'agent, qui lui répondit par un froncement de sourcils. Dimitri le tira en arrière.

— Vous êtes une famille ? demanda l'agent.

— Non, monsieur. Je suis citoyen américain depuis huit ans, répondit Dimitri en tendant son passeport.

L'agent tourna lentement les pages, vérifiant les tampons et les dates avant de le lui rendre. Puis il tira un long formulaire d'un tiroir, le posa sur son bureau et saisit un crayon. Il se tourna vers la femme qui se tenait face à lui et tremblait comme une feuille.

— Votre nom complet ?

— Aleksandr Konstantinovitch Karpenko.

— Pas vous, dit-il fermement.

Il désigna Elena de la pointe de son stylo.

— Elena Ivanova Karpenko.

— Vous parlez anglais ?

— Oui, monsieur.

— D'où venez-vous ?

— De Leningrad, en Union soviétique.

L'agent remplit quelques-unes des lignes du formulaire avant de reprendre :

— Vous êtes le mari de cette dame ? demanda-t-il à Dimitri.

— Non, monsieur, Mme Karpenko est ma cousine et son fils Alex est mon neveu.

Elena suivit les instructions de Dimitri et garda le silence, parce qu'elle n'était pas prête à mentir.

— Dans ce cas, où est votre mari ? demanda l'agent, en relevant son stylo.

— Il a été... commença Dimitri.

— J'ai posé la question à Mme Karpenko, pas à vous, déclara l'agent avec la même fermeté.

— Le KGB a tué mon mari, sanglota Elena, incapable de retenir ses larmes.

— Pourquoi ? Était-il un criminel ?

— Non ! s'écria Elena en relevant la tête. Konstantin était un homme bien. Il était superviseur aux docks de Leningrad et ils l'ont assassiné parce qu'il voulait former un syndicat.

— Ils vous tuent pour ça en Union soviétique ? demanda l'agent, incrédule.

— Oui, répondit Elena, en baissant la tête.

— Comment vous et votre fils avez-vous réussi à vous échapper ?

— Mon frère, qui travaille aussi sur les docks, nous a aidés à embarquer sur un bateau en partance pour les États-Unis.

— Avec l'aide de votre cousin, sans doute, ajouta l'agent, perplexe.

— Oui, son frère Niko est un brave homme, et avec l'aide de Dieu nous le sortirons de là, parce qu'il déteste les communistes autant que nous tous.

La mention de Dieu et de la haine des communistes éclaira le visage de l'agent. Il cocha encore quelques cases sur le formulaire.

— Êtes-vous prêt à vous porter garant de Mme Karpenko et de son fils ? demanda l'officier.

— Oui, monsieur, répondit Dimitri sans hésiter. Ils vivront avec moi à Brighton Beach et comme Elena est une excellente cuisinière elle n'aura aucun mal à trouver du travail.

— Et le garçon ?

— Je veux qu'il continue ses études, déclara Elena.

— Très bien, répondit l'agent, qui se tourna finalement vers Alex. Comment est-ce que tu t'appelles ?

— Aleksandr Konstantinovitch Karpenko, dit-il fièrement.

— Est-ce que tu travailles bien au lycée ?

— Oui, Monsieur. J'étais premier de ma classe.

— Alors tu peux me dire le nom du président des États-Unis.

Elena et Dimitri avaient l'air inquiets.

— Lyndon B. Johnson, répondit Alex sans hésiter.

Comment aurait-il pu oublier le nom de celui que Vladimir appelait « l'ennemi juré de l'Union soviétique », et qui par conséquent devait sûrement, aux yeux d'Alex, être un grand homme.

L'agent acquiesça, compléta la dernière ligne du formulaire et signa au bas de la page. Il releva la tête, sourit au jeune homme et dit :

— Je crois bien, Alex, que tu as de l'avenir en Amérique.

Chapitre 8

Sasha
Direction Londres

Sasha était assis dans un coin du wagon quand le train de trois heures trente-cinq sortit de la gare de Southampton et fila vers Londres. Il regardait par la fenêtre, mais ne disait rien, parce que son esprit était loin, de retour dans sa patrie. Il se demandait s'ils n'avaient pas commis une terrible erreur.

Il n'avait pas dit un mot depuis qu'ils étaient montés à bord, tandis qu'Elena discutait du restaurant avec M. Moretti alors que le train traversait bruyamment la campagne en direction de la capitale.

Sasha ne savait pas combien de temps s'était écoulé lorsqu'ils ralentirent et que le train entra dans une gare nommée Waterloo. Il pensa immédiatement au duc de Wellington et se demanda s'il y avait également une gare Nelson. Lorsque le train s'arrêta, Sasha prit les sacs de M. Moretti sur le porte-bagages et suivit sa mère sur le quai.

La première chose qui frappa Sasha, c'était le nombre d'hommes portant des couvre-chefs : casquettes en tweed, feutres et chapeaux melons ; son professeur leur avait expliqué qu'ils rappelaient à chacun sa place dans la société. Il était aussi très étonné par le nombre de femmes qui se promenaient seules sur le quai. À Leningrad, seules les femmes de petite vertu se promenaient sans être accompagnées, avait-il entendu une fois sa mère dire. Plus tard, il avait dû demander à son père ce qu'était une femme de petite vertu.

Devant les portillons, M. Moretti leur tendit un ticket à chacun, avant de guider ses protégés hors de la gare et de rejoindre avec eux le bout d'une interminable file d'attente. Voilà une chose pour laquelle les Britanniques étaient réputés. Sasha fut ébahi en apercevant son premier bus à impériale rouge vif. Il courut dans l'escalier pour s'installer en haut et prit place au premier rang avant que M. Moretti ait pu l'en empêcher. Il était captivé par le paysage panoramique qui s'étendait à perte de vue. Il y avait tant de voitures de toutes les couleurs, de toutes les formes et de toutes les tailles, qui s'arrêtaient dès que le feu passait au rouge. Il n'y avait pas beaucoup de feux de circulation à Leningrad, mais il n'y avait pas non plus beaucoup de voitures.

Le bus s'arrêtait encore et encore pour permettre aux gens de descendre et de monter, et il fallut de nombreux arrêts avant que Moretti se lève pour descendre l'escalier en colimaçon. Une fois sur le trottoir, Sasha s'attardait pour regarder les vitrines des magasins. Un bureau de tabac vendait des kyrielles de marques de cigarettes et de cigares différentes, ainsi que des pipes, qui lui rappelèrent son père. Dans une autre boutique, un homme, assis dans un grand fauteuil en cuir, se faisait couper les cheveux. C'était toujours sa mère qui lui coupait les cheveux. Cet homme n'avait donc pas de mère ? Puis vint une pâtisserie, où il aurait aimé pouvoir faire halte plus longuement, mais il devait garder le rythme de M. Moretti. Puis un autre magasin qui ne vendait que des montres. Pourquoi quelqu'un aurait-il eu besoin d'une montre quand il y avait tant de grandes horloges aux alentours ? Une boutique de vêtements pour femmes, où Sasha contempla, émerveillé, sa première minijupe. Elena le saisit fermement par le bras et l'entraîna loin de la vitrine. Il n'eut pas le temps de s'arrêter à nouveau avant d'apercevoir l'enseigne ballottée par le vent qui proclamait : « Chez Moretti ».

Cette fois ce fut Elena qui regarda à travers la vitre pour admirer les tables soigneusement dressées, avec leurs nappes à carreaux rouges et blancs, leurs serviettes pliées et leurs porcelaines fines. Des serveurs en habit blanc s'affairaient, servant les clients avec attention. Mais Moretti se dirigea vers une porte de service, qu'il déverrouilla, et invita les deux autres à le suivre. Ils empruntèrent un petit escalier mal éclairé jusqu'au premier étage, où Moretti ouvrit une autre porte.

— L'appartement est vraiment petit, concéda-t-il en les faisant entrer. C'est là où ma femme et moi vivions quand nous nous sommes mariés.

Elena ne dit pas que l'appartement était plus grand que celui de Leningrad et beaucoup mieux meublé. Elle entra dans le séjour qui donnait sur la rue juste au moment où une moto passa en pétaradant. Auparavant, elle n'avait jamais connu ni les embouteillages ni le bruit de la circulation. Elle inspecta la petite cuisine, la salle de bains et les deux chambres. Sasha s'installa immédiatement dans la plus modeste. Il s'écroula sur le lit, ferma les yeux et plongea dans un profond sommeil.

— Il est temps que vous rencontriez le chef, murmura Moretti.

Ils laissèrent Sasha dormir et descendirent l'escalier. Moretti entra dans le restaurant et l'accompagna jusqu'à la cuisine. Elena pensait être arrivée au paradis. Tout ce qu'elle avait toujours voulu avoir à Leningrad, et plus encore, se trouvait là, juste devant elle.

Moretti lui présenta le chef cuisinier et lui expliqua comment il avait rencontré Elena pendant son voyage. Le chef écouta attentivement, mais ne sembla pas convaincu.

— Pourquoi ne prenez-vous pas quelques jours pour découvrir comment nous travaillons ici, madame Karpenko ? Puis je déciderai où vous serez le mieux.

Il ne fallut que quelques heures à Elena pour assister le sous-chef, et bien avant le départ du dernier client l'expression de dédain sur le visage du chef se changea en respect.

Elena retourna à l'appartement un peu après minuit, complètement épuisée. Elle regarda Sasha qui dormait à poings fermés, encore habillé. Elle lui enleva ses chaussures et posa une couverture sur ses épaules. Demain matin, il faudrait impérativement lui trouver un bon lycée.

M. Moretti avait quelques idées à ce sujet.

***

Elena essayait de se concentrer et de ne pas penser à ce qui se passait dans la salle, bien que le futur de

Sasha pût en dépendre. Elle s'était attelée à la préparation du plat préféré de M. Quilter longtemps avant son arrivée.

M. Moretti installa l'homme et sa femme à la table d'angle qu'il réservait en temps normal à ses habitués ou à ses clients importants.

M. et Mme Quilter n'avaient rien de clients réguliers. Ils étaient de ceux qui venaient seulement pour les anniversaires et pour les occasions spéciales. Pourtant, M. Moretti avait demandé au personnel de les traiter comme des invités de marque.

Il leur tendit à tous les deux un menu.

— Désirez-vous quelque chose à boire ? demanda-t-il à M. Quilter.

— Juste de l'eau pour le moment. Je choisirai le vin quand nous aurons décidé ce que nous mangerons.

— Très bien, monsieur.

Il les laissa étudier le menu et retourna en cuisine.

— Ils sont là. Je les ai mis à la table onze, annonça-t-il.

Le chef acquiesça. Il ne parlait pas beaucoup, à moins d'être en train de sermonner l'un des sous-chefs, mais il était forcé d'admettre que la vie était devenue plus simple depuis l'arrivée de la dernière recrue. Mme Karpenko ne parlait pas beaucoup non plus tandis qu'elle préparait chaque plat avec amour et savoir-faire. Il avait fallu moins d'une semaine au chef, d'habitude si sceptique, pour admettre qu'il avait sous les yeux un talent rare, et il glissa à son patron qu'il avait bien peur qu'elle ne passe vite à autre chose et ouvre son propre restaurant.

M. Moretti retourna à la salle à manger et murmura à l'oreille du chef de rang :

— Je m'occupe des commandes de la table onze, Gino.

Lorsqu'il vit son client important fermer son menu, il se hâta vers sa table.

— Avez-vous décidé ce qui vous ferait plaisir, madame ? demanda-t-il à Mme Quilter en tirant de sa poche un carnet et un stylo.

— Oui, merci. Je prendrai une salade d'avocat, et puisque c'est soir de fête, je vais prendre la sole.

— Excellent choix, madame. Et vous, monsieur ?

— Melon et jambon de parme en entrée, et la sole également. Peut-être pourriez-vous nous recommander un vin pour aller avec le poisson ?

— Peut-être le pouilly-fuissé ? suggéra M. Moretti en montrant la troisième ligne de la carte des vins.

— Très bien, répondit Quilter après avoir vérifié le prix.

Moretti se dirigea promptement vers le sommelier et l'informa que la table onze prendrait un pouilly-fuissé.

— Premier cru, ajouta Moretti.

— Premier cru ? répéta le sommelier, qui n'eut pour toute réponse qu'un bref hochement de tête.

Moretti se mit dans un coin et observa le sommelier qui débouchait la bouteille et fit goûter le vin à M. Quilter, qui porta le verre à ses lèvres.

— Une merveille ! dit-il, l'air surpris.

Tandis que le sommelier remplissait le verre de sa femme, M. Quilter ajouta :

— Je crois que ce vin te plaira beaucoup, ma chérie.

Bien que le restaurant fût plein ce soir-là, les yeux de M. Moretti quittèrent rarement la table onze et dès que les plats principaux furent débarrassés il vint prendre la commande des desserts.

Le sourire qui se dessina sur le visage de M. Quilter après avoir goûté la crème brûlée d'Elena ne laissait aucun doute sur son plaisir.

— Digne du Trinity, murmura-t-il quand leurs assiettes vides furent enlevées – Moretti n'y comprenait rien.

M. Moretti resta dans un coin jusqu'à ce que M. Quilter demande l'addition à l'un des serveurs. À ce moment-là, il se dirigea vers la table onze.

— Quel délicieux repas ! dit M. Quilter en parcourant l'addition.

Il sortit son carnet de chèques, remplit les quelques lignes et ajouta un généreux pourboire. Il tendit le chèque à M. Moretti qui le déchira aussitôt.

M. et Mme Quilter ne purent dissimuler leur surprise.

— Je ne comprends pas, balbutia M. Quilter.

— J'ai besoin d'un service, monsieur, répondit Moretti.

***

Elena resserra la cravate de son fils et fit un pas en arrière pour mieux le regarder. Il portait ses habits du dimanche, récemment achetés à la braderie de l'église. Le costume était un peu grand, mais rien qu'un fil et une aiguille n'avaient pu arranger.

M. Moretti avait donné sa matinée à Elena, mais il était aussi nerveux qu'elle. Un bus à impériale rouge emmena la mère et son fils jusqu'au quartier voisin et ils descendirent en face d'un large portail en fer forgé.

Ils traversèrent une cour, où Elena demanda le chemin du bureau du directeur à un garçon.

— Quel plaisir de vous rencontrer tous les deux, dit M. Quilter quand sa secrétaire les fit entrer. Allons-y, nous ferions mieux de ne pas faire attendre M. Sutton.

Elena et Sasha suivirent docilement M. Quilter le long d'un couloir plein de garçons bruyants mais tirés à quatre épingles qui se rangèrent immédiatement contre le mur à la vue du directeur. Elena, un peu découragée, admirait leurs uniformes bleus décorés d'un monogramme.

Le directeur s'arrêta devant une porte dont la vitre était ornée des mots : « M. Sutton, *Magister Artium*, *Universitas Oxoniensis*. » Il frappa à la porte, l'ouvrit et fit entrer Sasha.

Un homme vêtu d'une longue toge académique noire se leva quand ils pénétrèrent dans sa salle de classe.

— Bonjour, madame Karpenko, dit le responsable des mathématiques. Je m'appelle Arnold Sutton, je suis très heureux que vous ayez pu vous joindre à nous aujourd'hui. C'est moi qui vais conduire l'examen.

— Ravie de vous rencontrer, monsieur Sutton, dit Elena en lui serrant la main.

— Vous devez être Sasha, dit-il en adressant un large sourire au jeune homme. Asseyez-vous, je vais vous expliquer le déroulement de l'épreuve.

— Pendant ce temps, madame Karpenko, nous pouvons retourner dans mon bureau, suggéra le directeur.

Une fois que Mme Karpenko et le directeur eurent quitté la pièce, M. Sutton se tourna vers le jeune candidat.

— Sasha, expliqua-t-il en sortant trois feuilles de papier d'une pochette cartonnée, ceci est l'examen de mathématiques que passent les étudiants qui souhaitent rentrer en classe de première, ici, à Latymer Upper.

Il déposa les trois pages sur le bureau, devant Sasha.

— Le temps imparti pour le test est d'une heure, et je vous suggère de bien lire chaque question avant d'y répondre. Est-ce que vous avez des questions ?

— Non, Monsieur.

— Très bien, dit-il en regardant sa montre. Je vous préviendrai quand il ne vous restera plus qu'un quart d'heure.

***

— Vous comprenez, madame Karpenko, que l'examen que passe votre fils n'est pas seulement celui pour entrer à Latymer, mais aussi pour préparer les élèves à l'université, lui expliqua M. Quilter tandis qu'ils marchaient dans le couloir.

— C'est ce que je voudrais pour Sasha, répondit Elena.

— Oui, bien sûr, madame Karpenko. Mais je dois vous avertir qu'il faut une note minimale de 65 sur 100 pour rentrer à Latymer. S'il y arrive, nous serons très heureux de l'accueillir ici.

— Il faut que je vous dise, M. Quilter, que je n'ai pas les moyens de payer un uniforme, encore moins les frais d'inscription.

Le directeur hésita.

— Il y a quelques places pour les élèves, disons, qui ont quelques difficultés financières. Et bien sûr, ajouta-t-il rapidement, nous proposons des bourses pour les élèves particulièrement doués.

Elena ne semblait pas convaincue.

— Puis-je vous offrir un café, madame Karpenko ?

— Non, merci, monsieur Quilter. Vous devez être très occupé, ne vous en faites pas pour moi. Je vais lire un magazine en attendant.

— C'est très aimable de votre part, dit-il en regardant sa montre. Je reviendrai dans quarante minutes.

Il allait quitter la pièce quand la porte s'ouvrit brusquement. M. Sutton entra, se dirigea droit vers M. Quilter et lui murmura quelque chose à l'oreille.

— Auriez-vous l'amabilité d'attendre ici, madame Karpenko ? demanda le directeur. Je reviens dans une minute.

— Quelque chose ne va pas ? demanda nerveusement Elena, mais les deux hommes étaient déjà sortis de la pièce.

— Vous dites qu'il a fini l'examen en vingt minutes ? Ça semble à peine possible !

— Et le plus incroyable : il a fait un sans-faute et très honnêtement il a eu l'air de s'ennuyer, expliqua Sutton en se hâtant dans les couloirs.

Il ouvrit la porte de la salle de classe pour faire entrer le directeur.

— Karpenko, dit Quilter après avoir regardé la longue colonne des réponses, puis-je vous demander si vous avez déjà vu cette feuille ?

— Non, monsieur.

Le directeur étudia les réponses de l'élève avec attention, avant de demander :

— Seriez-vous prêt à répondre à quelques questions à l'oral ?

— Oui, certainement, monsieur.

Le directeur adressa un hochement de tête à M. Sutton.

— Karpenko, si je lance trois dés, quelle est la probabilité que j'obtienne un total de dix ?

L'aspirant étudiant prit son crayon et commença son calcul. Quatre minutes plus tard, il reposa son crayon et déclara :

— Une sur huit, monsieur.

— Remarquable, dit Sutton en souriant au directeur qui, en tant que professeur de lettres classiques, n'y comprenait pas grand-chose. Ma seconde question est la suivante : si on vous parie à dix contre un que vous ne parviendrez pas à faire dix avec trois dés, acceptez-vous le pari ?

— Bien sûr, Monsieur, répondit Sasha sans hésiter, parce qu'en moyenne je gagnerai tous les huit lancers. Mais il faudrait que je fasse plus d'une centaine de paris avant de pouvoir considérer cette statistique comme fiable.

M. Sutton se tourna vers M. Quilter et dit :

— Monsieur le directeur, s'il vous plaît, ne laissez pas ce garçon aller dans un autre lycée.

Chapitre 9

Alex
Direction Brooklyn

Alex regardait fixement un trou sombre vers lequel se pressait une foule de gens.

— Suivez-moi, dit Dimitri en guidant ses protégés le long d'un escalier étroit avant de s'arrêter devant un portillon.

Il acheta trois tickets, puis ils avancèrent jusqu'à atteindre un long quai sale.

Alex entendit un grondement au loin, comme le prélude d'un orage, et d'une vaste cavité au bout du quai surgit un train comme il n'en avait jamais vu. À Leningrad, les stations étaient taillées dans le marbre vert, les wagons étaient propres et seuls les voyageurs étaient gris.

— Tu t'y feras, lui dit Dimitri alors que les portes s'ouvraient. Dix arrêts et nous serons à Brooklyn.

Mais aucun des deux ne l'écoutait, ils étaient plongés dans leurs pensées.

Alex observait les gens autour de lui, pas deux ne se ressemblaient et tous discutaient dans des langues différentes. À Leningrad, les passagers se parlaient rarement et toujours en russe. Il était fasciné. Elena, elle, avait l'air dépassée.

Alex suivait les stations sur le petit plan au-dessus de la porte : Bowling Green, Borough Hall, Atlantic Avenue, Prospect Park, les stations défilaient et il observait sans cesse les gens monter et descendre. Lorsque le métro arriva enfin à Brighton Beach, Dimitri les fit descendre sur le quai. Un escalator les emmena à la surface et une fois en haut, Dimitri leur montra comment actionner le tourniquet à l'aide de petits jetons. Ils avancèrent dans la lumière et Alex fut ébahi par le nombre de personnes qui marchaient sur le trottoir, à une vitesse qui lui était inconnue. Tout le monde avait l'air si pressé. La chaussée était tout aussi encombrée, des voitures de la taille de tanks klaxonnaient quiconque se mettait en travers de leurs chemins. Dimitri ne semblait pas remarquer le bruit. Alex était également captivé par les couleurs criardes qui barbouillaient les murs, parfois même les porches. Ce sont des graffitis, expliqua Dimitri. Voilà encore une chose qu'il n'avait jamais vue à Leningrad. Un ronronnement lui fit lever les yeux et il aperçut un avion qui semblait tomber du ciel. Il se raidit, horrifié, jusqu'à ce que Dimitri éclate de rire.

— C'est juste un avion. Il va atterrir à JFK, l'aéroport qui est à quelques kilomètres d'ici.

Un deuxième avion apparut, qui semblait poursuivre le premier.

— Il y en a un toutes les quelques minutes, expliqua Dimitri.

Elena était plus intéressée par les cafés et les restaurants devant lesquels ils passaient. Elle ne pouvait pas croire qu'autant de personnes y prennent leur petit déjeuner. Comment pouvaient-ils se le permettre ? Elle se demandait ce qu'était un McDonald et qui était le Colonel Sanders. Le seul colonel qu'elle ait jamais connu était le commandant des docks et il ne tenait certainement pas un restaurant. Et Coca ? N'était-ce pas une plante qui poussait en Amérique du Sud ?

Après quelques pâtés de maisons, ils débouchèrent dans un marché, où Dimitri s'arrêta pour discuter avec quelques vendeurs qu'il connaissait visiblement. Il choisit des pommes de terre, des carottes et un chou, qu'il régla en liquide. À l'étal suivant, Elena toucha quelques fruits et légumes qu'elle n'avait encore jamais vus. Elle les sentit et essaya de retenir leurs noms.

— Combien vous en voulez ? demanda le primeur.

Elena relâcha l'orange en vitesse et s'éloigna.

Dimitri se dirigea vers un autre étal et suivit volontiers les conseils d'Elena dans le choix d'un poulet, que le marchand fit glisser dans un sac en papier kraft.

Alors qu'ils quittaient le marché, Dimitri tendit une pièce à un garçon qui criait des mots qu'Alex ne parvenait pas à comprendre.

— Nouvelles victimes américaines au Vietnam !

Alex était étonné : le garçon qui vendait des journaux était plus jeune que lui, et il avait non seulement le droit de manipuler de l'argent, mais également de travailler tout seul.

Ils tournèrent au coin, dans une rue qui n'était plus aussi bruyante, plus aussi fréquentée, et bordée de chaque côté par de larges maisons. Dimitri pouvait-il vraiment vivre dans l'une d'elles ?

— Je suis au numéro 47, annonça-t-il.

Alex était impressionné, jusqu'à ce que Dimitri ajoute :

— Je loue le sous-sol.

Quelques mètres plus loin, il les guida le long d'un petit escalier. Il enfonça la clef dans la serrure et poussa la porte.

Elena le suivit dans la première pièce, meublée de façon spartiate. Dimitri était célibataire, ça ne faisait aucun doute.

— Où allons-nous vivre ? demanda Elena après que Dimitri lui eut fait faire le tour de l'appartement.

— Vous pourriez peut-être rester ici jusqu'à ce que vous trouviez quelque chose, proposa Dimitri.

Elena n'avait pas l'air convaincue.

— J'ai un matelas en plus, donc tu pourras dormir dans la chambre d'ami et Alex peut prendre le canapé. Tant qu'il enlève ses chaussures.

— Merci beaucoup, répondit Alex, pour qui tout était une amélioration après le pont du bateau qui ne cessait de tanguer.

Enfin, Dimitri emmena Elena dans la cuisine. Elle déposa le poulet et les légumes du marché sur la table et commença à préparer le dîner. L'évier avait deux robinets et elle se brûla en tournant le premier. Elle fut encore plus surprise quand Alex ouvrit une grande boîte blanche pour regarder à l'intérieur.

— C'est un frigo, expliqua Dimitri. Ça permet de conserver les aliments plusieurs jours.

— J'en ai déjà vu, répondit Elena, mais jamais chez quelqu'un.

Elena remonta ses manches et, une heure plus tard, déposa trois assiettes pleines à ras bord sur la table de la cuisine, comme si elle servait encore les officiers du club de Leningrad. Une fois assise, elle ne put s'empêcher de parler de leur vie en Russie. Rapidement, il fut évident que sa patrie lui manquait.

— C'est le meilleur repas que j'ai fait depuis des années, déclara Dimitri en passant sa langue sur ses lèvres. Tu ne devrais pas avoir de mal à trouver du travail dans cette ville.

— Mais par où commencer ? demanda Elena tandis qu'Alex remplissait l'évier avec de l'eau chaude pour faire la vaisselle.

— Par le *Post*, annonça Dimitri, en repassant à l'anglais.

— La poste ? Mais je n'attends pas de courrier.

— Le *Brighton Beach Post*, expliqua Dimitri en montrant le journal qu'il avait acheté au garçon dans la rue. Tous les jours, il y a une section avec des petites annonces.

Il tourna les pages jusqu'à trouver la bonne section. Il passa outre les petites annonces de comptabilité, les offres commerciales, les voitures à vendre et s'arrêta à la rubrique « Restauration ». Il parcourut la colonne jusqu'aux offres « Cuisiniers ».

— « Recherche cuisinier pour restaurant chinois, lut-il à haute voix. Maîtrise du mandarin obligatoire. »

Ils éclatèrent de rire de concert.

— « Recherche chef pâtissier pour un restaurant italien », ce qui avait l'air prometteur jusqu'à ce qu'il ajoute, « formation de sous-chef obligatoire. Italien de préférence ».

Il continua.

— « Pizzaïolo… »

— Qu'est-ce que ça veut dire ? demanda Elena tandis qu'Alex vidait l'évier et les rejoignait à table.

— Quelqu'un qui fait des pizzas. C'est un plat à la mode. Une base de pâte avec différentes garnitures, pour changer, expliqua Dimitri.

Il regarda l'emplacement du restaurant.

— Ce n'est qu'à quelques pâtés de maisons, nous pourrons appeler demain matin. Ils proposent un dollar de l'heure, ce qui ferait quarante dollars par semaine en attendant de trouver mieux. Ils seraient chanceux de t'avoir, ajouta-t-il.

Elena ne répondit pas, sa tête reposait sur une table qui ne tanguait pas. Elle était déjà profondément endormie.

***

— La première chose qu'il faut qu'on fasse, c'est te trouver de nouveaux vêtements. Personne ne te donnera du travail habillée comme ça, dit Dimitri après le petit déjeuner.

— Mais nous n'avons pas d'argent, répondit Elena.

— Ce n'est pas un problème. La plupart des marchands n'hésiteront pas à te faire crédit.

— Crédit ? interrogea Elena.

— Tu achètes maintenant et tu payes plus tard. Tout le monde fait ça en Amérique.

— Moi non, asséna Elena, les poings sur les hanches. J'économise et j'achète quand je peux me le permettre.

— Alors il faudra essayer le magasin Goodwill sur Hudson. Peut-être qu'ils pourront nous donner des choses gratuitement.

— La charité c'est pour les gens qui sont vraiment dans le besoin, pas pour ceux qui peuvent travailler, répondit Elena dans sa langue natale.

— Je ne crois pas que tu trouveras du travail, même dans une pizzeria, si tu ressembles à une réfugiée russe qui vient tout juste de descendre du bateau, répliqua Dimitri.

Alex hocha la tête de concert.

Elena resta silencieuse.

Dimitri sortit un dollar de sa poche et le tendit à Elena.

— Merci, répondit-elle en acceptant à contrecœur. Je te le rendrai dès que j'aurai un travail.

— Le Goodwill ouvre à neuf heures. Il faut y être avant l'ouverture.

— Pourquoi si tôt ? demanda Alex, qui ne voulait parler qu'en anglais.

— Beaucoup de gens donnent des choses le week-end, il y a toujours de bonnes affaires le lundi matin.

— Alors, allons-y, dit Alex, impatient de retourner dehors.

Il voulait voir si le jeune vendeur de journaux était toujours au coin de la rue parce qu'il espérait que sa mère le laisse chercher un travail, peut-être même comme vendeur sur le marché.

— Puis il faudra trouver un bon lycée qui accepte de prendre Alex, annonça Elena, brisant les espoirs de son fils.

— Mais je voudrais trouver du travail, implora Alex. Comme ça, nous gagnerons tous les deux de l'argent.

— Si tu veux un jour avoir un bon travail et bien gagner ta vie, il faut que tu retournes au lycée et que tu entres à l'université, répondit sa mère.

Alex ne pouvait cacher sa déception, mais il savait que c'était la chose sur laquelle sa mère ne ferait pas de compromis.

— Il faudra prendre rendez-vous avec le responsable de l'enseignement à l'hôtel de ville. Mais avant ça, il vous faut de nouveaux vêtements à tous les deux, et qu'Elena obtienne ce travail à la pizzeria, alors ne perdons pas de temps, intervint Dimitri.

De nouveau dans la rue, Alex essayait de comprendre tout ce qui se passait autour de lui. Il se demandait combien de temps il lui faudrait avant que, comme Dimitri, il se fonde dans le décor.

L'une des premières choses qu'Alex remarqua, c'est que les hommes ne portaient pas tous un costume et un chapeau, et que les femmes portaient des vêtements très colorés, certaines avaient même des robes qui ne leur couvraient pas les genoux. Le petit marchand de journaux se tenait au même coin de rue et criait un gros titre d'une nouvelle une.

— L'assassinat de Bobby Kennedy – dernières nouvelles !

Alex se demandait si Bobby Kennedy avait un lien avec l'ancien président, qui avait été assassiné lui aussi. S'il avait eu dix cents, il aurait acheté le journal. En retraversant le marché, Elena aurait voulu s'attarder pour inspecter le pain frais, les oranges, les pommes et tant d'autres produits, et poser des questions sur ceux qu'elle ne connaissait pas. Quel goût avait un avocat ? se demandait-elle. Mangeait-on la peau ?

Alex ne pouvait s'empêcher de s'arrêter sans cesse devant des vitrines où trônaient des montres, des radios, des postes de télévision et des disques pour électrophone. Il était constamment distrait et devait alors souvent courir pour rattraper Dimitri et Elena.

Ils arrivèrent devant le Goodwill d'Hudson au moment même où une jeune femme tournait la pancarte du côté « Ouvert ». Dimitri, toujours aux commandes, les guida à l'intérieur.

Elena parcourut longuement les rayons et les portants avant de choisir une chemise blanche et une cravate bleu foncé pour Alex. Puis elle se tourna vers un portant de costumes, tandis que Dimitri discutait avec la vendeuse. Alex fut déçu de voir sa mère choisir un complet gris uni, qu'elle posa contre lui pour vérifier la taille. Il était un peu grand, mais elle savait qu'il grandissait encore et que ce ne serait qu'une question de temps. Elle lui demanda de l'essayer.

Lorsque Alex sortit de la cabine vêtu de son nouveau costume, il remarqua que la fille derrière le comptoir le regardait. Il s'éloigna, gêné. Elena fit semblant de n'avoir rien remarqué et se mit à choisir des vêtements pour elle-même : une robe bleue très simple et une jupe plissée noire. Elle se demandait, inquiète, si elle aurait assez d'argent, quand elle aperçut une paire de chaussures en cuir noir qui s'accorderait parfaitement avec le nouveau costume d'Alex.

— Un homme les a déposées samedi après-midi. Apparemment, plus personne ne porte de chaussures à lacets, expliqua la vendeuse.

— Parfait, dit Elena une fois qu'Alex les eut essayées puis eut fait plusieurs fois le tour du magasin avec.

— Combien ? demanda Elena en rassemblant ses achats sur le comptoir.

— Un dollar, répondit la jeune fille.

Elena lui donna l'argent, fit un pas en arrière et admira son fils, qui n'était désormais plus un enfant. Elle ne remarqua pas Dimitri qui glissait à la vendeuse un billet de dix dollars, faisait un clin d'œil à Alex et adressait un franc « Merci, Suzi » à la jeune fille qui lui tendait un sac avec leurs anciens vêtements.

— Revenez vite ! dit Suzi alors qu'ils partaient. Nous avons de nouvelles choses tous les jours.

— Maintenant il faut qu'on trouve la pizzeria le plus vite possible, dit Dimitri en sortant du magasin et en jetant le sac de vieux vêtements dans la première poubelle venue. On ne peut pas se permettre d'être en retard et que quelqu'un d'autre soit embauché.

Elena s'apprêtait à récupérer le sac quand son fils lui enjoignit de ne pas le faire. À contrecœur elle le rejoignit et ils se remirent en marche, à une allure que tout le monde autour d'eux semblait trouver normale, pour ne ralentir que lorsque Dimitri repéra une enseigne rouge et blanc qui oscillait dans le vent. Dimitri traversa la rue, se faufilant au milieu des voitures ; dans son sillage Alex et Elena ne montraient pas la même assurance, traversant sous un concert de klaxons.

— Laissez-moi parler, suggéra Dimitri en poussant la porte.

Il se dirigea droit vers l'homme qui se tenait derrière le comptoir et dit :

— Je veux parler au responsable.

— Lui-même, répondit l'homme, levant les yeux de son cahier de réservations.

— Je viens pour l'annonce dans le journal, pour le poste de pizzaïolo. Ce n'est pas pour moi, c'est pour la dame, et vous auriez de la chance de l'avoir comme employée.

— Vous avez déjà travaillé dans une pizzeria ? demanda l'homme en s'adressant à Elena.

— Non, monsieur.

— Alors je ne peux que vous proposer de faire la plonge.

— Mais elle est cuisinière professionnelle, intervint Dimitri.

— C'était où votre dernier emploi ? demanda le manager.

— J'étais chef pour un club des officiers à Leningrad.

— Dans le Queens ?

— Non. En Russie.

— Je travaille pas avec les rouges, cracha le manager.

— Je ne suis pas communiste, s'écria Elena. D'ailleurs je les déteste. Je serais restée là-bas… mais je n'ai pas eu le choix.

— Mais moi j'ai le choix. Et le seul boulot digne d'une rouge c'est la plonge. C'est cinquante cents de l'heure.

— Soixante-quinze, proposa Dimitri.

— Vous n'êtes pas vraiment en position de négocier. C'est à prendre ou à laisser.

— Alors tant pis, répondit Dimitri.

Il se dirigea vers la porte, mais cette fois-ci Elena ne marchait pas derrière lui.

— Où est la cuisine ? dit-elle en retroussant ses manches.

***

Comme le lendemain Elena ne prenait son service à la pizzeria qu'à dix heures du soir, elle se rendit à l'hôtel de ville dès le matin. Après avoir consulté le panneau à l'entrée, elle prit l'ascenseur pour le quatrième étage. Lorsqu'elle sortit du bâtiment, quelques heures plus tard, elle savait dans quel lycée elle voulait qu'Alex aille.

Elle ne prit pas de rendez-vous avec le principal, mais durant sa pause de l'après-midi elle alla s'asseoir dans le couloir en face de son bureau jusqu'à ce qu'il cède et accepte de la recevoir.

Alex rentra à contrecœur en classe de première au lycée Franklin le lundi suivant. Et le principal dut bien vite admettre que Mme Karpenko n'avait pas menti en disant que son fils serait premier en maths et en russe. Ce n'étaient d'ailleurs pas les seules matières où il excellait, mais ce qui intéressait vraiment Alex, c'étaient les activités lucratives qui ne faisaient pas partie du programme officiel de l'école.

Chapitre 10

Sasha
Londres

Il fallut une semaine pour que les autres garçons cessent de dévisager Sasha. La classe de première avait beau avoir l'habitude des élèves étrangers, il était le premier Russe qu'ils aient jamais rencontré. Que pouvaient-ils bien imaginer sur lui, se demandait Sasha.

Comme l'anglais était sa deuxième langue, tout le monde avait cru qu'il aurait du mal à suivre le rythme du reste de la classe. Mais au bout d'un mois, une partie de ses camarades avaient abandonné l'idée de tenir l'allure du « Ruskov ». Quant aux mathématiques, sa troisième langue, M. Sutton avait même avoué au directeur :

— Il se rendra bientôt compte que je n'ai plus grand-chose à lui enseigner.

Bien que ses prouesses académiques fissent l'admiration de beaucoup de gens, ce qui rendait Sasha particulièrement populaire auprès des autres garçons, c'était sa capacité à garder sa cage inviolée.

— Ta cage ? demanda Elena. Je sais bien que les Anglais ne connaissent pas bien la culture russe, mais de là à croire que nous dormons dans des cages ?

— Mais non, Maman. Je suis simplement devenu le gardien de but de l'équipe A et nous avons disputé trois matches sans encaisser un seul but.

Ce qu'il ne lui expliqua pas, c'est que Maurice Tremlett, le gardien qu'il avait remplacé, avait l'air furieux d'avoir été relégué dans l'équipe B ; pour ne rien arranger, Tremlett était délégué.

Vers la fin du premier trimestre, Sasha eut l'impression d'avoir été accepté par la plupart de ses camarades. Mais c'était avant l'incident, qui, du jour au lendemain, fit de lui le garçon le plus populaire de l'école et lui fit rencontrer son plus fidèle ami.

Ça se passa durant une partie de football entre copains, à la pause du matin. Ben Goldsmith, un autre garçon de première, qui jouait comme avant-centre pour l'équipe B, courait vers le but, bien décidé à marquer quand Tremlett quitta ses cages et se rua sur lui ; Goldsmith fit alors une passe à un autre élève qui marqua dans la cage déserte.

Goldsmith, victorieux, leva les bras, mais Tremlett n'arrêta pas sa course et se précipita droit sur lui, le poussant à terre.

— Si tu essayes ça encore une fois, je te brise la nuque, cria-t-il.

À la remise en jeu, Goldsmith s'apprêtait à tirer lorsqu'il vit Tremlett qui se dirigeait à nouveau droit sur lui. Il s'écarta et la balle roula aux pieds de Tremlett. Celui-ci se mit à courir vers Sasha, qui gardait le but adverse. Tout le monde s'écartait sur son chemin. Sasha sortit de sa cage pour l'intercepter et lorsque Tremlett entra dans la surface de réparation, il plongea et coinça la balle à l'abri contre son torse. Mais Tremlett n'arrêta pas sa course et lui flanqua un grand coup de pied dans le dos, comme s'il frappait le ballon.

Sasha resta immobile sur le sol alors que la balle lui échappait des mains. Tremlett l'enjamba, tira et marqua dans la cage vide. Il leva les bras d'un geste triomphal, mais tout le monde resta silencieux.

Lorsque Goldsmith courut pour aider Sasha à se relever, il trouva Tremlett qui se dressait au-dessus de lui.

— Alors, t'es pas aussi doué que tu le pensais, hein le Ruskov.

— Peut-être pas, répondit Sasha, mais si tu regardes la composition des équipes pour la semaine prochaine, tu verras que toi tu es toujours en équipe B.

Tremlett lui décocha un coup de poing, mais Sasha fit un pas de côté et le coup n'effleura que son épaule.

— Je ne crois pas que tu seras dans l'équipe de boxe non plus, conclut Sasha.

Tremlett vira à l'écarlate et montra les poings une seconde fois, mais Sasha, plus rapide, lui flanqua un coup sur le nez qui le fit chanceler et tomber à terre. Il s'apprêtait à lui donner un second coup de poing quand la sonnerie sauva Tremlett en les obligeant à retourner en classe.

— Merci, lui dit Goldsmith lorsqu'ils quittèrent le terrain. Mais tu ferais bien de surveiller tes arrières, Tremlett est du genre à créer des ennuis.

— Je ne m'inquiète pas pour ça, répondit Sasha. Les ennuis c'est quand un officier du KGB te braque un pistolet sur la tempe.

***

En rentrant à la maison ce soir-là, Sasha ne raconta pas à sa mère ce qui venait de se passer, parce qu'il ne trouvait pas cela très important. Il avait à peine entamé une assiette de spaghettis lorsqu'on frappa à la porte.

Elena reposa sa fourchette, mais ne bougea pas. Les coups à la porte ne pouvaient signifier qu'une chose. Sasha se leva d'un bond et quitta la table avant qu'elle ait pu l'en empêcher. Il ouvrit la porte, un homme svelte vêtu d'un élégant long manteau noir avec un col en velours et coiffé d'un *trilby* se tenait dans le couloir.

— Bonsoir, Sasha, salua l'homme en lui tendant une carte.

— Bonsoir, monsieur, répondit Sasha en se demandant comment l'homme connaissait son prénom.

Il regarda la carte et pensa que le nom lui disait quelque chose. En revanche, il était certain de connaître l'adresse.

— Je voulais discuter avec votre mère, expliqua le visiteur dont l'accent révélait les origines.

— Entrez donc, l'invita Sasha en guidant M. Agnelli vers la cuisine.

— Bonsoir, madame Karpenko, dit-il en ôtant son chapeau. Je m'appelle M. Agnelli et je suis…

— Je sais qui vous êtes, monsieur Agnelli.

Il sourit.

— Je suis navré de vous déranger au milieu de votre dîner, alors j'irai droit au but. Mon chef cuisinier vient de donner sa démission, il souhaite retourner auprès de sa famille à Naples et je ne suis pas parvenu à trouver quelqu'un pour le remplacer. Je suis venu vous proposer son poste.

Elena ne put dissimuler son étonnement. Elle ne travaillait pour M. Moretti que depuis quelques mois et ignorait que son plus grand rival puisse même être au courant de son existence. Avant qu'elle puisse répondre, M. Agnelli leva le voile sur ce mystère.

— L'un de mes habitués a récemment dîné chez Moretti et m'a rapporté que la cuisine s'était radicalement améliorée, alors j'ai voulu savoir pourquoi. J'ai envoyé notre maître d'hôtel déjeuner chez vous la semaine dernière et il m'a averti que nous avions un concurrent sérieux à nos portes. C'est pour ça que j'aimerais vous proposer d'être la chef cuisinière du Osteria Roma.

— Mais... commença Elena.

— Je ne peux pas vous offrir d'appartement audessus du restaurant, mais je suis prêt à doubler votre salaire, vous pourriez alors louer votre propre logement.

L'intérêt de Sasha grandissait.

— Bien sûr, ce serait pour vous un défi, nous avons deux fois plus de tables que chez Moretti. Mais d'après ce qu'on m'a raconté, vous aimez les défis.

— Je suis flattée monsieur Agnelli, mais j'ai une dette envers M. Moretti, qui...

— Et si j'étais prêt à couvrir cette dette, madame Karpenko ?

— Ce n'est pas une dette d'argent, c'est plus personnel. C'est Moretti qui nous a permis, à Sasha et à moi, de venir dans ce pays. Ce n'est pas quelque chose que je peux aisément rembourser.

— Je comprends tout à fait. Et maintenant je regrette de ne pas avoir été sur ce bateau à sa place, ajouta-t-il en tendant sa carte à Elena. Mais si d'aventure vous changiez d'avis…

— Pas tant que M. Moretti sera vivant.

— Je connais la réputation de mes compatriotes, mais je n'envisageais pas d'aller aussi loin. Enfin, si vous insistez…

Ils éclatèrent tous les trois de rire.

— Je suis très heureuse d'avoir fait votre connaissance, dit Elena en se levant pour le raccompagner à la porte.

— Est-ce que tu vas parler de l'offre à M. Moretti ? demanda Sasha lorsqu'elle revint dans la cuisine.

— Certainement pas ! M. Moretti a déjà assez de problèmes en ce moment sans que je le menace de partir.

— Mais s'il était au courant, peut-être qu'il t'offrirait une augmentation ou même un pourcentage sur les recettes.

— Quelles recettes ? On ne fait pas de profits, répondit Elena. Le restaurant s'en sort à peine.

— Raison de plus pour considérer sérieusement l'offre de M. Agnelli. Tu n'auras peut-être pas d'autres opportunités comme celle-ci.

— Tu as peut-être raison, Sasha, mais la loyauté n'a pas de prix. Elle doit être gagnée. Et dans tous les cas, M. Moretti mérite mieux que ça.

Sasha ne semblait toujours pas très convaincu.

— Si tu fais face à un dilemme comme celui-ci, demande-toi ce que ton père aurait fait et tu ne pourras pas te tromper.

***

— Karpenko, le directeur veut vous voir, lui annonça M. Sutton lorsqu'il entra en classe le lendemain matin. Allez immédiatement dans son bureau.

Le ton de son professeur suggérait qu'il s'agissait d'un ordre. Sasha se leva et quitta la classe, sentant le regard de ses camarades peser sur lui. Alors qu'il traversait un long couloir, il se demandait quelle pouvait bien être la raison de sa convocation. Il toqua à la porte du bureau du directeur.

— Entrez, dit une voix qu'il aurait reconnue entre mille.

Sasha entra et vit M. Quilter assis à son bureau, l'air sombre. En face de lui se trouvait un autre homme qui ne se retourna pas.

— Karpenko, voici M. Tremlett, annonça le directeur.

L'homme gras aux cheveux roux dégarnis, avec un ventre protubérant qui l'empêchait de fermer les boutons de sa veste croisée, se tourna et adressa un regard suffisant à Sasha, le genre de regard qui aurait indiqué à n'importe quel joueur de poker qu'il avait un full.

— M. Tremlett vient de m'apprendre que vous avez frappé son fils hier pendant un match de foot et que vous lui avez cassé le nez. Est-ce vrai ?

— Oui, monsieur.

— M. Tremlett m'a assuré que son fils n'avait rien fait pour vous provoquer, qu'il n'avait fait que marquer un but. Est-ce la vérité ?

On avait expliqué le sens du mot « cafardeur » à Sasha lors de sa première semaine à Latymer, ainsi que les conséquences de ce genre de comportement.

— En Union soviétique, on appelle ça de la collaboration, avait expliqué Sasha à ses camarades. Mais les répercussions sont un peu plus dramatiques que de se faire mettre à la porte.

Le directeur attendait une explication, l'expression sur son visage suggérait qu'il espérait qu'il y en ait une, mais Sasha n'essaya pas de se défendre.

— Au vu des circonstances, vous ne me laissez pas le choix. Vous serez puni en conséquence, finit par dire M. Quilter.

Sasha était préparé à l'idée de la retenue, des devoirs supplémentaires et même aux coups de canne, mais la punition du directeur l'étonna beaucoup, parce qu'elle signifiait que l'école en pâtirait autant que lui. Mais il se doutait que ça ne posait aucun problème à Tremlett. Ni au père ni au fils.

— Et si pareil incident venait à se reproduire, Karpenko, je n'aurais pas d'autre choix que de vous retirer votre bourse.

Sasha savait pertinemment que sa mère ne pouvait pas payer les frais de scolarité et qu'il devrait donc quitter Latymer.

— J'espère que nous n'en arriverons pas là, acheva le directeur.

***

— Pourquoi est-ce que tu ne lui as pas dit la vérité ? demanda Goldsmith lorsque Sasha lui expliqua qu'il était relégué en équipe B jusqu'à la fin de la saison.

— Le père de Tremlett fait partie des représentants des parents d'élèves et siège au conseil d'administration, et il est aussi membre du conseil municipal. À qui Quilter fera plus confiance d'après toi ?

— Ce n'est pas l'Union soviétique ici. M. Quilter est un homme juste. J'en suis la preuve.

— Qu'est-ce que tu veux dire ?

— Mon père est un immigré juif, plein d'autres lycées ont refusé de m'inscrire avant que Latymer m'accepte.

— Je t'ai toujours considéré comme anglais.

— Toi, je sais bien, répondit Goldsmith. Mais pour les Tremlett de ce monde, je ne le suis pas, et je ne le serai jamais.

***

Sasha n'expliqua pas à sa mère pourquoi il ne jouait plus en équipe A. Mais tout le reste du lycée comprit bien vite pourquoi l'équipe principale ne gagnait plus aucun match, tandis que l'équipe B faisait une très bonne saison.

Quand, à la fin du trimestre, le directeur demanda à voir Sasha, il ignorait ce qu'il avait bien pu faire de mal, mais était certain de ne pas tarder à le découvrir. Il toqua avec hésitation à la porte de M. Quilter et attendit le « Entrez » de rigueur. Il fut accueilli par un chaleureux sourire.

— Asseyez-vous.

Sasha fut soulagé. « Restez debout » voulait dire qu'on avait des ennuis, être invité à s'asseoir, que tout allait bien.

— Je souhaiterais vous dire deux mots en privé, Sasha. (C'était la première fois que le directeur l'appelait par son prénom.) Je passais en revue les résultats de votre examen blanc et je pense que vous devriez postuler au prix Isaac Barrow pour les mathématiques de Cambridge.

Sasha resta silencieux. Il n'avait aucune idée de ce que racontait le directeur.

— Le prix Isaac Barrow est l'un des plus prestigieux prix de Cambridge. Le gagnant reçoit une bourse complète pour Trinity College, reprit M. Quilter.

Le brouillard se dissipait peu à peu, mais Sasha ne comprenait pas complètement.

— Comme Trinity est mon *alma mater*, je serais très heureux que vous remportiez ce prix. Mais je dois vous avertir que vous serez en compétition avec des élèves de chaque lycée du pays, la lutte sera féroce. Il faudra faire de très nombreux sacrifices si vous voulez avoir une chance.

— Je ne pourrai pas jouer en équipe A la saison prochaine ?

— Je me doutais bien que vous alliez me poser cette question alors j'en ai parlé avec M. Sutton et nous nous sommes dit que vous pourriez vous permettre cela, comme un petit plaisir, surtout puisque le cricket ne semble pas vous passionner et qu'être à la tête de l'équipe d'échecs ne vous prend pas trop de temps.

— Vous devez savoir, monsieur le directeur, qu'on m'a proposé une place à la London School of Economics, à condition que je réussisse mes examens de fin d'année.

— Une offre que vous pourrez toujours accepter si vous ne décrochez pas le prix. Pourquoi n'en parlez-vous pas à votre mère, vous n'aurez qu'à me dire ce qu'elle en pense ?

— Je peux déjà vous le dire, répondit Sasha.

Le directeur eut l'air interloqué.

— Elle voudra que je participe au prix. Elle a toujours eu beaucoup plus d'ambition pour moi que pour elle-même.

— Vous avez jusqu'au début du prochain trimestre pour prendre une décision. Mais vous feriez mieux de bien y réfléchir. N'oubliez pas la devise de l'école : « *Paulatim ergo certe*[1]. »

— J'essayerai de ne pas l'oublier, répondit Sasha qui se risquait à plaisanter avec le directeur.

— Pendant que vous y êtes, prévenez votre mère que je viendrai dîner chez Moretti avec ma femme pour notre anniversaire de mariage samedi soir, j'espère que ce n'est pas son jour de congé.

Sasha sourit, se leva et dit :

— Je ne manquerai pas de le lui dire, monsieur.

Il décida d'aller se promener un peu près du lycée avant de rentrer raconter à sa mère pourquoi le directeur l'avait convoqué. Il flâna vers le cul-de-sac et remarqua qu'un match de cricket se jouait sur le terrain. Le score était de 146 à 3, et malgré sa fascination pour les chiffres, il ne comprenait pas les subtiles nuances du jeu. Il n'y avait que les Anglais pour inventer un sport où la logique ne permettait pas de déterminer qui était en train de gagner.

1. « Lentement mais sûrement. »

Il continua à longer le terrain, levant de temps en temps la tête quand il entendait le bruit de la balle en cuir contre les battes en saule. Lorsqu'il atteignit l'autre côté du terrain, il décida de passer derrière le pavillon pour ne pas risquer de déconcentrer les joueurs. Il n'avait fait que quelques mètres quand il fut interrompu dans sa rêverie par une voix de fille qui provenait d'un bosquet non loin. Il s'arrêta pour tendre l'oreille. Il entendit une seconde voix qu'il reconnut immédiatement.

— Allez ! Je sais que t'en as envie, pourquoi tu fais semblant ?

— Je n'ai jamais voulu aller aussi loin, protesta la fille, des sanglots dans la voix.

— C'est un peu tard pour me dire ça.

— Lâche-moi ou je vais me mettre à crier !

— Vas-y. De toute manière, personne ne t'entendra.

Sasha entendit un cri perçant qui fit s'envoler les étourneaux perchés sur le pavillon. Il courut vers le bosquet et vit Tremlett allongé au-dessus d'une fille qui se débattait, la jupe relevée, son chemisier et sa culotte gisant sur le côté.

— Occupe-toi de tes oignons le Ruskov, cracha Tremlett en levant les yeux. C'est qu'une pouffiasse, alors fous le camp !

Sasha attrapa Tremlett par les épaules et le tira loin de la fille, qui laissa échapper un cri encore plus terrible. Tremlett couvrit Sasha d'insultes en ramassant ses chaussures et en s'enfuyant à travers les buissons.

Sasha, accroupi à côté d'elle, tendait son chemisier à la fille lorsque l'entraîneur de cricket et trois joueurs accoururent depuis la porte arrière du pavillon.

— C'est pas moi, dit Sasha.

Mais lorsqu'il se tourna, attendant que la fille confirme sa version des faits, elle courait déjà pieds nus sur la pelouse, sans se retourner.

***

— C'est pas moi, répéta Sasha au directeur, une fois que l'entraîneur de cricket l'eut escorté jusqu'à son bureau et lui eut raconté ce dont il avait été témoin.

— Alors qui ça peut être ? questionna le directeur. M. Leigh vous a trouvé seul avec la fille, qui a crié avant de s'enfuir. Il n'y avait personne d'autre.

— Il y avait quelqu'un, mais je ne l'ai pas reconnu, répondit Sasha.

— Karpenko, vous ne semblez pas mesurer la gravité des faits. En l'état, je n'ai pas d'autre choix que de vous suspendre et de prévenir la police.

Sasha le regarda avec un air de défi et répéta :

— Il s'est enfui.

— Qui ?

— Je ne l'ai pas reconnu.

— Alors vous devez rentrer tout de suite chez vous. Je vous conseille de raconter à votre mère exactement ce qu'il s'est passé, espérons qu'elle sera capable de vous ramener à la raison.

Sasha quitta le bureau du directeur et rentra lentement à la maison. Il ne pensait plus ni au Trinity College ni à la London School of Economics.

— Tu es pâle comme la mort, lui dit sa mère lorsqu'il entra dans la cuisine.

Il s'assit à la table, prit sa tête dans ses mains et lui raconta pourquoi il rentrait si tôt cet après-midi-là. Il en était à « je me suis accroupi à côté d'elle » quand on frappa des coups secs à la porte.

Elena ouvrit la porte, derrière laquelle se dressaient deux policiers en uniforme.

— Vous êtes madame Karpenko ? demanda l'un d'entre eux.

— Oui.

— Votre fils Sasha est ici ?

— Oui, il est là.

— Il faut qu'il nous suive au poste, madame.

— Pourquoi ? demanda Elena en se mettant en travers de leur chemin. Il n'a rien fait de mal.

— Dans ce cas, madame, il n'a rien à craindre, répondit le second policier. Et bien sûr vous pouvez venir avec nous.

Sasha et Elena étaient assis en silence à l'arrière de la voiture qui les menait vers le poste de police. Une fois que Sasha eut signé le registre du commissariat, ils furent conduits dans une salle d'interrogatoire au sous-sol où ils durent attendre.

— Ne dis pas un mot, dit Elena quand la porte fut fermée. Être renvoyé de l'école c'est une chose, être déporté en Union soviétique c'en est une autre.

— Mais nous ne sommes pas en URSS, Maman. Ici, on est innocent jusqu'à preuve du contraire.

La porte s'ouvrit et un homme d'âge mûr vêtu d'un costume gris foncé entra et s'assit en face d'eux.

— Bonsoir, madame Karpenko, je suis l'inspecteur Maddox. C'est moi qui suis responsable de l'enquête.

— Mon fils est innocent et…

— Et nous allons justement lui donner l'occasion de le prouver. Nous aimerions que votre fils participe à une séance d'identification, mais comme il est mineur, nous avons besoin de votre autorisation écrite.

— Et si je refuse ?

— Alors nous serons contraints de l'arrêter et il passera la nuit au poste pendant que nous continuons l'enquête. Mais si vous êtes certaine qu'il n'a rien à cacher…

— Je n'ai rien à cacher, dit Sasha. Maman, s'il te plaît, signe le document.

L'inspecteur posa un formulaire de deux pages devant Elena et lui tendit un stylo-bille. Elle lut attentivement chaque mot avant de signer.

— Suivez-moi, jeune homme, dit l'inspecteur.

Il se leva et guida Sasha le long du couloir. Il fit entrer Sasha le premier dans une pièce étroite et longue, avec une estrade d'un côté. Sur l'estrade, huit jeunes hommes, d'environ le même âge que Sasha, avaient l'air de l'attendre.

— Tu peux choisir où tu préfères te mettre, lui dit l'inspecteur.

Sasha monta sur l'estrade et se plaça à la deuxième place à gauche, entre deux garçons qu'il n'avait jamais vus.

— Voulez-vous bien tous vous tourner vers le miroir devant vous, s'il vous plaît ?

L'inspecteur quitta la pièce et ouvrit la deuxième porte, où une jeune fille effrayée, sa mère et une policière l'attendaient.

— Mademoiselle Allen, dit l'inspecteur Maddox en tirant sur le grand rideau qui recouvrait l'un des murs, rappelez-vous bien qu'eux ne peuvent pas vous voir.

La fille n'avait pas l'air convaincue, mais quand sa mère lui adressa un signe de la tête, elle tourna son regard vers les neuf garçons alignés. Il ne lui fallut que quelques secondes pour désigner le garçon qui se tenait en deuxième place, à sa droite.

— Pouvez-vous confirmer que c'est bien ce jeune homme qui vous a agressée, mademoiselle Allen ? demanda Maddox.

— Non, murmura la jeune fille. C'est le garçon qui m'a sauvée.

***

Elle sonna deux fois à la porte. Elle savait qu'il serait chez lui parce qu'elle avait passé deux heures, assise dans sa voiture, à l'attendre. Lorsqu'il ouvrit la porte, il la regarda d'un air hautain et dit :

— Qu'est-ce que vous voulez ?

— C'est à propos de votre fils.

— À propos de mon fils ? demanda-t-il, sans bouger d'un iota.

— Peut-être ferions-nous mieux de discuter de ça à l'intérieur, monsieur le conseiller, dit-elle en remarquant la vieille dame qui les observait à travers les rideaux en dentelle depuis la maison voisine.

— Bien, dit-il en l'accompagnant à contrecœur jusqu'à son bureau.

— C'est à quel propos ? reprit-il une fois la porte fermée.

— Votre fils a tenté de violer ma fille.

— Je connais toute l'histoire et vous vous trompez. La police a même déjà arrêté le véritable coupable.

— Ils l'ont relâché.

— Qu'est-ce qui vous fait penser que mon fils est impliqué ?

Mme Allen ouvrit son sac à main et en tira une chaussette grise qu'elle tendit au conseiller municipal.

— Elle pourrait appartenir à n'importe qui, dit-il en lui rendant la chaussette.

— Mais ce n'est pas le cas. Une mère consciencieuse a pris soin de coudre une étiquette à l'intérieur. Peut-être voudriez-vous vérifier par vous-même ?

Il reprit la chaussette avec réticence et regarda l'envers, où on voyait distinctement le nom « Tremlett » imprimé à l'encre rouge sur une mince étiquette blanche.

— Je suppose que vous avez l'autre.

— Bien sûr. Mais je ne sais pas encore si je dois la donner à la police ou si…

— Une chaussette n'est pas une preuve suffisante.

— Peut-être pas. Mais si votre fils est innocent, ma fille ne pourra pas l'identifier parmi d'autres personnes pendant une séance d'identification, n'est-ce pas ? Surtout, bien sûr, si tous les autres sont roux.

— Combien ? demanda Tremlett.

Chapitre 11

Alex
Brooklyn

Des coups à la porte à cette heure de la nuit ne pouvaient signifier qu'une seule chose pour Elena.

— Qui ça peut bien être ? demanda Dimitri en se levant.

Alex ne quitta pas des yeux le poste de télévision lorsque Dimitri sortit de la pièce ; aucun des deux ne remarqua qu'Elena tremblait comme une feuille.

À travers le judas, Dimitri vit deux hommes qui portaient l'un comme l'autre d'élégants costumes gris parfaitement identiques, une chemise blanche, une cravate bleue et un chapeau. Il déverrouilla la porte et dit :

— Bonsoir, messieurs. Que puis-je faire pour vous ?

— Bonsoir, monsieur, répondit le plus âgé des deux. Je m'appelle Hammond et je travaille pour la *Border Patrol*, les services de l'immigration et des frontières. Voici mon collègue Ross Travis.

Il sortit son badge et le montra à Dimitri, qui resta silencieux.

— D'après nos informations, une certaine Mme Karpenko vit à cette adresse ?

— Oui, c'est ce que nous avons déclaré, répliqua Dimitri avec assurance.

— Nous le savons bien, répondit Travis. Nous pensons qu'elle a peut-être des informations qui pourraient nous être utiles.

— Alors, entrez.

Dimitri les accompagna dans le salon et éteignit la télévision.

Alex jeta un regard noir aux invités. Il attendait de savoir si James Cagney allait réussir à s'échapper de la maison avec l'aide de sa mère, sans être arrêté par le FBI. Pourquoi n'avait-il pas une mère comme ça ?

— Ces hommes sont de la police aux frontières, expliqua Dimitri à Elena en russe. Tu n'es pas obligée de parler anglais si tu ne veux pas.

— Je n'ai rien à cacher.

Elle se tourna vers les deux hommes et ajouta, d'une voix qu'elle espérait calme :

— Qu'est-ce que vous voulez ?

— Vous êtes madame Elena Karpenko ? demanda Hammond.

— C'est bien moi, dit Elena, d'une voix légèrement tremblotante.

Les deux hommes se présentèrent une nouvelle fois ; Alex ne pouvait les quitter des yeux. C'était comme s'ils étaient sortis tout droit du poste de télévision.

— Vous n'avez rien à craindre, madame Karpenko, dit Hammond en souriant. Nous voudrions juste vous poser quelques questions.

Elena ne semblait pas convaincue.

— Asseyez-vous, suggéra Elena qui n'aimait pas les voir dressés au-dessus d'elle.

— Nous savons que vous et votre fils avez fui Leningrad. Nous nous demandions comment vous aviez fait, au vu de l'important dispositif de sécurité des frontières en URSS.

— Il pense que tu es une espionne, souffla Dimitri à Elena en russe.

Elena éclata de rire, ce qui laissa les deux hommes perplexes.

— Mon mari a été assassiné par le KGB, expliqua-t-elle tandis que Travis sortait un calepin où il nota consciencieusement chacun de ses mots.

Ensuite, Hammond lui posa une série de questions qu'ils avaient sans aucun doute préparées avec le plus grand soin.

— Vous souvenez-vous des noms et des grades des officiers du KGB pour lesquels vous cuisiniez ? Et de leurs rôles ?

— Je ne pourrai jamais les oublier. Surtout pas le major Poliakov, il était chef de la sécurité des docks, mais mon mari m'a toujours dit qu'il rendait des comptes directement au KGB de Moscou.

Travis souligna « KGB » et « Moscou » puis tourna une page. Il nota le nom et le grade de tous les officiers dont Elena leur parlait.

— Il ne nous reste que quelques questions, annonça Hammond.

Il ouvrit sa mallette et en sortit un plan des docks qu'il posa sur la table, devant Elena.

— Pouvez-vous me montrer où vous travailliez ?

Elena désigna le club des officiers.

— Vous n'étiez pas du tout en contact avec la base de sous-marins ? questionna Hammond en montrant du doigt un bâtiment à l'extrémité des docks.

— Non. Il faut une autorisation spéciale pour travailler dans cette partie des docks.

— Merci, madame Karpenko. Vous nous avez été d'une très grande aide.

Travis referma son calepin, Elena pensa que l'entretien était terminé.

— C'est votre fils ? demanda Hammond en se tournant vers Alex. J'ai entendu dire que tu travaillais très bien à l'école et que tu voulais intégrer l'Institut de langues étrangères de Moscou.

— Oui, répondit Alex en russe, espérant avoir l'air de James Cagney.

— Peut-être que tu seras d'accord pour répondre à quelques questions d'un agent de la CIA, suggéra Hammond en russe.

— Pour sûr ! répliqua Alex, prenant autant de plaisir à cette discussion que sa mère la détestait. Surtout si ça peut vous aider à attraper l'homme qui a tué mon père.

— J'aimerais que ce soit aussi facile. Mais j'ai bien peur que ce ne soit pas comme à la télé, où on a l'air de savoir résoudre tous les problèmes du monde en une heure montre en main, entre deux coupures publicitaires.

Elena sourit et ajouta :

— Nous ferons tout notre possible pour vous aider.

— L'un de vous a-t-il une question ? demanda Hammond.

— Oui, répondit Alex. Comment on fait pour devenir un *G-man* ?

— Les *G-men* travaillent pour le FBI. Mais si tu veux rejoindre la *Border Patrol*, il faut que tu t'appliques bien au lycée et que tu réussisses tous tes examens.

Hammond se leva et serra la main d'Elena.

— Encore merci pour votre coopération, madame Karpenko. Nous recontacterons votre fils très bientôt.

Alex ralluma tout de suite la télévision, tandis que Dimitri, qui avait à peine dit un mot, raccompagnait les deux hommes à la porte. Sasha trouva très étrange que Dimitri ne leur pose pas de questions. Il retourna à son film.

— Tu avais raison Dimitri, dit Travis, une fois à l'extérieur. Cette femme est une perle rare. Et, plus important encore, il est un peu jeune, mais le garçon pourrait faire un excellent candidat.

— Je suis d'accord, ajouta Hammond. Peut-être que nous devrions lui parler du Coin des joueurs.

— C'est déjà fait, répondit Dimitri. Tu devrais mettre un homme là-bas dimanche matin.

— Sans faute. Nous n'avons plus qu'à espérer qu'ils ne se ratent pas.

— Crois-moi, ils ne risquent pas de se manquer. Ils seront attirés l'un vers l'autre comme deux aimants.

Hammond sourit.

— Quand est-ce que tu retournes à Leningrad ?

— Dès que je trouve un bateau qui a besoin d'un second. Ne t'en fais pas, je te tiendrai au courant. Je ferais mieux de rentrer avant qu'ils se doutent de quelque chose.

Dimitri serra la main des deux hommes, ferma la porte et retourna dans le salon. Elena était déjà partie se coucher et Alex fixait toujours James Cagney sur l'écran.

Il observa le jeune homme et se demanda s'il ne prenait pas un trop gros risque.

***

Elena et Dimitri se levèrent tous les deux à six heures le lendemain et discutèrent des visiteurs de la veille.

— Est-ce qu'on peut leur faire confiance ? demanda Elena en retirant des œufs à la coque de l'eau frémissante.

— À côté du KGB, ce sont des anges. Mais n'oublie pas qu'ils ont tout pouvoir sur tes chances d'obtenir la citoyenneté américaine, expliqua Dimitri alors qu'Alex surgissait dans la pièce.

— Ici l'agent Karpenko, vous êtes en état d'arrestation.

— Quels sont les chefs d'accusation ? demanda Dimitri.

— Fabrication illégale d'alcool dans le sous-sol de cet établissement.

Ils éclatèrent tous les trois de rire.

— Tu ferais mieux de finir ton verre de lait avant d'aller au lycée, Alex. Et il faut que je file moi aussi, si je veux garder mon travail.

— Ce travail n'est pas assez bien pour toi, Maman. Tu devrais travailler dans un vrai restaurant, pas dans une gargote à pizzas.

— Ça me convient très bien pour l'instant. Et ce n'est pas une gargote. La paie n'est pas mauvaise et hier ils m'ont laissée faire ma première pizza.

— Les vrais chefs cuisiniers ne font pas de pizzas.
— C'est ce qu'ils font quand c'est le seul travail disponible.

***

Alex était impatient à l'idée de s'entretenir avec un agent de la CIA. Le lendemain il emprunta à la bibliothèque un livre, *La CIA et son rôle dans le monde moderne*, qu'il lut deux fois, de bout en bout. Il y avait tant de questions qu'il voulait poser à un vrai agent.

C'était le samedi matin, sur le chemin du marché, qu'il les vit pour la première fois. Un groupe d'hommes et de femmes, d'âges et de nationalités différentes, qui partageaient la même chose : l'amour des échecs. Il se souvint que Dimitri lui avait déjà parlé du Coin des joueurs, il décida alors d'aller y jeter un coup d'œil. Ils avaient tous la tête courbée, concentrés sur leur échiquier. Ils devaient être une dizaine, peut-être plus, occupés à attendre la riposte de leur adversaire.

Alex n'avait pas joué aux échecs depuis son arrivée aux États-Unis et, comme un accro à qui on aurait enlevé sa drogue, il se rapprocha des badauds qui observaient les parties, passant rapidement de table en table jusqu'à tomber sur un homme massif d'une quarantaine d'années, en jean et en pull, assis tout seul. Aucun des autres joueurs ne semblait vouloir l'affronter. *Il n'y a qu'une façon de découvrir pourquoi*, pensa Alex.

— Moi c'est Alex, dit-il en avançant d'un pas.

— Ivan, répondit l'homme. Mais avant de t'asseoir, est-ce que t'es prêt à perdre un dollar ? C'est ce que ça va te coûter quand je vais gagner.

Alex avait bien un dollar, et même deux. Elena les lui avait donnés ainsi qu'une liste de courses dont elle avait besoin pour le week-end.

Il prit place, sortit le billet de sa poche et le brandit :

— Maintenant, montrez-moi le vôtre.

L'homme gloussa.

— Tu verras le mien seulement si tu me bats.

Il avança son pion en F4.

Alex reconnut immédiatement l'une des ouvertures fréquemment utilisées par Boris Spassky et contre-attaqua en avançant un pion en D6.

Le champion incontesté de Brighton Beach le regarda à nouveau avant de déplacer son cavalier devant ses pions. Il ne fallut que quelques tours pour qu'Ivan se rende compte que s'il voulait battre son jeune adversaire, il allait devoir se concentrer.

Aucun des deux ne remarqua le petit attroupement qui s'était créé autour d'eux, des spectateurs qui se demandaient si le champion allait être vaincu pour la première fois depuis des mois. Au bout de quarante minutes, un tonnerre d'applaudissements retentit lorsque Alex prononça les mots « échec et mat ».

— En trois parties ? demanda l'homme en sortant un dollar.

— Je suis désolé, monsieur, mais je dois y aller. Ma mère m'a demandé de faire des courses.

C'était la façon dont il prononça le mot « mère » qui poussa Ivan à poser sa question suivante en russe.

— Alors peut-être que tu pourrais revenir demain, vers midi ? Pour me donner une chance de récupérer mon argent.

— J'attendrai demain avec impatience, répondit Alex qui se leva et serra la main de cet homme qui ne se laisserait pas prendre par surprise une seconde fois.

Alex n'était pas sûr de l'heure, mais il était presque certain que sa mère était déjà à la maison. Il se dépêcha de sortir du Coin des joueurs et courut vers le marché, où il acheta les légumes et les côtes de porc que sa mère lui avait demandés. Il savait quels étals vendaient la viande la plus tendre et les légumes les plus frais, il n'hésitait pas à marchander avant d'acheter ; une chose que tous les Russes savaient faire depuis leur naissance, sauf sa mère.

Après avoir acheté quelques kilos de pommes de terre, le dernier produit sur la liste, il se dirigea vers la maison. Il ne se serait pas arrêté s'il ne l'avait pas vue qui le fixait à travers la vitrine. Il hésita un instant puis entra dans le magasin, comme s'il avait toujours eu l'intention de le faire.

— J'ai besoin d'une ceinture, annonça Alex en nommant le premier vêtement qui lui passa par la tête.

— Ce n'est pas la seule chose dont tu as besoin, répondit-elle en lui donnant une ceinture marron presque neuve qu'elle venait de choisir.

Il lui tendit le billet qu'il venait de gagner.

— Garde-le. Tu pourras m'inviter au cinéma demain soir avec.

Alex ne trouvait pas ses mots. Il n'avait jamais invité une fille à sortir et voilà que c'était la fille qui l'invitait. Cagney n'aurait pas aimé ça.

— *Il était une fois dans l'Ouest*, avec Henry Fonda, dit-elle.

Il n'avait jamais entendu parler d'Henry Fonda.

— Ah oui, dit Alex. J'avais hâte de voir ce film.

— Eh bien comme ça ce sera fait ! Rendez-vous au Roxy à six heures et demie. Ne sois pas en retard.

— Sans faute, répondit-il en se demandant où était le Roxy.

Alors qu'il sortait du magasin, elle lui lança :

— N'oublie pas la ceinture.

Alex la prit, la fourra dans un des sacs et sortit du magasin d'un pas nonchalant. Arrivé au coin de la rue il se mit à courir vers chez lui.

— Où étais-tu passé ? Il est plus de six heures ! demanda sa mère quand il entra dans la cuisine.

Il ne savait pas s'il devait lui parler d'Ivan et de la partie d'échecs (elle n'y verrait rien de mal), du dollar qu'il avait gagné (ça, elle n'en serait pas ravie), de sa deuxième rencontre avec la vendeuse du magasin (il n'était pas certain de sa réaction) et du cinéma (pour ça, il en était sûr). Elena ouvrit le sac en papier kraft, en tira la ceinture et demanda :

— Où est-ce que tu as trouvé ça ?

Alex lui aurait bien raconté, mais il ne se souvenait pas du nom de la jeune fille.

***

Le lendemain, Alex retourna au Coin des joueurs, après que sa mère fut partie au travail.

Ivan avait déjà pris place devant l'un des échiquiers, ses doigts tapotaient impatiemment sur la table. Il tendit ses deux poings fermés droit devant lui, à l'horizontale, avant même qu'Alex se soit assis. Alex toucha la main droite et Ivan desserra le poing pour montrer un pion blanc. Il tourna le plateau de jeu et attendit qu'Alex joue son premier coup.

Une heure après, les curieux qui s'étaient réunis autour de l'échiquier avaient compris que les deux joueurs seraient difficiles à départager. Ivan avait remporté la première partie et Alex avait dû lui rendre le dollar durement gagné la veille avant de réinstaller les pièces sur l'échiquier. La dernière partie fut de loin la plus longue.

Ivan et Alex finirent par déclarer match nul. Ils se levèrent et échangèrent une poignée de main, sous un tonnerre d'applaudissements des spectateurs qui les entouraient.

— Est-ce que tu veux te faire de l'argent, mon garçon ? demanda Ivan quand la foule se fut dispersée.

— Seulement si c'est légal, répondit Alex. Ma nationalité américaine n'est que provisoire, si je commettais un crime on pourrait me renvoyer en Union soviétique.

— On ne va pas prendre ce risque-là, n'est-ce pas ? dit Ivan avec un sourire. Allons boire un café et je t'expliquerai.

Ivan emmena son protégé dans un petit *diner* de l'autre côté du Coin des joueurs. Il entra d'un pas nonchalant, gratifia l'homme derrière le comptoir d'un « Salut, Lou » et s'installa dans ce qui était de toute évidence son box habituel. Alex se glissa en face de lui.

— Qu'est-ce que tu prends ? demanda Ivan.

— La même chose que toi, répondit Alex en espérant que le fait qu'il n'ait jamais mis les pieds dans un *diner* ne soit pas trop flagrant.

— Deux cafés, commanda Ivan à la serveuse.

Puis il expliqua à Alex comment ils pouvaient se faire un peu d'argent le week-end prochain.

— Et moi je vais jouer quel rôle ?

— Tu feras l'aveugle et je te dirai ce que joue ton adversaire.

— Mais tu joues aussi bien que moi, sûrement même mieux.

— Mais quand j'en aurai fini avec toi, ce ne sera plus le cas. Et de toute façon tu n'as que dix-sept ans.

— Presque dix-huit.

— Mais tu as l'air d'en avoir quinze, ce qui veut dire que les pigeons penseront pouvoir te battre facilement.

— On commence quand ?

— Samedi prochain, onze heures tapantes.

— Est-ce que je peux te demander quelque chose ?

— Bien sûr, on est associés maintenant.

— Est-ce que je peux reprendre mon billet ?

— Pourquoi ?

— J'ai rendez-vous avec une fille au cinéma ce soir et je comptais payer les places avec.

***

Alex était arrivé devant le cinéma avec un quart d'heure d'avance. Nerveux, il faisait les cent pas sur le trottoir, s'arrêtant de temps à autre pour étudier l'affiche du film. Il se demandait comment on pouvait un jour rencontrer une fille aussi belle que Claudia Cardinale quand il sentit une tape sur son épaule.

Il se tourna et vit Suzi qui lui souriait. Elle lui prit la main et l'entraîna vers le guichet.

— Deux places pour *Il était une fois dans l'Ouest*, dit-elle en s'écartant pour le laisser payer.

Première leçon du manuel de séduction. Puis elle lui reprit la main et l'entraîna dans la salle obscure.

Le film en lui-même n'était pas très important au regard de ce que Suzi avait derrière la tête, mais c'est Henry Fonda, et non Claudia Cardinale, qu'Alex ne quitta pas des yeux. Il voulait parler comme lui, marcher comme lui et même s'habiller comme lui. Il était bien décidé à revenir voir le film cette semaine, sans distraction cette fois, parce qu'il ne voulait plus être James Cagney.

Alex ne voulait pas que Suzi comprenne que c'était la première fois qu'il allait au cinéma, alors quand l'homme devant lui passa son bras autour de sa voisine, Alex fit de même. Suzi se blottit contre lui. Il était concentré sur le film lorsqu'elle l'attira vers elle et lui offrit son premier baiser. Ils n'eurent pas le temps d'en échanger un deuxième, aussitôt le mot « FIN » défila sur l'écran et les lumières se rallumèrent.

— Allons boire un Coca, suggéra Alex. Je connais un *diner* sympa pas très loin d'ici.

— Bonne idée ! répondit Suzi.

Cette fois, Alex lui prit la main et la guida jusqu'au *diner* où Ivan l'avait emmené plus tôt dans la journée. Alex entra, salua l'homme derrière le comptoir d'un « Salut, Lou » et se dirigea droit vers le box d'Ivan, comme s'il était un habitué.

— Deux Coca, s'il vous plaît, demanda-t-il à la serveuse.

Pendant la demi-heure qui s'écoula, Alex en apprit beaucoup plus sur la vie de Suzi qu'elle sur la sienne. En réalité, au moment où la serveuse vint leur demander s'ils souhaitaient un autre Coca, il connaissait sa vie dans les moindres détails. Il aurait bien voulu en reprendre un, mais il n'avait plus d'argent.

Alex la raccompagna chez elle et Suzi parla tout le long du trajet du retour. En arrivant devant sa porte d'entrée, elle se hissa sur la pointe des pieds, jeta ses bras autour de son cou et l'embrassa. Un deuxième baiser. Très différent cette fois.

Il rentra à la maison tout étourdi, se faufila à l'intérieur et se mit immédiatement au lit, pour ne pas réveiller sa mère.

***

— J'ai eu une autre augmentation, annonça Elena d'un air triomphant, quand Alex la rejoignit pour le petit déjeuner. Maintenant je gagne un dollar et cinquante cents de l'heure. Je vais dire à Dimitri qu'il est temps qu'on participe au loyer.

— On ? Je ne gagne rien, Maman, tu le sais bien. Mais ça pourrait changer si tu me laissais gagner un peu d'argent le week-end.

— En faisant quoi ?

— Il y a toujours des petits boulots au marché, surtout le samedi et le dimanche, renchérit Alex.

— Tu peux chercher du travail, mais seulement si tu me jures que ça n'interférera pas avec ton travail scolaire. Je ne me le pardonnerais pas si tu n'entrais pas à l'université de New York.

— Ça n'a pas empêché Papa de…

— Ton père voulait que tu ailles à la fac autant que moi, dit-elle en ignorant l'objection de son fils. Et si tu décrochais ton diplôme, qui sait ce que tu pourrais accomplir, surtout ici en Amérique ?

Alex décida que ce n'était pas le bon moment pour se disputer avec sa mère.

***

Alex travaillait dur à l'école toute la semaine, mais il attendait toujours avec impatience les samedis et l'opportunité de gagner de l'argent.

— Est-ce que tu peux débarrasser ? lui demanda sa mère en enfilant son manteau. Je ne veux pas être en retard au travail.

Un fois la vaisselle essuyée, Alex partit lui aussi pour le travail, content de ne plus avoir à expliquer d'où venait cet argent. En arrivant près du Coin des joueurs ce matin-là, il pouvait entendre les cris et les railleries des joueurs de basket sur les terrains voisins. Il s'arrêta pour les regarder un moment, admirant leur jeu. Il regrettait que les Américains ne jouent pas au football, chose à laquelle il n'avait pas pensé en montant dans la caisse. Il ne s'était pas rendu compte qu'il n'y avait pas de gardien de but au football américain. Il n'y pensa plus en se dirigeant vers le carré d'herbe qui accueillait les joueurs d'échecs.

La première chose qu'il vit, c'était Ivan, qui l'attendait, poings sur les hanches, vêtu d'un pull débraillé et d'un jean passé, avec une écharpe noire autour du cou.

— Tu es en retard, dit Ivan en russe avec un regard noir.

— Ce n'est qu'un jeu, pourquoi ne pas les faire attendre ?

— Ce n'est pas un jeu, siffla Ivan. C'est les affaires. Il ne faut jamais être en retard dans les affaires. Ça donne un avantage à tes adversaires.

Sans ajouter un mot, il se dirigea vers une rangée de six échiquiers alignés, une chaise vide devant chacun d'eux.

Ivan frappa dans ses mains et quand il eut l'attention de tout le monde, il annonça d'une voix forte et distincte :

— Ce jeune homme est prêt à défier six d'entre vous.

Deux ou trois personnes semblaient intéressées.

— Et pour rendre le jeu plus palpitant, il aura les yeux bandés. Je lui dirai chacun des déplacements de son adversaire et j'attendrai ses instructions, reprit Ivan.

— Quelle est la cote ? demanda une voix dans la foule.

— Trois contre un. Vous misez un dollar, et si vous gagnez, je vous en donne trois.

Plusieurs concurrents s'avancèrent immédiatement. Ivan récolta leurs mises et nota leurs noms dans un petit carnet avant d'assigner une chaise à chacun des six joueurs. Certains avaient l'air déçus de ne pas avoir été choisis et l'un d'entre eux cria :

— On peut parier même si on ne joue pas ?

— Bien sûr. La cote est la même, trois contre un. Dites-moi juste sur quel joueur vous misez.

Plusieurs personnes vinrent s'ajouter à la liste des noms sur le petit carnet d'Ivan.

— Les paris sont clos.

Il se dirigea vers Alex qui observait les six plateaux de jeu, dénoua son écharpe et l'utilisa pour bander les yeux d'Alex à l'aide d'un nœud ferme.

— Dites-lui de se tourner, pour qu'il ne soit pas en face des échiquiers, demanda un sceptique.

Alex se retourna avant qu'Ivan eût une chance de répondre.

— Toi, tu commences, dit Ivan en désignant le jeune homme nerveux assis devant le premier échiquier.

— Pion en C3, dit Ivan en anglais avant d'attendre les instructions d'Alex.

— Pion en D6.

Ivan fit un signe de tête au vieil homme aux lunettes à monture épaisse assis au deuxième échiquier.

— Pion en E6, dit Ivan avant de se diriger vers le troisième adversaire lorsque Alex eut répliqué.

La foule se serrait autour des joueurs et observait attentivement les six échiquiers, tout en murmurant. Le quatrième adversaire reconnut sa défaite au bout d'une demi-heure ; après une heure, une seule partie se jouait encore.

Une salve d'applaudissements retentit lorsque le joueur de l'échiquier numéro trois abaissa son roi. Ivan enleva l'écharpe des yeux d'Alex qui se retourna pour saluer la foule.

— Est-ce qu'on aura l'occasion de récupérer notre argent ? demanda l'un des perdants.

— Bien sûr, revenez dans quelques heures, et pour rendre la chose plus intéressante, mon associé jouera dix parties simultanément.

Alex essaya tant bien que mal de dissimuler son appréhension.

— Allons goûter cette pizza que ta mère nous a promise, dit Ivan une fois que la foule se fut dispersée.

Dès leur entrée dans la pizzeria de Mario, il était clair qu'Elena ne faisait plus la plonge depuis longtemps. Elle se tenait derrière une large table en bois et malaxait une boule de pâte fraîche jusqu'à ce qu'elle soit plate et régulière. Elle était si adroite qu'elle pouvait préparer un pâton toutes les quatre-vingt-dix secondes.

Ensuite, un autre cuisinier prenait la relève, il vérifiait les commandes et garnissait la pâte. Puis la pizza était ramassée avec ce qui pour Alex ressemblait à une grande pelle en bois, et placée dans un four par un troisième cuisinier qui la retirait trois minutes plus tard et la faisait glisser dans une assiette. Alex calcula qu'ainsi ils pouvaient préparer une pizza bien chaude en seulement six minutes. Les Américains n'aimaient définitivement pas qu'on les fasse attendre.

Elena sourit en voyant entrer son fils.

— Voici Ivan, il travaille avec moi au marché.

Elena montra du doigt l'une des rares tables vides.

— Combien est-ce qu'on a gagné ? demanda Alex, une fois qu'ils furent assis.

Ivan regarda son carnet.

— Dix-neuf dollars, murmura-t-il.

— Alors tu me dois neuf dollars et cinquante cents, répondit Alex en tendant la main.

— Pas si vite, petit. Tu as un autre challenge qui t'attend cet après-midi. Nous ferons nos comptes à la fin de la journée.

— Si l'un d'entre eux joue aussi bien que le joueur numéro trois, nous risquons de perdre une partie de temps en temps.

— Ce n'est pas une si mauvaise chose, expliqua Ivan alors que la serveuse posait deux pizzas et deux bouteilles de Coca devant eux.

— Pourquoi ça ?

— Si tu perds une partie de temps à autre, les pigeons seront d'autant plus intéressés. C'est la faiblesse des joueurs. Voir quelqu'un gagner leur donne l'impression que ce sera bientôt leur tour, expliqua Ivan.

Il enfourna une large part de pizza dans sa bouche.

— Faut pas que j'oublie de remercier ta mère, ajouta-t-il en regardant sa montre.

Alex jeta un œil à Elena, qui n'avait pas arrêté de préparer des pâtons absolument parfaits depuis leur arrivée. Il se demandait dans combien de temps ce serait elle qui donnerait les ordres.

— Bien, dit Ivan, retournons au travail.

***

Lorsque Alex rentra chez lui pour dîner ce soir-là, il fut surpris de ne pas voir Dimitri assis à sa place habituelle.

— Il a trouvé du travail sur un cargo qui part pour Leningrad et devait lever l'ancre à la première marée, expliqua Elena.

— Est-ce que tu te demandes parfois si Dimitri n'est pas trop beau pour être vrai ?

— Je juge les gens sur leurs actions, dit Elena, perplexe, et il n'aurait pas pu être plus gentil avec nous.

— Je sais bien. Mais pourquoi s'est-il tant intéressé à deux Russes qu'il ne connaissait pas et qui auraient pu être des criminels ?

— Mais nous ne sommes pas des criminels.

— Ça, il ne pouvait pas le savoir. Ou alors peut-être que si ? Était-ce vraiment une coïncidence de le rencontrer lors de notre premier soir à bord ?

— Mais il est russe, comme nous ! protesta Elena.

— Non, pas comme nous, Maman. Il est né à New York, pas en Russie. Et je peux te dire autre chose, ses parents sont bel et bien vivants !

Elena se tourna vers Alex.

— Qu'est-ce qui te fait dire ça ?

— Quand il t'aide à faire la vaisselle, il enlève parfois sa montre et au dos du cadran sont gravés les mots « Pour tes trente ans, baisers, Papa et Maman » avec la date du 14 février 1968. L'année dernière. Peut-être qu'il…

— Peut-être que tu devrais te souvenir que sans l'aide de Dimitri, nous n'aurions même pas un toit et tu ne serais pas en passe d'aller à l'université, dit-elle d'une voix qui grossissait à chaque mot. Alors je ne te le dirai qu'une fois : tu as l'interdiction formelle d'espionner Dimitri. Parce que si tu continues comme ça tu finiras comme ton copain Vladimir, seul, mauvais, sans amis et sans honneur.

Alex resta muet, il était choqué par les mots de sa mère. Il pencha la tête et s'excusa, lui promettant de ne jamais plus évoquer le sujet. Après le départ de sa mère, il repensa à son emportement. Elle avait raison. Dimitri n'aurait pu faire plus de choses pour eux, mais ce qu'Alex n'avait pas dit à sa mère, c'est qu'il craignait qu'il ne travaille pour le KGB.

Chapitre 12

Sasha
Londres

Sasha avait travaillé dur pendant sa dernière année de lycée, mais, une fois le dernier match de football joué, il raccrocha ses gants et commença un régime si drastique que même sa mère en fut impressionnée.

Il se levait à six heures du matin et travaillait deux heures avant le petit déjeuner. Il courait à l'aller et au retour du lycée – le seul exercice physique qu'il s'autorisait – et tandis que les autres garçons jouaient au cricket à la récréation, il restait dans la salle de classe à bûcher.

À la fin de la journée, quand tout le monde était rentré, il restait travailler sur les annales de l'examen du prix Isaac Barrow avec l'aide de M. Sutton. Puis, enfin, il rentrait chez lui au pas de course, avalait un dîner léger et montait réviser dans sa chambre, tombant souvent de fatigue sur son bureau.

Le jour de l'examen approchant, il trouva le moyen de redoubler encore d'efforts, travaillant à des heures dont même sa mère n'était pas familière.

— L'examen aura lieu dans la grande salle du Trinity College, lui avait expliqué le directeur. Il serait bien que tu fasses le trajet jusqu'à Cambridge la veille, pour ne pas te rajouter de la pression.

— Mais je n'ai nulle part où dormir, je ne connais personne à Cambridge.

— Je me suis arrangé pour que tu passes la nuit dans mon ancienne chambre.

***

— Peut-être que je devrais prendre ma journée et venir à Cambridge avec toi, suggéra Elena.

Sasha parvint à convaincre sa mère que ce n'était pas nécessaire, mais il ne put l'empêcher de lui offrir un nouveau costume, dépense qu'elle ne pouvait pas se permettre, il le savait.

— Je veux que tu aies l'air aussi chic que tes rivaux.

— Tout ce qui m'intéresse, c'est d'être plus intelligent qu'eux.

Ben Goldsmith, qui venait de passer son permis de conduire, amena Sasha en voiture à la gare de King's Cross. Sur le trajet, il lui parla de sa dernière petite amie. Le mot « dernière » fit prendre conscience à Sasha de tout ce qu'il avait manqué cette année.

— Si je décroche une place à Cambridge, mon père va m'offrir une Triumph TR6.

— Quelle chance !

— Je l'échangerais contre ton intelligence en un clin d'œil, répondit Ben en quittant Euston Road pour se garer.

— Bonne chance ! lança-t-il alors que Sasha sortait de la voiture. Ne reviens pas les mains vides.

Sasha prit place dans un coin du wagon bondé et regarda le paysage défiler par la fenêtre, refusant d'admettre qu'il aurait finalement aimé que sa mère soit là. À l'exception des matches à l'extérieur, c'était la première fois qu'il quittait Londres et chaque seconde le rendait plus nerveux.

Elena lui avait donné un billet d'une livre pour couvrir ses dépenses, mais comme il faisait beau quand le train entra en gare de Cambridge, il décida d'aller à pied jusqu'à Trinity. Bien vite, il comprit qu'il ne pouvait demander son chemin qu'aux gens en toge. Il s'arrêtait sans cesse pour regarder les bâtiments sur le trajet, mais en apercevant le grand portail, qu'Henri VIII avait traversé, il fut transporté dans un autre monde, un monde dont, il venait de le comprendre, il désirait faire partie. Il s'en voulait de ne pas avoir plus travaillé.

Un gardien âgé le guida à travers la cour, le long d'un escalier en pierre poli par les siècles. Une fois en haut, l'homme lui dit :

— Voilà l'ancienne chambre de M. Quilter, monsieur Karpenko. Peut-être serez-vous le prochain occupant.

Sasha ne put retenir un sourire. C'était la première fois qu'on l'appelait « monsieur Karpenko ».

— Le dîner est servi à sept heures dans la salle à manger de l'autre côté de la cour, reprit le gardien avant de le laisser dans cette pièce à peine plus grande que sa chambre au-dessus du restaurant.

Mais lorsqu'il regardait par la fenêtre, il voyait un monde qui semblait ne pas avoir été touché par les quatre derniers siècles. Un garçon de Leningrad avait-il vraiment sa place ici ?

Il se mit à son bureau et parcourut une nouvelle fois l'une des questions que M. Sutton avait désignées comme susceptibles de faire partie de l'examen du lendemain. Il allait commencer un autre exercice lorsqu'une cloche non loin sonna sept heures. Il se dépêcha de descendre l'escalier et se mêla au flot de jeunes hommes qui discutaient et riaient dans la cour, en évitant consciencieusement de marcher sur le carré de pelouse impeccable.

En arrivant devant la porte d'entrée, Sasha jeta un coup d'œil à l'intérieur de la salle à manger et vit de longues rangées de tables en bois couvertes de nourriture et des bancs pleins d'étudiants qui avaient l'air de se sentir chez eux. Soudain, il eut peur de se joindre à cette assemblée d'érudits et fit volte-face. Il traversa le portail et emprunta King's Parade. Il ne s'arrêta pas avant d'apercevoir la file d'attente devant un *fish and chips*.

Il mangea son dîner dans un morceau de papier journal, sachant pertinemment que sa mère désapprouverait, ce qui le fit sourire. Lorsque les lampadaires s'allumèrent, il retourna à sa petite chambre et révisa encore deux ou trois questions, ne se mettant au lit que peu après minuit. Il ne dormit que par intermittence et se réveilla horrifié en entendant la cloche sonner huit heures. Il était soulagé qu'il ne soit pas neuf heures. Il se rua hors du lit, se lava, s'habilla et courut jusqu'à la salle à manger.

Vingt minutes plus tard, il était de retour dans sa chambre. Il fut en avance de trente minutes devant les portes de la salle d'examen. À mesure que les minutes défilaient, de nouveaux candidats rejoignaient la file d'attente, certains discutaient, d'autres non, mais tous montraient, chacun à leur manière, des signes d'anxiété. À neuf heures quarante-cinq, deux maîtres vêtus de toges noires firent leur apparition. Sasha découvrit plus tard qu'ils n'étaient pas des maîtres, mais des tuteurs, et que seuls les chefs de maison portaient le titre de maître. Tant de nouveaux termes à apprendre – il se demanda si l'université avait son propre dictionnaire.

L'un des tuteurs ouvrit la porte et le troupeau désordonné suivit son berger dans la salle.

— Vos noms sont sur les tables. Par ordre alphabétique, annonça-t-il avant de s'asseoir à l'avant de la salle.

Sasha trouva « Karpenko » au milieu du cinquième rang.

— Mon collègue et moi-même allons maintenant distribuer les feuilles d'examen, expliqua le tuteur. Il y a douze questions, vous devez en choisir trois. Vous avez quatre-vingt-dix minutes. Si vous n'arrivez pas à déterminer combien de temps il va vous falloir pour chaque question, vous n'avez rien à faire ici.

Une vague de rires nerveux parcourut la salle.

— Vous ne commencerez qu'à mon coup de sifflet.

Sasha pensa immédiatement à la première règle d'examen que lui avait apprise M. Sutton : « Celui qui finit en premier n'est pas nécessairement le vainqueur. »

Une fois tous les sujets distribués, Sasha attendit avec impatience le coup de sifflet. Le son strident lui donna un grand frisson qui parcourut sa colonne vertébrale tandis qu'il retournait la feuille. Il lut attentivement les douze questions, en cocha immédiatement cinq. Il réfléchit encore un peu et n'en choisit plus que trois. L'une était semblable à une question tombée sept ans plus tôt, une autre touchait à son sujet favori. Mais la cerise sur le gâteau, c'était la question 11, à côté de laquelle il avait ajouté deux petites croix, l'une des questions qu'il avait révisées la veille. Le temps était venu pour la deuxième règle de M. Sutton : « Se concentrer. »

Sasha se mit à rédiger. Vingt minutes plus tard, il posa son stylo et relut lentement sa réponse. Il pouvait entendre la voix de M. Quilter : « Garde assez de temps pour vérifier tes réponses et pouvoir corriger d'éventuelles erreurs. » Il fit quelques petites corrections puis passa à la question 6. Encore vingt minutes, suivies par la même relecture attentive, puis il se tourna vers la question 11, celle qui avait deux croix. Il rédigeait le dernier paragraphe quand le coup de sifflet retentit et acheva de justesse la question avant le ramassage des copies. Il avait bien conscience de ne pas avoir eu le temps de relire sa dernière réponse. Il laissa échapper un juron.

Une fois les candidats libérés, Sasha retourna dans sa chambre, fit sa valise, descendit l'escalier et se dirigea droit vers la gare. Il ne regarda pas une seule fois en arrière, craignant de ne jamais pouvoir revenir.

Pendant tout le trajet vers Londres, il essaya de se persuader qu'il avait fait de son mieux, mais lorsque le train arriva à King's Cross, il était convaincu de n'avoir pu faire pis.

— Comment penses-tu t'en être sorti ? demanda Elena avant même qu'il ait fermé la porte.

— Je n'aurais pas pu faire mieux, dit-il pour la rassurer.

Il lui tendit les onze shillings et six pence de monnaie, qu'elle rangea dans son sac à main.

Lorsqu'il arriva au lycée le lendemain matin, M. Sutton montra plus d'intérêt pour le polycopié du sujet de l'examen que pour les impressions de son élève quant à sa performance. Malgré son sourire en voyant les petites croix dans la marge, il ne fit pas remarquer à Sasha qu'il avait manqué une question sur un théorème qu'ils avaient révisé en détail quelques jours avant.

— Combien de temps doit-on attendre les résultats ? demanda Sasha.

— Pas plus de deux ou trois semaines. Mais n'oublie pas, tu dois quand même passer tes examens de fin d'année, et les résultats pourraient bien être tout aussi importants.

Sasha n'aimait pas beaucoup les mots « tout aussi importants », mais il reprit sa routine servile. Il s'inquiétait de trouver les annales beaucoup trop simples, comme un marathonien faisant un jogging de dix kilomètres. Mais il ne dit rien à Ben, qui avait trouvé cela plus dur que n'importe quel marathon et avait perdu l'espoir de rouler en TR6.

— Tu pourras toujours être chauffeur de bus. Après tout, le salaire n'est pas si mal et tu as pas mal de jours de congé, dit Alex.

— Tu auras plus de vacances en allant à Cambridge, répondit Ben, révélant ainsi ce qu'il en pensait véritablement. D'ailleurs, j'organise une fête pour la fin des examens chez moi samedi soir, Maman et Papa sont partis pour le week-end. Il faut que tu viennes.

***

Sasha enfila une chemise bien repassée, sa cravate du lycée et son nouveau costume. À la seconde où il entra chez Ben, il comprit qu'il avait commis une grave erreur. Mais il était parti du principe qu'il n'y aurait que quelques-uns de ses camarades, qui boiraient des pintes de bière sans s'arrêter avant de s'endormir ou de rouler par terre, ou bien les deux.

Il comprit sa seconde erreur en pénétrant dans un couloir plus grand que son appartement. Il y avait autant de filles que de garçons à la fête, et aucun d'eux ne portait son uniforme du lycée ; il enleva sa cravate et déboutonna le col de sa chemise bien avant d'avoir mis un pied dans le salon. Il regarda aux alentours et sourit, sans se rendre compte que tout le monde semblait savoir qui il était. Mais il ne parla pas à une fille avant au moins une heure, et elle s'en alla aussi vite qu'elle était apparue.

— Il vient d'une autre planète, l'entendit-il dire à Ben.

— Moi j'adorerais y vivre, répondit Ben.

Sasha aurait aimé avoir l'aisance de Ben avec les filles, arriver à faire sentir à une fille qu'elle était la seule dans la pièce. Il trouva un fauteuil confortable d'où observer la scène, comme un spectateur au match d'un sport dont il n'aurait pas compris les règles.

Il se figea en voyant une fille particulièrement jolie qui avançait vers lui. Combien de temps faudrait-il pour qu'elle aussi s'en aille ?

— Salut, dit-elle. Je m'appelle Charlotte Dangerfield, mais tout le monde m'appelle Charlie.

Elle avait brisé la glace, mais il était toujours paralysé. Elle fit un deuxième essai.

— J'espère aller à Cambridge à la rentrée.

— Pour étudier les maths ? demanda Sasha plein d'espoir.

Elle rit avec douceur puis lui adressa un sourire envoûtant.

— Non, je suis historienne de l'art. Ou plutôt, c'est ce que je voudrais être.

Qu'est-ce que je pourrais bien lui raconter, pensa Sasha, essayant de ne pas montrer qu'il regardait ses jambes alors qu'elle s'asseyait sur l'accoudoir de son fauteuil.

— Tout le monde dit que tu vas gagner le prix Isaac Barrow. Moi je ne suis pas sûre d'avoir le niveau pour rentrer à Cambridge, alors je croise les doigts, et même les doigts de pied.

Sasha avait terriblement envie de maintenir la conversation, mais il n'avait jamais mis les pieds dans un musée. Tout ce qu'il put dire fut :

— Quel est ton artiste préféré ?

— Rubens, répondit-elle sans hésiter. Surtout ses premiers tableaux, quand il était à Anvers, où l'on est certain qu'il peignait encore tout seul.

— Tu veux dire que quelqu'un d'autre a peint ses œuvres plus tardives ?

— Non, pas exactement. Mais quand il est devenu célèbre, au point que même le pape voulait lui commander des œuvres, il a permis à ses plus brillants élèves de l'aider. Et toi, quel est ton artiste préféré ?

— Le mien ?

— Oui.

— Léonard de Vinci.

C'était le premier nom qui lui était venu à l'esprit.

Elle sourit.

— Ce n'est pas très étonnant, il était mathématicien, comme toi. Lequel de ses tableaux est-ce que tu préfères ?

— *La Joconde*, répondit Sasha.

C'était le seul qu'il connaissait.

— Je vais à Paris avec mes parents cet été, j'ai hâte de voir l'original.

— L'original ?

— Oui, au Louvre.

Sasha était en train de se demander ce qu'il aurait bien pu dire ensuite lorsqu'elle se glissa dans le fauteuil à côté de lui, se pencha et l'embrassa tendrement. Aucun des deux ne dit grand-chose pendant l'heure qui suivit, et malgré l'inexpérience de Sasha, elle ne le traita pas comme s'il venait d'une autre planète.

Juste après minuit, lorsque certains de ses amis commencèrent à partir, Sasha prit son courage à deux mains et demanda :

— Est-ce que je peux te raccompagner ?

Sa mère lui avait dit que c'était ce que faisaient les gentlemen quand ils appréciaient vraiment une fille : « Tu peux lui donner la main pendant le trajet, mais quand tu arrives devant chez elle, tu ne dois l'embrasser que sur la joue et lui dire “J’espère qu’on se reverra bientôt”, pour qu’elle sache que tu tiens à elle. Si ça s’est réellement bien passé, tu peux lui demander son numéro de téléphone. »

— Oui, merci, répondit-elle.

***

Lorsque Charlie sortit ses clefs de son sac, Sasha se pencha vers elle avec l’intention de suivre le conseil de sa mère. Mais elle entrouvrit les lèvres et Sasha crut qu’il allait exploser.

— Pourquoi est-ce que tu ne viendrais pas me chercher samedi prochain vers neuf heures du matin ? dit-elle en tournant la clef dans la serrure. On pourrait aller à la National Gallery pour que je te présente Rubens.

En rentrant chez lui, Sasha était vraiment sur une autre planète, et pour une fois, ce n’était pas celle de Newton.

***

Charlie parla plus que Sasha durant le trajet en métro de Fulham Broadway à Trafalgar Square et plus encore une fois qu’ils eurent monté les marches de la National Gallery.

Ce qui pour Sasha avait d’abord été une occasion de passer du temps avec Charlie devint très vite le début d’une grande histoire d’amour. Il fut courtisé par les Flamands, envoûté par les Espagnols, charmé par les Italiens et séduit par Charlie.

— Il y a d'autres musées à Londres ? demanda-t-il, alors qu'ils descendaient les marches et retrouvaient les pigeons de Trafalgar Square.

Charlie retint un rire, elle savait pertinemment que très vite Sasha lui poserait des questions auxquelles elle ne saurait pas répondre.

De retour à Fulham, Sasha aurait voulu l'emmener déjeuner chez Moretti, mais il ne pouvait pas se le permettre, ce n'était pourtant pas la seule raison pour laquelle ils allèrent finalement dans un café. Charlie devrait attendre encore un peu avant de rencontrer sa mère.

***

Le lundi matin, Sasha pensait toujours à Charlie lorsque le directeur téléphona chez lui pour qu'il passe à son bureau. Le mot « passer » le fit rire. Passer son examen, c'était chose faite, mais le réussir…

Tandis qu'il traversait l'entrée du lycée puis le couloir qui menait au bureau du directeur, il crut que ses jambes allaient lui faire défaut, comme un boxeur presque vaincu entamant le dernier round.

M. Quilter répondit à son coup contre la porte par son « Entrez ! » habituel. Sasha ouvrit mais l'expression sur le visage du directeur ne lui apprit rien. Il déclina l'invitation à s'asseoir, préférant rester debout pour l'annonce des résultats.

— *Proxime accessit*, annonça Quilter. Toutes mes félicitations !

Le cœur de Sasha se serra dans sa poitrine. Pour lui, arriver deuxième ne méritait pas d'éloges.

— Tu as été battu par un garçon de la Manchester Grammar School, qui a fait cent pour cent alors que tu as eu quatre-vingt-dix-huit. Je sais bien que tu es déçu, c'est compréhensible. Mais la bonne nouvelle c'est qu'après avoir consulté tes résultats aux examens de fin d'année, Trinity est tout de même prêt à t'offrir une bourse.

— Mais vous venez de dire que je suis arrivé deuxième…

— En maths, oui. Mais personne n'a pu t'égaler en russe.

Sa première pensée alla vers Charlie. J'espère qu'elle…

— Tu as été bien pour le garçon de la Manchester Grammar School, qui a fait [illegible] que [illegible] quatre-vingt-dix-huit. Je sais bien que, [illegible] c'est [illegible] [illegible] c'est après avoir [illegible] [illegible] l'année [illegible] prêt à offrir une bourse.

— Mais vous venez de dire que je suis arrivé [illegible].

En [illegible] personne [illegible].

Sa [illegible] Charlie [illegible] qu'elle [illegible]

[illegible]

Chapitre 13

Alex
Brooklyn

Ivan tendit vingt-trois dollars à Alex et dit :

— Encore une bonne journée ! Je ne vois aucune raison de ne pas continuer à exploiter ce filon encore longtemps. On se retrouve samedi prochain, onze heures tapantes.

— Pourquoi attendre ? On pourrait se faire la même somme tous les jours ?

— Parce qu'on ne ferait qu'assécher le filon. Et de toute façon, si ta mère découvre ce que tu fais, elle y mettra fin, sans l'ombre d'un doute.

Alex fourra les billets froissés dans sa poche arrière, serra la main de son associé et lui dit :

— À samedi prochain !

— Essaye d'être à l'heure pour une fois ! répondit Ivan.

Alors qu'il se dirigeait vers le marché, Alex se mit à siffler. Il se sentait comme un millionnaire – il avait déjà annoncé à sa mère qu'il en serait vraiment un d'ici ses trente ans. Tous les dimanches soir, il lui donnait dix dollars, lui expliquant qu'il les avait gagnés en faisant des petits boulots le week-end sur le marché. En vérité, le marché était devenu la seconde maison d'Alex. L'après-midi, après le lycée, alors qu'Elena était encore au travail, il se promenait entre les étals, observant les marchands, remarquant vite ceux en qui il pouvait avoir confiance ou non. Il achetait systématiquement ses fruits et légumes à Bernie Kaufman, qui rendait toujours la monnaie exacte et ne refourguait jamais les invendus de la veille.

— Bernie, il me faudrait deux kilos de pommes de terre, des haricots d'Espagne et quelques oranges, dit Alex en regardant la liste de courses. Ah, et une betterave.

— Ça fera trois dollars, M. Rockefeller, répondit Bernie en lui tendant deux sacs en papier. Et j'aimerais te dire, Alex, à quel point ce fut un plaisir de t'avoir eu comme client et que je ne doute pas que tu te débrouilleras très bien à l'université de New York.

— M'avoir eu comme client ? Mais pourquoi est-ce que j'irais acheter mes fruits et légumes ailleurs ?

— Il va bien falloir, je rends mon étal dans quelques semaines.

— Pourquoi ? interrogea Alex, qui pensait que Bernie faisait partie des meubles.

— Mon bail doit être renouvelé à la fin du mois et le propriétaire demande quatre-vingts dollars par semaine. À ce prix-là, je n'ai presque aucune chance de rentrer dans mes frais. De toute façon, j'ai presque soixante ans et travailler pendant de longues journées, surtout en hiver, ça ne me plaît plus autant qu'avant.

Alex savait que Bernie se levait à quatre heures tous les matins et rentrait rarement avant cinq heures de l'après-midi.

Alex avait du mal à accepter l'idée que son ami s'en aille du jour au lendemain. Il avait tant de questions à lui poser, mais il avait besoin de temps pour y réfléchir. Il le remercia et se dirigea vers la maison.

Il passait devant la friperie, absorbé par ses pensées, quand Suzi ouvrit la porte et lui cria :

— Alex, reviens, j'ai quelque chose pour toi !

Lorsque Alex entra dans le magasin, Suzi décrocha d'un portant ce qui semblait être un costume flambant neuf et lui dit :

— Vas-y, essaye-le !

— Où est-ce que tu as trouvé ça ? demanda Alex en enfilant la veste.

— Un habitué, un genre d'acheteur frénétique, il vient souvent quelques jours après ses emplettes pour donner ce qu'il n'aime plus.

Alex essayait d'imaginer ce que ça faisait d'être aussi riche.

— C'est en quelle matière ? demanda-t-il en touchant le tissu.

— En cachemire. Il te plaît ?

— Bien sûr ! Mais c'est beaucoup trop cher, non ?

— Je te le laisse pour dix dollars, murmura-t-elle.

— Vraiment ?

— Mon patron ne l'a pas encore vu.

Alex enleva son jean, essaya le pantalon – qui avait même une fermeture Éclair – et se regarda dans le miroir en pied. Il n'aurait pas choisi le beige, mais le costume avait quand même l'air de valoir plus d'une centaine de dollars.

— C'est bien ce que je pensais, dit Suzi. Il te va comme un gant. On dirait qu'il a été fait pour toi.

— Merci, répondit Alex en lui tendant dix dollars.

— C'est toujours bon pour le cinéma samedi prochain ? demanda Suzi alors qu'il remettait son jean.

— *Bullitt*, avec Steve McQueen. J'ai hâte, dit-il en pliant le costume pour le mettre dans son sac. Je ne sais pas comment te remercier.

— J'ai ma petite idée sur la question.

Sur le chemin du retour, Alex se demanda comment mettre la main sur les quatre-vingts dollars nécessaires à la location de l'étal de Bernie. Il empochait près de vingt dollars aux échecs pendant le week-end, mais il n'avait aucune idée de comment compenser le manque à gagner. Il savait que sa mère, malgré sa récente augmentation, n'avait pas autant d'argent. Peut-être Dimitri, qui venait tout juste de rentrer de d'un séjour à Moscou ? Il devait bien lui rester un peu d'argent.

Il avait préparé son discours bien avant d'arriver chez lui et en ouvrant la porte il entendit Dimitri qui chantonnait, d'une voix fausse. Il le rejoignit dans la cuisine et l'écouta raconter son séjour à Moscou.

— C'est une ville fascinante, expliqua Dimitri. La place rouge, le Kremlin, la tombe de Lénine. Tu devrais visiter Moscou un jour, Alex.

— Jamais ! s'écria Alex. Je me fiche de la tombe de Lénine. Je suis américain maintenant et je vais devenir millionnaire.

Dimitri n'avait pas l'air étonné, il avait déjà entendu cette affirmation plusieurs fois. Mais cette fois, Alex ajouta quelque chose qui le prit par surprise :

— Et tu pourrais être mon associé !

— Comment ça ? demanda Dimitri.

— Combien d'argent est-ce que tu as de côté ?

Dimitri ne répondit pas tout de suite.

— Environ trois cents dollars, finit-il par dire. Il n'y a pas beaucoup de façons de dépenser de l'argent en pleine mer.

— Qu'est-ce que tu penses de l'investir ?

— Dans quoi ?

— Pas dans quoi, mais dans qui, répondit Alex.

Il remplit l'évier d'eau chaude et lorsqu'ils eurent fini la vaisselle, il avait expliqué pourquoi il avait besoin de trois cent vingt dollars et pourquoi sa mère allait désormais devoir se lever à quatre heures du matin.

— Et qu'est-ce qu'elle en pense ? ajouta seulement Dimitri.

— Je ne lui ai pas encore dit.

***

Le lundi suivant, Alex eut du mal à se concentrer en cours, mais comme une demi-douzaine d'autres élèves seulement atteignaient son niveau, personne, à part son professeur, ne le remarqua.

Lorsque la sonnerie retentit à quatre heures, Alex fut le premier à sortir de la classe. Il se dirigea au pas de course en direction du marché et fonça tout droit vers l'étal de Bernie. Il reprit sa respiration puis mitrailla

Bernie de questions tandis que le vieux marchand servait ses clients.

— Si c'était moi qui louais l'étal, tu voudrais bien continuer à travailler ?

— J'essaye de lever le pied et toi tu ne ferais qu'accélérer la marche, lança Bernie avec un grand sourire.

— Mais si je venais le matin, tu n'aurais pas à travailler avant huit heures, et je prendrais le relais après le lycée.

Bernie ne répondit pas.

— Je te payerais quarante dollars par semaine, ajouta Alex tandis que Bernie tendait un sac de raisins à un client.

— Je vais y réfléchir, répondit Bernie. Mais même si je suis d'accord, il y a encore un problème.

— C'est quoi ?

— Pas quoi, mais qui. Il y a deux autres personnes que tu dois convaincre de ton plan.

— Qui ? demanda Alex. Parce que je ne dirai rien à ma mère tant que tu n'auras pas dit oui.

— Ce n'est pas ta mère qui m'inquiète.

— Alors qui ?

— Le propriétaire de mon étal, et de la plupart des autres de ce marché. Il va falloir convaincre M. Wolfe que tu pourras payer rubis sur l'ongle. Il est le seul à pouvoir te donner un bail.

— Où est-ce que je peux trouver ce M. Wolfe ?

— Son bureau est au 3049 Ocean Parkway. Il commence à six heures tous les matins et ne part jamais avant huit heures. Et je te préviens, Alex, c'est un sacré salaud.

— À demain, dit Alex en partant. Demain, à cette heure-ci, ce sera mon étal !

Dimitri adressa un clin d'œil à Alex lorsqu'il entra précipitamment et vint s'asseoir à la table de la cuisine. Ils discutèrent de tout et de rien, évitant soigneusement le sujet qui le préoccupait, Alex attendait avec impatience que sa mère parte travailler.

— Tu n'as presque rien mangé, dit Elena en regardant sa montre.

— Je n'ai pas très faim, Maman, c'est tout.

— Tu vas travailler ce soir ? demanda Elena.

Pendant un instant, Alex pensa qu'elle avait tout découvert, puis il comprit ce qu'elle voulait dire.

— Oui, je dois écrire un devoir sur les pères fondateurs. Je travaille sur James Madison et Thomas Jefferson et sur leur collaboration dans l'écriture de la Constitution.

— Ça a l'air intéressant. Peut-être que je le lirai ce soir en rentrant, dit Elena en enfilant son manteau.

— Ta mère n'est pas bête, dit Dimitri alors que la porte d'entrée se refermait. Si elle découvre que tu es plus intéressé par Rockefeller et Ford que par Madison et Jefferson, tu risques d'avoir des ennuis.

— Alors il vaut mieux qu'elle ne découvre rien du tout.

***

En marchant le long d'Ocean Parkway, Alex répétait ce qu'il voulait dire à M. Wolfe, tout en essayant d'anticiper ses questions. Il portait son nouveau costume et priait pour avoir l'air de quelqu'un disposant de quatre-vingts dollars par semaine. Il était si nerveux qu'il passa devant le 3049 sans le remarquer et dut rebrousser chemin. En arrivant face à la porte du bureau de M. Wolfe, il prit une grande inspiration, entra et découvrit une femme guindée, d'une quarantaine d'années, assise derrière un bureau. Elle ne put dissimuler sa surprise de voir un garçon si jeune.

— Je voudrais voir M. Wolfe, demanda Alex avant qu'elle pût ouvrir la bouche.

— Vous avez rendez-vous ?

— Non, mais je suis sûr qu'il voudra me voir.

— Comment vous appelez-vous ?

— Alex Karpenko.

— Je vais voir s'il est là.

Elle se leva et entra dans l'autre pièce.

— Bien sûr qu'il est là, maugréa Alex. Sinon vous l'auriez dit tout de suite.

Il fit les cent pas dans la pièce, comme un tigre en cage attendant le retour de son dompteur.

La porte s'ouvrit enfin et la réceptionniste lui dit :

— Il peut vous accorder dix minutes, monsieur Karpenko.

C'était la première fois qu'on l'appelait « monsieur Karpenko », était-ce un bon signe ?

— Mais pas une de plus, ajouta-t-elle fermement en s'écartant pour le laisser entrer.

Alex resserra sa cravate et pénétra dans le bureau de M. Wolfe, en espérant qu'il avait l'air plus âgé qu'il ne l'était en réalité. Le propriétaire leva les yeux de son bureau encombré.

— Qu'est-ce que je peux faire pour toi, mon garçon ? demanda-t-il, un cigare allumé aux lèvres, oscillant de haut en bas au rythme de ses mots.

Wolfe portait un costume trois-pièces vert olive et une chemise marron à col ouvert. Quelques mèches de cheveux éparses avaient été peignées de manière à dissimuler au mieux sa calvitie et un double menton suggérait qu'il quittait rarement son bureau, à part pour manger.

— Je veux reprendre l'étal de Bernie Kaufman quand son bail expirera.

— Et où est-ce que tu vas trouver une telle somme ? Mes étals ne sont pas donnés.

— Mon associé s'occupe de l'argent. Enfin, si nous parvenons à nous mettre d'accord sur un prix.

— Le prix est déjà fixé. La seule question est : est-ce que oui ou non tu peux te le permettre ?

— Combien de temps dure le bail ? demanda Alex, essayant de reprendre la main.

— Cinq ans. Et le contrat doit être signé par un majeur.

— Deux cent cinquante dollars par mois, en liquide, à l'avance, voilà mon offre, proposa Alex.

— C'est trois cent vingt par mois, petit, dit Wolfe sans lâcher son cigare. Et seulement si je peux voir l'argent.

Alex savait qu'il ne pouvait pas se le permettre et aurait dû laisser tomber, mais comme un joueur imprudent, il se persuada qu'il trouverait bien un moyen de dénicher l'argent, alors il accepta l'offre d'un hochement de tête. Wolfe posa son cigare, ouvrit un tiroir de son bureau et en tira un contrat qu'il tendit à Alex.

— Lis-le attentivement avant de signer, petit, aucun de ces petits malins d'avocats n'a jamais réussi à l'invalider, et tu découvriras bien vite que toutes les clauses pénales sont en ma faveur.

Wolfe remit son cigare entre ses lèvres. Il tira une grande bouffée, laissa échapper un épais nuage de fumée et ajouta :

— Assure-toi d'être là avec l'argent tôt demain matin. Je ne voudrais pas que tu sois en retard au lycée.

Dans un film de gangsters, James Cagney aurait truffé de plomb Wolfe et pris possession de son empire. Mais dans le vrai monde, Alex s'éclipsa et rentra lentement chez lui en se demandant où il trouverait le deuxième mois de loyer si l'étal ne faisait pas assez de bénéfices.

Bien que Dimitri lui ait déjà donné les trois cent vingt dollars du premier loyer, Alex avait encore besoin de la bénédiction de sa mère et était sûr de ce qu'elle exigerait en retour. Il savait pertinemment qu'il n'avait pas travaillé assez dur au lycée ces derniers temps ; il était quand même parvenu à se maintenir parmi les six meilleurs de sa classe, mais depuis quelques mois il se contentait d'improviser. Il passait la plupart de ses après-midi avec Bernie à apprendre les ficelles du métier et tous ses week-ends avec Ivan à gagner de quoi survivre et ne fut pas étonné quand, quelques semaines plus tard, le directeur demanda à lui parler en privé le samedi matin.

Alex arriva devant le bureau du principal juste avant dix heures, il était allé au marché de gros avec sa mère dès quatre heures du matin puis avait tenu l'étal pendant une heure avant l'arrivée de Bernie à huit heures. Il toqua à la porte et attendit qu'on l'invite à entrer.

— Tu espères toujours avoir une place à l'université de New York, Karpenko ? demanda le principal avant même qu'il soit assis.

Alex aurait voulu répondre « Non, je vais fonder un empire qui égalera les magasins Sears, je n'ai pas le temps d'aller à l'université », mais il se contenta de dire :

— Oui, monsieur.

Alex avait promis à sa mère qu'il travaillerait mieux au lycée et s'assurerait d'obtenir des notes suffisantes pour entrer à l'université.

— Alors il va falloir consacrer beaucoup plus de temps à ton travail scolaire. Ces derniers temps, tes efforts sont loin d'être à la hauteur et je n'ai pas besoin de te rappeler que ton examen d'entrée est dans moins de six mois.

— Je vais m'y mettre, répondit Alex.

Le principal n'avait pas l'air convaincu, mais hocha la tête pour lui signifier qu'il pouvait s'en aller.

— Merci, monsieur, salua Alex.

Une fois sorti du bureau, il se mit à courir jusqu'au Coin des joueurs. Il comprit qu'il était en retard de quelques minutes en voyant Ivan faire les cent pas, les yeux rivés sur sa montre. Douze joueurs étaient déjà assis devant leur échiquier, attendant impatiemment de jouer leur premier coup.

— C'est quoi ton excuse cette fois ? demanda Ivan.

***

Dès que l'un des bateaux choisis par Dimitri faisait relâche à Leningrad, il se dirigeait droit vers l'un des bars sur le port où il pouvait, presque tous les soirs, trouver Niko.

Une fois le contact visuel établi, Dimitri sortait et se rendait à la gare de Moskovsky. Il achetait un billet de train puis allait dans la salle d'attente entre le quai 16 et le quai 17. Au moment où Niko entrait, il avait déjà réussi à obtenir un siège dans un coin, à l'abri des fenêtres et des regards indiscrets. À part les clochards, qui en étaient chassés au bout d'un certain temps, presque personne ne restait dans la salle plus d'une quinzaine de minutes.

Niko et Dimitri limitaient également leurs rencontres à quinze minutes, au cas où un bagagiste observateur ou, pis encore, un officier du KGB au repos – mais ils n'étaient jamais vraiment au repos – les remarquerait et aurait des soupçons. Les règles avaient été établies pendant leur première entrevue. Ils préparaient tous les deux à l'avance leurs questions, et souvent même une bonne partie des réponses. Cette fois, Dimitri se doutait bien que Niko attendait impatiemment de savoir comment sa sœur et son neveu s'en sortaient dans le Nouveau Monde.

En arrivant, Niko s'installa directement à côté de Dimitri et ouvrit son journal. Ils ne se serraient jamais la main, pas plus qu'ils n'échangeaient des banalités ou ne s'embarrassaient de politesses.

— Elena travaille toujours dans une pizzeria qui s'appelle Chez Mario, raconta Dimitri. Elle a déjà été promue trois fois et est maintenant manager adjointe. Même Mario commence à s'inquiéter pour son poste. Son seul problème c'est qu'elle pense avoir grossi. J'ai l'impression que ce n'est pas le genre de choses dont elle se souciait quand elle travaillait au club des officiers.

— Elle a un homme dans sa vie ?

— À part Alex, pas que je sache.

— Alex ?

— Aleksandr. Il veut qu'on l'appelle « Alex » maintenant. D'après lui, ça fait plus « cool ».

— Comment est-ce qu'il s'en sort à l'école ?

— Plutôt bien, mais il pourrait faire beaucoup mieux. On lui a déjà proposé une place en économie à l'université de York… euh, pardon, de New York, à l'automne. Mais s'il avait le choix, il laisserait tomber pour travailler dès maintenant. Il se voit comme le nouveau Nelson Rockefeller.

— Rockefeller ?

— C'est un magnat américain, ils ont même donné son nom à un immeuble.

Niko sourit en tournant les pages de son journal.

— Mais si je connais bien Elena, elle veut qu'il aille à l'université et trouve ce qu'elle appelle un « vrai travail ».

— Ça ne fait aucun doute. Mais il est déterminé à devenir millionnaire. Il m'a même convaincu d'investir trois cent vingt dollars dans son projet.

— Il sait d'où vient l'argent ?

— Non, je lui ai simplement dit que je n'avais pas beaucoup d'occasions de le dépenser à bord.

— Il finira par le découvrir. Ce n'est qu'une question de temps. Mais je dois bien admettre que j'investirais mon propre argent si j'en avais. Il a la confiance en lui de son père et le bon sens de sa mère. Peu importe qui il est, ce Rockefeller n'a qu'à bien se tenir.

Dimitri laissa échapper un rire.

— Je te tiendrai au courant de l'état de mon investissement.

— J'ai hâte. Transmets-leur toute mon affection.

— Bien sûr. Il y a quelque chose que tu veux que je transmette à nos amis communs ?

— Oui, selon toute vraisemblance, je suis bien parti pour être le nouveau délégué du syndicat des dockers et marcher dans les pas de Konstantin, une pointure ou deux en dessous.

— Il serait fier de toi.

— Ce n'est pas encore fait. Il reste quelques obstacles à surmonter, d'abord Poliakov qui a son propre candidat pour le poste. Un membre du Parti arrosé de pots-de-vin qui lui rendra directement des comptes.

— Il a réussi à garder son travail malgré sa présence sur les docks pendant l'évasion d'Elena et Alex ?

— Il est même parvenu à tourner ça à son avantage. Il a dit au commandant qu'il n'était pas au match justement parce qu'il avait appris qu'une tentative d'évasion pourrait avoir lieu.

— Alors pourquoi n'a-t-il pas réussi à les arrêter ?

— Il raconte qu'il était tout seul face à une dizaine d'hommes qui l'ont pris par surprise. Que sans lui, beaucoup d'autres dissidents se seraient échappés.

— Ça a suffi pour qu'il garde son travail ?

— De justesse. Je le vois mal être promu avant longtemps.

— Il n'a pas essayé de te faire porter le chapeau ?

— Il ne pouvait pas. J'étais à l'heure au stade pour voir la seconde mi-temps. J'ai parcouru de long en large la tribune nord pendant toute l'heure. Au coup de sifflet, plus d'un millier de collègues pouvaient confirmer qu'ils m'avaient vu. J'étais tiré d'affaire.

— Quel soulagement !

— Pas complètement. Poliakov n'est pas convaincu, autre raison pour laquelle il ne veut surtout pas que je prenne la tête du nouveau syndicat.

— Et qui a gagné ?

— Gagné quoi ?

— La finale de la Coupe. Alex n'arrête pas de me le demander.

— Nous avons battu Moscou deux à un, malgré l'agent du KGB qui servait d'arbitre.

Dimitri rit aux éclats.

— Tu as autre chose à me dire ? demanda-t-il en sachant qu'il ne leur restait plus beaucoup de temps.

— Oui, dit Niko en tournant une page de son journal. Aleksandr voudra peut-être savoir que son vieil ami Vladimir vient d'être promu à la tête du comité du Komsomol universitaire. Ne sois pas surpris s'il est président à notre prochaine rencontre.

— Une dernière chose, ajouta Dimitri. Elena voudrait savoir, dans l'hypothèse où j'arriverais à te procurer un visa, si tu viendrais à New York vivre avec eux.

— Remercie-la de ma part, mais Poliakov fera tout pour s'assurer que je n'obtienne jamais de visa. Tu peux peut-être expliquer à ma sœur que du travail important m'attend ici.

Il replia son journal, signe qu'il n'avait plus rien à dire, au moment où un train freinait dans un bruit strident au quai 17.

Dimitri se leva pour rejoindre les passagers qui se bousculaient sur le quai et se remit en route vers le bateau, faisant de temps en temps un détour pour s'assurer de ne pas être suivi. Il ne pouvait s'empêcher de s'inquiéter pour Niko et les risques qu'il était prêt à prendre à cause de sa haine du Parti communiste. Au contraire de la plupart des autres contacts de Dimitri, Niko ne demandait jamais d'argent. Il était de ces hommes qui ne peuvent être achetés.

Chapitre 14

Sasha
Université de Cambridge

Une fois que Sasha eut relu sa dissertation et fait quelques corrections, il jeta un coup d'œil à sa montre et se dépêcha d'enfiler sa longue toge noire avant de descendre l'escalier au pas de course et de traverser la cour. Il se rua dans un autre escalier et s'arrêta au troisième étage, juste au moment où le premier coup de dix heures retentissait.

Il ne pouvait pas être en retard au cours du Dr Streator, pas même d'une minute, parce que le tuteur commençait son cours dès que la grande horloge de la cour sonnait et finissait une heure plus tard, à la sonnerie suivante. Sasha reprit sa respiration, frappa à la porte et entra sur le dixième coup. À l'intérieur, les deux autres étudiants étaient assis en face du feu de cheminée et mangeaient des *crumpets* grillés.

— Bonjour, Dr Streator, dit Sasha en tendant son devoir.

— Bonjour, Karpenko, répondit Streator en russe. Vous avez raté les *crumpets*, la ponctualité ne semble pas être votre fort. Mais je peux tout de même vous offrir une tasse de thé.

— Merci, monsieur.

Streator servit une quatrième tasse de thé et commença :

— Aujourd'hui je voudrais discuter de la relation entre Lénine et Staline. Lénine n'avait non seulement aucun respect pour Staline, mais plus encore il n'avait que du mépris pour cet homme. Néanmoins, il avait compris que s'il voulait que sa révolution réussisse, il aurait besoin d'argent pour être sûr que ses opposants politiques soient mis hors d'état de nuire, d'une façon ou d'une autre. Arrive donc ce jeune voyou de Géorgie, bien content d'effectuer les deux tâches. Il a dévalisé les banques et, sans scrupule, a massacré tous ceux qui se trouvaient sur son chemin, y compris les innocents.

Sasha prenait des notes pendant que le Dr Streator continuait sa leçon. Il avait très vite compris combien il connaissait peu l'histoire russe et que ses professeurs à Leningrad n'avaient fait que répéter le contenu d'un manuel approuvé par le KGB, destiné à réécrire l'histoire.

— Je ne m'intéresse qu'aux faits, disait Streator, prouvés par des éléments tangibles, et non à la propagande rabâchée inlassablement jusqu'à ce que les crédules l'aient acceptée comme la vérité. Staline, par exemple, a été capable de convaincre tout le pays qu'il était en personne au front à Moscou en 1941 alors que les Allemands n'étaient qu'à trente kilomètres de la ville. Mais il est beaucoup plus probable qu'il se soit réfugié à Kouïbychev et ne soit retourné à Moscou que lorsque les Allemands battaient en retraite. Pourquoi est-ce que je dis « beaucoup plus probable » ? Parce que je n'ai pas de preuve irréfutable, et que pour un historien, une probabilité de quatre-vingt-dix pour cent ce n'est pas assez.

Sasha aimait beaucoup ces deux heures de cours hebdomadaires et ne les ratait jamais, bien que Ben Goldsmith essayât souvent de le persuader qu'il y avait une vie en dehors des études. Ben s'intéressait à la politique et venait de rejoindre l'Union, la société de débats de l'université ; il avait réussi à convaincre Sasha de l'accompagner au prochain débat. Celui-ci s'aventurait rarement en dehors de Trinity, à part pour passer du temps avec Charlie à Newnham, son collège. Mais le Dr Streator leur avait annoncé au début de l'année qu'il attendait de ses élèves qu'ils décrochent tous les trois la plus haute mention. Il n'accepterait rien de moins. Tandis que d'autres étudiants excellaient sur les terrains sportifs, Streator considérait que son devoir était de faire grandir l'esprit de ses élèves et non leurs muscles. Néanmoins, Sasha pensait qu'un détour par l'Union ne lui ferait pas de mal.

L'heure passa très vite et quand l'horloge sonna, Sasha ferma son cahier et rassembla ses affaires à regret. Il était sur le point de partir lorsque Streator lui demanda :

— Vous avez une minute à m'accorder, Karpenko ?

— Bien sûr, monsieur.

— Je me demandais si vous aviez quelque chose de prévu ce soir.

— Je devais aller à l'Union.

— « La maison qui ne se battra ni pour la reine ni pour la nation. » Vous allez donc rejouer ce débat historique !

— Oui, monsieur. Vous y serez ?

— Non, j'en ai assez de la guerre, répondit Streator, sans plus d'explication. Mais quand vous aurez une soirée de libre, peut-être pourrez-vous vous joindre à moi pour une partie d'échecs, où les rois, les reines et les cavaliers ne sont ni emprisonnés, ni exécutés, ni assassinés, mais simplement déplacés sur un plateau puis quelquefois retirés.

Sasha sourit.

— Mais je dois vous avertir Karpenko, que j'ai une arrière-pensée, reprit Streator. C'est moi qui ai la charge de l'équipe d'échecs de l'université, et je veux savoir si vous avez le niveau pour disputer la rencontre contre Oxford.

***

— Tu as couché avec elle ou pas encore ?

— Ben, tu es l'individu le plus grossier que j'aie jamais rencontré.

— Ça, c'est uniquement parce que tu as une vie de moine. Maintenant, réponds à ma question. Est-ce que tu as couché avec elle ?

— Non. Et pour dire vrai, je ne sais pas trop ce qu'elle pense de moi.

— Sasha, je ne comprends pas comment tu peux être à la fois aussi intelligent et aussi stupide. Charlie t'adore et tu dois être le seul à ne pas t'en rendre compte.

— Mais dans tous les cas, ce serait compliqué, parce que Newnham n'autorise pas de garçons dans les chambres après dix-huit heures et, si je me souviens bien du règlement, ils doivent garder les deux pieds au sol à tout moment.

— Ça va peut-être te surprendre Sasha, mais il y a des gens qui couchent ensemble avant dix-huit heures et tout en gardant les deux pieds par terre.

Sasha restait perplexe.

— Mais ce n'est pas pour ça que je venais te voir, reprit Ben. Est-ce que tu seras là au débat de ce soir ?

— « Cette maison ne se battrait ni pour la reine ni pour la nation », répondit Sasha. Oui, même si c'est une idée ridicule, qui je pense sera rejetée à une grande majorité.

— Je n'en suis pas si sûr. Il y a des tas de rouges ici qui seraient très contents de voir la reine s'installer dans un logement social. Mais il y a une autre raison pour laquelle j'aimerais que tu viennes. Pour que tu rencontres ma nouvelle petite amie.

— Tu as couché avec elle ou pas encore ? demanda Sasha avec un sourire ironique.

— Non, mais ça ne devrait pas tarder, je sais qu'elle me veut.

— Ben, dit Sasha avec un air de dégoût. Nous parlons la langue de Keats, de Shelley et de Shakespeare, au cas où tu n'aurais pas remarqué.

— Ce qui est sûr, c'est que tu n'as pas lu Harold Robbins.

— Non, c'est vrai, répondit Sasha en soupirant exagérément. Néanmoins, si ce n'est que pour rencontrer cette malheureuse jeune fille, qui, comme tu l'as si élégamment décrit, te veut, je viendrai.

— En vérité, elle est plutôt brillante.

— Elle ne peut pas être si brillante, Ben. Réfléchis.

— C'est la seule fille de tout le comité de l'Union, répliqua Ben en ignorant la pique.

— Alors elle est trop bien pour toi.

— Ça, ça n'existe plus une fois qu'elles sont dans ton lit.

— Tu ne penses vraiment qu'à ça.

— Pourquoi tu n'invites pas Charlie, on pourrait tous dîner ensemble après ?

— Bon d'accord. Maintenant, file. J'ai cours dans une heure et je dois relire mon devoir.

— Je n'ai toujours pas rédigé le mien.

— Je ne savais pas qu'il fallait écrire pour faire des études d'économie agraire.

***

C'était la première fois que Sasha allait à l'Union, mais en entrant dans la salle des débats, il comprit que Ben était déjà un habitué. Son ami prit deux places libres sur un banc à l'avant de la pièce et se mêla immédiatement au brouhaha des discussions des bancs autour d'eux. Le bruit ne cessa qu'à l'entrée des officiers de l'Union qui s'installèrent dans trois fauteuils sur une estrade.

— Celui du milieu c'est Carey, murmura Ben. C'est le président de l'Union. Un jour, ce sera moi dans son fauteuil.

Sasha sourit alors que Carey se levait pour annoncer :

— Je vais maintenant demander au vice-président de lire le compte-rendu de la dernière réunion.

Pendant que Chris Smith lisait le compte-rendu, Sasha regarda autour de lui : la salle était pleine à craquer, jusqu'à la galerie, bondée elle aussi d'étudiants enthousiastes qui se penchaient à la balustrade en attendant le début du débat.

À la fin du compte-rendu, le vice-président reprit sa place et le président se releva.

— Mesdames et messieurs, je dois maintenant appeler le très honorable M. Anthony Wedgwood Benn, député à la Chambre des communes, pour soutenir la motion : « Cette maison ne se battra ni pour la reine ni pour la nation. »

En se levant, M. Benn fut accueilli par un concert de chaleureux encouragements. Sasha pouvait voir, en regardant aux alentours, qu'il semblait être soutenu par une majorité d'étudiants.

— Monsieur le Président, je suis ravi d'avoir été invité à défendre cette motion, commença Benn. Premièrement, parce que nous savons tous que la Grande-Bretagne n'est pas une démocratie. Comment pourrait-on affirmer le contraire alors que notre chef d'État n'est pas même élu ? Comment pourrions-nous considérer nos concitoyens, hommes et femmes, comme égaux devant la loi alors même que notre deuxième Chambre est dominée par sept cents lords héréditaires, qui pour la plupart n'ont pas travaillé un seul jour de leur vie et dont la seule contribution est de venir voter lorsqu'on menace leurs privilèges. Pourtant ce sont eux qui décident qui d'entre vous va aller combattre ceux qu'ils considèrent comme nos ennemis.

Le discours de Benn était fréquemment entrecoupé de « Bravo ! » et de « Honte ! » prononcés avec la même ardeur et Sasha avait beau être en total désaccord avec le moindre de ses mots, il était indéniable que Benn avait captivé l'attention de toute la salle. Quand il retourna s'asseoir, la pièce vibra sous des acclamations plus fortes encore.

L'amiral sir Hugo Munro, un député conservateur du Parlement, se leva pour s'opposer à la motion. Ce gentleman rappela que si la Grande-Bretagne ne s'était pas battue pour son roi et sa nation pendant la Seconde Guerre mondiale, Adolf Hitler serait assis sur le trône de Buckingham et non la reine Elizabeth II. Des « bravos » montèrent des sections du public qui étaient restées silencieuses pendant le discours de M. Benn. Une fois l'amiral assis, les deux orateurs suivants discoururent avec autant de passion, mais Sasha avait l'impression que ceux en faveur de la motion allaient tout de même l'emporter.

Il avait écouté avec attention les quatre discours, toujours plus impressionné par la diversité des points de vue qui pouvaient être exprimés si ouvertement, sans peur des répercussions. À Leningrad, la moitié des étudiants auraient déjà été arrêtés et au moins deux des orateurs envoyés en prison ou même exécutés.

Le président se leva une fois de plus et invita le public à participer avant le vote.

— Deux minutes seulement, rappela-t-il avec fermeté.

L'un après l'autre, une succession d'étudiants déclaraient qu'ils ne se battraient jamais pour la reine et la nation tandis que d'autres affirmaient qu'ils mourraient sur le champ de bataille plutôt que d'être soumis au joug étranger. C'est après un discours de M. Tariq Ali, un ancien président de l'Union d'Oxford, que Sasha ne put résister. Sans réfléchir, il se leva quand le président demanda qui voulait prendre la parole et à sa grande surprise Carey le désigna.

Sasha regrettait déjà sa décision en se dirigeant vers l'avant de la pièce. La salle s'était tue, ne sachant pas de quel côté il se trouvait. Il agrippa la tribune pour s'empêcher de trembler.

— Mesdames et messieurs, commença Sasha, presque dans un murmure. Je m'appelle Sasha Karpenko. Je suis né à Leningrad, où j'ai vécu les seize premières années de ma vie, jusqu'à ce que mon père soit assassiné par les communistes.

Pour la première fois, un silence complet s'abattit sur la salle et tous les regards se tournèrent vers Sasha.

— Son crime, reprit Sasha, était de vouloir fonder un syndicat indépendant pour que ses collègues des docks puissent bénéficier des droits que vous, en Grande-Bretagne, tenez pour acquis. C'est l'un des privilèges de la vie en démocratie. Comme Winston Churchill nous l'a rappelé : « La démocratie est le pire système de gouvernement, à l'exception de tous les autres. » Je refuse de m'excuser de ne pas être né dans ce pays, mais je suis heureux d'avoir échappé à la tyrannie du communisme et de pouvoir participer à ce débat, un débat qui n'aurait jamais pu avoir lieu en Russie. Parce que s'il avait eu lieu, M. Wedgwood Benn aurait été fusillé et M. Tariq Ali déporté aux mines de sel de Sibérie.

Quelques « Bravo ! Bonne idée ! » se firent entendre, suivis par des rires grinçants. Sasha attendit que le silence revienne pour reprendre :

— Vous pouvez rire, mais si nous étions en Union soviétique, tous ceux qui se sont exprimés en faveur de cette motion auraient été arrêtés ce soir même et tous les étudiants ici présents auraient été renvoyés pour aller travailler sur les docks. Je le sais, parce que c'est ce qui m'est arrivé.

Sasha n'avait pas conscience de l'effet de ses mots sur ses camarades.

— Ma mère et moi avons pu échapper à cet État totalitaire et avons eu la chance de venir en Angleterre, où nous avons été accueillis comme réfugiés. Mais je dois affirmer ici, devant cette assemblée, que je retournerais en Union soviétique demain pour combattre ce gouvernement despotique et que je serais prêt à mourir s'il y avait la moindre possibilité de chasser les communistes et d'instaurer un régime démocratique où tous mes compatriotes auraient le droit de voter.

Les encouragements qui fusèrent laissèrent à Sasha le temps d'organiser ses pensées. Il attendit le silence complet pour reprendre.

— C'est amusant de débattre cette motion librement et sans crainte, de voter puis de rejoindre ses amis dans un bar. Mais ce même discours, dans mon pays, m'aurait valu d'être mis derrière les barreaux et de passer des années, peut-être le restant de mes jours, dans un camp de travail. Je vous conjure de rejeter cette motion, parce que la soutenir ne fera qu'aider les despotes de ce monde qui considèrent que la dictature est mieux que la démocratie, du moment que ce sont eux les dictateurs. Faisons-leur savoir ce soir, depuis cette maison, que nous préférons mourir pour défendre notre pays et ses valeurs plutôt que subir la tyrannie.

Alors que Sasha retournait à sa place, toute la salle se leva en son honneur. Il fut touché de voir M. Wedgwood Benn et M. Ali debout, qui menaient les applaudissements. Quand tout le monde retrouva son siège, le président se leva à nouveau et invita la salle à faire de même pour voter.

Vingt minutes plus tard, le vice-président se leva et déclara que la motion avait été rejetée à trois cent douze voix contre deux cent quatre-vingt-dix-sept. Sasha fut immédiatement entouré par une foule d'étudiants qui le félicitaient et voulaient lui serrer la main, tandis que Ben, assis, profitait du triomphe. Un membre du comité se pencha et lui chuchota à l'oreille :

— Le président voudrait savoir si vous accepteriez de prendre un verre avec lui dans la salle du comité.

— Et comment ! répondit Ben, qui emmena Sasha hors de la pièce, en haut d'un large escalier.

La première personne à traverser la salle pour le féliciter fut M. Wedgwood Benn.

— Quelle magnifique contribution ! dit-il. Je ne peux qu'espérer que vous considériez sérieusement une carrière politique. Vous avez beaucoup à offrir.

— Mais je ne serai peut-être pas du même côté de la Chambre que vous, monsieur, répondit Sasha.

— Alors vous serez un adversaire digne de ce nom, monsieur.

Sasha s'apprêtait à répondre quand ils furent rejoints par une jeune femme qui voulait elle aussi le féliciter.

— Voici Fiona, dit Ben. C'est la seule fille du comité de l'Union.

Sasha était impressionné, non seulement par l'exploit que représentait son statut, mais aussi par sa beauté rayonnante, qui, elle, n'avait pas besoin d'être annoncée.

— Je suis surprise que nous ne t'ayons jamais vu ici, Sasha, dit-elle en lui touchant le bras.

— Il délaisse rarement ses livres pour se joindre à nous, pauvres mortels, répondit Ben, sans remarquer que Sasha ne pouvait quitter Fiona des yeux.

— J'espère te convaincre de rejoindre la CUCA.

— CUCA ? répéta Sasha.

— C'est l'association des étudiants conservateurs de Cambridge, expliqua Ben. C'est Fiona qui m'a recruté.

***

— On m'a dit que votre discours à l'Union s'était très bien passé, dit Streator en avançant une tour pour protéger sa dame.

— Les Britanniques sont des gens si civilisés, dit Sasha en étudiant l'échiquier. Ils permettent à quiconque d'exprimer ses opinions, peu importe si elles sont ridicules ou complètement fausses. Je suis sûr que vous ne serez pas surpris d'apprendre qu'il n'y avait pas de club de débats dans mon lycée à Leningrad.

— Les dictateurs se soucient peu des opinions des autres. Mais cela dit, même le duc de Wellington, après son premier Conseil des ministres en tant que Premier Ministre, fut surpris de constater que ses collègues n'avaient pas l'air décidé à exécuter machinalement ses ordres, mais préféraient débattre d'autres options. Il fallut du temps au duc de fer pour accepter que ses ministres aient leurs propres opinions.

Sasha rit et avança son fou.

— Mais prends garde, Sasha, aussi civilisés que soient les Britanniques, tu ne dois pas partir du principe que ton intelligence te vaudra d'être accepté parmi eux. Beaucoup se méfient d'un esprit de premier ordre et d'autres te jugeront non pas sur tes mots, mais sur l'accent avec lequel tu les prononces, d'autres encore te jugeront sur ton nom seul. Néanmoins, si tu choisis de rester à Trinity après ton diplôme, tu ne rencontreras ce genre de préjugés que si tu t'aventures hors de ces murs sacrés.

Il n'était jamais venu à l'esprit de Sasha qu'il pouvait rester à Trinity et transmettre son savoir à la génération suivante. Quelques jours avant, un ministre lui avait suggéré de faire de la politique et voilà que son tuteur l'encourageait à demeurer à Cambridge. Il déplaça un pion.

— Tu es doué et je suis sûr que l'université voudra te garder, dit Streator en avançant à nouveau sa tour. Mais tu penses sûrement que c'est ennuyeux et qu'il y a un monde beaucoup plus excitant qui n'attend que toi au-dehors.

— Je suis flatté que mon futur vous intéresse, remercia Sasha en prenant sa dame.

— N'oublie pas de me tenir informé de tes plans, quels qu'ils soient.

— Pour le moment, je n'en ai qu'un, monsieur : échec et mat.

***

Le téléphone du Dr Streator se mit à sonner, mais il ne décrocha pas.

— La décision de diviser Berlin en quatre zones alliées après la Seconde Guerre mondiale n'était rien de plus qu'un compromis politique.

La sonnerie s'arrêta.

— Et quand les gens qui habitaient dans la partie qui devint en 1949 l'Allemagne de l'Est se mirent à fuir en masse vers l'Ouest, la réaction du gouvernement fut de construire, dans la panique, un mur de trois mètres soixante connu sous le nom de mur de Berlin. Cette atrocité de béton, surmontée de fils barbelés, qui s'étend sur cent cinquante-cinq kilomètres a pour seul but d'empêcher les Allemands de l'Est de rejoindre l'Ouest.

Le téléphone sonna à nouveau.

— Plus d'une centaine de personnes ont déjà péri en essayant de franchir ce mur. En tant que symbole des vertus du communisme, il est un désastre en relations publiques.

La sonnerie s'arrêta.

— J'espère qu'au cours de ma vie, et certainement de la vôtre, continua Streator, nous le verrons tomber et que l'Allemagne sera à nouveau une nation unie. C'est la seule façon de garantir une paix durable en Europe.

Il y eut un coup sec à la porte. Streator soupira, se leva avec réticence et traversa lentement la pièce. Il avait déjà préparé l'accueil qu'il allait réserver à l'intrus. Il ouvrit la porte et trouva le gardien en chef sur le pas, rouge et visiblement gêné.

— Perkins, je suis au milieu d'un cours, et à moins d'un incendie ou d'une invasion de Martiens, je vais devoir…

— Pire que les Martiens, monsieur, bien pire.

— Et qu'est-ce qui est, je vous prie, pire que les Martiens, Perkins ?

— Neuf hommes d'Oxford qui rôdent autour de la loge, prêts à en découdre.

— Avec qui ?

— Avec vous, monsieur, et les membres de l'équipe d'échecs de Cambridge.

— Il n'y a qu'eux pour venir le mauvais jour, pesta Streator.

Il retourna à son bureau et ouvrit son agenda.

— Merde alors !

Sasha n'avait jamais entendu son tuteur jurer et ne l'avait jamais vu chercher ses mots.

— Merde ! répéta Streator.

Il ferma son carnet d'un coup sec.

— Toutes mes excuses, messieurs, mais je vais devoir interrompre cette leçon. Je vous dois (il regarda sa montre) dix-neuf minutes. Votre devoir cette semaine portera sur le rôle de Konrad Adenauer en tant que chancelier d'Allemagne de l'Ouest après la guerre. Je vous conseille de lire A. J. P. Taylor et Richard Hiscocks, dont les opinions sur le sujet diffèrent. Selon moi, ni l'un ni l'autre n'a complètement raison, mais ne vous laissez pas influencer.

Il se dirigea vers la porte.

— Karpenko, ajouta-t-il, presque comme s'il venait juste d'y penser, en tant que membre de l'équipe de Cambridge, vous feriez mieux de venir avec moi.

Le gardien se rua dans l'escalier, à une vitesse qu'il n'employait que pour les urgences les plus sérieuses, suivi du tuteur et de Sasha, qui fermait la marche. En entrant dans la loge, Streator fut accueilli par le large sourire de son adversaire, Gareth Jenkins, un Gallois qu'il n'avait jamais vraiment pu sentir, et par huit étudiants d'Oxford qui essayaient tant bien que mal de dissimuler leurs rictus narquois.

— Je suis désolé, Gareth. Je pensais que la rencontre devait avoir lieu la semaine prochaine.

— Tu verras qu'elle est prévue pour quatre heures cet après-midi, Edward, dit Jenkins en lui tendant une lettre de confirmation, au bas de laquelle s'étalait, sans l'ombre d'un doute, la signature du tuteur.

— Tu peux me laisser une heure ou deux, vieille branche, pour préparer en vitesse le reste de l'équipe ?

— J'ai bien peur que non, Edward. La partie est prévue pour quatre heures cet après-midi, ce qui nous laisse, dit-il en regardant sa montre, seize minutes avant de commencer à jouer. Sinon, je serai forcé de déclarer la défaite monumentale de ton équipe.

L'équipe d'Oxford était déjà en train d'exulter.

— Mais je ne peux décemment pas rassembler mes joueurs en moins de vingt minutes. Sois raisonnable, Gareth.

— Tu imagines si Montgomery avait demandé à Rommel s'il pouvait repousser la bataille d'El-Alamein d'une heure ou deux, « vieille branche, je me suis trompé de jour » ?

— Ce n'est pas exactement El-Alamein.

— Pour toi non, visiblement, répliqua Jenkins.

— Mais je n'ai qu'un membre de mon équipe sous la main, dit Streator, encore plus frustré.

— Alors il devra jouer contre les huit de chez nous, dit Jenkins qui marqua une pause avant d'ajouter : les huit en même temps.

— Mais… répondit Streator.

— Ça ne me pose pas de problème, lança Sasha.

— Ça devrait être amusant. Ce n'est plus El-Alamein mais la charge de la brigade légère, répondit Jenkins.

Streator, récalcitrant, guida les joueurs d'Oxford hors de la loge et jusqu'à la salle commune, où deux employés de l'université installaient en vitesse deux rangées d'échiquiers sur une table de la salle à manger. Streator regardait sans cesse l'horloge et la porte d'entrée, espérant qu'au moins un autre des membres de l'équipe se montrerait. Mais tout ce qu'il vit, c'était la masse des étudiants qui venaient observer ce qui s'annonçait comme une défaite cuisante.

Les huit étudiants d'Oxford prirent place, prêts à jouer. Sasha, comme Horatio, se tenait seul sur le pont, tandis que Jenkins et Streator, les arbitres, s'installaient de chaque côté de la table.

Quand l'horloge murale sonna quatre heures, Jenkins déclara :

— C'est l'heure. Que la rencontre commence !

Le premier joueur d'Oxford commença par avancer son pion de deux cases. Sasha répliqua en avançant son pion d'une case, au moment même où le capitaine de l'équipe de Cambridge arrivait en courant dans la salle.

— Désolé monsieur, dit-il en reprenant son souffle. Je pensais que la rencontre était la semaine prochaine.

— *Mea culpa*, reconnut Streator. Installe-toi à la deuxième place, puisque la partie vient juste de commencer.

— Je crains que ce ne soit pas possible, dit Jenkins. Notre joueur a commencé à jouer, la partie est donc déjà en cours. Par conséquent, ton capitaine n'est plus éligible comme joueur.

Streator se serait plaint s'il n'avait pas eu peur que le nom du *Field Marshal* Montgomery ne soit encore prononcé en vain.

Le deuxième joueur d'Oxford joua son premier coup. Sasha répliqua immédiatement, tandis que toujours plus d'étudiants entraient dans la salle pour observer le compétiteur solitaire qui s'avançait vers l'échiquier suivant. En quelques minutes, deux autres membres de l'équipe étaient également arrivés, mais eux aussi étaient forcés de suivre la rencontre depuis le banc de touche.

Sasha vint à bout de son premier adversaire en moins de vingt minutes, sous un tonnerre d'applaudissements. Le deuxième roi d'Oxford s'abattit onze minutes plus tard, sous le regard de toute l'équipe de Cambridge, qui était maintenant au complet, mais devait suivre les parties depuis le balcon, tant la salle était pleine.

Le troisième et le quatrième joueur d'Oxford résistèrent plus longtemps au jeu savant de Sasha, mais tombèrent tout de même dans l'heure. Il ne restait plus alors que des places debout dans le hall et les balcons étaient pleins d'étudiants et même de quelques professeurs.

Les trois joueurs suivants gardèrent Sasha occupé pendant encore une demi-heure, mais finirent par rendre les armes, ne laissant plus que le capitaine d'Oxford sur le champ de bataille. « Sois patient Sasha », pouvait-il entendre son père lui dire. Il finira bien par faire une erreur. Et c'est ce qu'il fit, vingt minutes après, lorsque

Sasha sacrifia une tour et que le capitaine lui laissa une ouverture qu'il regretterait amèrement sept coups plus tard quand Sasha déclara, pour la huitième fois :

— Échec et mat.

Le capitaine d'Oxford, Michael, se leva, serra la main de Sasha et s'inclina.

— Nous ne sommes pas dignes, dit-il, sous les acclamations.

— Je crois bien que c'est ce qu'on appelle une défaite monumentale, annonça Streator, quand les applaudissements se furent éteints. Et je pense qu'il vaut mieux te prévenir, Gareth, que le jeune Karpenko n'est qu'en première année. Je m'assurerai bien de la date pour l'année prochaine.

***

Sasha se demanda s'il s'habituerait un jour à ce qu'une fille lui offre un verre.

— Tu as déjà pensé à te présenter au comité de l'Union ? interrogea Fiona en lui tendant une bière.

Il en but une gorgée, ce qui lui laissa le temps de réfléchir à sa réponse.

— Pour quoi faire ? finit-il par dire. Je ne sais même pas quel parti soutenir, je ne vois pas trop qui voudrait voter pour moi.

— Beaucoup plus de gens que tu ne le penses, intervint Ben avant d'avaler une longue gorgée. Après ton discours enflammé au débat et ta victoire écrasante contre l'équipe d'échecs d'Oxford, ils voteraient pour toi, même si tu te présentais comme séparatiste russe.

— Tu vas te présenter aussi, Ben ? demanda Sasha.

— Et comment ! Et Fiona se présente comme vice-présidente.

— Eh bien tu as déjà deux votes garantis, de deux de tes plus fervents admirateurs.

— Merci, répondit Fiona. Mais il y a plein d'hommes, même au sein de mon parti, qui pensent encore que la place d'une femme est en cuisine.

— Ils devraient avoir honte, répliqua Ben en lui adressant un sourire.

— Sans oublier les membres du Parti travailliste qui pensent que je suis plus à droite qu'Attila.

Ben posa son verre vide sur la table.

— Une autre tournée ?

— Non, merci, répondit Sasha. Il faut que je me couche tôt si je veux expliquer au Dr Streator pourquoi je pense qu'il a tort quand il dit que les peuples soviétiques sont mieux disposés pour vivre sous un joug totalitaire, même celui d'un tsar.

— C'est du sérieux ! Je ne sais pas si j'oserais tenir tête à mon tuteur, dit Ben.

— Est-ce qu'il te reconnaîtrait si tu venais à un de ses cours ? répliqua Sasha.

Ben ignora la pique de son ami et demanda :

— Et toi Fiona, tu voudras bien reprendre une tournée avec moi ?

— J'aimerais bien, Ben, mais moi aussi il faut que j'aille me coucher. Je préfère ne pas prendre le risque de m'endormir pendant mon cours de droit de la responsabilité civile demain.

— Je serais bien rentré avec vous, mais je viens de voir un groupe de libéraux auxquels il faut que je cire les pompes si je veux avoir une chance d'être élu.

— N'oublie pas de dire du bien de moi, ajouta Fiona. Et ne leur offre pas de verre si près de l'élection, tu pourrais être disqualifié.

Alors qu'ils sortaient du bar de l'Union et marchaient sur le pavé de King's Parade, Fiona dit à Sasha :

— Ben a raison, tu sais.

— À propos de quoi ?

— Sur le fait que tu devrais te présenter pour le comité. Tu ne seras peut-être pas élu, mais ce serait un premier test.

— Un test pour quoi ?

— Pour une autre élection, plus prestigieuse.

— Je ne pense pas. Je te laisse ce genre de chose.

— Tu devrais au moins y penser. Une fois que tu auras décidé quel parti tu soutiens, tu pourrais même devenir président de l'Union.

— Je croyais que c'était le poste que tu voulais ?

— C'est le cas. Mais il y a un nouveau président chaque trimestre, on pourrait l'être tous les deux.

— Je n'avais pas pensé à me présenter, concéda Sasha. Surtout pas à la présidence.

— Il est temps d'y penser. Tu me raccompagnes à mon bâtiment ?

— Bien sûr.

— Tu es si vieux jeu, c'est adorable, le taquina Fiona en lui prenant la main.

Une nouvelle fois Sasha fut surpris qu'une fille prenne les devants. La reine avance librement sur l'échiquier.

Tandis qu'ils marchaient main dans la main vers le bâtiment de Fiona, il ne pouvait s'empêcher de penser à Charlie. Il savait qu'elle n'aimait pas beaucoup l'Union, et encore moins Fiona.

— Tu vas réussir à retrouver ton chemin, Sasha ? demanda Fiona en arrivant devant l'entrée de Newnham.

Mais avant qu'il puisse répondre, elle ajouta :

— Tu veux monter prendre un dernier verre dans ma chambre ?

— Comment est-ce que je vais faire pour passer la loge du gardien ? demanda Sasha en cherchant une entrée.

Fiona rit et dit :

— Suis-moi.

Une fois de plus, elle lui prit la main et l'emmena à l'arrière du bâtiment.

— Tu vois l'échelle de secours ? La fenêtre au troisième étage, c'est ma chambre. Quand tu verras la lumière, viens me rejoindre.

Sans un mot de plus, elle le laissa là.

Sasha essaya de réfléchir. Il pensait filer droit vers Trinity quand la lumière s'alluma au troisième étage. Elle ouvrit la fenêtre et adressa un sourire à son involontaire Roméo.

Sasha se hissa sur l'échelle de secours et grimpa jusqu'au troisième étage. Il entra et vit Fiona debout près du lit, qui déboutonnait son chemisier. Elle avança vers lui et fit glisser sa veste sur ses épaules, l'embrassa dans le cou, puis sur la bouche. Lorsqu'il s'écarta, elle avait déjà enlevé son haut.

— J'ai toujours cru que Ben et toi vous étiez ensemble, dit Sasha.

— Ça m'arrange qu'il le croie, répondit Fiona en l'attirant vers le lit. Mais tout ce qui m'intéresse chez Ben c'est sa capacité à courtiser le vote juif.

Sasha la repoussa immédiatement.

— Qu’est-ce que j’ai dit ?

— Si tu ne le sais pas, Fiona, je ne suis pas sûr de pouvoir te l’expliquer.

Il ramassa sa veste et se dirigea vers la fenêtre. Il se retourna pour la regarder, il devait bien admettre que Fiona était très belle, même alors qu’elle ne pouvait dissimuler sa colère. Après avoir redescendu l’échelle de secours et être revenu à Trinity, il décida de se présenter à l’élection du comité de l’Union.

— Qu'est-ce que j'ai dit ?

— Si tu parles sans façons, je ne suis pas sûr de pouvoir te répondre.

Il ramassa sa veste et se dirigea vers la fenêtre. Il se retourna pour la regarder ; il devait bien admettre qu'[illegible] était très belle, même alors qu'elle ne pouvait [illegible] et sa colère. Après [illegible] de secours [illegible] revenu [illegible], il décida de se présenter à l'élection du comte de [illegible].

[illegible]

Chapitre 15

Alex
Brooklyn

La plupart des jeunes étudiants qui entrent à l'université ont besoin de quelques semaines pour s'habituer à ce nouveau rythme. Mais Alex n'avait pas quelques semaines. Il se rendait à l'aube au marché de gros, où il passait quelques heures à sélectionner les fruits et légumes les plus frais qui devaient être sur son étal avant l'arrivée du premier client.

Il ne voulait que des produits de qualité, ce qui d'après sa mère payait toujours sur le long terme. Mieux valait être à court de marchandises à deux heures de l'après-midi, disait-elle, que d'avoir des produits de mauvaise qualité, qui seront jetés en fin de journée ou vendus à un client qui ne reviendra jamais.

Bernie reprenait l'étal vers huit heures, ce qui permettait à Alex de rentrer chez lui prendre son petit déjeuner avec Elena, où il parlait uniquement de son dernier devoir, lui assurant que ses notes étaient toujours assez bonnes pour être parmi les premiers de la classe. Même s'il ne lui expliquait pas en détail ce qu'il faisait de ses journées, cette partie-là avait le mérite d'être entièrement vraie.

Lorsque Alex n'eut plus assez d'argent, il ne sut vers qui se tourner pour trouver de l'aide.

L'étal de Bernie, comme les habitués l'appelaient encore, était à peine rentable, malgré tout ce qu'Alex faisait pour réduire les coûts. M. Wolfe réclamait toujours ses trois cent vingt dollars chaque mois – et, comme il le rappelait souvent à Alex, d'avance, ainsi que le stipulait le contrat. Mais Alex n'avait pas trois cent vingt dollars et s'il ne pouvait pas payer le lundi matin suivant, il n'aurait plus d'étal non plus. À qui aurait-il pu emprunter un peu d'argent pour quelque temps ?

Il prit place au fond de l'amphithéâtre et gribouilla sur son cahier. Ceux assis autour de lui pensaient qu'il prenait le cours en note.

— Le krach de Wall Street pouvait-il être évité ? Les experts de la finance auraient-ils dû déceler les signes avant-coureurs bien plus tôt ou étaient-ils tous…

Alex regarda ses notes et examina ses options : Maman, Dimitri et Ivan. Pour chacun d'eux, il pesa le pour et le contre. Sa mère ne connaissait que la moitié de l'histoire, la moitié présentable. Elle n'avait jamais rencontré M. Wolfe et n'avait vu Ivan qu'une fois, de loin, lors d'un déjeuner chez Mario. Une silhouette sombre qui ne lui disait rien qui vaille, comme elle l'avait répété de nombreuses fois à son fils.

Récemment, Alex se demandait si elle avait raison. Pour Elena, Ivan travaillait au marché, bien qu'elle ne l'y ait jamais vu. Régulièrement, elle disait à son fils qu'elle ne voulait pas qu'il travaille toute sa vie sur un marché, qu'elle aimerait qu'il devienne avocat ou comptable, dans un bureau avec l'air conditionné à Manhattan, le genre qui retrouve tous les soirs sa femme et ses trois enfants dans son appartement de l'Upper East Side, et non à Brooklyn.

Rêve toujours, aurait voulu répondre Alex. Mais il savait qu'elle ne comprendrait pas qu'il était de ces petits commerçants qui, une fois vêtus d'un costume, deviennent des entrepreneurs. Il raya son nom dans la liste.

Dimitri ? Il s'était montré du genre à donner plutôt qu'à prendre. Un homme dont la générosité et la confiance semblaient n'avoir aucune limite. C'était grâce à lui qu'Alex et sa mère avaient un toit et c'est lui qui lui avait prêté l'argent du premier loyer, qu'il n'avait toujours pas remboursé. Pour ne rien arranger, il était en mer et ne rentrerait pas avant dix jours.

Alex pensait toujours que Dimitri cachait quelque chose. Mais peut-être sa mère avait-elle raison et qu'il faisait tout simplement partie des gentils. Alex raya avec réticence son prénom, ne laissant que le dernier.

Ivan. Leur relation devenait de plus en plus tendue. Son associé se mettait dans une colère noire si Alex avait ne serait-ce que quelques minutes de retard à une partie d'échecs et il commençait à soupçonner de ne pas recevoir une part équitable des gains du week-end. Ivan ne le laissait jamais voir ce qu'il inscrivait dans son carnet et un certain nombre de paris étaient pris lorsqu'il avait les yeux bandés.

Durant toute l'année écoulée, Alex avait appris très peu de choses sur Ivan. Il ne savait rien sur son véritable travail, à part qu'il s'occupait d'une petite affaire d'import-export. Mais Ivan ressemblait bien à la seule chance qu'aurait Alex de conserver son accord avec M. Wolfe.

Il entoura lentement son nom et décida que, comme aux échecs, la meilleure défense serait l'attaque. Il mettrait le sujet sur le tapis samedi pendant leur pause déjeuner.

— Ce week-end, vous écrirez un essai, annonça le professeur, sur les cent premiers jours du mandat du président Roosevelt…

Mais ce n'était pas comme cela qu'Alex comptait passer son week-end.

***

— Attends, laisse-moi essayer de comprendre ton problème, dit Ivan en russe, devant une grande pizza. Tu loues un étal…

— J'ai un contrat de cinq ans…

— … pour trois cent vingt dollars par mois, et tu ne fais qu'un petit profit.

— Qui ne me permet pas de payer le loyer du mois prochain.

— Mais tu penses que le problème se résoudrait si tu avais plus de temps ?

— Surtout si je pouvais trouver un deuxième étal.

— Même si tu ne peux pas payer le premier ?

— C'est vrai, mais si nous devenons associés, je suis sûr…

— Oublie, coupa Ivan. Si tu louais un deuxième étal, la seule chose qui augmenterait, ce seraient tes pertes.

Alex baissa la tête et regarda sa pizza, qu'il n'avait pas touchée.

— En revanche, reprit Ivan en mangeant une deuxième part, si c'est un problème de liquidités, j'ai peut-être une solution.

— Je ferais n'importe quoi.

— La semaine dernière, j'ai dû virer l'un de mes coursiers et je cherche un remplaçant.

— Mais ça voudrait dire que je dois arrêter la fac. Ma mère me déshériterait.

— Peut-être que tu pourrais conjuguer les deux, je n'aurais besoin de toi que deux ou trois fois par semaine, seulement pour quelques heures.

— Mais alors je ne gagnerais pas assez pour…

— Si tu es toujours de garde, je te payerai cent dollars par semaine. Ça devrait éloigner ce M. Wolfe et même te laisser un peu d'argent.

— Qu'est-ce qu'il faut que je fasse ?

— Rien de bien compliqué. N'oublie pas, je suis un immigré, comme toi. Je ne suis peut-être pas descendu du dernier bateau, mais je ne suis pas non plus là depuis très longtemps. Néanmoins, j'ai réussi à monter une petite entreprise d'import-export qui s'en sort plutôt bien et je suis toujours à la recherche de personnes pour me seconder.

— Je ne veux pas être mêlé à des histoires de drogue, déclara Sasha.

C'était un aller simple pour l'Union soviétique.

— Et moi non plus, répliqua Ivan. Je veux bien admettre que mon entreprise n'est pas ce que les Juifs appellent kasher, mais il vaut peut-être mieux que tu n'en saches pas trop.

— Ce sont des marchandises volées ?

— Pas vraiment. Disons que de temps en temps quelques cartouches de cigarettes tombent d'un camion sur le trajet des docks ou une caisse de whisky disparaît du manifeste d'un bateau après avoir été déchargée.

— Mais je ne veux pas…

— Et tu n'auras pas à le faire. Ce n'est pas cette partie-là du travail que tu feras. Tout ce que je recherche c'est un coursier qui livre mes consignes aux travailleurs sur place. Ça ne devrait pas être trop difficile pour un garçon avec ton intelligence.

— Mais comment ça peut valoir cent dollars par semaine ? questionna Alex.

— Tu es bilingue et la plupart de mes coursiers ne parlent que le russe.

Il prit une liasse de billets de cent dans sa poche arrière, en tira quatre et les tendit à Alex, qui arrêta de poser des questions.

Derrière son comptoir, Elena regarda l'argent changer de main. Personne ne payait autant pour un travail honnête. Ce qui la rendait encore plus soupçonneuse, c'était qu'Alex n'avait pas touché à sa pizza préférée.

***

Au début, Ivan n'en demandait pas trop. On aurait dit qu'il testait sa nouvelle recrue, lui demandant de livrer des messages innocents à des contacts aux quatre coins de la ville. En guise de réponse, Alex recevait rarement autre chose qu'un grognement de la part de ses compatriotes, et lorsqu'ils parlaient, c'était toujours en russe. Ivan lui avait expliqué qu'ils étaient tous des immigrés, qui, comme lui, avaient fui les atrocités du KGB et ne faisaient confiance à personne. Alex ne pouvait pas faire semblant d'apprécier les gens avec qui il travaillait, mais il détestait plus encore le KGB. Par ailleurs, et c'était important pout lui, Ivan le payait en temps et en heure. La majeure partie de l'argent filait dès le lendemain matin droit entre les mains de M. Wolfe, qui semblait être le seul à faire des profits.

Alex quittait la fac vers quatre heures et revenait au marché à temps pour remplacer Bernie vers cinq heures. Il fermait rarement avant sept heures, heure à laquelle il se rendait chez Mario pour dîner avec sa mère. Il emportait toujours quelques livres avec lui, pour donner l'impression qu'il était un étudiant besogneux qui revenait tout juste d'un cours. Mais il n'avait aucun mal à admettre devant Elena que les cours d'économie lui plaisaient bien plus qu'il ne l'aurait imaginé.

Au dîner, il lisait un chapitre de Galbraith ou de Smith, et de retour à la maison il prenait longuement des notes avant d'aller se coucher. Une routine qu'un jésuite aurait approuvée, même si le but d'Alex était loin d'être en accord avec les principes du clergé.

À la rentrée universitaire suivante, Alex louait trois étals. Primeurs, bijoux (marges de trois cents pour cent) et vêtements, qu'il achetait à Suzi. Elle mettait de côté tout ce qui n'avait pas l'air de seconde main et les articles se retrouvaient sur l'étal d'Alex le lendemain matin au double du prix. Il passait ses samedis soir avec Suzi et restait parfois chez elle la nuit, ce qui n'était pas toujours judicieux, puisqu'il devait se lever tôt pour être au marché de gros à quatre heures et s'assurer de ne pas récupérer de mauvais produits. À cinq heures, il n'y avait plus que des rogatons.

À la fin de sa deuxième année, Alex avait remboursé toute sa dette auprès de Dimitri et offert un manteau de fourrure à sa mère pour affronter les hivers new-yorkais – l'affaire du mois à la friperie, seulement soixante dollars. Il réfléchissait à l'achat d'une camionnette de livraison d'occasion, pour gagner du temps et livrer plus vite, mais pas avant sa remise de diplôme.

Bien qu'il travaillât seize heures par jour, il avait un style de vie qu'aucun autre étudiant de l'université de New York ne pouvait imaginer. Mais la vraie victoire, c'était que ses trois étals faisaient assez de profits pour lui permettre d'en louer un quatrième (du cristal taillé, la nouvelle mode).

Tout allait pour le mieux, jusqu'à son arrestation.

Chapitre 16

Sasha
Université de Cambridge

— Tu penses qu'on aura les résultats quand ? demanda Sasha.

— Les urnes ont été closes à six heures, le directeur du scrutin et son équipe doivent être en train de compter les votes maintenant. On devrait connaître les résultats dans une demi-heure, peut-être même avant.

— Comment ça va se passer ? interrogea Sasha, qui ne voulait pas admettre combien il était nerveux.

— Le président sortant annoncera les noms des nouveaux officiers et des élus au comité. À ce moment-là, soit nous ferons la fête, soit nous noierons notre chagrin.

— Espérons qu'on rejoigne tous les deux le comité.

— Pour toi, c'est du tout cuit, répondit Ben. Moi, j'espère arriver quatrième, ce qui n'est pas gagné.

— Si tu gagnes, comment est-ce que tu comptes fêter ça ?

— Je vais essayer une dernière fois de coucher avec Fiona. Si elle devient vice-présidente, j'aurai sûrement une chance.

Sasha but une gorgée de bière.

— Et toi qu'est-ce que tu as prévu ? demanda Ben.

— Dans tous les cas, j'irai voir Charlie pour essayer de rattraper tout le temps que j'ai passé ici.

— Elle aussi est plutôt occupée depuis qu'elle a rejoint la troupe Footlights. Peut-être que tu aurais dû devenir acteur au lieu de faire de la politique. Tu aurais pu jouer l'Oberon de sa Titania.

— Quel veinard cet Oberon !

Lorsque le président sortant pénétra dans la salle, le silence se fit soudain dans l'assemblée. Il s'arrêta au centre de la pièce, toussa et attendit d'avoir l'attention de tout le monde.

— Les résultats de l'élection des officiers de l'Union pour le premier semestre sont : président, avec sept cent douze voix, M. Chris Smith, de Pembroke College.

Des « bravos » fusèrent alors que les soutiens de Smith levaient leurs verres. Carey attendit le silence complet pour continuer.

— Le trésorier est M. R. C. Andrew, de Caius College, avec six cent quatre-vingt-onze voix.

Les membres du club des travaillistes se mirent eux aussi à applaudir.

— Et avec quatre cent onze voix, la vice-présidence va à, annonça Carey devant une foule redevenue silencieuse, Mlle Fiona Hunter, de Newnham College.

La moitié de la salle se leva d'un bond et l'autre resta assise.

— Elle sera la prochaine présidente, ça ne fait aucun doute, dit Ben.

— Pour le comité, sont élus, reprit Carey en prenant une autre feuille, M. Sasha Karpenko, huit cent onze voix, M. Norman Davis, cinq cent quarante-deux voix, M. Jules Huxley, cinq cent seize voix, et M. Ben Goldsmith, quatre cent quarante et une voix.

— Félicitations, dit Ben en serrant chaleureusement la main de Sasha. Tu seras président en un rien de temps. Allez, maintenant, allons nous jeter aux pieds de notre nouvelle vice-présidente.

Sasha le suivit avec réticence jusqu'à l'autre bout de la pièce, où Fiona était entourée d'admirateurs. Elle serra Ben dans ses bras, mais ignora froidement Sasha.

— On doit fêter ça. Tu viens dîner avec nous ?

— Non, merci, répondit Sasha. Je vais voir Charlie. J'espère qu'elle me donnera une deuxième chance.

— Alors bonne chance, et encore félicitations pour ta victoire à l'élection.

Sasha traversa lentement la pièce bondée et dut régulièrement s'arrêter pour serrer la main de ceux qui le congratulaient, mais ses pensées étaient déjà tournées vers Charlie, il espérait qu'elle serait heureuse de sa réussite. Il savait comment il voulait la célébrer. La dernière fois qu'il avait vu Charlie, ils avaient pris le thé dans sa chambre, il y avait un peu plus d'une semaine. Il avait découvert avec horreur que sa chambre était au deuxième étage, juste en dessous de celle de Fiona. Elle avait eu l'air distraite – peut-être était-elle nerveuse à l'idée de jouer Titania, la première de la pièce n'était que dans quelques jours. Ou peut-être qu'il avait un peu trop parlé de l'Union.

Après Trinity, Sasha se mit à hâter le pas et il courut jusqu'à Newnham, où il se dirigea droit vers l'arrière du bâtiment.

Malgré les rideaux fermés, il voyait de la lumière dans la chambre de Charlie. Il agrippa le premier barreau, se hissa sur l'échelle de secours et grimpa jusqu'au deuxième étage. Il allait frapper à la fenêtre quand il remarqua un interstice entre les rideaux. Il jeta un coup d'œil et découvrit Titania au lit avec Oberon.

***

Le bruit perçant de la sirène et les lumières bleues clignotantes poussèrent les voitures sur Fulham Road à se ranger pour laisser passer l'ambulance.

Elena s'était précipitée hors de la cuisine dès qu'elle avait entendu M. Moretti s'effondrer. Elle avait tout de suite ordonné à Gino d'appeler les secours, tandis qu'elle s'agenouillait à côté de Moretti pour prendre son pouls. Faible, mais il était toujours en vie.

— Ils seront là dans une minute, dit Elena en lui tenant la main.

Elle ne savait pas s'il pouvait l'entendre, mais il ouvrit les yeux et esquissa un sourire.

Quand enfin elle entendit le bruit réconfortant de l'ambulance qui approchait, elle pensa que des heures s'étaient écoulées, mais en réalité cela ne faisait que sept minutes.

En un instant, deux jeunes ambulanciers étaient agenouillés près de Moretti. Pendant que l'un d'eux prenait son pouls, l'autre lui mettait un masque à oxygène. Puis ils placèrent l'homme, dont le visage était devenu gris, sur un brancard et le sortirent du restaurant, alors que les clients inquiets s'écartaient pour les laisser passer.

— Appelle sa femme, Gino, lança Elena alors qu'elle les accompagnait dans la rue, sans lâcher la main de M. Moretti. Le brancard monta dans l'ambulance, fut attaché et ils foncèrent vers l'hôpital quelques secondes plus tard.

Elena essayait de rester calme, tout en priant un Dieu auquel elle n'était plus certaine de croire. L'urgentiste commença une série de gestes, une routine qu'il avait déjà effectuée des centaines de fois : d'abord, attacher un capteur autour du bras droit du patient et le raccorder à un écran où s'affichait une ligne qui se changeait par intermittence en montagnes et en vallées. Soudain, sans crier gare, les montagnes et les vallées successives devinrent un désert plat. L'ambulancier se mit immédiatement en alerte, appuyant sur le torse du patient à intervalles réguliers, s'interrompant quelquefois pour regarder le moniteur. Après quelques minutes, alors qu'il n'y avait toujours pas de réaction, il s'arrêta.

— On l'a perdu, dit-il à voix basse.

Il se laissa tomber sur le banc, sachant bien qu'il n'y avait plus rien à faire.

— Non ! s'écria Elena, qui refusait d'accepter ce qu'il avait dit.

C'était là une réaction à laquelle le secouriste était habitué.

— C'était votre père ? demanda-t-il avec compassion tandis qu'il recouvrait le visage de M. Moretti d'un drap.

— Non. Mais il a fait plus pour moi qu'un père aurait jamais pu faire pour sa fille.

***

— Tu as vu Charlie dans *Dream* ? demanda Ben alors qu'ils étaient au bar.

— Les huit représentations, confessa Sasha. Même celles de l'après-midi.

— C'est si grave que ça ?

— J'en ai bien peur.

— Alors qu'est-ce que tu vas faire ?

— Je n'y peux pas grand-chose tant qu'Oberon continue sa performance amoureuse à la vie comme à la scène. Je crois que j'ai récolté le rôle de Bottom.

— Je crois qu'il est déjà passé à un autre rôle.

— Mais je les ai vus…

Sasha s'arrêta au milieu de sa phrase.

— Ça c'était avant que les critiques fassent les louanges de Rory tout en mentionnant à peine Charlie.

— Moi je l'ai trouvée formidable. Aussi bien que lui. Mieux d'ailleurs.

— C'est dommage que les critiques ne soient pas de ton avis. Mais bon, ils n'étaient pas censés savoir qu'elle aimait quelqu'un d'autre.

— Il y a quelqu'un d'autre ?

— Non, idiot. Honnêtement, je me demande parfois comment un type aussi intelligent que toi peut être aussi bouché. À chaque fois que je vois Charlie, elle ne me parle que de toi. Alors vas-y, va la réconforter. Commence par lui dire que tu l'as trouvée formidable en Titania.

— Je ne suis pas sûr qu'elle ait envie d'entendre ça de ma part.

— Sasha, bon sang, réveille-toi et bouge-toi les fesses !

Il fallut encore vingt-quatre heures à Sasha pour suivre le conseil de son ami.

***

Sasha fut incapable de se concentrer pendant son cours du matin. Il ne mangea rien le midi et sécha son cours de l'après-midi, avant de suivre le conseil de Ben et de se diriger vers Newnham.

Cette fois, en arrivant devant le bâtiment, il ne se faufila pas par l'arrière pour grimper par l'échelle de secours, mais entra par la grande porte. Il donna son nom à la loge et monta lentement le vaste escalier jusqu'au deuxième étage. Plusieurs fois, il manqua de rebrousser chemin et l'aurait sûrement fait s'il n'avait pas entendu la voix de Ben qui répétait « imbécile, idiot, poule mouillée ». Il hésita encore une fois devant la porte de Charlie, prit une grande inspiration et toqua.

Il était sur le point de partir quand la porte s'ouvrit. Pendant un instant, ils se regardèrent sans un mot.

— Toi aussi, Brutus ! finit par dire Charlie

— Ce n'est pas la bonne pièce, répondit Sasha. Je suis venu te dire qu'il n'y a rien qui t'égale dans tout Vérone.

— Mais tu es monté à un autre balcon avant le mien.

— Tu m'as vu ? demanda Sasha en rougissant.

— Les deux fois. Et ma vie sentimentale ne s'est pas améliorée quand j'ai bondi hors du lit et couru vers la fenêtre pour me rendre compte que tu avais déjà disparu.

Sasha éclata de rire.

— Rory est parti presque aussi vite que toi. Mais entre, dit-elle en lui prenant la main, tout ça n'était qu'une répétition.

***

En retournant à son bâtiment quelques heures plus tard, personne n'aurait pu ne pas remarquer le sourire satisfait sur le visage de Sasha, sauf peut-être le gardien.

— Un message pour vous, monsieur Karpenko, lui dit-il en lui tendant un papier.

Sasha le déplia, et dès la première ligne il demanda quand elle avait appelé.

— Il y a une heure, monsieur. J'ai essayé votre chambre mais personne ne semblait savoir où vous étiez, comme vous avez manqué votre cours de l'après-midi.

— Non, j'étais… S'il vous plaît, si quelqu'un me demande, dites que j'ai dû aller à Londres en urgence et que je ne serai pas là avant quelques jours.

— Bien sûr, monsieur.

Une heure plus tard, Sasha était sur le quai de King's Cross. En entrant dans le petit appartement au-dessus du restaurant de Fulham, il trouva sa mère bouleversée comme elle ne l'avait plus été depuis la mort de son père. Elle avait pris sa soirée, chose qu'il ne l'avait jamais vue faire.

***

Le nombre de personnes présentes à l'enterrement de M. Moretti, la semaine suivante à l'église St Mary, montrait à quel point l'homme était populaire, même au-delà des habitants du quartier. L'éloge funèbre de Sasha poussa M. Quilter à dire « Comme ils disent dans le Yorkshire, il serait fier de toi, *lad.* »

Après la cérémonie et la mise en terre, Sasha raccompagna sa mère au restaurant, où la famille, les amis et les clients étaient venus rendre leurs derniers hommages. Nombre d'entre eux échangèrent des anecdotes sur la gentillesse de M. Moretti, mais celles d'Elena étaient les plus touchantes.

Après le départ du dernier invité, Elena raccompagna la veuve éplorée chez elle.

— Il faut que vous retourniez au travail, Elena, dit Mme Moretti quand la lumière commença à décliner. C'est ce que Salvatore aurait voulu.

Elena se leva avec réticence de sa chaise et serra une dernière fois la vieille femme dans ses bras avant d'enfiler son manteau. Elle s'apprêtait à partir lorsque Mme Moretti lui dit :

— Auriez-vous la gentillesse de passer me voir demain ? Il faut que nous discutions de l'avenir du restaurant.

***

Le lendemain, Sasha ne retourna pas à Cambridge, mais se dirigea dans l'autre direction, arrivant largement à temps à Oxford pour rejoindre ses coéquipiers à Merton College ; ils avaient tous consciencieusement vérifié la date, l'heure et le lieu de la rencontre.

Mais l'équipe d'Oxford avait pansé ses blessures et les attendait au tournant. Au moment où Sasha comprit ce qui était en train de se passer, il était trop tard et Cambridge perdait quatre et demi contre trois et demi. Sur le chemin du retour, Sasha expliqua au Dr Streator comment Jenkins s'était assuré la victoire avant même le premier coup.

— Comment ça ? demanda Streator.

— M. Jenkins a simplement brisé la convention qui veut que leur meilleur joueur affronte notre meilleur joueur. Il a mis son plus mauvais joueur contre moi, puisqu'il était prêt à sacrifier cette partie. De cette façon, leur meilleur joueur a joué contre notre deuxième, et ainsi ils avaient l'avantage sur sept des huit parties.

— Ce salaud de Gallois ! s'écria Streator. Gareth Jenkins n'a jamais été beau joueur.

— Ne vous inquiétez pas, monsieur. Ils ne s'en tireront pas comme ça l'année prochaine. La prochaine fois, je m'assurerai que nous soyons sur le qui-vive.

— Très bien. Du reste, j'ai l'intention de vous faire passer capitaine l'année prochaine, et ce sera votre dernière chance de prendre votre revanche. Mais je crois que ce ne sera pas votre plus grand challenge, si vous avez toujours l'ambition de devenir président de l'Union et de décrocher la plus haute mention.

— Parfois je me demande si je peux faire les deux. Charlie ne dit rien, mais je sais qu'elle préférerait que je laisse tomber l'Union pour me concentrer sur mon travail.

— J'ai cru comprendre que c'est la raison pour laquelle elle a arrêté le théâtre.

Sasha ne dit rien.

— Si vous vous présentez à la présidence, qui sera votre plus grand rival, d'après vous ?

— Fiona Hunter, l'actuelle vice-présidente.

— Si elle est bien la fille de son père, elle sera une adversaire redoutable.

— Vous connaissez sir Max Hunter ?

— Disons plutôt que je l'ai connu. Max et moi étions en même temps à Keble College. Je ne l'ai jamais porté dans mon cœur. Il cherchait toujours le moyen le plus rapide pour arriver à ses fins. C'est un homme corrompu par la politique.

— Il est devenu ministre.

— Il ne l'est pas resté longtemps. Il a écrasé tant de gens pour atteindre son poste que lorsqu'il est tombé en disgrâce, personne n'a voulu le soutenir. Écoutez-moi très attentivement quand je vous dis que si Fiona est bien la fille de son père, vous feriez mieux de garder les yeux grands ouverts, elle ferait passer Gareth Jenkins pour un enfant de chœur.

— Elle ne peut pas être si terrible.

***

— Du lait et du sucre, mon enfant ?

— Merci, répondit Elena. Juste un peu de lait.

— Je voulais vous voir, car j'ai eu un rendez-vous très fructueux avec mon comptable la semaine dernière, annonça Mme Moretti. Il a reçu une offre très honnête concernant le restaurant. Même plus qu'honnête si je me rappelle ses mots exacts.

Elena reposa sa tasse et écouta attentivement.

— Donc j'ai accepté de rencontrer cet acheteur, et il m'a dit qu'il avait la plus grande admiration pour vous. Il m'a assuré que vous pourriez garder votre poste ainsi que l'appartement au-dessus du restaurant.

Elena ne put cacher son soulagement. Elle n'avait même pas osé confier à Sasha combien elle s'inquiétait de ce qu'il adviendrait du restaurant maintenant que M. Moretti n'était plus là pour veiller sur sa deuxième famille.

— Puis-je vous demander le nom du nouveau propriétaire ? interrogea Elena, espérant qu'il s'agisse d'un client ou de quelqu'un avec qui elle avait travaillé par le passé.

Mme Moretti remit ses lunettes, prit le contrat tout juste signé et regarda le nom au bas de la page.

— M. Maurice Tremlett, dit-elle en ajoutant un morceau de sucre dans son thé. Il avait l'air très aimable.

Le thé d'Elena devint froid.

***

Maurice Tremlett entra dans la cuisine et cria pardessus le brouhaha :

— Laquelle d'entre vous est Elena Karpenko ?

Elena posa son hachoir et sortit de derrière le long comptoir en acier.

Tremlett la regarda fixement pendant un instant puis ajouta :

— Je veux que vous partiez immédiatement, et je pèse mes mots. Vous avez vingt-quatre heures pour débarrasser l'appartement.

— Ce n'est pas juste, s'écria Betty en enlevant ses gants en caoutchouc et en se plaçant à côté de son amie.

— Vous trouvez ? Eh bien dans ce cas, vous êtes virée aussi. Et si quelqu'un veut se joindre à vous, c'est le moment.

Quelques-uns des employés gigotèrent fébrilement, mais plus personne ne dit mot.

— Très bien, comme ça, c'est réglé. Mais soyez prévenus, si l'un d'entre vous adresse la parole à ces deux-là, lança Tremlett en montrant du doigt Betty et Elena comme des criminelles, vous pouvez trouver un autre travail.

Il fit volte-face et sortit sans ajouter un mot.

Elena enleva son tablier, quitta la cuisine et se dirigea vers l'appartement sans parler à personne. La première chose qu'elle fit en fermant la porte fut de chercher le numéro du gardien de Trinity. Pour la deuxième fois elle allait déroger à sa règle de ne pas déranger Sasha pendant le trimestre. Elle avait décidé qu'il s'agissait, sans l'ombre d'un doute, d'une urgence. Elle prit le combiné et s'apprêtait à composer le numéro lorsqu'elle entendit un long bruit continu. La ligne avait déjà été coupée.

***

Un bruit sec à la porte interrompit le Dr Streator au milieu de sa phrase.

— Soit le bâtiment est en feu, soit je me suis encore trompé de jour pour la rencontre avec Oxford.

Les trois étudiants se mirent à rire consciencieusement alors que leur tuteur se levait et traversait lentement la pièce pour ouvrir la porte, où se tenaient un homme à l'air sévère et un policier en uniforme.

— Je suis désolé pour le dérangement, professeur Streator, dit le plus jeune des deux.

Streator était flatté par cette soudaine promotion. L'homme portait un costume gris et une cravate aux couleurs de son collège, que le tuteur pensa reconnaître.

— Je suis l'inspecteur Warwick, ajouta-t-il en montrant son badge. Y a-t-il un M. Sasha Karpenko dans ce cours ?

— Oui, il est là. Puis-je savoir pourquoi vous voulez lui parler ?

Warwick ignora la question et entra dans la pièce, suivi du policier. Il n'eut pas à demander lequel des trois étudiants était Sasha puisque celui-ci se leva immédiatement.

— J'ai quelques questions à vous poser, monsieur Karpenko, annonça Warwick. Compte tenu des circonstances, il serait préférable que vous veniez au poste avec moi.

— Quelles circonstances ? demanda Streator.

— Je ne suis pas autorisé à en parler, monsieur, répondit Warwick, tandis que le policier prenait fermement Sasha par le bras pour l'emmener hors de la pièce.

Streator laissa ses étudiants interdits et suivit Sasha et les deux policiers dans l'escalier, à travers la cour et jusque dans la rue. Plusieurs étudiants regardaient avec curiosité Sasha monter à l'arrière de la voiture de police, qui démarra en trombe.

Livre 3

Chapitre 17

Alex
Brooklyn

Alex resta seul dans une petite pièce sombre, sous une ampoule nue qui éclairait à peine la table à laquelle il était assis. Les deux chaises vides en face de lui étaient les seuls autres meubles de la salle. Un grand miroir recouvrait tout le mur devant lui et il se demandait combien de personnes se tenaient derrière pour l'observer.

Son esprit tournait à cent à l'heure. Pourquoi l'avait-on arrêté ? Quel chef d'accusation avait été retenu ? Quelle loi avait-il bien pu enfreindre ? Alex ne pouvait pas croire que la police s'intéresse aux maigres gains des parties d'échecs du week-end et, malgré ses cinq étals et leur profit raisonnable, même l'inspecteur des impôts situé au plus bas de l'échelle n'avait aucune raison de se pencher sur son cas. Aucune chance non plus qu'ils soient au courant pour les cent dollars que le payait Ivan chaque semaine, puisque tout était en liquide. Ça ne pouvait pas non plus être l'université, qui avait son propre service de sécurité interne, et de toute façon, le doyen venait juste de lui suggérer de s'inscrire à la Harvard Business School. Bien que flatté, Alex espérait devenir un cas d'école plutôt qu'un étudiant.

Ses pensées furent interrompues par l'ouverture soudaine de la porte et l'entrée de deux hommes bien habillés. Il les reconnut immédiatement, mais ne laissa rien paraître. Ils prirent place en face de lui. Il n'avait jamais oublié leur rencontre et se demandait maintenant lequel allait jouer le rôle du gentil flic. Dans tous les cas, ça ne pouvait pas être pire qu'en Union soviétique, où ils ne jouaient qu'au méchant flic. Il attendit que l'un d'eux prenne la parole.

— Je m'appelle Matt Hammond et voici mon collègue Ross Travis. Tu te souviens peut-être de notre visite chez toi.

— Où vous avez prétendu travailler pour les services de l'immigration et des frontières, répondit Alex avec plus d'aplomb qu'il n'en avait réellement.

— Nous sommes de la CIA, expliqua Hammond en montrant son badge, et nous espérions que tu pourrais nous aider dans un dossier sur lequel nous travaillons actuellement.

Un dossier, pas une enquête, pensa Alex. La première phrase que prononçaient les criminels de cinéma dans ce genre de situation n'était-elle pas « je veux voir mon avocat » ? Mais comme il n'était pas un criminel, il ne dit rien. La phrase suivante d'Hammond le prit complètement par surprise.

— Nous espérions que vous pourriez travailler avec nous, M. Karpenko.

Alex repensa à leur première rencontre.

— Ces six derniers mois, reprit Hammond, deux de nos agents vous ont suivi jour et nuit pendant que vous travailliez comme coursier pour un homme connu sous le nom d'Ivan Donokov, que nous surveillons depuis quelque temps.

— Mais il m'a promis qu'il n'était pas impliqué dans un trafic de drogue, intervint Alex.

— Et il ne l'est pas, répondit Hammond.

— Alors quoi ? demanda Alex, qui parvenait mal à dissimuler sa nervosité grandissante.

— Donokov est un agent du KGB, qui dirige tout un réseau d'espions à travers le pays.

— Mais il déteste encore plus les communistes que moi.

— Il savait exactement ce que tu voulais entendre.

— Mais nous nous sommes rencontrés en jouant aux….

— Ce n'était pas une coïncidence, expliqua Travis, que Donokov se retrouve seul devant un échiquier quand tu es arrivé au Coin des joueurs.

— Comment pouvait-il savoir…

— Nous pensons que le major Poliakov l'a informé juste après ta fuite et celle de ta mère de Leningrad.

— Mais comment aurait-il pu savoir que je jouais aux échecs et…

Alex s'arrêta au milieu de sa phrase.

— C'est probablement ton ami Vladimir qui a fourni à Poliakov cette information, expliqua Hammond.

— Quel idiot ! Je suis vraiment stupide.

— Pour être honnête, Donokov est un pro de la vieille école, avec beaucoup d'expérience, et quand tu as commencé à devoir de l'argent, tu as été prêt à croire tout ce qu'il racontait.

— Je vais être renvoyé à Leningrad ?

— Non, c'est bien le dernier endroit où nous aurions besoin de toi.

— Qu'est-ce que vous voulez que je fasse ?

— Rien de trop compliqué. Nous ne voulons pas que Donokov comprenne que nous sommes sur sa piste. Continue à livrer ses messages, et de temps en temps l'un de mes agents prendra discrètement contact avec toi. Communique-lui le message du jour et reprends comme si de rien n'était.

— Mais Ivan n'est pas idiot. Il va vite comprendre que vous en avez après lui, et à ce moment-là il me laissera tomber comme une patate chaude.

— Ou pire, répondit Hammond. Tu dois bien comprendre que ta vie serait en danger si Donokov découvrait que tu travailles avec la CIA.

— Mais d'un autre côté, ajouta Travis, avec ton aide nous serons peut-être capables de démasquer un réseau d'espions et de mettre Donokov et sa bande derrière les barreaux pour longtemps.

— Qu'est-ce qui vous fait penser que je prendrais un tel risque ?

— Parce que c'est Ivan Donokov qui a ordonné l'assassinat de ton père.

— Non, ce n'est pas vrai. Je peux prouver que c'était Poliakov.

— Poliakov n'est qu'un pion sur l'échiquier du KGB. C'est Donokov qui manipule les pièces.

Alex resta interdit, puis ajouta, presque pour lui-même :

— Ça expliquerait qu'il soit toujours si bien informé.

Il marqua une pause et demanda :

— Comment l'avez-vous démasqué ?

— Nous avons un agent à Leningrad qui déteste encore plus le KGB que toi.

***

Alex rentra à la maison plus tard ce soir-là. Désormais, il avait un nouveau secret qu'il ne pouvait partager ni avec sa mère ni avec Dimitri. Dimitri travaillait-il aussi pour Donokov ? Ou pour la CIA ? La seule chose dont Alex était sûr, c'est qu'il ne pouvait pas prendre le risque de le lui demander.

Il essaya de continuer à travailler pour Ivan comme s'il ne s'était rien passé. Mais ce n'était pas le cas et il était certain que ce n'était qu'une question de temps avant que celui-ci se rende compte que quelque chose avait changé.

Une quinzaine de jours après son rendez-vous avec les deux agents de la CIA, la première interception eut lieu. Alex se tenait sur le quai de Queensboro Plaza, attendant un métro pour Lexington Avenue, quand une voix derrière lui dit :

— Ne te retourne pas.

Alex obéit, mais tout son corps tremblait. Quelques secondes après, la voix reprit dans un murmure :

— Quel est le message d'aujourd'hui ?

— Un paquet arrive d'Odessa jeudi, au dock 7. Sois là pour le récupérer.

L'homme s'en alla sans dire un mot. Alex transmit le message de Donokov comme d'habitude.

Les semaines suivantes, des agents apparurent dans le métro, dans le bus et une fois alors qu'il traversait une rue bondée. Il transmettait toujours le message d'Ivan puis, comme la brume matinale, les agents s'évaporaient dans l'air et ne revenaient jamais.

Alex continua à se demander quand Ivan comprendrait qu'il jouait double jeu. Mais il devait bien avouer, au moins à lui-même, qu'il aimait ce défi : convaincre un agent du KGB qu'il ignorait tout de ce qu'il mijotait. Mais Ivan était un aussi bon joueur d'échecs que lui et sa reine était à découvert, il ne pouvait pas l'oublier.

***

Il n'aurait pas pu le rater. À vrai dire, cela inquiétait Alex à quel point l'homme était repérable, se tenant sur le quai du métro, dans son costume gris anthracite, chemise blanche et cravate bleue. Il sentait même la CIA.

Peut-être était-ce une coïncidence. « Ne crois jamais aux coïncidences », l'avait averti Hammond. Il sourit à Alex, ce qu'aucun autre agent n'avait jamais fait et ce qui le rendit encore plus méfiant. Peut-être qu'il se trompait et que c'était simplement quelqu'un qui croyait le reconnaître.

Alex s'éloigna, mais l'homme le suivit le long du quai. Sa première erreur. Un agent de la CIA, s'il avait été découvert, serait parti. Alex regarda vers le sol et remarqua sa deuxième erreur. Malgré leur brillant, ses chaussures n'avaient pas de lacets, chose que la CIA désapprouvait. Une erreur de débutant.

Alex entendit le bruit du métro qui approchait et décida d'essayer de le semer en montant et en redescendant successivement des rames. Alors que le train sortait du tunnel, Alex s'approcha du bord du quai et attendit. Soudain il sentit dans son dos deux mains gigantesques qui le poussaient vigoureusement vers les rails.

Il n'avait nulle part où se retenir pour ne pas tomber sous le métro. S'il eut une pensée à ce moment-là, c'est qu'il allait mourir, et pas de la plus agréable des façons. Il ne remarqua pas le jeune homme qui courait vers lui et le plaqua au dernier moment, comme s'il essayait d'empêcher un *touchdown* au football américain.

Le jeune agent de la CIA laissa Alex étendu sur le quai et se lança à la poursuite de l'assaillant. D'un autre plaquage il fit tomber l'homme dans l'escalier. En un instant, il l'immobilisa et lui passa les menottes. L'assaillant se retourna et regarda Alex qui se relevait. Malgré le brouhaha, le bruit des portes des wagons et des passagers qui s'écoulaient hors du métro, Alex n'eut aucun mal à traduire les mots que l'homme articulait :

— Tu es mort.

Chapitre 18

Sasha
Londres

Sasha était assis seul dans une petite pièce mal éclairée au sous-sol, le genre de pièce dont il avait entendu parler dans un roman d'Harry Clifton. Il voulait tourner la page et découvrir ce qui allait se passer ensuite.

La porte pivota sur ses gonds et l'inspecteur Warwick entra, accompagné d'une policière. Ils prirent place en face de lui.

— J'ai quelques questions à vous poser, expliqua Warwick en allumant son dictaphone. Les accusations portées contre vous sont très lourdes, mais je veux entendre votre version des faits avant de prendre une décision sur la conduite à tenir.

Sasha se souvenait que dans les romans d'Harry Clifton, Derek Matthews, l'avocat véreux dont les clients étaient coutumiers de ce genre de situation, leur conseillait toujours de ne rien dire avant son arrivée. Mais Sasha n'était pas un criminel et il n'avait rien à cacher. Il attendait, impatient de découvrir quelles étaient ces « lourdes accusations », sachant pertinemment qu'en dissimulant cette information vitale l'inspecteur essayait de le rendre mal à l'aise et nerveux. Ce qui fonctionnait à merveille.

— Une certaine Mlle Fiona Hunter, finit par dire Warwick, a déclaré que jeudi dernier, c'est-à-dire le 16 novembre, vous avez grimpé à l'échelle de secours à l'arrière de Newnham College, êtes entré dans sa chambre au troisième étage par la fenêtre et l'avez violée.

Il regarda Sasha droit dans les yeux.

— Qu'avez-vous à répondre à ces accusations ?

Sasha savait exactement ce qu'il avait fait jeudi soir. Après le débat à l'Union, il avait raccompagné Charlie à Newnham et, alors qu'elle entrait par la grande porte et montait dans sa chambre, il avait fait le tour du bâtiment, avait grimpé à l'échelle jusqu'au deuxième étage et passé la nuit avec elle.

Le lendemain, ils s'étaient réveillés un peu avant cinq heures et avaient fait l'amour une nouvelle fois, puis Sasha s'était habillé, avait descendu l'échelle et était retourné à pied à Trinity. Il était arrivé dans sa chambre peu avant six heures et avait passé quelques heures sur un devoir qu'il devait retravailler avant son cours du matin.

Le seul problème avec l'alibi en béton de Sasha, c'est que si Charlie confirmait son récit, en vertu du règlement de Newnham College elle serait automatiquement suspendue et renvoyée chez elle jusqu'à la fin du trimestre, sans pouvoir passer ses examens, puisqu'une enquête prouverait bien évidemment qu'elle a enfreint les règles. De plus, Fiona se ferait une joie de rapporter ce qu'elle a vu si son autre stratagème venait à échouer.

— Jeudi dernier, je suis allé au débat de l'Union puis j'ai raccompagné M. Anthony Barber à l'hôtel University Arms, où il passait la nuit, puis je suis retourné à mon bâtiment peu avant onze heures. Je ne suis ressorti de ma chambre qu'à huit heures pour prendre mon petit déjeuner.

— Donc aucune des empreintes que nous avons relevées sur l'échelle de Newnham College ne sera la vôtre ? demanda Warwick, l'air dubitatif.

Soudain Sasha regretta de ne pas avoir suivi la règle d'or de Derek Matthews et de ne pas avoir gardé le silence.

Il fit la moue et lança :

— Je ne dirai plus rien avant d'avoir vu un avocat.

Warwick ferma son dossier.

— Très bien, monsieur Karpenko. Dans ce cas, je vais vous demander un relevé de vos empreintes, puis vous pourrez partir. Vous devez revenir au poste demain à neuf heures, avec ou sans avocat.

Sasha fut surpris quand, après avoir éteint le dictaphone, Warwick ajouta :

— Ça devrait vous laisser assez de temps pour tirer tout ça au clair.

Une autre surprise fut la présence du Dr Streator, qui attendait devant la salle d'interrogatoire, assis sur un étroit banc en bois.

— Ne dis rien avant qu'on soit dans ma voiture, dit-il.

Il guida son élève hors du poste jusqu'à une vieille Volvo garée de l'autre côté de la rue.

— Maintenant, raconte-moi ce qui s'est passé, et n'omets aucun détail, dit Streator une fois que Sasha eut fermé la portière.

Sasha était presque à la fin de son récit lorsqu'ils arrivèrent sur le parking des enseignants de Trinity.

— Visiblement, l'inspecteur ne croit pas un mot de ce que Mlle Hunter raconte, sinon il ne t'aurait pas laissé partir. À mon avis, elle t'a vu grimper par la fenêtre de la chambre de Mlle Dangerfield et s'est dit que c'était une bonne occasion de faire capoter tes chances de devenir président de l'Union, dit Streator alors qu'ils marchaient vers son bureau.

— Fiona peut-elle vraiment être aussi impitoyable ?

— Ne pense pas à elle en tant que Fiona, mais plutôt comme la fille de sir Max Hunter, et tu auras la réponse à ta question. Mais tout n'est pas perdu. Il ne fait aucun doute que Mlle Dangerfield corroborera ton alibi, ce qui ridiculisera Mlle Hunter.

Cette perspective rendait visiblement Streator très heureux.

— Mais j'ai déjà menti à Warwick pour protéger Charlie. Pourquoi est-ce qu'il me croirait si je change ma version ?

— Il comprendra, c'est un homme du monde, répondit Streator en ouvrant la porte.

— Mais je ne veux pas que Charlie soit suspendue et ne puisse pas passer ses examens.

— Alors tu seras arrêté et inculpé pour viol. Et même lorsque tu seras innocenté, certains croiront toujours qu'il n'y a pas de fumée sans feu, surtout si tu envisages une carrière en politique.

— Mais je dois protéger Charlie.

— Tu as quitté sa chambre vers cinq heures et demie ? demanda Streator, en ignorant la remarque de Sasha. Tu es directement retourné à Trinity ?

Sasha acquiesça.

— Personne ne t'a vu ?

— Non, il n'y a pas grand monde dehors à cette heure-là.

— M. Perkins ne t'a pas vu te faufiler à l'intérieur ?

— J'ai bien peur que non. Il dormait à poings fermés, ce qui m'arrangeait sur le moment.

— Vraiment ?

Le téléphone de Streator se mit à sonner. Il décrocha et écouta quelques instants avant de dire :

— C'est Perkins. Il dit qu'il doit vous parler.

— Désolé de vous déranger, monsieur Karpenko. Votre mère vient de m'appeler pour me dire qu'elle doit vous parler au plus vite.

***

— Toute l'Union ne parle que de ça, dit Ben en s'asseyant à l'autre bout du lit de Sasha.

— Ne me ménage pas.

— Tu as été arrêté pendant le cours, menotté, puis traîné jusqu'à un fourgon direction la taule, où on t'a inculpé de viol puis laissé moisir au fond d'une cellule en attendant le procès.

— Cette chambre est une cellule, dans ce cas.

— Pas faux. C'est pour ça qu'il faut aller tout de suite à l'Union et qu'on se montre au bar, devant une pinte, tous les deux, comme si de rien n'était.

— Ça ne va pas être possible.

— Si tu veux avoir la moindre chance de devenir président de l'Union, tu n'as pas le choix.

— Désolé, répondit Sasha. Mais je dois aller à Londres d'urgence. Ma mère a besoin de moi tout de suite.

— Qu'est-ce qui pourrait bien être plus urgent que de prouver ton innocence dans une affaire de viol ?

— Je ne sais même pas. Mais la dernière fois que ma mère a utilisé le mot « urgence », c'est quand M. Moretti est mort.

— Laisse-moi au moins dire à Charlie ce qu'il s'est passé, pour que nous puissions confondre Fiona et prouver ton innocence.

— Écoute-moi bien, Ben. Ne t'approche pas de Charlie ou je me ferai une joie de te montrer très exactement ce qui a failli arriver à la gorge d'un certain officier du KGB.

Ben resta paralysé puis finit par articuler :

— Assure-toi d'être de retour à neuf heures demain, tu ne peux pas rater ton rendez-vous avec l'inspecteur Warwick. Sinon tu pourrais bien devenir le premier président de l'Union à être élu depuis une prison.

***

En entendant toquer à la porte, Elena pensa que Sasha était arrivé. Elle regrettait déjà de l'avoir appelé pendant le trimestre pour le déranger avec ses problèmes. C'était bien le genre de son fils de tout laisser tomber pour venir l'aider. Elle arrêta de faire ses cartons et ouvrit la porte pour trouver Gino sur le pas.

— Je suis vraiment désolé, dit-il en la serrant dans ses bras. Je voulais juste te dire que je viens de donner ma démission, avec cinq des commis et trois serveurs.

— Tu ne devrais pas Gino. Je ne veux pas que vous soyez tous au chômage par ma faute.

— La plupart d'entre nous ont compris que de toute façon on n'aurait pas tenu très longtemps avec ce salaud de Tremlett. Et dans tous les cas, mes motivations ne sont pas si nobles, j'ai déjà trouvé un nouveau travail.

— Chez qui ?

— Matteo Agnelli.

— Chez l'ennemi ! plaisanta Elena.

— Plus maintenant. C'est un vieux dicton italien : « Les ennemis de mes ennemis sont mes amis. » Mais M. Agnelli n'accepte de m'embaucher qu'à une seule condition.

— Laquelle ?

— Que tu viennes avec moi.

— Et Betty ?

— Je suis sûr qu'il sera d'accord.

— Mais où est-ce que je vais vivre ? demanda Elena. Je sais qu'il n'y a pas d'appartement au-dessus du restaurant de M. Agnelli.

— Tu peux toujours t'installer chez moi le temps de trouver quelque chose.

— Mais ton compagnon ?

— Ça ne lui poserait problème que si tu étais un homme, répondit Gino. Bien, es-tu prête à traverser la rue pour me rejoindre à l'Osteria Roma ?

— On aurait dû t'appeler Coriolan, répondit Elena.

— Cori… qui ?

***

Sasha reconnaissait que perdre son travail et l'appartement pouvait être décrit comme une urgence. Mais il aurait aimé être au courant de la proposition de Gino avant de sauter dans un train. Sauf qu'une fois que l'opérateur lui avait annoncé que le téléphone de sa mère avait été coupé, il n'avait plus eu le choix. Il avait passé la nuit éveillé sur le canapé de Gino puis était monté dans le premier train pour Cambridge le lendemain matin. Il avait dû débourser près d'une livre pour un taxi afin d'être certain d'arriver au poste de police à huit heures cinquante-quatre. Un jeune policier en uniforme le fit entrer directement dans le bureau de l'inspecteur Warwick, et non pas dans la salle d'interrogatoire.

— Mlle Hunter est revenue sur ses accusations, annonça Warwick alors que Sasha prenait place.

— Pitié, dites-moi que Charlie n'est pas venue vous voir.

— Charlie qui ? demanda innocemment Warwick. Non, c'est un simple point de l'enquête qui a poussé Mlle Hunter à revenir sur son récit. Nous lui avons montré que vos empreintes s'arrêtaient au deuxième étage et que bien qu'elle prétende que vous ayez quitté sa chambre quelques minutes après l'avoir agressée, il est difficile d'expliquer pourquoi il vous a fallu cinq heures et demie pour retourner à Trinity, sauf si bien sûr vous étiez confortablement endormi à l'étage d'en dessous.

— Mais le gardien, M. Perkins, ne peut pas confirmer l'heure de mon retour, il dormait comme un loir quand je suis rentré.

— Disons plutôt qu'il a accepté de regarder ailleurs. S'il vous avait vu rentrer à cinq heures et demie, vous auriez dû signer le registre et avouer que vous aviez enfreint les règles, et aussi expliquer aux surveillants où vous étiez toute la nuit.

— Alors Fiona va s'en tirer ?

— Pas complètement. Mlle Hunter a été avertie qu'elle ferait mieux de ne pas faire perdre son temps à la police. Honnêtement, je lui aurais fait passer la nuit en cellule si son père ne s'était pas entretenu directement avec le commissaire. Dans tous les cas, vous feriez mieux de filer, j'ai cru comprendre que vous aviez une longue journée devant vous.

***

— Comme vous le savez Elena, je veux que vous veniez travailler pour moi depuis longtemps, mais vous m'aviez fait comprendre que c'était hors de question tant que vous étiez au service de M. Moretti.

— Et c'est peut-être encore hors de question.

— Mon offre n'a pas changé. Vous serez chef et je vous promets que je ne mettrai jamais les pieds en cuisine. Je double le salaire de M. Moretti plus dix pour cent des bénéfices du restaurant. Il faudra juste que vous trouviez votre propre logement.

Exactement ce que Sasha avait prédit.

— Et est-ce que Betty peut venir avec moi ?

Agnelli acquiesça.

— Et Gino sera maître d'hôtel ?

— Oui, je me suis déjà arrangé avec lui. Est-ce que vous avez d'autres requêtes ?

Elle en avait effectivement une et après l'avoir entendue M. Agnelli déclara :

— Il faut que j'y réfléchisse.
— C'est ça ou rien, répondit Elena.

***

En sortant du poste de police, Sasha courut vers l'Union où son directeur de campagne expliquait à un électeur où son candidat avait été ces dernières quarante-huit heures.

— Le scrutin a déjà commencé, dit Ben lorsque Sasha le rejoignit au bar et lui apprit les dernières nouvelles. Nous n'avons pas une minute à perdre, Fiona raconte à qui veut l'entendre que tu as passé les deux derniers jours dans une cellule. Il faut reconnaître qu'elle a un sacré culot.

— Et qu'elle sait choisir son moment.

— Dommage que Warwick ne l'ait pas coffrée pour la journée. Ça nous aurait bien aidés. Mais on a encore une chance de gagner.

Ils se mirent au boulot. Une partie des membres serrèrent la main de Sasha, tandis que d'autres lui tournèrent le dos – ils avaient considéré certains d'entre eux comme des soutiens, voire des amis. Il essaya de parler à tous ceux qui n'avaient pas encore voté, même s'il savait que beaucoup n'avaient pas l'intention de le soutenir. Il était évident que bon nombre croyaient toujours l'histoire de Fiona, ou voulaient y croire, tandis que d'autres admettaient qu'il y avait de grandes chances que leurs empreintes se trouvent aussi sur l'échelle. Sasha ne s'arrêta pas avant la dernière minute du scrutin, à six heures, puis il rejoignit Ben et Charlie au bar de l'Union. Les soutiens de Fiona occupaient la moitié de la pièce et ceux de Sasha l'autre moitié.

— Quand aurons-nous les résultats ? demanda Charlie en buvant une gorgée de bière.

— Vers sept heures, répondit Ben. C'est bientôt.

L'estimation de Ben se révéla fausse, il était près de huit heures quand le président sortant, Chris Smith, entra dans le bar et se faufila jusqu'au centre de la pièce, une unique feuille de papier à la main. Il attendit que le silence complet se fasse avant de parler.

— Je voudrais commencer par expliquer pourquoi nous avons mis si longtemps à annoncer les résultats. Trois comptages ont été nécessaires avant que les scrutateurs se mettent d'accord sur le verdict. Je peux maintenant annoncer qu'avec une avance de trois votes, la prochaine présidence de l'Union de Cambridge va à…

permettent la moitié de la pièce et ceux de Sétna l'autre moitié.

— Quand aurons-nous les résultats ? demanda Charlie en avalant une longue gorgée de thé.

— Un sept heures, répondit Ben. » En fait, son estimation de Ben se révéla fausse ; il était près de huit heures quand le professeur Chris Smith entra dans le bar et se faufila jusqu'au centre de la pièce, une unique feuille de papier à la main. Il attendit que le silence se fasse avant de parler.

« Je voudrais commencer par expliquer pourquoi nous avons pris si longtemps à annoncer les résultats. Nous comparions [illegible] que [illegible] l'autre [illegible] accord [illegible] ne [illegible] avec une avance de [illegible] points, la [illegible] de l'Université de Cambridge [illegible]

Chapitre 19

Alex
Vietnam, 1972

Alex lut la lettre une deuxième fois, avant de la montrer à sa mère. Elena sanglota, elle savait pertinemment ce que son fils allait faire.

— Si seulement nous étions allés en Angleterre, ce ne serait jamais arrivé, se lamenta-t-elle en ne pouvant s'empêcher de penser qu'ils étaient montés dans la mauvaise caisse.

Une grande partie des jeunes hommes qui lisaient cette même lettre ce matin-là étaient déjà au téléphone avec les avocats de leur père ou en route pour une visite chez le médecin, tandis que d'autres déchiraient simplement la lettre de conscription, espérant faire disparaître le problème. Mais pas Alex.

Elena ne fut pas la seule à pleurer. Suzi le supplia de demander un report, puisque c'était sa dernière année à l'université de New York, ils l'autoriseraient sûrement à finir son cursus. Elle pleura toute la nuit, mais Alex n'écouta pas son conseil.

Il avait un problème urgent à régler avant de pouvoir faire ses valises et s'en aller. Ses onze étals rapportaient maintenant un généreux profit et il ne voulait en perdre aucun. Mais qui pourrait bien s'en occuper en son absence ? À sa grande surprise, c'est sa mère qui trouva une solution.

— Je vais quitter mon travail chez Mario et Dimitri et moi on s'occupera des étals jusqu'à ton retour.

Personne n'osa demander ce qu'il adviendrait s'il ne revenait pas.

Alex accepta de bon cœur l'offre de sa mère et le 11 février 1972 il monta dans un train à destination de Fort Bragg, en Caroline du Nord, pour ses huit semaines d'entraînement avant de partir pour le Vietnam.

***

Les lumières s'allumèrent. « Debout, debout », cria le plus fort possible le sergent-chef alors qu'il traversait la pièce entre les jeunes recrues, frappant avec sa canne l'extrémité de chaque lit. L'un après l'autre, les jeunes hommes, brutalement tirés de leur profond sommeil et peu habitués à un réveil si matinal, se frottèrent les yeux. Tous sauf un. À quatre heures du matin, Alex aurait déjà été en route pour le marché.

— Les Viêt-cong foncent droit vers vous, ils tueront le dernier homme qui met les deux pieds par terre, cria l'instructeur.

Alex se dirigeait déjà vers les douches, une serviette à la main. Il ouvrit le robinet, qui ne donnait le choix qu'entre de l'eau froide et de l'eau froide.

— Quiconque ne s'est pas douché, rasé et habillé dans un quart d'heure ne mangera pas avant le déjeuner.

Soudain, les recrues se pressaient vers les douches.

Alex fut le premier à s'asseoir sur l'un des longs bancs en bois du réfectoire. Il se rendit rapidement compte que sa mère l'avait gâté durant toutes ces années. Ce n'est que le troisième matin, poussé par le désespoir, qu'il parvint à avaler son petit déjeuner : du porridge grumeleux, du bacon dégoulinant de graisse, des toasts carbonisés et un liquide noir et brûlant que l'armée appelait café.

Lorsqu'il découvrit le terrain de manœuvre, puis le gymnase, les longues randonnées et les traversées de rivières glaciales, un fusil à bout de bras, il comprit qu'il n'était pas aussi en forme qu'il le pensait. Néanmoins, il parvint à garder un mètre ou deux d'avance sur le gros de ses camarades, qui jusqu'à maintenant avaient tous considéré que les samedis soir étaient faits pour la boisson et les dimanches matin pour la grasse matinée. Le sergent-chef leur avait très gentiment rappelé que les Viêt-cong ne prenaient pas de week-end.

Alors qu'il se débrouillait au gymnase, au stand de tir et pendant les opérations de nuit dans les collines, Alex excellait dans la salle de classe, où l'officier instructeur essayait d'expliquer pourquoi l'Amérique s'était mêlée à une guerre en Extrême-Orient.

Alex se passionna pour l'histoire du Vietnam et pour la façon dont le Sud et le Nord avaient été unis depuis 939 après Jésus-Christ, mais s'entre-déchiraient maintenant.

— Pourquoi sacrifions-nous la vie de nos soldats pour un petit pays à l'autre bout du monde ? demanda Alex.

— Parce que si les communistes au nord prennent le contrôle du pays entier, qui tombera ensuite ? répondit l'officier instructeur. Le Laos ? Le Cambodge ? Et l'ennemi s'arrêterait-il en atteignant l'Australie ? C'est l'effet domino. Si l'un tombe, les autres suivront.

— Mais ça reste l'autre bout du monde, répliqua Alex.

— N'en sois pas si sûr, répondit l'officier instructeur. Avec Cuba aux mains de Fidel Castro, les communistes ne sont qu'à un jet de pierre des côtes américaines et s'ils mettaient la main sur autre chose que des arcs et des flèches, la Floride pourrait bien être la prochaine cible.

Alex ne posa pas d'autres questions, conscient que l'Armée rouge avait occupé toute l'Europe de l'Est pendant que les Alliés étaient restés les bras croisés.

Alex se fit rapidement des amis parmi ses camarades, dont certains étaient, comme lui, des immigrés de première génération. Il les aidait à écrire des lettres pour leur famille ou leur petite amie, à remplir les formulaires et apprit même à l'un d'entre eux à faire ses lacets. Pourtant, il y en avait un – comme c'est toujours le cas – qui prit Alex en grippe dès le premier coup de clairon.

Big Sam, dont le surnom était « le Tank », mesurait un mètre quatre-vingt-treize et quand il montait sur la balance, l'aiguille ne s'arrêtait pas avant d'avoir atteint les cent kilos, des muscles d'acier pour la plupart. Il ne considérait vraiment pas le soldat Karpenko comme le leader naturel de l'unité. La plupart des autres recrues évitaient Big Sam et même quelques-uns des sergents-chefs se méfiaient de lui. Alex lui aussi gardait ses distances, mais il ne put éviter Big Sam quand, durant une séance d'entraînement, il dut l'affronter dans un match de boxe amical. Big Sam ne faisait pas dans l'amical. Toutes les autres recrues s'approchèrent pour regarder l'inévitable carnage.

— Je suis le meilleur, murmura Alex sans conviction en enjambant les cordes, espérant que les mots de Cassius Clay lui donneraient du courage et qu'il survivrait aux trois rounds de trois minutes.

Lors du premier round, il dansa nerveusement à travers le ring tandis que son adversaire lançait coup de poing sur coup de poing, sans qu'aucun touche sa cible. Il atteignit la fin du deuxième round et parvint même à frapper Big Sam plusieurs fois ; pour autant celui-ci ne sembla même pas s'en rendre compte. Mais les jambes d'Alex devenaient de plus en plus lourdes. Et ce n'était pas à une lente valse au bras d'une jeune fille dans une salle de bal qu'il s'adonnait.

Au milieu du troisième round, Sam réussit à décocher un coup de poing qui s'écrasa sur la tempe d'Alex. Il chancela suffisamment longtemps pour que Big Sam lui assène un crochet au menton ; Alex s'effondra sur le tapis. Un homme plus sage serait resté à terre. Mais pas Alex. Il essaya tant bien que mal de se relever tandis que l'arbitre comptait « cinq, six, sept… ». Il ne tenait que sur un genou quand le coup suivant s'abattit sur son nez. Il ne voyait plus que des étoiles, les cinquante étoiles du drapeau américain. Dans un championnat, Big Sam aurait été disqualifié, mais comme le sergent-chef le rappela, personne ne prendrait le temps d'expliquer les règles du marquis de Queensberry aux Viêt-cong.

En revenant à lui quelques minutes plus tard, Alex découvrit, horrifié, Big Sam qui se tenait au-dessus de lui. Il se préparait à recevoir un autre coup quand celui-ci desserra le poing et l'aida à se relever ; son nouveau meilleur ami.

***

La deuxième semaine, ils firent la connaissance du stand de tir et des cibles fixes.

— Demain, ce seront des cibles mobiles, expliqua le sergent-chef. Et quand vous serez habitués, elles répliqueront.

Pendant la troisième semaine, la nuit remplaça le jour. Ni nourriture ni sommeil, si vous n'étiez pas encore mort, vous auriez voulu l'être. La quatrième semaine était dédiée au combat à mains nues, mais seulement après quatorze heures sans manger ni dormir. Quand enfin on les autorisait à s'écrouler sur leur lit de camp, ils avaient à peine fermé les yeux qu'on les réveillait brusquement en leur annonçant que les Viêt-cong avaient lancé une contre-offensive.

— Et n'oubliez pas qu'ils sont chez eux !

Personne ne fut étonné quand, dès la cinquième semaine, Alex fut promu caporal, avec, sous ses ordres, une dizaine de ses camarades. Immédiatement, il choisit Big Sam pour le seconder.

À la fin de la sixième semaine, la section d'Alex surpassait les sections rivales. Tous se seraient jetés d'une falaise à sa suite.

Lors de la septième semaine, le chef de section, le capitaine Lowell, prit Alex à part après l'inspection du matin.

— Karpenko, avez-vous déjà envisagé de demander votre transfert à l'école des officiers ? Je vous recommanderais avec joie.

La réponse d'Alex le déçut.

— Je travaille sur les marchés, monsieur. Je ne veux pas être officier. Je préfère rester ici et me battre avec mon unité, si ça vous convient.

Les semaines suivantes, le capitaine Lowell essaya à plusieurs reprises de convaincre Karpenko de changer d'avis, mais il obtint toujours la même réponse inflexible.

Lors du dernier jour à Fort Bragg, la section d'Alex reçut le fanion d'honneur des mains du général. C'est Big Sam qui accepta le prix en leur nom à tous.

— Vous êtes l'une des meilleures unités que j'aie jamais eues sous mes ordres, dit le général en lui tendant le fanion.

— Montrez-moi les autres, répondit Big Sam.

Ils éclatèrent de rire.

Le 5 juin 1972, le capitaine Lowell, le caporal Karpenko et cent vingt hommes du 116e régiment d'infanterie montèrent au beau milieu de la nuit dans une dizaine de camions en direction d'un aéroport qui n'apparaissait sur aucune carte. Quatorze heures plus tard, après trois brèves escales où les réservoirs de l'avion furent remplis pendant que leurs estomacs restaient désespérément vides, les troupes atterrirent finalement sur une piste hautement protégée du Sud-Vietnam. Ils n'étaient plus des bleus, mais des soldats entraînés et prêts au combat.

Tous ne rentreraient pas chez eux.

***

Le 116e passa quelques semaines à installer son campement de fortune et encore une quinzaine de jours à préparer le premier objectif. À ce moment-là, ils étaient tous fin prêts. Mais pour quoi ?

— Les ordres sont clairs, annonça le capitaine Lowell lors de l'inspection des troupes du matin. Notre mission consiste à patrouiller dans la zone démilitarisée qui divise le Nord et le Sud-Vietnam. Les Viêt-cong s'aventurent parfois dans le secteur avec l'espoir de trouver un point faible dans nos défenses. S'ils sont assez stupides pour venir par ici, c'est notre travail de le leur faire regretter et de les renvoyer de l'autre côté de la frontière.

— Est-ce qu'on aura l'occasion d'aller de leur côté ? demanda Alex.

— Probablement pas, répondit Lowell. On garde ça pour les pros : les marines et les rangers. Il n'y a que dans des circonstances exceptionnelles que nous serons appelés pour les épauler.

— Donc notre travail, c'est de faire la circulation, intervint Big Sam.

— À peu de chose près, concéda Lowell. « C'est aussi servir que d'attendre, immobile. »

Alex pensa qu'il lui faudrait chercher cette citation la prochaine fois qu'il irait à la bibliothèque, ce qui ne serait pas avant des années.

— La bonne nouvelle, reprit Lowell, c'est que tous les six mois, vous aurez une semaine de permission pour aller à Saigon.

Quelques acclamations se firent entendre.

— Mais là non plus vous ne devrez pas complètement baisser la garde. Il faudra que vous partiez du principe que chaque personne qui vous approche est un agent Viêt-cong. Méfiez-vous des jeunes femmes attirantes, qui vous offriront des rapports sexuels dans l'espoir de vous extorquer ce que vous penserez être une information sans importance.

— On ne peut pas juste baiser et la fermer ? demanda le soldat Boyle.

Lowell attendit que les rires cessent.

— Non, Boyle, dit-il avec fermeté. Si vous êtes tenté, souvenez-vous juste que vous êtes sûrement en train de causer la mort d'un de vos camarades.

— Je ne suis pas sûr de pouvoir me passer de femmes pendant six mois, répondit Boyle.

Le reste de l'unité éclata de rire, mais ils n'en étaient pas moins d'accord avec lui.

— Ne vous inquiétez pas, Boyle. L'armée s'est chargée de tout. Nous avons notre bordel attitré, en bordure du camp. Il est dirigé par une dénommée Lilly et toutes les filles ont été soigneusement choisies. La seule fois où Lilly a découvert qu'une de ses filles travaillait pour les Viêt-cong, on a retrouvé son corps flottant dans le Mékong le lendemain matin. Chaque unité a droit à fréquenter le bordel un soir par semaine. Le nôtre, c'est le mercredi.

Les hommes n'eurent pas besoin de prendre des notes.

***

Alex trouvait que patrouiller dans la zone démilitarisée était au mieux très ennuyeux et au pire parfaitement inutile. Il s'écoula trois mois avant qu'ils remarquent l'incursion d'une patrouille Viêt-cong dans le *no man's land.* Le capitaine Lowell donna immédiatement l'ordre d'avancer et de tirer à volonté, mais ils ne réussirent pas à toucher autre chose qu'un arbre ou deux et en quelques secondes l'ennemi s'était déjà évanoui derrière la frontière.

Lorsqu'il décrivit l'incident à sa mère dans une longue lettre, il essaya de la rassurer : il avait plus de risques d'être tué en traversant Brighton Beach Avenue qu'en patrouillant dans la zone démilitarisée. Une grande partie de sa lettre fut expurgée par les censeurs.

Alex recevait régulièrement du courrier d'Elena. Bernie avait fini par prendre sa retraite et Elena reconnut que depuis son départ, ils s'en sortaient à peine. Alex n'avait pas besoin de lire entre les lignes pour comprendre que ni sa mère ni Dimitri n'étaient des marchands-nés. Elena lui dit qu'ils avaient hâte qu'il rentre, mais Alex dut accepter que ce ne serait pas avant un an. Alors que les longues semaines se changeaient en mois interminables, il se demandait s'il n'aurait pas mieux valu suivre le conseil de Suzi et essayer d'obtenir un report pour finir ses études à l'université, mais surtout pour demander Suzi en mariage. Il avait déjà la bague.

***

— Qu'allez-vous faire quand vous rentrerez ? demanda le capitaine Lowell alors que lui et Alex étaient assis dans la tranchée et partageaient un semblant de déjeuner.

— Finir mon cursus en économie à l'université de New York, puis construire un empire qui rivalisera avec celui de Rockefeller.

— C'est mon parrain, répondit Lowell le plus sérieusement du monde. Je pense que tu l'aimerais bien et je sais que lui t'apprécierait beaucoup.

— Vous travaillez pour lui ? demanda Alex.

— Non, je travaille dans une petite banque à Boston, l'entreprise familiale. Mais pour être honnête, je ne suis qu'un simple investisseur. Je préfère me concentrer sur ma vraie passion, la politique.

— Vous aimeriez être président un jour ?

— Non. Je ne suis pas aussi ambitieux que vous, caporal, et je suis bien conscient de mes limites. Mais quand je rentrerai à Boston, je me présenterai au Congrès et peut-être un jour au Sénat.

— Comme votre grand-père ?

Lowell fut pris par surprise et s'attendait encore moins à la suite de la question d'Alex :

— Pourquoi est-ce que vous n'avez pas demandé de report ? Vous devez avoir assez de connexions pour vous tirer de ce trou à rats.

— C'est vrai, mais mon autre grand-père était général et il m'a convaincu qu'un séjour au Vietnam ne ferait pas de mal à ma carrière politique, surtout que la plupart de mes rivaux ont évité la conscription. Mais vous avez raison, tous les élèves de ma promo à Harvard ont trouvé un moyen de ne pas être appelés.

Alex extirpa le dernier haricot au fond de la conserve et le savoura lentement, comme s'il s'agissait d'un plat de choix de sa mère.

— Bon, il est temps d'aller débusquer l'ennemi, annonça Lowell.

— Vous avez de l'espoir ! répliqua Alex.

***

Le mercredi soir, alors que le reste de l'unité se rendait chez Lilly, Alex restait à la cantine, avec un livre pour seul compagnon. Il avait épuisé Tolstoï, Dickens et Dumas, dans leurs langues respectives, et s'était récemment tourné vers Hemingway, Bellow et Cheever.

Suzi lui écrivait chaque semaine. Alex ne s'était pas rendu compte à quel point elle lui manquerait. Il voulait lui demander sa main, mais pas par écrit. En revanche, quand il rentrerait…

Big Sam insistait sans arrêt pour qu'il rejoigne les autres dans le bus en direction du bordel, mais Alex continuait de résister, il avait même montré au Tank une photo de Suzi.

— Tu n'es pas obligé de lui dire, suggéra Sam avec un petit sourire.

— Mais je devrais le faire, répondit Alex, tandis que la voix de crooner d'Elvis Presley s'élevait du juke-box de la cantine : *« You were always on my mind. »*

— Je crois que t'aimerais bien Kim, dit Big Sam, qui ne voulait pas laisser tomber.

— Je ne savais pas que tu aimais les romans de Kipling, répondit Alex avec un sourire en coin.

***

— Est-ce que vous songez parfois à la futilité de la guerre ? demanda Alex.

— Je préfère ne pas y penser, répondit Lowell. Ça pourrait entamer ma détermination, ce qui n'aiderait pas vraiment mes hommes en cas de combat.

— Mais il doit y avoir de jeunes soldats nord-vietnamiens dans leur tranchée de l'autre côté de la zone démilitarisée qui comme nous voudraient rentrer chez eux et retrouver leur famille. L'histoire n'a donc servi à rien ?

— Elle nous a appris que les politiciens feraient mieux d'y réfléchir à deux fois avant d'envoyer une nouvelle génération au casse-pipe. Est-ce que ta mère se débrouille sans toi ? demanda Lowell qui voulait changer de sujet.

— Elle fait au mieux. Mes onze étals s'en sortent à peine, mais en vérité, elle a vraiment hâte que je revienne. Il va bientôt falloir renouveler mon bail et elle n'est pas de taille à affronter M. Wolfe.

— C'est qui ?

— Mon propriétaire.

— Dimitri ne peut pas s'en charger ? Il a l'air d'un type plutôt costaud.

— Très honnêtement, il est dépassé. Dimitri est fait pour la haute mer.

— Il ne te reste que quelques mois avant la démobilisation. À part Big Sam, tout le monde sera content.

— Pourquoi ? Il ne veut pas rentrer ?

— Non, il a demandé un transfert chez les marines, que je vais appuyer. Il veut rester dans l'armée après ses deux ans de service. S'il avait ton intelligence, il pourrait finir général.

— Sur un champ de bataille, je préférerais l'avoir à mes côtés plutôt que n'importe quel général, répondit Alex.

***

Comme il ne restait plus que cent jours, Alex se mit à cocher les dates sur son calendrier : quatre-vingt-dix, quatre-vingts, soixante-dix, soixante, cinquante, quarante, trente, vingt…

Le 116e était en patrouille de routine lorsque l'ordre arriva. Il leur restait dix-sept jours avant la fin de leur mission, avant de rentrer aux États-Unis.

Le capitaine Lowell demanda au QG de répéter l'ordre avant de reposer le combiné du téléphone de campagne et de rassembler les hommes autour de lui.

— Il y a du grabuge de l'autre côté de la zone démilitarisée. L'une de nos patrouilles est tombée dans une embuscade. Nous avons ordre de lui porter secours.

— Enfin ! s'écria Big Sam.

Ses camarades n'avaient pas l'air aussi convaincus. Tout comme Alex, ils s'étaient mis à compter les jours.

— Trois hélicoptères Cheyenne se dirigent actuellement vers le champ de bataille avec pour ordre d'évacuer les blessés et de ramener les morts au QG.

En entendant le mot « morts », Alex se rendit pleinement compte que le 116e régiment allait participer à sa première véritable mission.

Big Sam fut le premier debout, le caporal Karpenko à sa suite ; le reste de la troupe était en rang par deux, le soldat Baker fermait la marche.

— Tout le monde se tait à part moi, ordonna Lowell alors qu'ils entraient dans le *no man's land*. Le moindre toussotement pourrait nous faire repérer et mettre en danger toute l'unité.

Pendant une heure, ils traversèrent prudemment le sous-bois pour se rapprocher des lignes ennemies. Le capitaine Lowell vérifiait régulièrement les coordonnées à l'aide de son compas et de sa carte. Soudain, le bruit des coups de feu rendit la carte inutile. Ils se jetèrent au sol et rampèrent en direction du champ de bataille.

Alex leva les yeux et aperçut le premier des trois Cheyenne qui tournait au-dessus de la forêt tropicale dense, cherchant un coin de terre assez plat pour se poser.

Le 116e continuait d'avancer en rampant. Alex ne s'était jamais senti aussi sur le qui-vive. Mais il ne pouvait tout de même pas s'empêcher de se demander où il serait dans une heure. Au moins, il n'avait plus l'impression d'avoir gâché les deux dernières années de sa vie.

Il aperçut un groupe ennemi une centaine de mètres devant lui. Ils n'avaient pas remarqué la section américaine, car ils avaient les yeux rivés sur l'hélicoptère dans lequel l'équipe d'évacuation sanitaire chargeait les blessés sur des civières, sans se rendre compte que des Viêt-cong se cachaient dans les sous-bois.

Lowell leva la main pour indiquer à l'unité qu'elle devait changer de trajectoire et prendre l'ennemi à revers. Tous savaient que l'effet de surprise serait leur meilleure arme. Mais alors qu'ils s'approchaient de plus en plus près, le genou de Baker heurta une brindille. Elle se cassa et fit résonner un bruit sec, comme un pétard. Le soldat qui fermait la marche de l'unité viêt-cong fit volte-face et regarda Lowell droit dans les yeux.

— *Kẻ thù !* cria-t-il.

Le capitaine se dressa d'un bond et appuya sur la détente de son M16 en chargeant vers l'ennemi, le reste de l'unité avançant à sa suite. Près de la moitié des Viêt-cong furent tués avant même d'avoir pu répliquer, mais le capitaine fut touché et tomba, face contre terre. Alex le remplaça immédiatement, Big Sam à ses côtés.

La bataille, si l'on pouvait la nommer ainsi, ne dura que quelques minutes et l'unité viêt-cong fut vaincue au moment où le premier hélicoptère décollait doucement pour rejoindre la base. Le deuxième survolait la forêt non loin, attendant de se poser pour prendre sa place.

Alex se souvint de ses longues heures d'entraînement. D'abord, s'assurer que l'ennemi ne présentait plus aucun danger. Big Sam et lui se chargèrent d'inspecter les seize corps à terre. Quinze d'entre eux étaient morts ; le dernier était à l'agonie, du sang coulait de sa bouche et de son ventre, il savait que la mort l'attendait. Alex se rappela la deuxième étape : il braqua son arme sur le front du jeune homme, mais bien que son geste pût être considéré comme un acte de miséricorde, il ne parvint pas à appuyer sur la détente.

La troisième étape était de vérifier l'état de ses propres troupes, puis d'évacuer les blessés et les morts, qui devaient rentrer au pays et être enterrés avec les honneurs, et non abandonnés sur un champ de bataille étranger. Enfin, la dernière étape : le commandant et les autres gradés devaient être les derniers à quitter la zone des combats.

Alex laissa le soldat nord-vietnamien agonisant et se rua au côté de Lowell. Le capitaine était inconscient. Alex prit son pouls, qui battait faiblement. Big Sam le mit doucement sur ses épaules et le transporta à travers les sous-bois jusqu'à l'hélicoptère, avant de revenir aider les blessés qui pouvaient marcher. En regagnant la zone de combat, il trouva Alex agenouillé près des corps sans vie de Baker et de Boyle. Ils furent les derniers à monter dans le deuxième Cheyenne avant qu'il ne décolle.

Le reste de l'unité gravit difficilement la colline pour atteindre un petit terrain dégagé où atterrit le troisième hélicoptère. Alex attendit que tout le monde soit à bord avant de se retourner pour vérifier une dernière fois le champ de bataille.

C'est à ce moment-là qu'il le vit. Tant bien que mal, le Viêt-cong agonisant était parvenu à se redresser et tenait Alex en joue.

Big Sam se rua hors de l'hélicoptère et courut vers lui, tirant en même temps. Alex ne put que regarder le corps du Viêt-cong qui tressautait sous l'impact des balles, mais le soldat parvint tout de même à presser une fois la détente de son fusil.

Comme au ralenti, Alex vit Big Sam tomber à genoux et s'écrouler non loin du cadavre du combattant viêt-cong. En un instant, Alex était près de la dépouille de son ami.

— Non ! Non ! Non ! criait-il.

Il fallut quatre hommes pour porter le corps sans vie en haut de la colline et pour le hisser à l'intérieur du troisième hélicoptère. Alex monta en dernier, il avait honte d'avoir laissé son meilleur ami se faire tuer.

Chapitre 20

Sasha
Londres, 1972

— Je voudrais vous demander la main de votre fille, monsieur.

— Quel respect des traditions ! répondit M. Dangerfield. Mais Sasha, ne pensez-vous pas que vous êtes tous les deux un peu jeunes pour le mariage ? Ne vaudrait-il pas mieux patienter un peu avant de prendre une décision aussi irrévocable ?

— Pourquoi attendre, monsieur, quand on a rencontré la femme avec qui on veut passer le restant de ses jours ?

— Je vous demanderais si vous êtes certain que ma fille ressent la même chose pour vous si je ne connaissais déjà la réponse.

Sasha esquissa un sourire, il savait que Charlie était assise dans la pièce d'à côté.

— En tant que beau-père potentiel, je crois que je dois vous demander comment vous envisagez l'avenir ? reprit M. Dangerfield.

— J'ai trois offres après Cambridge, monsieur. Mon problème, c'est que je ne parviens pas à me décider.

— C'est ce qu'on appelle l'embarras du choix.

— Sans aucune garantie de réussite économique. Et pour ne rien arranger, aucune de ces offres ne correspond réellement à ce que je veux faire.

— Là, vous m'intriguez.

— Trinity College m'a proposé un poste de chercheur, à condition que je décroche une mention.

— C'est très flatteur.

— Je suis d'accord. Mais je ne suis pas sûr d'être fait pour être professeur. Je préfère le champ de bataille aux salles de classe.

— Un champ de bataille en particulier ?

— Un employé du Foreign Office est venu me suggérer de passer leur examen d'entrée. Je veux bien travailler pour le ministère des Affaires étrangères, mais je ne sais pas s'ils espèrent faire de moi un diplomate ou un espion.

— J'ignorais qu'il y avait une différence. Mais il ne fait aucun doute que vous réussiriez dans les deux voies. Et la troisième offre ?

— M. Agnelli, le propriétaire du restaurant où ma mère est chef, m'a proposé de travailler avec lui. Il n'a pas d'enfants et m'a fait comprendre que je pourrais le remplacer un jour.

— Professeur à Cambridge, espion ou restaurateur. Difficile de faire plus éclectique. La restauration me semble le plus proche du champ de bataille et sûrement le plus lucratif.

— C'est certain, et c'est aussi là que je suis le plus qualifié. Ces cinq dernières années, j'ai travaillé au restaurant pendant les vacances. J'ai commencé par faire la plonge, puis l'installation des tables, et ensuite j'ai été barman et serveur. Parfois, j'avais l'impression de suivre deux cursus en même temps.

— Mais vous dites qu'aucun de ces métiers ne vous attire réellement.

— Non, monsieur. Comme mon père, je suis né pour faire de la politique. Et Cambridge m'a encore plus encouragé à devenir député.

— Vous savez quel parti vous voulez soutenir ?

— Non, monsieur, pas encore. Pour vous dire toute la vérité, les deux extrêmes ne m'attirent pas. Je préfère être au centre, je me retrouve souvent à tomber d'accord avec l'autre parti.

— Mais il va falloir choisir l'un ou l'autre si vous espérez faire une carrière politique. Sauf si, bien sûr, vous comptez rejoindre le Parti libéral.

— Non, monsieur. Je ne crois pas aux causes perdues.

— Moi non plus, et j'ai toujours voté pour les libéraux.

Sasha vira à l'écarlate et balbutia :

— Je suis désolé, monsieur.

— Ce n'est pas nécessaire, mon garçon. D'ailleurs, ma femme est d'accord avec vous…

— Avant que je ne me ridiculise à nouveau, monsieur…

— Susan est conservatrice depuis toujours, même si parfois elle doit se pincer le nez en glissant son bulletin dans l'urne. Dans un sens, elle est pire que vous. Mais Charlie m'avait dit qu'après avoir perdu l'élection de si près, vous lui aviez promis de ne jamais vous représenter.

— Ce « jamais » n'a pas tenu une semaine, monsieur. À son grand dam, je vais me représenter à la présidence au prochain trimestre.

— Pour être terre à terre un instant, si vous acceptiez l'offre de M. Agnelli, où est-ce que Charlie et vous habiteriez ?

— Ma mère vient tout juste d'acheter un grand appartement à Fulham, avec bien assez de place pour nous trois.

— Et pour quatre, ou même cinq ? demanda Dangerfield, perplexe.

— Nous pensons tous deux qu'il vaut mieux attendre d'être bien installés dans nos carrières avant de fonder une famille. Une fois que Charlie aura son doctorat, elle espère trouver un travail qui nous permettra de gagner assez pour deux, voire trois ou quatre. Seule ma mère n'est pas d'accord avec moi.

— J'ai hâte de la rencontrer. Elle m'a l'air exceptionnelle. Mais dites-moi, que pense-t-elle de son fils qui souhaite se marier si jeune ?

— Elle adore Charlie et elle ne veut pas que nous vivions dans le péché.

— Je comprends mieux d'où vous tenez vos valeurs traditionnelles.

***

— Ce serait plus simple si tu t'encartais, expliqua Ben. J'ai beau être certain que tu peux gagner en tant qu'indépendant, j'aurais la vie plus facile si tu rejoignais les conservateurs ou les travaillistes. Les conservateurs, de préférence.

— C'est bien le problème, répondit Sasha. Je ne sais toujours pas quel parti soutenir. Par essence, j'approuve le marché libre et je suis favorable à une moindre intervention de l'État. Mais en tant qu'immigré, je me sens plus en accord avec les valeurs du Parti travailliste.

— Le débat de la semaine prochaine t'aidera peut-être à choisir.

— Quel est le thème déjà ?

— Si oui ou non cette maison pense qu'il est nécessaire que la Grande-Bretagne rejoigne la Communauté économique européenne.

— Je ne suis pas sûr d'être conservateur ou travailliste, répondit Sasha. Mais je suis certain de ne pas être libéral.

— Bien, mais ne dis ça devant personne avant la fin du scrutin. En tant qu'indépendant, il te faudra des voix d'électeurs provenant de chacun des trois partis.

— Tu n'as donc aucune conviction ? demanda Sasha.

— Des convictions ? On ne pourra se permettre ce genre de chose qu'après avoir remporté l'élection.

— Mais alors, à quoi bon ?

***

— Je suis vraiment contente qu'on passe le week-end avec mes parents, dit Charlie, je sais que mon père veut te demander conseil sur quelque chose.

— Sur quoi ? J'ai du mal à voir en quoi je pourrais l'aider. Je ne connais rien aux antiquités et il est considéré comme l'un des meilleurs dans son domaine.

— J'ai autant hâte que toi de le découvrir. Mais je l'ai prévenu que tu ne faisais pas la différence entre un meuble Chippendale et un Conran.

— Je sais lequel des deux je peux me payer, répondit Sasha.

— Tu devrais lire un peu moins de Maynard Keynes et un peu plus d'Oscar Wilde. D'ailleurs, est-ce que ta mère vient ? Tu sais que mes parents ont hâte de la rencontrer.

— Elle a prévu de venir samedi matin. Ça devrait me laisser assez de temps pour prévenir tes parents qu'elle a déjà choisi les prénoms de nos trois premiers enfants.

— Est-ce que tu l'as prévenue que ce n'était pas pour tout de suite ?

***

Lorsque Edward Heath se rassit à la fin du débat, Sasha n'était pas plus avancé quant au parti dont il se sentait le plus proche. Le discours du Premier Ministre avait été honnête et sérieux, mais manquait de fougue, alors même qu'il parlait d'un sujet qui le passionnait. Malgré le récent succès de sa campagne pour assurer à la Grande-Bretagne une place dans le marché commun, certains avaient été incapables de retenir quelques bâillements, y compris au sein de ses soutiens.

Michael Foot, qui représentait l'opposition pour le Parti travailliste, était d'un tout autre niveau. Ses formidables qualités d'orateur envoûtaient les étudiants même s'il n'avait pas une connaissance aussi approfondie du sujet que son adversaire.

Sasha, comme Heath, croyait en une Europe forte pour faire face au bloc communiste. Il ignora les conseils de Ben et vota pour la motion et non pour l'homme.

— J'ai trouvé Heath formidable, dit Ben alors qu'ils sortaient du bâtiment après le dîner qui suivit le débat.

— Non, ce n'est pas vrai, répondit Sasha. Il connaissait peut-être son sujet de long en large, mais Foot a été bien plus convaincant.

— Mais tu préfères que le pays soit dirigé par qui ? questionna Ben. Un brillant orateur ou…

— « Heath l'épicier » comme l'appellent les journaux ? Les délibérations sont toujours en cours, je me présenterai comme indépendant.

— Alors nous allons avoir un week-end chargé.

— Pourquoi ?

— Il va falloir mettre ton manifeste dans chaque bâtiment, coller des affiches sur tous les panneaux d'affichage et, lorsque tout le monde aura le dos tourné, enlever celles de tes rivaux.

— Oublie ça, Ben. Tu sais aussi bien que moi qu'il est contraire au règlement de l'Union d'arracher ou de détériorer les affiches de ses adversaires. Si tu étais assez idiot pour faire ça, je pourrais être disqualifié. Et je ne mettrais pas Fiona au défi de trouver une photo de toi pris en flagrant délit. Rien ne lui ferait plus plaisir que de me voir échouer une seconde fois.

— Dans ce cas, on se contentera de recouvrir les affiches des autres.

— Ben, tu n'écoutes pas ce que je te raconte, et le pire c'est que je ne serai pas là pour te surveiller.

— Pourquoi ça ?

— Charlie et moi passons le week-end avec ses parents pour fêter nos fiançailles ; ma mère va les rencontrer pour la première fois.

— Où va se dérouler cette rencontre historique ?

— Pourquoi cette question ?

— Je n'ai eu l'occasion de goûter la nourriture de ta mère qu'une seule fois, mais j'ai hâte de renouveler l'expérience.

— Tu n'auras pas à attendre trop longtemps, tu seras témoin à notre mariage.

Alex prit un malin plaisir à voir son ami, pour une fois, chercher ses mots.

***

— Appelle-moi Mike, dit M. Dangerfield.

— Je vais avoir du mal à m'y faire, monsieur, répondit Sasha alors que son hôte refermait la porte du bureau et l'invitait à s'asseoir près du feu.

— Je suis très heureux de pouvoir discuter en privé, Sasha, parce que j'ai un conseil à te demander.

— J'espère que ça n'a rien à voir avec les antiquités, monsieur, parce que je viens tout juste d'apprendre au bout de combien de temps on considère qu'un objet devient une antiquité.

— Non, ce n'est pas une question d'antiquaire, mais l'un de mes clients est en possession de ce que nous appelons dans le métier la chance de toute une vie.

Sasha était intrigué, mais resta silencieux.

— J'ai récemment reçu la visite d'une comtesse russe qui m'a proposé de me vendre un bijou de famille, qui, s'il se révèle authentique, pourrait bien enflammer le milieu des antiquaires.

M. Dangerfield se leva, traversa la pièce et s'agenouilla devant un grand coffre-fort. Il tourna la molette d'un côté, puis de l'autre et tira la lourde porte. Il tendit la main et sortit une boîte en velours rouge qu'il plaça entre eux deux sur la table.

— Ouvre-la, Sasha. Je peux t'assurer que tu n'as pas besoin de connaître les antiquités pour comprendre que tu as le travail d'un génie sous les yeux.

Sasha ouvrit avec précaution le fermoir et souleva le couvercle pour révéler un large œuf doré serti de diamants et de perles. Il était bouche bée.

— Et ce n'est que l'extérieur.

M. Dangerfield se pencha et ouvrit l'œuf, découvrant un palais en jade exquis, entouré d'un liseré de diamants bleus.

— Ouah ! balbutia Sasha.

— Je partage ton avis. Mais est-ce, comme la comtesse le prétend, un véritable Fabergé ou seulement une copie ?

— Je n'en sais rien, répondit Sasha.

— Je m'y attendais. Mais j'aimerais que tu la rencontres, tu pourrais peut-être me dire si elle est vraiment comtesse ou non.

— Le mystère Anastasia.

— Exactement. Je suis allé au British Museum, au Victoria and Albert Museum et à l'ambassade soviétique, et il ne fait aucun doute que l'œuf appartenait au comte Molenski. Mais la comtesse est-elle vraiment sa petite-fille ou simplement une actrice qui cherche à me refourguer une copie ?

— J'ai hâte de faire sa connaissance, dit Sasha, sans quitter l'œuf des yeux.

— Et même si elle parvient à te convaincre, pourquoi m'avoir choisi moi, un petit antiquaire de Guildford, alors qu'elle aurait pu aller chez n'importe quel spécialiste réputé dans le West End ?

— Je suppose que vous lui avez déjà posé la question, monsieur.

— Oui, et elle m'a répondu qu'elle ne faisait pas confiance aux marchands londoniens, elle craignait qu'ils ne fassent un cartel contre elle.

— Je ne suis pas sûr de comprendre.

— Un cartel, c'est lorsqu'un petit groupe de commerçants s'unissent pendant une vente aux enchères pour maintenir le prix d'un objet de valeur le plus bas possible. L'un d'eux l'achète à prix cassé et le revend à prix d'or, puis ils se partagent tous le profit. On parle aussi d'« entente illicite ».

— Mais c'est illégal, non ?

— Bien entendu. Mais ce genre de dossier finit rarement au tribunal, il n'y a presque jamais de témoins et c'est pratiquement impossible à prouver.

— Si c'est bien l'original, demanda Sasha en regardant l'œuf à nouveau, combien vaut-il ?

— Le dernier œuf de Fabergé sur le marché des enchères s'est vendu à Sotheby Parke Bernet à New York pour un peu plus de un million de dollars. Et c'était il y a dix ans.

— Et si c'est un faux ?

— Alors elle n'en tirera pas plus de un ou deux milliers de livres, trois au maximum.

— Je peux la rencontrer quand ?

— Elle nous rejoindra demain après-midi pour prendre le thé.

M. Dangerfield jeta à nouveau un regard sur l'œuf.

— Si elle est vraiment ce qu'elle prétend être, le temps est venu pour moi de faire quelque chose qui n'est pas mon genre, reprit M. Dangerfield.

— Comment ça, monsieur ?

— Prendre un risque.

***

Ben passa son week-end à coller des affiches « Votez Karpenko » sur les trente-sept panneaux d'affichage des collèges ainsi que sur quelques palissades en chemin, même s'il savait que les adversaires de Sasha auraient le droit d'enlever ce genre d'affiches sauvages.

À mesure qu'il parcourait les bâtiments, il croyait de plus en plus à la victoire de Sasha. En effet, à chaque fois que quelqu'un s'arrêtait pour discuter, c'était pour l'encourager ou pour l'assurer du soutien à son candidat cette fois-ci. Personne n'évoqua les fausses accusations de Fiona et quelques-uns lui dirent même qu'ils regrettaient ne pas avoir voté pour Sasha à la dernière élection. Il n'avait manqué que trois voix, aurait voulu leur rappeler Ben.

À contrecœur, il devait bien admettre, devant tous, sauf Sasha, que Fiona avait été une bonne présidente. Grâce aux connexions de son père à la Chambre des communes, la liste des orateurs invités avait été prestigieuse, et la poigne qu'elle mettait dans sa gestion du comité ainsi que certaines de ses idées innovantes avaient été louées par ses amis comme par ses ennemis.

Elle et Sasha ne s'adressaient presque jamais la parole, mais elle venait de suggérer à Ben qu'ils dînent ensemble, tous les trois, pour passer l'éponge.

— Un rameau d'olivier ? dit Ben.

— Une feuille de vigne, plutôt, répliqua Sasha. Tu peux lui répondre non, non tant que je ne suis pas président.

***

Lorsque la comtesse Molenski entra dans le salon, peu de gens auraient douté que cette vieille femme soit réellement une aristocrate. Sa longue jupe droite noire et sa veste à col montant étaient d'un autre âge, mais son allure et sa conduite ne pouvaient avoir été apprises, pas même dans un cours de théâtre. Elle était de la vieille école, tout simplement. Sasha et Mike se levèrent tous deux au moment où elle entra. Elena également.

M. Dangerfield avait organisé la rencontre de façon à ne rien laisser au hasard. La comtesse fut guidée vers la seule place vide, sur le canapé, à côté de Sasha, tandis qu'Elena et le reste de la famille étaient assis à l'autre bout de la table sur laquelle reposait l'œuf. Mme Dangerfield servit à la comtesse une tasse de thé et lui proposa une part de gâteau, qu'elle refusa, puis Sasha lui posa une question dans sa langue natale :

— Depuis combien de temps vivez-vous en Angleterre, madame la comtesse ?

— Plus d'années que je souhaiterais m'en souvenir. Mais c'est toujours un grand plaisir de rencontrer un compatriote. Puis-je vous demander d'où vous venez ?

— Leningrad. Et vous-même ?

— Je suis née à Saint-Pétersbourg, ce qui vous donne déjà un indice sur mon âge.

— Vous viviez dans l'un de ces magnifiques palais sur la colline ?

— Il n'y a pas de collines à Leningrad, monsieur Karpenko, comme vous devez le savoir.

— Quel idiot ! Je suis confus. Toutes mes excuses.

— Ce n'est pas nécessaire. Mais puisqu'on vous a vraisemblablement demandé d'enquêter, avez-vous d'autres questions à me soumettre ?

Sasha était si gêné qu'il ne savait pas quoi répondre.

— Peut-être devrais-je vous parler de mon grand-père, le comte Molenski ? Il était l'un des amis intimes de feu le tsar Nicolas II. Ils ont non seulement partagé des précepteurs durant leur enfance, mais plusieurs maîtresses des années plus tard.

Une fois de plus, Sasha ne savait pas quoi dire.

— Mais ce que vous voulez réellement connaître, c'est la façon dont je suis entrée en possession du chef-d'œuvre que vous avez sous les yeux et, plus important encore, la raison pour laquelle je suis certaine qu'il est de la main de Karl Fabergé lui-même et non d'un imposteur.

— Vous avez raison, madame la comtesse, je serais très heureux d'en apprendre plus.

— Nul besoin de vous adresser à moi de manière si formelle, monsieur Karpenko. J'ai depuis longtemps accepté que le passé soit derrière moi et qu'il me faut vivre dans le monde réel. Comme n'importe qui se trouvant appauvri par des circonstances imprévisibles, je dois me rendre à l'évidence, je n'ai pas d'autre choix que de me séparer de certains bijoux de famille si je veux survivre.

Sasha baissa la tête.

— La collection d'œuvres d'art de mon grand-père était considérée comme la deuxième plus belle après celle du tsar. Grand-papa ne possédait qu'un œuf Fabergé, puisqu'il aurait été perçu comme irrespectueux d'essayer de dépasser le nombre d'œufs du tsar, reprit la comtesse.

— Mais comment pouvez-vous être certaine que cet œuf est de la main de Fabergé lui-même et non, comme plusieurs experts l'affirment, d'un contrefacteur ?

— Plusieurs experts qui ont un dessein. Pour être parfaitement honnête, je ne peux pas le prouver, mais je peux vous dire que j'ai vu cet œuf pour la première fois lorsque j'avais douze ans. C'est d'ailleurs ma maladresse de jeune fille qui se cache derrière cette petite fêlure à sa base, qui est presque invisible à l'œil nu.

— Si c'est bien un vrai, dit Sasha en regardant l'œuf, je dois vous demander pourquoi vous avez proposé cette pièce à M. Dangerfield, qui est expert en art britannique – Sheraton, George Hepplewhite et Chippendale – et non en Fabergé.

— Une réputation n'est pas une chose facile à acquérir, monsieur Karpenko, elle doit être gagnée au fil des années, et l'honnêteté ne peut pas non plus être prise pour acquise, c'est pourquoi j'ai pour la première fois depuis vingt ans laissé l'œuf hors de ma possession. Si je l'avais confié à l'un de nos compatriotes, il ne lui aurait pas fallu trois jours pour le remplacer par un faux. C'est le genre de chose qui ne vient même pas à l'esprit de M. Dangerfield. C'est donc son conseil que je suivrai.

Sasha croisa les bras, signe que sa mère devait prendre sa place et continuer la conversation en russe. Il se leva, s'inclina et traversa la pièce pour s'asseoir entre Charlie et son père.

— Alors ? demanda M. Dangerfield quand la comtesse fut en pleine conversation avec Elena. Qu'en penses-tu ?

— Il ne fait aucun doute qu'elle est exactement qui elle prétend être.

— Comme peux-tu en être sûr ? répondit Dangerfield, dont la tasse de thé avait depuis longtemps refroidi.

— Elle parle un russe qu'on ne parlait qu'à la cour autrefois et qu'on ne rencontre plus aujourd'hui, à part dans les pages de Boris Pasternak.

— Mais l'œuf, est-ce qu'il sort lui aussi tout droit d'un roman de Pasternak ?

***

Sasha semblait le seul à être surpris de remporter l'élection – avec une large avance – à la présidence de l'Union.

Visiblement, Fiona n'avait pas apprécié de devoir lire les résultats en public. Ben avait fini par accéder au poste de trésorier et Sasha et lui consacrèrent leurs vacances de Noël au choix des prochains débats. Ils furent très heureux que la ministre de l'Éducation, Mme Margaret Thatcher, accepte de défendre la politique du gouvernement pour le débat d'ouverture, puisqu'un bon nombre de politiciens en vogue seraient ravis de s'opposer à « Maggie, la voleuse de lait[1] ».

À Cambridge, les trimestres duraient huit semaines et, bien que Sasha essayât de survivre avec un minimum de sommeil, il ne pouvait pas croire que les cinquante-six jours de son mandat aient passé si vite. Il était à peine descendu de son fauteuil de président que son tuteur lui rappelait que les examens de fin d'année approchaient à grands pas.

— Et si tu veux toujours décrocher une mention, il serait bien que tu consacres la même énergie à tes études qu'à ton ambition de devenir président de l'Union.

Sasha suivit le conseil du Dr Streator et continua à dormir six heures par nuit en passant chaque heure éveillée à réviser, à parcourir les annales, à traduire de longs passages de Tolstoï et à relire ses devoirs précédents, jusqu'au moment où il gravit les marches de la salle d'examen pour sa première évaluation.

Charlie et Ben le rejoignaient tous les soirs pour un dîner sommaire afin de discuter de leurs efforts de la journée et des sujets qui risquaient de tomber le lendemain. Puis Sasha retournait dans sa chambre et se remettait au travail, s'endormant souvent sur son bureau et perdant confiance à mesure que les heures défilaient.

— Plus je travaille, plus je contemple mon ignorance, dit-il à Ben.

---

1. En 1971, alors qu'elle était ministre de l'Éducation, Margaret Thatcher supprima la distribution gratuite de lait pour les enfants de plus de onze ans dans les écoles britanniques, ce qui lui valut de nombreuses protestations et le surnom de « *Milk Snatcher* ».

— C'est bien pour ça que je ne travaille pas, répondit Ben.

Quand Sasha rendit sa dernière copie, le vendredi après-midi, ils se débarrassèrent tous les trois de leur tenue d'examen, ouvrirent une bouteille de champagne et firent la fête jusqu'au petit matin. Sasha se retrouva au lit au côté de Charlie, mais l'escalade de l'échelle de secours s'était révélée plus éprouvante que prévu et il dormait à poings fermés avant même qu'elle éteigne la lumière.

Puis vint la période d'angoisse durant laquelle les étudiants devaient attendre les délibérations du jury. Une quinzaine de jours plus tard, les trois se rendirent au Senate House, le bâtiment dédié aux cérémonies.

Alors que dix heures sonnaient, le surveillant général, vêtu d'une longue toge noire et coiffé d'une toque, traversa calmement le couloir, les résultats à la main. Le silence tomba sur les étudiants, qui s'écartèrent pour le laisser passer, comme s'il était Moïse traversant la mer Rouge.

Cérémonieusement, il épingla plusieurs feuilles de papier au panneau d'affichage, avant de rebrousser chemin aussi calmement qu'il était venu, manquant presque de se faire piétiner dans la ruée qui suivit.

Sasha protégea Charlie à mesure qu'ils avançaient vers le panneau. Ben ne bougea pas et resta en arrière, il n'était pas sûr de vouloir connaître l'opinion des examinateurs sur son travail.

Avant même d'avoir atteint le panneau, il croisa plusieurs étudiants qui revenaient et se découvrirent sur son passage ; certains l'applaudirent même. Une mention très bien avec les félicitations du jury était déjà une chose rare dans n'importe quelle matière, mais tous les autres élèves étaient loin derrière.

Charlie prit Sasha dans ses bras, elle avait regardé ses résultats à lui avant de consulter les siens.

— Je suis tellement fière de toi ! dit-elle.

— Tu as eu combien ? demanda Sasha.

— Une mention bien, exactement ce que je souhaitais. Ça veut dire que j'ai encore une chance de faire de la recherche à l'Institut Courtauld.

Ils se retournèrent, Ben n'avait pas bougé. Charlie regarda la liste des résultats en économie agraire. Elle mit du temps à apercevoir le nom de Ben.

— Est-ce que tu préfères lui dire ou que je le fasse ? demanda-t-elle.

Sasha s'avança vers son ami, lui serra vivement la main et dit :

— Tu es diplômé.

Il n'ajouta pas que le nom « Goldsmith, B. S. » apparaissait pratiquement tout en bas de la liste.

Ben laissa échapper un soupir de soulagement.

— Si quelqu'un demande, dit-il, je dirai que j'ai été diplômé avec les honneurs et que je vais rejoindre mon père chez Goldsmith and Son.

Leurs rires furent interrompus par les acclamations tapageuses d'un petit groupe d'étudiants à l'autre bout de la pièce, qui jetaient en l'air leur toque et trinquaient en l'honneur de leur héroïne.

— Évidemment, Fiona a eu une mention très bien et les félicitations du jury, expliqua Ben. À mon avis, votre rivalité ne va pas s'arrêter aux portes de Cambridge.

— Surtout que j'ai décidé de rejoindre le Parti travailliste, annonça Sasha.

Chapitre 21

Alex
Brooklyn, 1974

Alex regarda par le hublot alors que l'avion descendait lentement au-dessus de Manhattan. Entre les nuages, il put apercevoir la statue de la Liberté, et comme ils ne s'étaient jamais rencontrés, il lui adressa un discret salut.

Lorsqu'il avait remonté l'Hudson River la première fois, il n'avait pas pu la saluer, lui et sa mère étaient enfermés à double tour dans la coquerie d'un bateau. Mais grâce à la ruse du cuisinier chinois et au courage et à la détermination de Dimitri, ils s'étaient échappés et avaient commencé une nouvelle vie aux États-Unis.

Le sergent-chef Karpenko s'était assis à l'arrière de l'avion et avait passé la majeure partie du trajet à se demander ce qu'il ferait quand il serait à nouveau sur le sol américain. Ne serait-ce que pour faire plaisir à sa mère, il allait finir son cursus à l'université de New York. Elle avait fait tant de sacrifices pour lui permettre de faire des études. Mais à vrai dire, sur le chemin qu'il comptait emprunter, un diplôme ne changeait pas grand-chose, mais ça, il ne pouvait pas l'expliquer à Elena.

Il fallait qu'il consacre chaque minute de son temps libre à ses étals et s'assure qu'ils redeviennent vite rentables, puis il devrait en trouver de nouveaux. Quand il était parti pour le Vietnam, ils faisaient un profit important et il avait toujours eu pour objectif de s'étendre. Peut-être qu'un jour il pourrait racheter toute la place du Marché à M. Wolfe.

Et puis il y avait Suzi. Lui avait-il manqué autant qu'elle lui avait manqué ?

***

Les avions militaires se succédaient sur une piste d'atterrissage dont même les New-Yorkais ignoraient l'existence.

Le 116e régiment d'infanterie, ainsi qu'une centaine d'autres soldats, débarqua et se regroupa sur le tarmac pour un dernier défilé. Comme une grande partie de ses camarades, en sortant de l'avion Alex tomba à genoux et embrassa la terre ferme, heureux d'être enfin chez lui.

C'était la première fois qu'il considérait l'Amérique comme sa patrie.

Ils attendaient tous d'être rendus à la vie civile pour rentrer chez eux, aux quatre coins des États-Unis. Mais il y avait une surprise ce matin-là, qu'Alex n'avait pas vue venir.

À la fin de son discours de bienvenue, le colonel Haskins appela un nom. Le sergent-chef Karpenko sortit du rang, s'arrêta devant son supérieur et salua.

— Félicitations, sergent, dit le colonel en épinglant une Silver Star au revers de son uniforme.

Avant même qu'Alex pût demander ce qu'il avait fait, le colonel annonça à toute l'assemblée qu'en plein cœur de la bataille de Bacon Hill, le sergent-chef Karpenko avait remplacé son supérieur tombé au combat, dirigé une attaque qui avait terrassé la patrouille ennemie et sauvé la vie de bon nombre de ses camarades.

Et causé la mort de mon meilleur ami, pensait Alex tandis qu'il rejoignait ses camarades.

Il aurait voulu protester et dire que la médaille aurait dû être remise à Big Sam, qui avait sacrifié sa vie. Alex voulait se rendre au cimetière d'Arlington en Virginie et déposer une couronne sur la tombe de son ami, le soldat de 1re classe Samuel T. Burrows.

Une fois au repos, ses camarades entourèrent Alex pour le féliciter, ils fêtaient tous leur amitié forgée par la guerre. Alex se demandait s'il reverrait l'un d'entre eux un jour, alors qu'ils s'apprêtaient à partir dans autant de directions qu'il y avait d'États dans le pays.

Les hommes se séparèrent et se lancèrent à la recherche de leurs familles et de leurs amis qui attendaient patiemment derrière une barrière au bout de l'aérodrome. Alex espérait que Suzi serait là. Ces derniers temps, ses lettres avaient été moins fréquentes, mais Alex n'en doutait pas, elle serait présente, à côté de sa mère, parmi les gens qui acclamaient et faisaient de grands signes. Elena lui avait religieusement écrit chaque semaine, et bien qu'elle ne se soit pas plainte une seule fois, il ne faisait aucun doute qu'elle et Dimitri n'aimaient pas vraiment leurs fonctions d'entrepreneurs remplaçants. Maintenant, Elena pourrait retourner à son travail, tandis que Dimitri reprendrait la mer pour Leningrad.

Alex se joignit à un groupe de jeunes hommes survoltés tandis que la foule impatiente franchissait les barrières et se précipitait vers eux.

Il chercha Suzi et sa mère dans la foule. Mais au milieu des gens qui sautaient dans tous les sens et agitaient des petits drapeaux, il mit un certain temps à apercevoir Elena qui se frayait un chemin dans la masse, Dimitri derrière elle. Mais nulle trace de Suzi.

Elena enlaça son fils et ne le lâcha pas, comme si elle voulait s'assurer que tout cela était bien réel. Quand enfin elle s'écarta, Alex serra la main de Dimitri, qui ne pouvait quitter des yeux la Silver Star.

— Nous sommes très fiers de toi, dit-il. Que c'est bon de te revoir !

Alex avait tant de questions à poser et tant de choses à leur raconter qu'il ne savait par où commencer. Alors qu'ils s'éloignaient de la piste noire de monde, il était encore difficile de se comprendre tant les cris de joie de la foule en liesse couvraient tout aux alentours.

Ce n'est qu'à l'arrière du bus filant vers Brooklyn qu'Alex remarqua que la joie avait quitté le visage de sa mère et que Dimitri gardait la tête baissée, comme un écolier pris en défaut.

— Ça ne peut pas être si dramatique que ça, dit Alex en essayant de leur remonter le moral.

— C'est pire, pire que tout ce que tu peux imaginer, répondit Elena. Pendant que tu te battais pour ton pays, nous avons perdu presque tout ce que tu avais construit.

Alex lui prit la main.

— Ça ne peut pas être pire que de voir son meilleur ami se faire tuer devant soi. Alors, dis-moi, à quoi dois-je m'attendre ?

Elena esquissa un maigre sourire.

— Nous n'avons plus qu'un seul étal, qui est à peine rentable.

— Comment est-ce possible ? demanda Alex.

D'après les lettres, il savait qu'Elena et Dimitri ne s'en sortaient pas très bien, mais il était loin d'imaginer que les choses allaient si mal.

— C'est ma faute, expliqua Dimitri. Je n'étais pas toujours là quand ta mère avait besoin de moi.

— Non, ce n'est pas vrai, tu étais là. Sans son salaire, je n'aurais pas pu survivre, répondit Elena.

— Mais alors, il devait y avoir assez d'argent pour…

— Pas assez pour M. Wolfe.

— Qu'a fait ce vieil escroc pendant mon absence ?

— Dès qu'un de nos baux arrivait à terme, il doublait le loyer. Nous ne pouvions tout bonnement pas payer, alors nous avons progressivement perdu tous les étals, sauf un. Le bail arrive à expiration dans quelques mois, et, ces derniers temps, il s'est mis à tripler les loyers.

— C'est la même chose pour tout le monde, ajouta Dimitri. Tu verras, le marché n'est plus qu'une ville fantôme.

— Mais ça n'a aucun sens. Ces étals sont la principale source de revenus de M. Wolfe, pourquoi…

Mais Alex n'acheva pas sa phrase.

— Ce qui est encore plus étrange, c'est qu'il a renouvelé le bail de la pizzeria de Mario avec une augmentation de loyer raisonnable.

— Voilà un premier indice, dit Alex.
— Je ne comprends pas, répondit sa mère.
— Mario n'est pas sur la place du Marché.

***

Après avoir enlevé son uniforme, pris un bain, mis son unique costume, Alex sortit de chez lui et se dirigea droit vers la friperie. Suzi ne put dissimuler sa joie de le revoir, mais sa coupe en brosse réglementaire lui déplut.

— Alors, qui donne de ses nouvelles en premier ? demanda Alex en la prenant dans ses bras.

— Moi. Ta mère m'a tenue au courant de tout ce que tu faisais. Je suis si soulagée que tu sois rentré sain et sauf.

— Pourtant je n'aurais pas dû, répondit Alex sans plus d'explications.

— Viens, j'ai une surprise pour toi, dit-elle en lui prenant la main.

Elle l'emmena dans la réserve, à l'arrière du magasin. Alex resta interdit devant le portant plein de costumes, de vestes, où étaient aussi pendus un blazer et un élégant pardessus noir.

— J'ai déjà fait retoucher les pantalons, ils devraient t'aller à merveille. Enfin, si tu n'as pas perdu trop de poids, ajouta-t-elle en l'observant plus attentivement.

— Comment puis-je te remercier ?

Lui aussi avait une surprise pour elle, mais il devait attendre.

— Ce n'est que le début, dit Suzi en montrant une étagère derrière le portant sur laquelle étaient empilés une dizaine de chemises encore emballées, un pull en cachemire vert forêt, trois paires de chaussures en cuir et une demi-douzaine de cravates qui semblaient n'avoir jamais été portées.

— Qu'est-ce qu'un homme pourrait vouloir de plus ? lança Alex en vérifiant que l'écrin en cuir était toujours dans la poche de son pantalon.

— Et ce n'est pas fini, annonça Suzi en montrant un attaché-case en cuir neuf. La touche finale pour un homme d'affaires prometteur qui se rend à un rendez-vous professionnel.

— D'où est-ce que ça vient ?

— Tout vient du même endroit, un homme qui, franchement, a beaucoup trop de choses.

— Combien est-ce que je te dois ?

— Rien du tout. C'est ce qu'un héros de guerre mérite. On est tous si fiers de ta Silver Star.

— Le moins que je puisse faire c'est de t'inviter à dîner ce soir, répondit Alex en se penchant pour l'embrasser.

Mais alors que leurs lèvres s'apprêtaient à se toucher, Suzi tourna la tête et il lui embrassa la joue.

— Je ne suis pas libre ce soir.

— Demain soir alors ?

— Ni demain, ni aucun autre soir.

Elle se mit à plier les vêtements et à les ranger dans des sacs.

— Pourquoi ?

— Parce que je vais épouser l'homme qui a trop de costumes, dit Suzi en montrant sa main gauche.

***

Alex sortait d'un cours à l'université de New York quand il les vit dans le couloir, visiblement incapables de se fondre dans la foule. Au milieu d'une masse d'étudiants en jeans, T-shirts et baskets usées, leurs costumes noirs et leurs chaussures impeccablement cirées étaient inratables.

Alex reconnut instantanément l'un des deux. Ce n'était pas un homme qu'on oubliait facilement.

— Bonjour, monsieur Karpenko, dit l'agent Hammond. Vous vous souvenez de mon collègue, l'agent Travis. Pourrions-nous discuter un moment en privé ?

— J'ai le choix ?

— Oui, bien sûr, répondit Hammond.

Alex mit ses mains dans le dos et murmura :

— Arrêtez-moi. Passez-moi les menottes et lisez-moi mes droits.

— Mais enfin, qu'est-ce que tu racontes ? demanda Travis.

— Ça me donnera un peu de crédibilité auprès des autres, ajouta Alex, alors que plusieurs étudiants les fixaient.

— Si vous ne voulez pas coopérer, monsieur Karpenko, vous allez devoir venir avec nous, asséna Travis en haussant le ton.

Il prit Alex par le bras et lui fit traverser le couloir, sous les exclamations et les huées. Ils s'arrêtèrent devant une porte frappée du mot « Principal » en lettres noires sur la vitre. Travis ouvrit la porte et poussa Alex à l'intérieur.

Il n'y avait nulle trace du principal ni de sa secrétaire. *La CIA sait faire disparaître les gens*, pensa Alex.

Au moment où la porte se referma derrière eux, Travis le lâcha et ils prirent place à la table carrée au centre de la pièce.

— Merci, dit Alex. Maintenant, peut-être que quelques-uns accepteront encore de m'adresser la parole.

— Pourquoi ? Qu'est-ce qu'ils ont ? demanda Hammond.

— Si vous avez fait le Vietnam, que vous ne prenez pas de drogues, ne buvez pas et que vous espérez sortir d'ici avec un diplôme, la plupart refusent tout bonnement de vous adresser la parole. Qu'est-ce que je peux faire pour vous ?

— Tout d'abord, dit Hammond en sortant des dossiers de son attaché-case, nous voulions vous tenir au courant des dernières avancées concernant votre ancien partenaire d'échecs, Ivan Donokov.

En entendant le nom de Donokov, Alex eut soudain la nausée et essaya tant bien que mal de ne pas trembler.

— Grâce à vous, nous avons pu l'arrêter, lui et plusieurs de ses complices. Ils sont maintenant derrière les barreaux.

— Pour combien de temps ?

— Quatre-vingt-dix-neuf ans pour Donokov. Sans espoir de libération anticipée.

— Espérons pour lui que son compagnon de cellule est grand maître au jeu d'échecs, sinon il risque de s'ennuyer.

Pour la première fois, les trois hommes rirent ensemble.

— Mais ce n'est sûrement pas la raison de votre visite, reprit Alex.

— Non, effectivement, répondit Hammond. Nous vous sommes redevables. Nous savons qu'il ne vous reste qu'un étal et que votre bail ne va pas tarder à expirer. Nous savons aussi que M. Wolfe, le propriétaire, va gonfler le prix au-delà de ce que vous pouvez vous permettre.

— Mais est-ce que vous savez pourquoi ?

— Oui, répondit Hammond. Nos collègues du FBI ont des tiroirs pleins de dossiers sur M. Wolfe, mais ils n'ont jamais pu l'épingler. Néanmoins, ils nous ont transmis des informations qui pourraient vous intéresser.

Il adressa un signe de tête à Travis qui expliqua en détail pourquoi Wolfe devait avoir récupéré les baux de tous les étals de la place du Marché à midi le 17 juin.

— Et le vôtre est le dernier.

— Merci. Même si j'aurais dû le comprendre par moi-même.

— Et d'ailleurs, il y a autre chose que vous avez sûrement compris par vous-même, ajouta Travis.

— Dimitri fait partie des gentils, répondit Alex.

***

Alex mit l'un des costumes que Suzi lui avait donnés, ainsi qu'une chemise blanche et une cravate en soie bleue qu'il n'aurait jamais pu se payer. Il ouvrit son attaché-case, vérifia que tout était à sa place puis jeta un coup d'œil à sa montre. Assurément, il ne voulait pas être en retard à ce rendez-vous.

Il ne put s'empêcher de siffloter en descendant lentement Brighton Beach Avenue. Il arriva devant le 3049 Ocean Parkway un peu avant neuf heures, ouvrit la porte et avança jusqu'à la réception, où il fut accueilli par Molly, la secrétaire à la patience d'ange, que les vendeurs du marché appelaient « la gardienne des enfers ».

— Asseyez-vous, monsieur Karpenko. Je vais prévenir M. Wolfe de votre arrivée.

— Ce n'est pas la peine, répondit Alex en marchant droit vers le bureau de M. Wolfe et en ouvrant la porte sans frapper.

Wolfe leva les yeux de son bureau. Il n'essaya pas de cacher son agacement d'être pris par surprise.

— Je vais devoir vous rappeler, dit-il en raccrochant brusquement le combiné. Bonjour, monsieur Karpenko.

Il désigna d'un doigt la chaise devant son bureau. Alex resta debout. Wolfe haussa les épaules.

— J'ai préparé le nouveau bail de votre étal, annonça Wolfe.

— Combien ?

— Mille dollars par semaine pour les trois prochaines années, dit Wolfe d'un ton neutre. Et bien sûr, un mois d'avance. Si vous manquez une seule échéance, le bail me reviendra automatiquement.

Il souriait, certain de connaître par avance la réponse d'Alex.

— C'est révoltant ! s'écria Alex. Il y a une clause dans notre contrat qui précise que les augmentations de loyer doivent refléter l'état du marché, je n'ai pas besoin de vous le rappeler.

— Je suis content que vous mentionniez cette clause, répondit Wolfe avec un sourire mesquin. L'un de vos collègues m'a traîné devant les tribunaux pour m'attaquer sur ce point. J'ai le plaisir de vous annoncer que c'est à moi que le juge a donné raison. La jurisprudence est en ma faveur, monsieur Karpenko.

— Ça vous a coûté combien ?

Wolfe ignora le commentaire et poussa sur le bureau un document familier. Il désigna la ligne au bas de la dernière page et dit :

— Signez ici et l'étal est à vous pour les trois prochaines années.

Une fois de plus, il avait l'air de déjà connaître la réponse d'Alex. Quelle ne fut pas sa surprise quand celui-ci s'assit pour lire attentivement le contrat. Wolfe s'appuya sur le dossier de sa chaise, prit un cigare dans une boîte devant lui, l'alluma et en tira quelques bouffées avant qu'Alex n'attrape le stylo sur son bureau et ne signe le document.

Le cigare glissa des lèvres de Wolfe et tomba sur le sol. Il le ramassa en vitesse et essuya la cendre qui était tombée sur son pantalon avant d'ajouter :

— N'oubliez pas que ça fera quatre mille dollars d'avance.

— Comment pourrais-je oublier ?

Alex ouvrit son attaché-case et en tira quarante billets de cent dollars. Tout ce que Dimitri, sa mère et lui possédaient. Tout, jusqu'au dernier cent. Il déposa les billets sur le buvard devant M. Wolfe, rangea le contrat dans son attaché-case, se leva et se dirigea vers la porte. Alors qu'il posait la main sur la poignée, M. Wolfe bredouilla :

— Ne partez pas si vite, Alex. Nous pouvons discuter comme des gens raisonnables.

— Il n'y a pas de discussion à avoir, monsieur Wolfe. Je suis ravi d'avoir renouvelé le bail de mon étal pour les trois prochaines années et peu importe le prix au bout de ces trois années, je payerai.

Il tourna la poignée.

— Je suis sûr qu'on peut s'arranger, Alex. Et si je vous offrais cinquante mille dollars pour déchirer ce contrat ? C'est beaucoup plus que ce que vous pouvez espérer gagner, même avec douze étals.

— Mais ce n'est rien comparé au million de dollars par an que vous allez gagner si je déchire ce contrat.

Alex ouvrit la porte.

— Qui vous l'a dit ?

— L'important ce n'est pas comment j'ai appris que le conseil municipal vous accordera un permis de construire pour un nouveau centre commercial le 17 juin, l'important c'est que je le sais. Et juste à temps, si je peux me permettre.

— Combien est-ce que vous voulez ?

— Un million, pas un centime de moins. Sinon votre site ne verra pas l'ombre d'un bulldozer avant trois ans.

— Un demi-million.

— Sept cent cinquante mille.

— Six cent mille.

— Sept cent mille.

— Six cent cinquante mille, lâcha Wolfe.

— Marché conclu.

Wolfe parvint à esquisser un sourire, conscient qu'il s'en tirait toujours avec la plus grosse part du gâteau.

— Mais seulement si vous ajoutez le titre de propriété de la pizzeria de Mario, celle qui donne sur le Coin des joueurs, dit Alex.

— C'est un scandale ! protesta Wolfe.

— Je suis parfaitement d'accord, répondit Alex.

Il se rassit, ouvrit l'attaché-case et en sortit deux contrats.

— Si vous signez ici, et ici, dit-il en désignant les lignes pointillées au bas de la page, le chantier du centre commercial pourra commencer le mois prochain. Dans le cas contraire…

Chapitre 22

Alex
Brooklyn

— Tu penses que j'en suis capable ? demanda Elena.

— Bien sûr, Maman. Ton problème c'est que tu as passé ta vie à te sous-estimer.

— Ça, ce n'est pas ton genre de problème.

— Honnêtement, tu es trop douée pour travailler dans une pizzeria, reprit Alex en ignorant sa remarque. Mais avec mon aide nous pouvons créer une marque, la développer, la vendre et ensuite tu pourrais ouvrir ton propre restaurant.

— Les grands restaurants ne sont pas tenus par des chefs, Alex, mais par de bons gestionnaires, alors avant de parier le moindre centime sur moi, tu dois trouver un gestionnaire avec de l'expérience.

— Les bons gestionnaires sont faciles à trouver, Maman. Ce sont les grands chefs qui ne courent pas les rues.

— D'après toi, qu'est-ce qui fait de moi un grand chef ?

— Quand tu as commencé chez Mario, je pouvais toujours trouver une table, à n'importe quelle heure de la journée. Maintenant il y a la queue devant dès onze heures du matin. Et je peux t'assurer que les gens ne font pas la queue pour le gestionnaire, Maman.

— Mais c'est un gros risque. Il vaudrait sûrement mieux que tu mettes ton argent à l'abri dans une banque.

— Si je fais ça, il n'y a que la banque qui fera des profits. Non, je pense que je vais parier une partie de ma toute nouvelle fortune sur toi.

— Mais pas avant d'avoir trouvé un gestionnaire.

— En vérité, j'ai déjà quelqu'un en tête.

— Qui ?

— Moi.

***

Elena fixait l'invitation, avec son papier gaufré et son lettrage doré, qu'Alex avait posée à la vue de tous sur la cheminée.

— Qui est Lawrence Lowell ? demanda-t-elle lorsqu'il s'assit pour petit-déjeuner.

— Tu te souviens du capitaine Lowell. C'était le chef de mon unité au Vietnam. Honnêtement, je suis surpris qu'il se souvienne de moi.

— Eh bien, voilà qu'on entre dans le monde, plaisanta Elena en lui servant du café. Je suppose qu'il n'y aura pas beaucoup de gestionnaires de pizzeria parmi ses invités. Tu vas y aller ?

— Bien sûr. Je suis le gestionnaire de l'Elena, le restaurant de pizzas le plus huppé de New York.

— Huppé voulant surtout dire qu'il n'y en a qu'un.

Alex rit.

— Plus pour longtemps. J'ai déjà un deuxième emplacement en vue, à quelques rues du restaurant.

— Mais le premier ne fait même pas encore de bénéfices, dit Elena en plongeant deux œufs dans l'eau bouillante.

— Nous rentrons dans nos frais, c'est le moment d'agrandir.

— Mais…

— Mais mon seul problème, c'est de trouver un cadeau pour les trente ans d'un homme qui a déjà tout – une Rolls-Royce ou peut-être un jet privé ?

— Des boutons de manchettes, suggéra Elena. Ton père a toujours voulu des boutons de manchettes.

— Je pense que le capitaine Lowell a déjà plusieurs paires de boutons de manchettes.

— Alors, personnalise-les.

— Comment ça ?

— Fais-en faire une paire avec les armoiries de sa famille ou l'emblème de son club, ou même celui de ton ancien régiment.

— Bonne idée, Maman. Je vais en faire faire une paire avec un âne.

— Pourquoi un âne ? demanda Elena, alors que le minuteur sonnait la fin des quatre minutes réglementaires de la cuisson des œufs.

***

— Tu es sûre ? demanda Alex en se regardant dans le miroir en pied.

— On ne peut plus. C'est à la pointe de la mode. L'année prochaine, tout le monde portera des revers larges et des pantalons pattes d'éléphant. Tu seras la star de Broadway.

— Ce n'est pas Broadway qui m'inquiète, c'est Boston. Je pense que là-bas ce ne sera pas non plus à la mode dans deux ans.

— Dans ce cas-là tu seras un lanceur de tendances et tous les autres invités seront jaloux.

Alex n'était pas très convaincu, mais il acheta le costume et la chemise bleu ciel à volants, dont Suzi jurait qu'elle allait avec.

***

Le lendemain matin, Alex se réveilla tôt, mais au lieu de se diriger vers le marché pour choisir les ingrédients du jour, il alla à la gare de Penn Station, où il acheta un billet pour Boston. Une fois dans le bon wagon, il rangea sa valise au-dessus de son siège et s'assit pour lire le *New York Times*. Le gros titre lui criait : « Nixon démissionne ! »

Quand le train entra en gare de South Station, quatre heures plus tard, il se demanda si le président Ford allait gracier l'ancien président. Il prit un taxi et demanda au chauffeur de le conduire à un hôtel bon marché. Pour Alex, malgré sa nouvelle fortune, payer une suite quand il pouvait dormir tout aussi bien dans une chambre simple était du gaspillage.

Une fois descendu au Langham, il prit une douche et essaya les deux costumes qu'il avait emportés. Dans l'un, il se sentait comme John Fitzgerald Kennedy, dans l'autre, il ressemblait à Elvis Presley. Mais en couverture du *Vogue* sur sa table de chevet se trouvait une photo de Rose Kennedy, la mère de JFK, portant une robe de bal bleu ciel, la couleur de l'année d'après le magazine. Alex changea à nouveau d'avis. Il vérifia encore une fois l'horaire sur le carton d'invitation : les festivités commenceraient à huit heures, il fallait donc se présenter à sept heures et demie. Il quitta l'hôtel juste après sept heures, appela un taxi et lui donna l'adresse.

Après le grand parc Common, alors qu'ils grimpaient Beacon Hill, Alex remarqua que les maisons devenaient de plus en plus imposantes. Ils s'arrêtèrent devant une magnifique maison bourgeoise où deux agents de sécurité le regardèrent de la tête aux pieds avant de lui demander son carton d'invitation.

— Peut-être qu'il fait partie du cabaret, dit l'un des deux, assez fort pour qu'Alex l'entende, alors que le taxi s'approchait de la maison.

Alex comprit qu'il avait commis une erreur à la seconde où il entra dans le hall en lambris de chêne et se joignit à la longue file d'attente de convives attendant de saluer leur hôte. Il aurait voulu tourner les talons, retourner à l'hôtel et mettre son costume plus discret, mais il aurait été en retard. Il ne savait pas ce qui était pis. Il ne put s'empêcher de remarquer que certains des invités se retournaient pour le regarder.

— Je suis ravi de te revoir, Alex, dit Lowell, lorsqu'il atteignit enfin le devant de la file. Je suis très heureux que tu aies fait le déplacement.

— C'est vraiment gentil de m'avoir invité, monsieur.

— Appelle-moi Lawrence, voyons, murmura son hôte avant d'accueillir le convive suivant :

— Bonsoir, sénateur.

Alex traversa une grande salle pleine d'invités, les hommes portant presque tous des vestes de smoking. Il prit une coupe de champagne sur le plateau d'un serveur avant de disparaître derrière un large pilier en marbre dans un coin, où il contempla un tableau d'un certain Pollock. Il ne bougea pas, n'essaya pas de parler à quiconque, jusqu'à ce qu'il entende le gong ; à ce moment-là il s'assura d'être l'un des derniers à entrer dans la salle à manger. Il fut surpris de découvrir qu'il avait une place à la table principale, entre une Evelyn à sa gauche et un Todd à sa droite.

Alex se dépêcha de s'asseoir, soulagé que plus personne ne puisse voir son pantalon évasé.

— Comment connaissez-vous Lawrence ? demanda la jeune femme à sa gauche, après le bénédicité récité par le cardinal archevêque de Boston.

Pour la première fois de sa vie, Alex balbutia.

— J'ai… j'ai servi sous les ordres du capitaine Lowell au Vietnam.

— Ah oui, Lawrence m'a dit qu'il vous avait invité, mais il n'était pas sûr que vous viendriez.

Alex regrettait déjà d'être venu.

— Et qu'est-ce que vous faites dans la vie, Alex ?

— Je possède deux pizzerias, bredouilla-t-il, déplorant immédiatement cette formulation.

— Je n'ai jamais mangé de pizza de toute ma vie, répondit-elle.

Alex n'avait aucun mal à la croire.

Après un long silence, il demanda :

— Et vous ? Comment connaissez-vous le capitaine ?

— C'est mon frère.

Un autre silence suivit avant qu'Evelyn se tourne vers son voisin de gauche pour discuter de son prochain séjour dans sa villa dans le sud de la France.

Parmi tous ceux qui se trouvaient devant lui, Alex n'était pas certain des couverts qu'il devait utiliser pour le premier plat. Il imita les gestes d'Evelyn puis se tourna vers l'homme à sa droite.

— Bonsoir, je suis Todd Halliday, lui dit l'homme en lui serrant la main.

— Comment connaissez-vous Lawrence ? demanda Alex en priant pour que ce ne soit pas son frère.

— Nous étions à Choate ensemble.

— Vous êtes aussi dans la finance ? demanda Alex, qui n'avait aucune idée de ce qu'était Choate.

— Non, je gère une société d'investissement spécialisée dans les jeunes entreprises. Et vous ?

— Je possède deux pizzerias et je m'apprête à en ouvrir une troisième. Nous ne sommes pas encore Pizza Hut, mais ce n'est qu'une question de temps.

— Vous cherchez des investisseurs ?

— Non, répondit Alex. J'ai vendu mon ancienne entreprise pour plus d'un million, pour le moment je ne cherche pas d'investisseurs extérieurs.

— Mais si vous espérez rivaliser avec Pizza Hut, un bon associé pourrait accélérer les choses. Si jamais vous étiez intéressé…

La phrase de Todd fut interrompue par une silhouette familière, qu'Alex reconnut immédiatement, et qui se leva pour porter un toast à la santé de Lawrence.

Alex admirait la façon détendue dont le sénateur du Massachusetts s'adressait aux convives, sans avoir besoin de notes, mais il ne pouvait quitter des yeux la femme assise au côté du sénateur, qu'il venait juste de voir sur la couverture en papier glacé d'un magazine dans sa chambre d'hôtel. Si seulement le bleu ciel lui allait aussi bien !

Lorsque le sénateur se rassit sous les applaudissements, Lawrence se leva pour répondre.

— Je suis très honoré que ma famille et mes amis aient pu faire le déplacement ce soir pour fêter mes trente ans. Je suis particulièrement flatté que Teddy ait pu me faire une place dans son agenda chargé. J'espère qu'un jour, et bientôt, il se présentera aux primaires du Parti démocrate.

Plusieurs convives applaudirent, ce qui permit à Lawrence de continuer le second volet de son discours.

— Je suis aussi ravi d'accueillir chez moi l'homme qui a rendu cette soirée possible, parce qu'une chose est sûre, s'il ne m'avait pas sauvé la vie, nous ne ferions pas la fête en ce moment même. Comme vous le savez tous, j'ai été blessé au Vietnam, et j'aurais pu être laissé pour mort, mais heureusement mon second n'a pas hésité un seul instant à prendre ma place, et c'est grâce à ses qualités de dirigeant et à son courage que non seulement une unité viêt-cong a été vaincue, mais que des soldats américains ont été sauvés. Grâce à ses actions en ce jour fatidique, le sergent-chef Alex Karpenko a non seulement reçu la Silver Star, mais il m'a aussi permis de faire ce discours.

Lawrence se tourna vers Alex en levant son verre et tous les convives se levèrent et l'applaudirent, mais

Alex ne pensait qu'à Big Sam ; il ne s'était pas encore rendu sur sa tombe en Virginie.

Les applaudissements redoublèrent au moment où Lawrence annonça qu'il serait le candidat démocrate aux prochaines élections du Congrès. Lorsqu'il se rassit, tous les invités se mirent à chanter, d'une voix fausse et tapageuse : « Joyeux anniversaire, Lawrence… »

Quand les rires et les acclamations se turent, Todd se tourna vers Alex et reprit là où il s'était arrêté :

— Si vous décidez d'ouvrir d'autres restaurants, prévenez-moi. Vous avez justement le type d'entreprise dans lequel j'aime investir.

Il tira une carte de visite de son portefeuille et la tendit à Alex, qui s'apprêtait à demander de quel genre de somme il était question lorsqu'il fut distrait par une main sur sa cuisse.

— Dites-m'en plus sur votre empire bourgeonnant, Alex, interrogea Evelyn sans enlever sa main.

Une nouvelle fois, perdu dans ses yeux verts, il eut du mal à trouver ses mots.

— Je viens juste de le vendre.

— J'espère que vous en avez tiré un bon prix.

— Un peu plus d'un million, dit-il, ravi de l'attention qu'on lui portait.

— Evelyn, est-ce que tu comptes me présenter ? dit une voix derrière lui.

Alex se leva d'un bond en voyant le sénateur qui se tenait près de lui. Evelyn les présenta et Teddy Kennedy le mit immédiatement à l'aise en évoquant le Vietnam.

— Vous savez, Alex, murmura Kennedy, si vous pouviez prêter main-forte à Lawrence pour sa campagne, ça pourrait faire une grande différence, et il en serait très touché.

Il n'était jamais venu à l'esprit d'Alex qu'il pouvait aider Lawrence en quoi que ce soit.

— Je serais très heureux de faire tout mon possible, sénateur, s'entendit-il dire.

— C'est très gentil de votre part, Alex. Restons en contact.

Les paroles de Kennedy donnaient un peu plus confiance en lui à Alex et le rendaient plus déterminé encore à demander à Todd combien il pouvait investir dans l'Elena et sous quelles conditions. Mais en regardant autour de lui, il vit Todd en pleine conversation avec Evelyn. Il n'osa pas les interrompre.

En se rasseyant, il constata avec surprise qu'une file d'invités s'était formée, qui attendaient tous de lui serrer la main et d'échanger avec lui. Il répondit à chacune de leurs questions, ne serait-ce que parce qu'ainsi il n'avait pas à s'aventurer sur la piste de danse, où il était certain de se ridiculiser. Un peu avant minuit, les premiers invités se mirent à partir et Alex décida qu'il en ferait autant après avoir discuté avec Todd, mais avant, il demanda à un serveur où se trouvaient les toilettes.

— Suis-moi, lui dit Evelyn, comme sortie de nulle part.

Alex ne se fit pas prier. Elle lui prit la main, le guida au premier étage d'un large escalier en marbre et ouvrit une double porte qui révélait une chambre plus grande que l'appartement d'Alex à Brighton Beach.

— Tu peux utiliser ma salle de bains, dit-elle en désignant une porte au bout de la pièce.

— Merci, dit Alex en entrant dans la salle équipée d'une douche et d'une baignoire.

Le sourire aux lèvres, il se lava les mains et rajusta sa cravate, maintenant il était assez sûr de lui pour demander à Evelyn de lui appeler un taxi pour rentrer. Mais en regagnant la chambre, il ne la trouva pas. Il se disait qu'elle avait dû redescendre quand il entendit une voix :

— Alex, je suis là.

Il se retourna et la vit, assise sur le lit, sa magnifique robe de bal sur le sol.

— Viens me rejoindre, dit-elle en tapotant le drap.

Alex ne pouvait croire en sa chance. Après une seconde d'hésitation, il enleva avec entrain son costume et sa chemise et la rejoignit dans le lit. Immédiatement, elle le serra dans ses bras et l'embrassa, mais il fut patient et prit son temps, conscient que nus ils étaient sur un pied d'égalité.

— Maintenant je comprends pourquoi l'ennemi n'avait aucune chance, dit-elle en se rejetant en arrière et en laissant échapper un profond soupir.

Un instant plus tard, elle dormait entre ses bras.

Lorsque Alex se réveilla le lendemain matin et regarda Evelyn allongée à côté de lui, il n'arrivait toujours pas à croire qu'une femme si belle et si sophistiquée se soit intéressée à lui. Il redoutait qu'à son réveil le charme ne se rompe et que le monde réel ne reprenne le dessus.

Il caressa ses longs cheveux roux. Elle se réveilla et s'étira doucement, avant de l'attirer vers elle. Après avoir fait l'amour une seconde fois, Evelyn posa la tête sur son épaule.

— Je peux te demander quelque chose ? dit Alex.

— Ce que tu veux, chéri.

— Qu'est-ce que tu peux me dire sur Todd Halliday, l'homme qui était assis à côté de moi hier soir.

— Très riche, fortune familiale, mais il aime investir dans de jeunes entreprises.

— Tu crois qu'il voudrait…

— Je pense que c'est exactement pour ça que Lawrence l'a placé à côté de toi.

— Mais mon entreprise n'est encore…

— Todd préfère investir au début. Il dit que c'est comme ça qu'on fait de vrais profits. Si seulement je l'avais écouté quand il m'a suggéré d'investir dans Coca-Cola, McDonald's et Walt Disney.

— Est-ce que tu sais combien il investit généralement ?

— Dix, quinze millions, je l'ai vu monter jusqu'à vingt-cinq s'il croit vraiment au potentiel de quelqu'un, et je crois que tu l'as beaucoup impressionné.

— Mais qu'est-ce qu'il attend en retour ?

— Aucune idée, mais cette fois je ne vais pas rater le coche.

— Comment ça ?

— Je veux être parmi les premiers investisseurs.

— Tu serais prête à investir dans mon entreprise ?

— Ce n'est pas tellement sur ton entreprise que je veux miser, mais sur toi. Todd dit toujours qu'il y a les as et les valets, et qu'il sait de quel côté tu te trouves, alors je lui ai dit que j'investirai un demi-million. D'ailleurs, si Todd est prêt à te soutenir, je vais devoir vendre le tableau de Warhol que mon grand-père m'a légué, ajouta-t-elle, sortant du lit et enfilant un peignoir de soie.

Evelyn s'arrêta devant un portrait sur le mur.

— Il s'appelle *Blue Jackie*, il capture l'instant terrible où elle a compris que son mari était bel et bien mort.

— Je ne peux pas te laisser faire ça, répondit Alex en la suivant dans la salle de bains.

— Ne t'en fais pas.

Evelyn fit glisser son peignoir et entra dans la douche.

— Il vaut au moins un million et il y a plus d'un marchand d'art à New York qui serait prêt à m'en donner un demi-million, voire plus. Et je vais te dire un secret, je ne l'ai jamais aimé.

Alex ne put se concentrer quand elle ouvrit l'eau et lui tendit le savon. C'était encore une première. Alors qu'il était en train de se sécher, il reprit :

— Je ne peux pas te laisser vendre le Warhol, Lawrence ne me le pardonnerait pas.

— Je ne dirai rien si tu ne dis rien, répondit Evelyn en ouvrant la porte du dressing, qui laissa entrevoir des rayonnages pleins à craquer de robes, de jupes et de chaussures.

Elle prit son temps pour choisir une tenue.

— Pourquoi ne pas se passer des marchands d'art ?

— Tu peux m'aider à fermer ma robe, chéri ?

Alex traversa la pièce, remonta la fermeture Éclair et l'embrassa sur l'épaule.

— Je ne suis pas sûre de comprendre, dit Evelyn en se tournant vers lui.

— C'est moi qui servirai de marchand d'art, mais un peu différemment. J'achèterai le tableau pour un demi-million, que tu pourras investir, et je te rendrai le Warhol quand tu me rembourseras.

— Mais pourquoi prendre ce risque ?

— Il n'y a aucun risque, tant que le tableau vaut un million.

— Et tu ne diras rien à Lawrence ?

— Pas un mot.

— Alors, marché conclu, dit Evelyn en décrochant le petit tableau du mur.

— Non, je n'en ai pas besoin tant que le marché n'est pas officiellement conclu.

— Alors ça ne marchera pas, je pars en Europe pour six semaines et, connaissant Todd, il aura conclu un marché avec toi bien avant mon retour, dit-elle en lui tendant le tableau. Je te fais entièrement confiance.

Alex prit le tableau avec réticence et lui tendit un chèque.

— Tu pourrais revenir à Boston le week-end prochain. On prendrait le bateau et on fêterait notre nouveau partenariat, ajouta-t-elle en l'embrassant tendrement.

Alex avait du mal à croire qu'elle souhaitait le revoir et répondit simplement :

— Ça me ferait très plaisir.

— Bon, il est temps de prendre un petit déjeuner. Mais pas un mot à Lawrence à propos de notre marché.

— Je préférerais éviter, surtout habillé comme ça. C'était déjà très embarrassant hier soir, ce sera encore pire ce matin. De toute façon, es-tu sûre de vouloir que ton frère sache que j'ai passé la nuit ici ?

— Je crois qu'il s'en fiche.

— Mais moi non.

— Tu es si vieux jeu, c'est adorable. Mais si tu insistes, tu peux prendre l'escalier de service et te faufiler par la porte de derrière. Comme ça personne ne te verra.

— Alors j'insiste.

Evelyn haussa les épaules et traversa la chambre. Elle ouvrit la porte, jeta un coup d'œil au-dehors et fit signe à Alex de la suivre. Elle lui montra un escalier au bout du couloir.

— J'ai hâte de te voir le week-end prochain, chéri, lança-t-elle alors qu'il s'éloignait.

Une fois qu'il fut hors de vue, elle descendit le grand escalier vers la salle à manger et rejoignit Lawrence à la table du petit déjeuner.

— Bonjour, Evelyn. J'espère que tu as bien dormi.

***

Dans le train qui le ramenait à New York, Alex ne put s'empêcher de regarder le tableau. Bien sûr, il avait entendu parler de Warhol, mais jamais il n'aurait imaginé posséder un jour une de ses œuvres, ne serait-ce que pour un court laps de temps. Il se sentait déjà coupable d'avoir pris à Evelyn le tableau que son grand-père lui avait légué. Il avait hâte de le lui rendre une fois qu'elle l'aurait remboursé.

En arrivant à Penn Station, il prit un taxi pour Brighton Beach, puisqu'il ne pouvait décemment pas prendre le métro avec un Warhol. Avant même de lui montrer le tableau, il annonça à sa mère qu'il avait rencontré la femme qu'il voulait épouser.

***

Evelyn arriva au Mayflower juste après onze heures. Todd se leva immédiatement de sa place dans l'alcôve et lui fit signe. Elle se dépêcha de le rejoindre. Comme le chat d'*Alice aux pays des merveilles*, elle ne pouvait s'empêcher de sourire.

— À ton expression, ma chérie, je présume que tu as pu goûter à ta part du gâteau, dit Todd alors qu'elle s'asseyait.

— Et quelle part ! répondit Evelyn en lui tendant un chèque de cinq cent mille dollars.

— Félicitations, dit-il en le rangeant dans sa poche. Tu n'as pas eu de problème ?

— Pas un seul. Tu as tout bien organisé. Mais il ne faut pas qu'on traîne, si mon frère se rend compte que…

— J'ai une place sur le vol de quatorze heures quarante-cinq qui part de Logan et arrivera à Genève un peu avant sept heures demain matin. J'encaisserai le chèque dès l'ouverture de la banque.

— N'oublie pas de demander l'encaissement immédiat et appelle-moi dès que l'argent aura été transféré sur mon compte. Quand ce sera fait, je te rejoindrai à Monte-Carlo pour fêter ça.

— Qu'est-ce que tu vas faire pendant les quelques jours où je ne serai pas là ?

— Je vais m'assurer d'être disponible dès qu'Alex appelle. Au moins jusqu'à ce que son argent arrive.

Todd se pencha et embrassa sa femme.

— Tu es si intelligente, dit-il.

***

Cet après-midi-là, Alex appela Evelyn et ils discutèrent près d'une heure au téléphone. Il lui assura plusieurs fois que rien ne l'empêcherait de la rejoindre à Boston pour le week-end.

Le mardi matin, il l'appela juste avant qu'elle sorte faire les magasins. Elle promit de le rappeler, mais ensuite il se souvint qu'elle n'avait pas son numéro. Le mercredi il l'appela tôt dans la matinée – tôt pour elle puisque lui était déjà allé au marché choisir les légumes les plus frais et les meilleures pièces de viande avant de les livrer à l'Elena.

Elle avait tant de choses à lui raconter. Todd pensait investir au moins dix, voire quinze millions, et le contacterait dans la semaine. Evelyn lui demanda s'il voulait aller faire un tour en bateau ce week-end.

— Nous pourrions rendre visite à mon oncle Roderick à Chappaquiddick et manger la meilleure chaudrée de palourdes au monde.

— Parfait. Qu'est-ce que je dois mettre ? demanda Alex, qui ne voulait pas avouer qu'il n'avait jamais mis les pieds sur un yacht.

— Ne t'en fais pas. J'ai déjà fait les magasins et je t'ai choisi quelques tenues.

Plus tard ce matin-là, le banquier d'Alex lui téléphona pour l'informer qu'il avait reçu un chèque de cinq cent mille dollars assortis d'une demande d'encaissement immédiat. Au vu du montant, le banquier voulait s'assurer qu'Alex donnait bien son aval.

— Oui, transférez l'argent immédiatement, répondit Alex sans hésiter.

— Le nouveau solde de votre compte sera de 17 269 dollars, expliqua le banquier.

Qui se changerait bien vite en plusieurs millions, aurait voulu dire Alex, mais il se contenta de répondre :

— Vous pouvez débiter mon compte tout de suite.

***

Evelyn décrocha le téléphone.

— Le chèque a été encaissé. Je vais prendre le prochain avion pour Nice. Tu pourras me rejoindre quand ?

— Avec un peu de chance, je serai là pour dîner à Monte-Carlo demain soir, répondit Evelyn. Mais d'abord, j'ai une triste nouvelle à annoncer à mon frère.

— Il faut tout de même avoir un peu de peine à l'égard de ce pauvre M. Karpenko.

— Un peu, mais pas trop. Je pense qu'il s'en sortira très bien en prison et nous pourrons l'oublier totalement. D'ailleurs, Todd, n'oublie pas de réserver notre table habituelle.

***

Le majordome n'avait pas vu Evelyn courir dans l'escalier depuis sa plus tendre enfance.

— Où est mon frère ? cria-t-elle avant d'avoir atteint le bas des marches.

— Il vient juste de pénétrer dans la salle à manger pour prendre son petit déjeuner, mademoiselle Evelyn, répondit Caxton en se dépêchant de traverser la pièce pour lui ouvrir la porte.

— Qu'est-ce qui ne va pas, Eve ? demanda Lawrence en voyant sa sœur entrer en trombe dans la pièce.

— Tu as enlevé le Warhol de la chambre Jefferson ? demanda-t-elle, hors d'haleine.

— Qu'est-ce que tu racontes ? demanda Lawrence en reposant son café.

— Le Warhol n'est plus là. Je ne le trouve pas.

Lawrence se leva d'un bond et sortit de la pièce en courant. Il monta l'escalier quatre à quatre puis traversa le palier à toute vitesse et se rua dans la chambre, où il découvrit le mur nu, un clou seul au centre.

— Quand est-ce que tu l'as vu pour la dernière fois ? demanda-t-il alors qu'Evelyn fixait les légères traces qu'avait laissées le cadre sur le mur.

— Je ne suis pas sûre. J'ai tellement l'habitude de le voir. Je me souviens qu'il était là le soir de ta fête.

Elle se tut pendant un long moment puis ajouta :

— J'ai terriblement honte, Lawrence. Je crois que c'est ma faute.

— Je ne suis pas sûr de comprendre.

— J'avais un peu trop bu ce soir-là et j'ai laissé quelqu'un monter avec moi dans la chambre.

— Qui ?

— Ton ami, Alex Karpenko.

— Il a passé la nuit ici ?

— Non. Il était parti quand je me suis réveillée le lendemain matin. Je ne pensais pas…

— Tu ne penses jamais, répliqua Lawrence. Mais c'est ma faute.

— Peut-être que je devrais le contacter, pour récupérer le tableau ?

— C'est la dernière chose à faire. Si quelqu'un doit parler à Alex, c'est moi.

— Tu vas prévenir la police ?

— Je n'ai pas le choix. Tu le sais bien, le tableau ne m'appartient pas, il fait partie de l'héritage de grand-père. Il vaut au moins un million, peut-être plus, je dois avertir la police, mais aussi la compagnie d'assurances.

— Mais il t'a sauvé la vie.

— C'est bien la raison pour laquelle, s'il rend le tableau immédiatement, je ne porterai peut-être pas plainte.

— Je suis vraiment désolée. Il avait l'air si gentil.

— On ne peut jamais faire confiance à personne, n'est-ce pas ?

***

Cet après-midi-là, Alex appela Evelyn, mais c'est le majordome qui décrocha et l'informa que Mlle Lowell était partie vers onze heures et qu'il ne savait pas quand elle reviendrait. Comme elle ne rappelait pas, Alex essaya à nouveau le soir même. Cette fois, c'est Lawrence qui décrocha.

— Quelle formidable soirée, Lawrence ! Tu es vraiment un hôte hors pair et j'ai hâte de te voir avec Evelyn demain.

— Je ne savais pas que tu venais à Boston ce week-end.

— Evelyn ne te l'a pas dit ?

— Evelyn est partie ce matin pour le sud de la France et je vais rendre visite à ma mère à Nantucket.

— Mais nous étions convenus de dîner ensemble vendredi soir, puis de prendre le bateau samedi.

Il y eut un long silence, si long qu'Alex crut que la ligne avait été coupée.

— Allô ? Lawrence ? Tu es toujours là ?

— Je suis désolé de te demander ça Alex, mais quand tu es parti dimanche matin, le majordome m'a dit que tu avais quelque chose sous le bras.

— Le Warhol, répondit Alex sans hésiter. À contrecœur je dois bien le dire. Mais Evelyn a insisté pour que je le prenne comme garantie.

— Garantie pour quoi ?

— Je lui ai prêté un demi-million pour investir auprès de Todd Halliday, un investisseur respecté.

— Todd Halliday est son mari et il est loin d'être un investisseur respecté.

— Evelyn est mariée ?

— Depuis des années.

— Mais elle m'a dit que Todd était spécialisé dans les petites entreprises.

— La seule spécialité de Todd, c'est de dilapider l'argent des autres. Le tien, dans le cas présent.

— Mais Evelyn m'a assuré qu'il comptait investir dix, peut-être même quinze millions dans l'Elena.

— Je ne suis pas sûr que Todd ait ne serait-ce que dix dollars à investir, alors dix millions. J'espère que tu ne lui as pas donné d'argent.

— À lui non, mais à elle si. Mon chèque a été encaissé ce matin.

Lawrence était soulagé qu'Alex ne puisse pas voir l'expression sur son visage.

— Mais ce n'est pas grave, j'ai toujours le Warhol comme garantie, ajouta Alex.

Il y eut un autre long silence avant que Lawrence ne réponde :

— Il n'est pas à elle. Il fait partie de la collection Lowell, qui est gérée par la banque et revient au premier fils, qui la transmet ensuite à ses descendants. J'ai hérité cette collection de mon père, qui est mort il y a quelques années. Evelyn est la première dans la succession, du moins tant que je n'ai pas de fils, mais mon père a bien insisté dans son testament : si je mourrais au Vietnam, la collection serait léguée à la société des beaux-arts de Boston et Evelyn ne verrait pas l'ombre d'un tableau.

— Je vais rendre le tableau au plus vite.

— Et je vais te rembourser ton argent, ajouta Lawrence.

— Non, pas question, répondit fermement Alex. J'ai conclu un accord avec Evelyn et pas avec toi. Nous pouvons lui accorder le bénéfice du doute, elle a peut-être investi l'argent dans une grande entreprise.

— Les seuls investissements qu'Evelyn ait jamais faits sont sur des tables de casino. À l'avenir, quand elle viendra, il faudra que je cloue au mur chaque tableau. Mais ça ne va pas nous empêcher de travailler en équipe pour récupérer ton argent, comme par le passé.

— Je ferai tout ce que je peux pour t'aider. Et bien sûr, je viendrai te rapporter le tableau demain. Je suis désolé de t'avoir causé autant d'ennuis.

— Tu aurais dû me laisser mourir au Vietnam, Alex. Au moins, tu n'aurais jamais rencontré ma sœur.

— *Mea culpa*. Jézabel, Lucrèce Borgia, Mata Hari et maintenant Evelyn Lowell. Elle a du flair pour dénicher un pigeon.

— Tu n'es pas le premier et tu ne seras sûrement pas le dernier. En plus, je ne serai pas là le mois prochain, je passe toujours le mois d'août en Europe avec ma mère. Je n'ai qu'à t'envoyer le chèque maintenant et tu rapporteras le tableau à mon retour. Nous pourrons aller faire un tour en yacht et laisser Evelyn à quai.

— Non. Tu ne me donneras le chèque que lorsque tu auras récupéré le tableau.

— Si tu insistes. Mais attention à ne pas le perdre, parce qu'Evelyn niera en bloc te l'avoir jamais donné.

— Lawrence, est-ce que je peux te demander pourquoi tu as cru à mon innocence et pourquoi tu n'as pas tout de suite pris le parti de ta sœur ?

— L'habitude. Quand j'avais neuf ans, Evelyn me volait souvent mon argent de poche, et lorsqu'elle a été prise la main dans le sac, elle a rejeté la faute sur notre nurse, qui a été renvoyée. Après une série d'incidents similaires à l'école, mon père a dû faire construire une nouvelle bibliothèque pour qu'elle ne soit pas exclue.

— Mais ça ne prouve pas mon innocence. N'oublie pas, j'ai toujours un tableau qui vaut plus d'un million.

— C'est vrai, mais Evelyn a commis une erreur en te faisant jouer le rôle de la nurse.

— Comment ça ?

— Elle m'a dit que tu étais parti avant son réveil, mais elle m'a rejoint pour petit-déjeuner vers huit heures et demie.

— Je ne te suis pas.

— Tu n'étais pas encore parti, puisque c'est vers cette heure-là que tu as demandé à Caxton de te commander un taxi pour retourner à ton hôtel. J'ai beau admirer ton courage, ton audace, ou même ton culot, Alex, mais même toi tu n'aurais pas eu le cran de sortir avec un Warhol volé sous le bras pendant que le majordome te tenait la porte du taxi.

Alex rit.

— Qu'est-ce que tu vas faire pour ta sœur ?

— Je vais attendre sa prochaine erreur. Et vu ses antécédents, ça ne devrait pas tarder.

Chapitre 23

Sasha
Londres

— Je vous déclare maintenant mari et femme, annonça le pasteur. Vous pouvez embrasser la mariée.

Sasha prit Charlie dans ses bras et l'embrassa comme au jour de leur premier rendez-vous. Toute l'assemblée, près d'une centaine de personnes, applaudit à tout rompre.

Les mariés traversèrent lentement l'église jusqu'à la cour où un photographe, son trépied déjà installé, les attendait. Il prit d'abord une photo des jeunes M. et Mme Karpenko, puis d'autres avec les parents, le reste de la famille de la mariée et enfin avec les témoins et les demoiselles d'honneur.

Les jeunes époux furent conduits au Barn Cottage en Rolls-Royce. Sur le chemin, Sasha avoua à sa femme qu'il était un peu inquiet pour son discours.

— À ta place, je m'inquiéterais plus du discours de Ben. Quand je l'ai entendu répéter dans la cuisine avant le dîner hier soir, j'ai eu de la peine pour toi.

— À ce point-là ?

En arrivant, ils furent surpris de voir qu'Elena était déjà là et s'occupait des canapés.

— Comment est-elle arrivée avant nous ? murmura Charlie en ajustant la cravate de son mari et en ôtant un cheveu de sa veste.

— Voyons, quelle question ! répondit Sasha, tandis que les invités arrivaient au compte-gouttes et se dirigeaient vers le chapiteau pour le déjeuner.

Sasha ne pensa plus aux discours avant que les assiettes soient débarrassées, que le café soit servi et que Ben se lève pour commencer le sien.

— Mesdames et messieurs, très honorables députés, commença-t-il.

— Où sont les députés ? cria l'un des garçons d'honneur.

— Je m'avance un peu, c'est vrai, dit-il en posant la main sur l'épaule de Sasha.

— Bien dit ! crièrent certains de ses camarades de l'Union de Cambridge.

— Vous devez sûrement vous demander comment un pathétique immigré clandestin de Leningrad a pu voler le cœur de cette charmante jeune Anglaise. Eh bien, il ne l'a pas fait. La vérité c'est que Charlie, dans sa grande bonté, a eu pitié de lui la première fois qu'ils se sont rencontrés à une soirée chez moi pour fêter la fin de l'année scolaire. C'est uniquement parce que Charlie vote pour le Parti libéral et que, par conséquent, elle aime les causes perdues, que Sasha a eu sa chance. Mais même moi je ne croyais pas qu'il aurait autant de chance et qu'il finirait par épouser cette si jolie et si brillante créature.

» Mais il y a un revers à toute médaille, Sasha, et je dois te prévenir. Charlie était capitaine de l'équipe de hockey du lycée de Guildford, et je sais de source sûre que, crosse à la main, elle n'avait aucun scrupule à renverser tous les adversaires à la ronde. Alors, restes-en aux échecs, l'ami. Et n'oublie pas que si la reine peut se déplacer à son gré sur le plateau, le roi n'avance que d'une case à la fois.

Ben attendit que les rires et les acclamations cessent et reprit :

— Dire que je suis fier d'être le témoin de Sasha est un euphémisme, parce que je sais depuis longtemps que je suis destiné à marcher souvent dans l'ombre de cet homme et à baigner parfois dans sa lumière. Je l'ai regardé, subjugué, obtenir une bourse pour Cambridge, devenir président de l'Union, être capitaine de l'équipe d'échecs et décrocher son diplôme avec les félicitations du jury. Mais tous ces exploits rassemblés ne sont rien à côté de Charlie Dangerfield. Avec elle à ses côtés, il pourra conquérir des montagnes bien plus hautes. Après tout, derrière chaque grand homme il y a… une belle-mère.

Une fois de plus, Ben attendit la fin des rires avant d'ajouter :

— Mais je n'ai pas totalement perdu espoir pour moi-même, aucun de vous n'a pu manquer de remarquer les quatre magnifiques demoiselles d'honneur qui ont accompagné Charlie à l'autel. J'ai déjà proposé à trois d'entre elles de sortir avec moi.

— Et les trois ont refusé ! cria un autre garçon d'honneur.

— C'est vrai. Mais elles sont quatre, alors tout n'est pas perdu.

— Pas si elle a de la jugeote !

— Malgré cela, je vous demande de vous lever pour porter un toast à la santé des demoiselles d'honneur ainsi qu'à Sasha et à Charlie.

Les convives se levèrent et portèrent un toast : « À Sasha et Charlie ! »

— Auriez-vous l'amabilité de rester debout, reprit Ben, pour que je puisse toujours rappeler à Sasha que mon discours à son mariage a reçu une ovation en bonne et due forme.

Le tonnerre d'applaudissements qui suivit fit comprendre à Sasha à quel point son ami avait travaillé sur son discours. Maintenant, c'était son tour, et il comprenait pourquoi Charlie lui avait dit qu'il ferait mieux de s'inquiéter.

Il se leva, conscient que son ami avait mis la barre très haut.

— Je voudrais d'abord remercier M. et Mme Dangerfield, non seulement pour leur générosité – ils sont tous les deux de formidables hôtes –, mais surtout pour avoir accueilli ce pathétique réfugié dans leur illustre famille anglaise. Et ce, malgré le fait que je ne sois encore allé ni à Wimbledon, ni au stade de Twickenham, ni voir un match de cricket à Lord's, et que je ne sache pas ce qu'est une « faute de pied » ou un « Nelson », ou même un « lanceur orthodoxe ». Pis encore, je ne sais toujours pas très bien si on met le lait avant ou après le thé. Et est-ce que je me ferai un jour à la bière tiède, aux files d'attente et aux danses autour de l'arbre de mai ? Gardant tout cela à l'esprit vous vous demandez sûrement comment j'ai pu être assez chanceux pour épouser la plus emblématique des roses anglaises, celle qui fleurit en chaque saison.

» La réponse, c'est la présence dans ma vie d'une autre femme, tout aussi remarquable. Je veux bien sûr parler de ma mère, Elena, sans qui rien de tout cela n'aurait pu arriver.

La salve d'applaudissements nourris laissa à Sasha le temps de réfléchir.

— Sans elle, je n'aurais pas eu de sens moral, de guide, de chemin à suivre. Je n'aurais jamais pensé rencontrer son égale, mais les dieux, ajouta-t-il en regardant le ciel, ont décidé de me prouver le contraire et se sont surpassés en me présentant Charlie.

— Ce n'était pas les dieux, cria Ben. C'était moi !

Des éclats de rire gras remplirent la salle.

— Ce qui me rappelle, reprit Sasha, de prévenir la quatrième demoiselle d'honneur, qui m'a l'air d'être une jeune femme charmante et pleine de bon sens, de suivre ses trois camarades et de refuser la proposition de M. Goldsmith. Elle peut faire beaucoup mieux.

Des « Bien dit ! » traversèrent la salle.

— Contrairement à moi, ajouta Sasha en levant son verre. Aux demoiselles d'honneur !

— Aux demoiselles d'honneur ! reprit en chœur la salle.

Il fallut un certain temps avant que les invités ne reprennent leur place.

Ben se pencha vers Sasha.

— Bien joué. Surtout que ce n'était pas facile après un si bon discours.

Sasha rit et leva son verre en direction de son ami.

— Dès que tu seras revenu de ta lune de miel, reprit Ben, l'air tout à coup plus sobre, il faudra qu'on planifie la prochaine étape de ta conquête de la Chambre des communes.

— Pour un pathétique réfugié comme moi, ça ne va pas être facile, répondit Sasha.

— Mais si, surtout si je suis ton directeur de campagne.

— Mais tu es membre du Parti conservateur, Ben, au cas où ça te serait sorti de la tête.

— Et je le resterai dans chaque circonscription, sauf celle où tu te présenteras. Avec Charlie à tes côtés, rien ne peut t'arrêter. Et j'ai quelque chose d'autre à t'annoncer avant que tu ne partes pour Venise. Je sais que Charlie ne voudrait pas que je parle boulot le jour de votre mariage, mais j'ai reçu une petite surprise à mon bureau hier, disons un cadeau de mariage inattendu.

Sasha posa son verre.

— Le 154 Fulham Road est à vendre, reprit Ben.

— Le restaurant de Tremlett ? Vraiment ?

— Tu le sais, il perd de l'argent depuis des années déjà. Je crois qu'il en a finalement eu marre et qu'il jette l'éponge.

— Combien ?

— Quatre cent mille livres.

Sasha but une gorgée de champagne.

— Beaucoup trop cher pour nous, finit-il par dire.

— C'est dommage, je suis certain que ta mère aurait remis l'endroit sur les rails en un rien de temps.

— Je suis de ton avis, mais c'est trop tôt.

— Bon, tu peux tout de même te réjouir de l'échec de ton grand rival. Et à ce prix-là, je doute que ce soit un autre restaurant qui ouvre à la place. Aide-moi, je vois une femme redoutable qui fonce vers moi, visiblement fâchée que je monopolise l'attention du marié. Excuse-moi, je disparais.

Sasha rit en regardant son ami se lever et se fondre dans la foule. Il se leva quand la vieille dame approcha.

— Quelle magnifique cérémonie ! dit la comtesse en prenant le siège de Ben. Vous êtes un homme chanceux. Merci de m'avoir conviée.

— Nous sommes tous très heureux que vous ayez pu vous joindre à nous. Ma mère surtout.

— Elle est encore plus à cheval sur les traditions que moi, murmura la comtesse. Mais il faut que je vous parle de quelque chose d'autre.

Sasha ne se servit pas de nouveau verre.

— Comme vous le savez, reprit la comtesse, mon œuf Fabergé sera mis aux enchères à Sotheby's en septembre. Je me demandais si vous auriez la gentillesse de me rendre visite au retour de votre lune de miel, il y a quelque chose dont j'aimerais vous parler.

— J'en serais très heureux. Un indice quant au sujet de cette discussion ?

— Je crois que vous et moi pourrions défaire les Russes et les Anglais. Mais seulement si vous consentiez à…

— Quel discours, Sasha ! Mais je n'en attendais pas moins, dit une voix derrière lui, qui n'avait vraisemblablement pas manqué de remplir son verre.

— Merci, répondit Sasha en essayant de se souvenir du prénom de l'oncle de Charlie.

Quand l'homme s'éloigna enfin, la comtesse était déjà partie. Mais ses intentions étaient on ne peut plus claires.

Sasha se mêla aux invités tandis que sa femme – il se demandait combien de temps il lui faudrait pour s'habituer à ce mot – était montée à l'étage pour enfiler sa tenue de voyage. Quand elle réapparut en haut de l'escalier, trois quarts d'heure plus tard, il se souvint de la première fois où il l'avait vue, à la soirée de Ben, il y avait presque quatre ans. Savait-elle combien il avait prié pour qu'elle le remarque ?

Il fallut encore une demi-heure avant qu'ils puissent dire au revoir pour de bon et monter dans la vieille MG de Sasha ; ils avaient abandonné la Rolls-Royce. Ils arrivèrent à la gare de Victoria juste à temps pour embarquer dans l'Orient-Express qui les mènerait à Venise.

Ils éclatèrent de rire en découvrant que leur cabine ne contenait que deux lits simples.

— On devrait demander le remboursement de la moitié, dit Sasha en rejoignant sa femme dans le lit et en éteignant la lumière.

***

— Je n'ai qu'une seule condition, ajouta Tremlett une fois que son fils eut fini ses explications concernant le 154 Fulham Road.

— Laquelle, Papa ?

— En aucune circonstance le restaurant ne doit tomber aux mains des Karpenko.

— À quatre cent mille livres, ça ne risque pas d'arriver.

— Agnelli pourrait se le permettre.

— Agnelli est à l'âge où on vend, pas à celui où on achète, répondit Maurice. De plus, il n'est pas très en forme ces derniers temps.

— Voilà une bonne nouvelle. J'ai besoin que tu t'occupes de la vente pendant que j'essaye d'obtenir un permis de construire pour les appartements de Stamford Place.

— Il y a du nouveau ?

— Le conseiller Mason m'a dit qu'il y aurait une annonce la semaine prochaine. Je l'ai invité sur notre yacht à Cannes pour le week-end.

— Voilà qui devrait conclure cet accord.

— Surtout que le malheureux est au beau milieu d'un divorce particulièrement compliqué. Pour la deuxième fois.

***

M. et Mme Karpenko rentrèrent de Venise quinze jours plus tard et l'une des premières choses que fit Sasha en arrivant à Londres fut de téléphoner à la comtesse. Elle l'invita à prendre le thé le lendemain après-midi.

Il frappa à la porte de son appartement en sous-sol de Pimlico un peu avant trois heures de l'après-midi, sans vraiment savoir à quoi s'attendre. Une domestique presque aussi âgée que sa maîtresse lui ouvrit. Elle le mena jusqu'à un salon où la vieille femme était assise dans un fauteuil, une couverture sur les genoux.

L'appartement était parfaitement en ordre et chaque millimètre disponible était couvert de photographies sépia dans des cadres argentés qui montraient une famille qui n'aurait jamais envisagé de vivre dans un sous-sol.

D'un geste, elle invita Sasha à s'asseoir et demanda :

— Comment était Venise ?

— Magnifique. Mais quelques jours de plus et j'aurais été ruiné.

— J'y ai fait plusieurs séjours pendant ma jeunesse. Et j'ai souvent mangé du gâteau au chocolat avec de la limonade sur la place Saint-Marc – « le plus élégant salon d'Europe » d'après Napoléon.

— Maintenant, elle est envahie de touristes comme moi, je ne suis pas sûr que Napoléon aurait apprécié, ajouta Sasha alors que la domestique apportait un plateau avec le thé et les petits gâteaux.

— Voilà un autre homme qui a sous-estimé la Russie et qui l'a regretté amèrement.

Une fois le thé servi et la domestique hors de la pièce, la comtesse en vint à l'objet du rendez-vous.

Sasha écouta attentivement chacun des mots de la comtesse et ne put s'empêcher de penser que si cette femme formidable était née au XXe siècle, elle aurait pu être une pionnière dans n'importe quel domaine. À la fin de son audacieuse proposition, il n'avait aucun doute : le réseau russe avait une adversaire à sa hauteur.

— Alors, jeune homme, allez-vous m'aider dans mon petit subterfuge ?

— Oui, bien sûr, dit Sasha sans hésiter. Mais M. Dangerfield ne serait-il pas mieux placé pour réussir ?

— Peut-être. Mais il a ce défaut très britannique : il croit au fair-play, un concept que nous les Russes n'avons jamais pleinement compris.

— Je n'aurai pas le droit à l'erreur.

— Ça ne fait aucun doute. Et savoir quand s'arrêter sera la décision la plus importante. Alors, passons à nouveau les détails en revue, et n'hésitez pas à m'interrompre si vous ne comprenez pas quelque chose ou si vous pensez pouvoir améliorer un point. Avant de commencer, avez-vous des questions ?

— Une seule. Où est la cabine téléphonique la plus proche ?

***

La salle des ventes était pleine lorsque M. Dangerfield et la comtesse s'assirent à leurs places réservées au troisième rang.

— Votre œuf est le lot numéro dix-huit, expliqua Dangerfield en tournant les pages du catalogue. Il va falloir attendre au moins une demi-heure. Mais à ce moment-là il ne faudra que quelques secondes pour savoir si les experts le considèrent comme un faux ou comme une œuvre d'art.

Il se tourna pour regarder un groupe d'hommes serrés au fond de la salle.

— On dirait qu'eux ont déjà décidé de leur réponse, ajouta-t-il. Mais c'est en accord avec leur dessein.

— Le communiqué de presse publié ce matin par l'ambassade d'URSS et clamant que c'est un faux et que le vrai se trouve au musée de l'Ermitage, à Saint-Pétersbourg, ne nous est pas très favorable, répondit la comtesse.

— De la propagande qui aurait fait rougir même Goebbels. Et vous constaterez que, malgré ses déclarations, Son Excellence se tient quelques rangs derrière nous. Ne vous étonnez pas s'il essaye d'acheter l'œuf à prix cassé et reconnaît tout à coup qu'il s'agit du chef-d'œuvre perdu.

— La révolution a peut-être tué mon grand-père, dit la comtesse en se tournant pour regarder l'ambassadeur, mais ses héritiers ne voleront pas mon œuf.

L'ambassadeur ne remarqua même pas sa présence.

— Que veut dire « Psd » ? demanda la comtesse en regardant son catalogue.

— Prix sur demande, expliqua Dangerfield. Sotheby's ne se prononce pas publiquement sur la valeur de l'objet. J'ai bien peur que l'intervention de l'ambassadeur y soit pour beaucoup.

— Quelle bande de lâches ! Espérons qu'ils finissent couverts de jaune d'œuf.

M. Dangerfield aurait ri, mais il ne savait pas si la comtesse avait sciemment fait un jeu de mots.

— Et ensuite ? demanda la comtesse.

— À sept heures tapantes, le commissaire-priseur se mettra au pupitre et ouvrira les enchères pour le lot numéro un. Puis je crains que vous n'ayez devant vous une longue attente nerveuse avant le lot dix-huit. Et à ce moment-là, tout sera entre les mains des dieux. Ou peut-être, dit-il en jetant un œil au cartel, des infidèles.

— Qui sont ces hommes en tenue décontractée derrière ce cordon près de l'estrade ?

— Les journalistes. Stylo en main, dans l'attente d'un scoop. Vous allez soit faire les gros titres, soit être reléguée en bas de la rubrique des arts.

— Espérons que ce soient les gros titres. Et les hommes en costume à notre droite ?

— Ce sont les clercs. Ils doivent aider le commissaire-priseur à repérer les acheteurs. C'est aussi le travail de ceux qui se trouvent près des téléphones, qui enchériront pour des clients de l'étranger, ou qui préfèrent rester anonymes.

À sept heures précises, un grand homme vêtu d'une élégante veste de smoking et d'un nœud papillon noir entra par une porte à l'arrière de l'estrade. Il gravit lentement les marches et ne put retenir un sourire en voyant la salle pleine à craquer.

— Bonsoir, mesdames et messieurs. Bienvenue à la vente russe. Ouvrons les enchères par le premier lot de notre catalogue. *Soir d'hiver à Moscou*, d'Alekseï Savrassov. Les enchères commencent à dix mille livres. Douze quelque part ?

La comtesse considérait ce tableau comme bien inférieur au Savrassov autrefois accroché dans la bibliothèque de son grand-père, mais elle fut heureuse de voir l'œuvre partir pour vingt-quatre mille livres, largement au-dessus de l'estimation.

— Lot numéro deux, annonça le commissaire-priseur. Une aquarelle de…

— J'aurais voulu que Sasha vienne avec nous, dit M. Dangerfield. Mais il m'a prévenu qu'il attendait beaucoup de monde au restaurant et qu'il n'était pas sûr d'être là à temps.

La comtesse ne dit rien et continua à tourner la page de son catalogue pour examiner le lot numéro trois, qui fut adjugé bien en dessous de son estimation. M. Dangerfield regarda aux alentours et vit que le cartel célébrait sa première victoire. Quand il se retourna, il remarqua que la comtesse tapotait nerveusement des doigts sur son catalogue, ce qui le surprit, car il ne l'avait jamais vue montrer le moindre trouble.

— C'était le tableau d'un vieil ami de la famille, expliqua-t-elle, il aurait eu bien besoin de cet argent.

Lorsque le commissaire montra la peinture suivante, M. Dangerfield remarqua qu'elle devenait de plus en plus inquiète à mesure que les lots défilaient. Il crut même entrevoir une goutte de sueur sur son front au moment où le commissaire-priseur appelait le lot numéro seize.

— Une paire de poupées russes. Ouvrons les enchères à dix mille. Qui pour dix mille ?

Il n'y eut pas de réponse. Le commissaire regarda la foule de visages impassibles et dit :

— Douze mille ?

M. Dangerfield savait qu'il tentait vainement de faire grimper les enchères.

— Quatorze mille ? dit-il en tâchant de ne pas paraître désespéré.

Mais il n'y avait toujours aucune réponse. Il abattit son marteau et marmonna :

— Invendu.

— Qu'est-ce que ça veut dire ? murmura la comtesse.

— Que le lot n'a jamais intéressé personne, répondit Dangerfield.

— Lot numéro dix-sept, annonça le commissaire. Un important portrait de la main du prestigieux peintre russe Vladimir Borovikovski. Un acheteur à vingt mille ?

Personne ne répondit jusqu'à ce que l'un des membres du cartel crie :

— Dix mille !

— Douze mille quelque part ? demanda le commissaire.

Comme personne ne se manifestait, il abaissa avec réticence son marteau et dit :

— Adjugé pour dix mille livres, à l'homme au fond de la salle.

Mais il ne savait pas vraiment lequel était l'acheteur.

Pour Dangerfield, tout cela n'annonçait rien de bon pour sa cliente, mais il préféra ne rien dire.

— Lot numéro dix-huit.

Le commissaire-priseur se tut pour laisser entrer un commissionnaire qui transportait l'œuf sur un coussin en velours. Il le posa sur un pupitre et s'éloigna. Le commissaire souriait chaleureusement à la foule attentive et s'apprêtait à annoncer une enchère à cinquante mille livres lorsqu'une voix au fond de la salle cria :

— Mille livres !

Des rires et une exclamation d'incrédulité traversèrent la salle.

— Deux mille livres, renchérit une autre voix, avant que le commissaire ait pu reprendre le contrôle.

— Dix mille, répondit quelqu'un deux rangs derrière la comtesse.

Le commissaire désorienté regardait avec espoir la foule et s'apprêtait à abaisser son marteau et à déclarer « adjugé à l'ambassadeur de Russie » lorsque, du coin de l'œil, il aperçut la main d'une des employées se lever. Il se tourna vers une jeune femme au téléphone qui annonça :

— Vingt mille.

— Vingt et un mille ajouta une voix au fond de la pièce.

Le commissaire-priseur regarda la jeune employée au téléphone qui semblait être en pleine conversation avec son client.

— Trente mille, dit-elle après quelques instants, qui avaient duré une éternité pour la comtesse.

— Trente et un mille.

C'était la même voix au fond de la salle.

— Quarante mille, dit l'employée au téléphone.

— Quarante et un mille.

— Cinquante mille.

— Cinquante et un mille, ajouta l'homme au fond de la pièce.

Il y eut un long silence pendant lequel toute la salle se tourna vers la jeune femme au téléphone.

— Cent mille livres, annonça-t-elle, ce qui provoqua un flot de murmures, que le commissaire-priseur ignora consciencieusement.

— Ici cent mille livres. Est-ce que nous avons cent vingt-cinq mille ? interrogea le commissaire-priseur en regardant le chef du cartel, qui le fixait d'un œil sombre, sans mot dire.

— Quelqu'un pour cent vingt-cinq mille ? demanda une nouvelle fois le commissaire-priseur. Alors je vais adjuger à l'acheteur par téléphone pour cent mille livres.

Il s'apprêtait à abaisser son marteau lorsqu'une main se leva avec réticence au cinquième rang. L'ambassadeur de Russie reconnaissait à présent que son communiqué de presse n'avait pas eu l'effet escompté.

La reconnaissance par l'ambassadeur que l'œuf était bien de la main de Fabergé provoqua un déluge d'enchères. Lorsque le prix atteint un demi-million, M. Dangerfield remarqua que la jeune femme au téléphone était en pleine conversation avec son client.

— La prochaine enchère sera à six cent mille livres. Voulez-vous que je surenchérisse ?

— Combien reste-t-il de participants ?

— L'ambassadeur de Russie est encore dans la course et je suis presque certaine que le directeur adjoint du Metropolitan Museum de New York est intéressé. Et un marchand de la joaillerie Asprey est en train de taper du pied droit, c'est toujours un signe qu'il s'apprête à enchérir.

— Très bien, alors attendons qu'il n'en reste plus qu'un.

Lorsque le prix atteignit un million, la jeune femme murmura dans le combiné :

— Il n'en reste plus que deux, l'ambassadeur et le directeur adjoint du Met.

— Un million cent mille livres, annonça le commissaire-priseur, en se tournant vers l'ambassadeur, qui croisa soudain les bras et baissa la tête.

— Plus qu'un, souffla la jeune femme.

— À combien était la dernière enchère ?

— Un million cent.

— Enchérissez pour un million deux.

Elle leva la main avec vivacité.

— Un million deux ici, annonça le commissaire-priseur avant de tourner son regard vers le directeur adjoint du Met.

— Qu'est-ce qu'il se passe ? demanda la voix à l'autre bout du fil.

Il semblait anxieux.

— Je crois que vous avez gagné. Félicitations !

Mais elle avait tort, la main du représentant du Met se leva encore une fois, avec hésitation.

— Non, attendez. Il y a une enchère pour un million trois. Mais je suis sûre qu'un million quatre suffirait à vous faire gagner.

— Vous avez sûrement raison, mais j'ai bien peur d'avoir atteint ma limite. Merci beaucoup, dit-il avant de raccrocher.

Il sortit de la cabine téléphonique et se faufila entre les voitures pour traverser Bond Street.

Le commissaire-priseur regarda avec espoir la jeune employée, mais celle-ci hocha la tête et raccrocha le combiné. Il abattit son marteau bruyamment et annonça :

— Adjugé pour un million trois cent mille livres au Metropolitan Museum de New York.

La foule, spontanément, applaudit, et même la comtesse s'autorisa à sourire, lorsque Sasha entra avec précipitation dans la salle des ventes. Il traversa la pièce et prit la seule place vide, à côté de son beau-père.

— J'ai bien peur que vous n'ayez raté le spectacle, dit M. Dangerfield.

— Oui, je sais. Je suis désolé, j'ai été retenu.

Sasha se pencha pour féliciter la comtesse. Elle lui serra doucement la main et lui murmura « Merci, Sasha » en tournant la page de son catalogue.

— Lot numéro dix-neuf, annonça le commissaire-priseur quand le calme revint dans la foule. Un buste en marbre représentant le tsar Nicolas II. Les enchères commencent à dix mille livres.

— Onze, répondit une voix familière au fond de la salle.

La comtesse ne se retourna même pas, mais leva doucement sa main gantée. Lorsqu'elle eut l'attention du commissaire, elle dit, presque dans un soupir :

— Cinquante mille.

Immédiatement, une exclamation de surprise parcourut la pièce. Mais c'était un petit prix à payer pour ce chef-d'œuvre qu'elle avait vu pour la dernière fois sur le bureau de son grand-père. Elle savait quel membre de la famille l'avait mis aux enchères et elle savait aussi qu'il avait encore plus besoin de cet argent qu'elle.

Chapitre 24

Sasha
Londres

— Tu es vraiment bien habillée, Maman, dit Sasha. C'est un nouveau tailleur ?

Elena ne leva pas les yeux de son cahier de réservations.

— Et vu qu'il est trois heures de l'après-midi, tu dois soit avoir rendez-vous avec un ami pour prendre le thé, soit aller à un entretien d'embauche.

Elena enfila une paire de gants tout en continuant à ignorer son fils.

— J'espère que ce n'est pas un entretien d'embauche, plaisanta Sasha, parce que je ne pourrais pas faire marcher le restaurant sans toi.

— Je serai de retour avant le service du soir, annonça Elena laconiquement. Le premier service est complet ?

— Sauf les tables douze et quatorze.

Elena acquiesça. Le restaurant était souvent plein plusieurs jours à l'avance, mais M. Agnelli avait appris à Sasha à toujours garder deux de ses meilleures tables pour ses habitués et à ne pas les remplir avant sept heures.

— Amuse-toi bien, Maman, où que tu ailles.

En réalité, il avait déjà compris où elle allait.

Elena quitta le restaurant sans ajouter un mot. Dehors, elle marcha cent mètres, s'engouffra dans la première rue à droite et héla un taxi. Elle ne voulait pas que Sasha la voie faire cette folie. En temps normal, elle aurait pris un bus, mais elle portait un tailleur Armani flambant neuf et de toute façon il n'y avait pas d'arrêt de bus à Lowndes Square.

— 43 Lowndes Square, dit-elle au chauffeur de taxi.

Elena avait été très touchée par l'invitation manuscrite de la comtesse à prendre le thé, qui lui donnerait l'occasion de voir son nouvel appartement. L'œuf de Fabergé avait changé leur vie à tous. Mike Dangerfield avait partagé sa commission avec Sasha et Charlie, qui avaient pu s'offrir un appartement à deux pas du restaurant. Elena était triste qu'ils ne vivent plus avec elle, mais elle comprenait qu'un jeune couple veuille son propre logement, surtout s'ils comptaient fonder une famille.

Sasha travaillait toute la journée et une grande partie de la nuit, il essayait de jongler entre le restaurant, ses cours à la London School of Economics et, ce qu'il cachait à Charlie et à Elena, la section locale du Parti travailliste qu'il venait tout juste de rejoindre. Les soirées échecs étaient passées à la trappe.

L'Elena allait de succès en succès, en particulier depuis la fermeture du restaurant de Tremlett, qui avait permis à Elena de récupérer de très bons employés. Les Tremlett, le père et le fils, avaient déménagé à

Majorque et ouvert une agence immobilière juste après la démission pour problèmes de santé du conseiller Tremlett, au beau milieu d'une enquête sur des permis de construire validés par le conseil municipal concernant des appartements sur Stamford Place. Sasha n'avait pas eu besoin de lire entre les lignes de l'article du journal local pour comprendre qu'ils ne reviendraient pas.

Tandis qu'Elena gérait les cuisines et Gino la salle, Sasha tenait les comptes d'une main de fer, un domaine où sa mère ne comprenait pas grand-chose, malgré les tentatives de son fils pour lui expliquer la différence entre l'évasion et l'optimisation fiscale. Il réinvestissait la majorité des bénéfices dans le restaurant et ils avaient récemment fait l'acquisition de très grands congélateurs, d'un lave-vaisselle professionnel et d'un ensemble de soixante nouvelles nappes et serviettes en lin. Il voulait faire construire un bar à l'avant du restaurant, mais ils ne pouvaient pas encore se le permettre.

À l'arrière du taxi, Elena pensait à la comtesse, qu'elle n'avait pas vue depuis quelque temps. À cause de ses horaires contraignants au restaurant, elle n'avait pas réellement de vie sociale, cette invitation à prendre le thé était une pause bienvenue dans sa routine. Et elle avait hâte de voir le nouvel appartement.

Lorsque le taxi s'arrêta devant le 43 Lowndes Square, Elena donna un généreux pourboire au chauffeur. Elle n'avait jamais oublié les paroles de M. Agnelli : « Pour recevoir des pourboires, il faut aussi en donner. »

Elle regarda les quatre noms imprimés avec soin à côté des sonnettes et pressa le bouton du dernier étage.

— Montez, je vous en prie, dit une voix qui visiblement l'attendait.

Il y eut un bruit de buzzer, Elena poussa la porte et monta dans l'ascenseur. Au quatrième étage, une domestique l'attendait devant la porte ouverte.

— Bonjour, madame Karpenko. Entrez, je vous en prie, la comtesse vous attend.

Elena essaya de ne pas s'attarder devant les photographies du tsar, de la tsarine et de leurs enfants en vacances avec la famille de la comtesse près de la mer Noire, tandis qu'on la menait vers un salon meublé avec les plus belles antiquités.

— C'est si gentil de votre part de prendre le temps de me rendre visite, dit la comtesse en invitant Elena à s'asseoir dans un large fauteuil en face d'elle. Nous avons tant de choses à nous dire. Mais d'abord, le thé.

Elena était heureuse de voir la comtesse vivre dans le luxe, et plus dans un sous-sol étroit à Pimlico.

— Comment va Sasha ? demanda la comtesse.

— Quand il ne travaille pas au restaurant, il poursuit des études de comptabilité et de gestion d'entreprises à la London School of Economics, ce qui ne peut qu'aider notre entreprise naissante.

— Naissante, et bientôt florissante. La dernière fois que j'ai vu Sasha, il m'a parlé d'une certaine rumeur qui…

— Mais ce n'est qu'une rumeur, madame la comtesse. Même si Gino a récemment vu deux des juges déjeuner au restaurant. Mais nous ne sommes sûrs de rien.

— Je croise les doigts pour vous, répondit la comtesse tandis que la domestique apportait un grand plateau d'argent chargé de biscuits, d'un service à thé et d'un gâteau au chocolat, qu'elle déposa au centre de la table.

— Avec du lait, mais sans sucre, si mes souvenirs sont bons, dit la comtesse en prenant la théière.

— Oui, merci.

— Sasha m'a également dit qu'il voulait se présenter au conseil municipal. J'ai entendu dire qu'un poste s'était récemment libéré.

— Il est en bonne position, mais il n'est pas certain qu'ils le choisiront.

— Soyez-en sûre, Elena, le conseil municipal de Fulham n'est qu'une étape sur la route vers la Chambre des communes.

— Vous croyez ?

— Oh oui. Sasha possède toutes les qualités et tous les défauts pour faire un excellent député. Il est intelligent, plein de ressources, rusé et n'a pas peur de prendre des risques quand il croit à la cause qu'il défend.

— Mais c'est un immigré.

— Ce qui sera peut-être un avantage au sein du Parti travailliste moderne.

— Ne lui dites pas, ajouta Elena, mais j'ai toujours voté pour le Parti conservateur.

— Moi aussi, avoua la comtesse. Mais dans mon cas, ce n'est pas très surprenant. Assez parlé de Sasha, comment Charlie s'en sort-elle à l'Institut Courtauld ?

— Elle a presque fini sa thèse, « Krøyer, le maître méconnu ». Elle pourrait être le Dr Karpenko dans quelques semaines à peine.

— Et y a-t-il des signes de…

— Malheureusement non. Apparemment la nouvelle génération pense qu'il est important de commencer sa carrière avant de faire des enfants. À mon époque…

— Il me semble, Elena, que vous êtes encore plus attachée aux traditions que moi.

— C'est l'avis de Sasha.

— Ma chère, je peux vous l'affirmer, il vous admire plus que toute autre femme, dit la comtesse en offrant à son invité une part de forêt-noire.

La comtesse s'arrêta, but une gorgée de thé et ajouta :

— Je dois vous avouer, Elena, que j'avais quelque chose derrière la tête en vous invitant à prendre le thé.

Elena reposa sa fourchette et écouta attentivement.

— Pour tout vous dire, j'ai un secret dont je veux vous faire part.

Elle s'arrêta un moment pour ménager son effet.

— Grâce à la diligence et à l'expertise de M. Dangerfield et à l'ingéniosité de votre fils, j'ai reçu beaucoup plus d'argent pour l'œuf que je ne le croyais possible.

— Je ne savais pas que Sasha vous avait aidé, répondit Elena.

— Il a même joué un rôle crucial, pour lequel je lui serai éternellement reconnaissante. La vente m'a non seulement permis de m'installer dans ce magnifique appartement, mais aussi d'acheter plusieurs très jolis meubles chez un certain antiquaire de Guildford.

Elena sourit.

— Mais j'ai toujours un problème, reprit la comtesse. Comment investir le reste de l'argent ? Parce qu'il me reste une somme considérable. Mon père répétait toujours qu'il faut investir auprès des gens en qui on a confiance. C'est pourquoi j'ai décidé de miser mon argent sur vous.

— Je ne suis pas sûre de comprendre.

— Le mois dernier, j'ai négocié l'achat d'une propriété sur Fulham Road.

La main d'Elena trembla si fort qu'elle renversa du thé.

— Je suis désolée, s'excusa-t-elle.

— Ce n'est pas grave, répondit la comtesse, l'important est surtout de savoir si vous vous sentez capable de gérer deux restaurants en même temps.

— Il faut que j'en parle à Sasha.

— J'ai bien peur que vous ne puissiez pas, répondit fermement la comtesse. D'ailleurs, vous ne devez surtout pas rapporter cette conversation à Sasha. Laissez-moi vous expliquer. Le vendeur est un certain Maurice Tremlett, et il m'a donné l'impression de ne pas être en très bons termes avec votre fils. Il semble très jaloux du succès de l'Elena.

— Ça remonte à plus longtemps encore, quand Sasha et lui étaient ensemble à l'école et que Sasha était gardien de but de l'équipe A.

— Tremlett a donc été relégué en équipe B, ça ne m'étonne pas puisque c'est exactement ce que j'ai l'intention de faire, une fois le contrat signé. Pendant les négociations, Tremlett m'a demandé deux ou trois fois si je n'agissais pas pour le compte de M. Karpenko et j'ai pu lui répondre non en toute honnêteté. Alors, s'il vous plaît, ne dites rien à Sasha tant que je n'ai pas versé l'argent. Si Tremlett comprenait ce qui se trame, l'accord serait sans nul doute annulé. Maintenant Elena, je dois en être sûre, pensez-vous pouvoir gérer les deux restaurants en même temps ?

— J'ai déjà tenu celui-ci par le passé, alors ce ne devrait pas être très difficile de le relancer, surtout que c'est maintenant moi qui embauche ses meilleurs employés.

— Et vous êtes certaine de pouvoir vous occuper de l'Elena en même temps ?

— Ce sera juste cent trente couverts au lieu de soixante-dix. Et il faudra sûrement que je construise un pont ou un tunnel pour relier les deux restaurants.

— Alors marché conclu.

— Est-ce que je peux vous demander ce que vous attendez en échange ?

— Je posséderai la moitié du nouveau restaurant et je pourrai venir dîner gratuitement dans l'un ou l'autre à ma guise. Il y a également un grand nombre d'immigrés russes à Londres qui apprécient la bonne cuisine, mais n'ont plus l'occasion d'y goûter aussi régulièrement qu'auparavant. Mais je n'en inviterai qu'un seul à la fois, c'est promis.

— Dans ce cas, il faudra que vous ayez votre propre table dans les deux restaurants, que personne d'autre ne pourra réserver. Quand puis-je le dire à Sasha ?

— Pas avant que le contrat soit signé et que l'encre soit sèche. Je dois vous dire, Elena, que si ce Maurice Tremlett était né en Union soviétique, il travaillerait sans nul doute pour le KGB.

Elena eut un grand frisson, mais elle était d'accord.

— Merci pour le thé, ajouta-t-elle. Et, plus important encore, merci pour la confiance que vous m'accordez. Il faut que je retourne au restaurant maintenant, je dois être en cuisine au moins une heure avant l'arrivée des premiers clients.

— Je suis sur le point de faire une affaire en or, je le sens. J'ai encore une chose à vous demander avant de vous laisser partir.

— Ce que vous voulez, madame la comtesse.

— À l'avenir, appelez-moi Natasha.

Elena la regarda d'un air hésitant.

— Si vous ne le faites pas, j'en ferai une clause du contrat, ajouta la comtesse.

dans cet appartement au moins une heure avant l'arrivée des premiers clients.

— Je suis sur le point de faire une affaire en or, je le sens. J'ai encore une chose à vous demander avant de vous laisser partir.

— Ce que vous voulez, madame la comtesse.

— À l'avenir, appelez-moi Tatiana.

Claud la regarda d'un air hésitant.

— Si vous ne le faites pas, j'en ferai une clause du contrat, ajouta la comtesse.

Chapitre 25

Sasha
Londres

— Est-ce qu'on sait quelque chose sur eux ? demanda Elena. Le nom de « Rycroft » ne me dit rien.

— Tout ce que je sais, c'est que la femme qui a téléphoné, Mme Audrey Campion, m'a expliqué qu'ils étaient trois et qu'ils venaient du Surrey pour discuter d'une affaire privée.

— Ça doit être un anniversaire ou une fête surprise quelconque. Quand doivent-ils arriver ?

— Dans dix minutes environ, répondit Sasha en jetant un coup d'œil à sa montre. Tu veux venir au rendez-vous, Maman ?

— Non, merci. Tu t'en sors beaucoup mieux que moi pour ce genre de choses. Assure-toi juste de bien vérifier les deux agendas.

— C'est déjà fait, répondit Sasha. L'Elena 1 est plein le 13 mars.

— Et l'Elena 2 ?

— Si c'est pour moins de vingt personnes, on devrait pouvoir se débrouiller.

— Bien, il semble que tu as tout bien en main, je vais retourner travailler. Je dois discuter des plats du jour avec le sous-chef.

Sasha sourit, conscient que sa mère aurait fait n'importe quoi pour ne pas avoir affaire directement aux clients, mais qu'elle changeait du tout au tout une fois en cuisine. Ils étaient si différents. Lui se tenait le plus loin possible des cuisines, la division du travail était parfaite pour tous les deux.

Sasha réfléchissait aux possibilités de menus qu'il allait suggérer quand on sonna à la porte.

Il alla s'asseoir à l'une de ses meilleures tables, dans l'alcôve à l'arrière de la salle, pendant que Gino ouvrait la porte pour faire entrer les trois visiteurs. Alors qu'ils s'avançaient vers lui, Sasha, comme à son habitude, essaya de les jauger.

Vu leurs âges, ils auraient pu être un père, une mère et leur fils, mais quelque chose chez eux lui disait le contraire. Il se leva pour les saluer, regardant plus attentivement le jeune homme, qu'il était certain d'avoir déjà vu quelque part.

— Bonjour, je suis Sasha Karpenko.

— Alf Rycroft, répondit l'homme le plus âgé en lui serrant vigoureusement la main.

— Et je suis Mme Campion. C'est moi que vous avez eue au téléphone, ajouta-t-elle avec une intonation qui disait qu'elle avait l'habitude d'obtenir ce qu'elle voulait.

— Oui, je m'en souviens.

— Bonjour, dit le jeune homme. Je suis…

D'un coup, Sasha se souvint.

— Content de te revoir, Michael. Comment vas-tu ?

— Très bien, merci. Je suis touché que tu te souviennes de moi. Mais après tout, comme je le disais à Alf et Audrey pendant le trajet, tu as battu l'équipe d'échecs d'Oxford au complet à toi tout seul, alors je ne devrais pas être surpris que tu te rappelles de mon nom.

— Qu'est-ce que tu fais maintenant ? demanda Sasha. Tu étudiais le droit, non ?

Un serveur s'approcha, ils commandèrent du café puis Michael reprit :

— Je suis notaire à Merrifield. Mais ce n'est pas pour ça que nous sommes venus.

— Non, bien sûr. Mettons-nous au travail. Quel genre de surprise-partie aviez-vous en tête ?

— Le Parti travailliste, répondit Alf.

Sasha resta interdit.

— Laissez-moi vous expliquer, ajouta Audrey Campion avec le même ton direct. Comme vous devez le savoir, jusqu'à très récemment le député de Merrifield était sir Max Hunter.

— Le père de Fiona, répondit Sasha. Comment aurais-je pu oublier ? J'ai vu qu'il est mort d'une crise cardiaque pendant une chasse au renard.

— C'est exact. Mais ce que vous ignorez, c'est que la nuit dernière, la section locale des conservateurs a choisi sa fille comme candidate pour l'élection législative partielle.

Sasha se tut quelques instants puis maugréa :

— Elle sera donc la première de la promo à s'asseoir sur les bancs verts de la Chambre des communes.

— Ça ne devrait pas te surprendre, répondit Michael, tout le monde pensait que ce serait toi ou elle qui remporterait en premier des élections.

— Mais je ne comprends toujours pas pourquoi vous avez fait tout ce chemin pour me dire quelque chose que j'aurais pu lire dans les journaux demain matin.

— Je suis le président de la section de Merrifield du Parti travailliste, expliqua Alf Rycroft. Et Audrey est notre agent électoral.

— Bénévole, ajouta-t-elle fermement.

— Et mon comité pense que vous êtes le plus qualifié pour affronter Mlle Hunter, reprit Alf.

— Mais ça ne serait pas plus sage de choisir quelqu'un avec plus d'expérience et qui connaît au moins un peu la circonscription ?

— Nous n'avons pas vraiment le temps de passer par le processus de sélection habituel. Nous pensions que les conservateurs auraient la décence d'attendre l'enterrement de sir Max Hunter pour annoncer la date de l'élection partielle, mais ils ont préféré profiter du fait que nous n'avons pas encore de candidat.

— C'est du Fiona tout craché, lança Sasha alors que le serveur apportait leurs cafés, ce qui lui laissa un moment pour réfléchir. Je suis très flatté, mais je n'ai tout simplement pas le temps…

— L'élection est dans trois semaines, le jeudi 13 mars, reprit Alf. Sir Max avait une majorité de douze mille deux cent quatorze voix, vous n'avez donc aucune chance de gagner.

— Alors, à quoi bon perdre mon temps ?

— Parce que si vous parvenez à réduire l'avance dans un bastion conservateur, cela fera très bien sur votre CV quand vous candidaterez à un siège que vous aurez réellement une chance de remporter, expliqua Mme Campion.

— Mais tu es de la région, Michael. Pourquoi est-ce que tu ne te présentes pas ?

— Fiona Hunter me fiche une peur bleue. Mais si elle découvrait que c'est toi le candidat travailliste, pour une fois c'est elle qui aurait la frousse. Et en plus, tu en sais plus sur elle que n'importe lequel d'entre nous.

— Il faut que j'y réfléchisse, répondit Sasha. Quand voulez-vous une réponse ?

— Dans dix minutes, répliqua Alf.

***

— La motion présentée devant le bureau local est la suivante : Sasha Konstantinovitch Karpenko est le candidat du Parti travailliste pour la circonscription de Merrifield. Que ceux qui sont pour veuillent bien lever la main, demanda le secrétaire en parcourant l'assemblée des yeux.

Vingt-trois mains se levèrent.

— Contre ?

Personne ne leva la main.

— La motion est adoptée à l'unanimité, annonça Alf Rycroft sous l'ovation la plus sonore possible produite par vingt-trois personnes.

Lorsqu'il prit le dernier train pour rentrer à Londres, Sasha connaissait les noms de ces vingt-trois personnes, mais pas l'une d'entre elles ne croyait en sa victoire.

— Tu as une maîtresse ? demanda Charlie alors qu'il se glissait dans la chambre un peu après minuit en essayant de ne pas la réveiller.

— Un peu plus de vingt-huit mille, répondit Sasha en s'allongeant et en expliquant pourquoi il était parti pour Merrifield ce matin et pourquoi il revenait ce soir comme candidat travailliste à l'élection partielle. On ne se verra pas beaucoup ces trois prochaines semaines.

— Félicitations, mon chéri.

Elle éteignit la lampe et le prit dans ses bras.

— Tu as déjà des informations sur ton adversaire ?

— Je sais tout.

— Comment ça ?

— C'est Fiona Hunter.

Charlie, bouche bée, se redressa d'un bond puis ajouta :

— Il faut que tu la battes !

— J'ai bien peur que ce ne soit impossible. À Merrifield, on compte les bulletins conservateurs par camions entiers.

— Eh bien pas cette fois, je prends le train avec toi demain matin, c'est nous deux qu'elle devra affronter.

— Mais tu as ta thèse à finir.

— Je l'ai rendue la semaine dernière.

— Et tu ne m'as rien dit ?

— Je voulais attendre d'avoir le résultat.

Elle se pencha pour embrasser son mari.

— Dors bien, mon chéri, ajouta-t-elle en s'allongeant. Tu dois être fatigué.

Mais Sasha ne parvint pas à dormir, les récents événements se bousculaient dans sa tête. Il pensait être en train d'organiser une surprise-partie et se retrouvait enrôlé dans un tout autre genre de parti.

***

Le lendemain matin, Sasha et Charlie embarquèrent dans le six heures cinquante-deux qui reliait Victoria à Merrifield et arrivèrent à la section du Parti travailliste juste avant huit heures.

Le président les attendait à l'extérieur, assis dans sa Ford Allegro.

— Allez-y, montez. Heureux de te rencontrer Charlie, mais nous n'avons pas une minute à perdre, dit-il une fois que Sasha lui eut présenté sa femme.

Il démarra et passa la première. Ils dépassèrent la grande rue et roulèrent doucement dans la campagne tandis qu'Alf assurait la visite guidée.

— Il y a vingt-six villages dans la circonscription de Merrifield. Ce sont eux qui donnent aux conservateurs leur majorité et Fiona Hunter a un bureau local dans chacun d'eux.

— Et nous ? demanda Charlie.

— Nous n'en avons qu'un, et l'homme qui le dirige a soixante-dix-neuf ans. Mais la ville de Roxton, avec ses seize mille habitants et son usine de papier, est la garantie qu'on nous rembourse à chaque fois nos frais de campagne.

— Des bonnes nouvelles ? demanda Sasha.

— Pas vraiment. Max Hunter n'était pas très populaire dans la circonscription, mais il avait la réputation d'avoir l'oreille du ministre et de pouvoir faire changer les choses. Il avait un don pour comprendre ce qui allait arriver et s'en attribuer le mérite. Par exemple, la construction du nouvel hôpital, qui faisait partie du programme de l'ancien gouvernement travailliste concernant les infrastructures, mais dont la construction a été achevée sous les conservateurs. Lorsque le ministre de la Santé a inauguré le nouveau bâtiment, on aurait cru que l'idée venait directement de Max Hunter et que c'était lui en personne qui avait posé la première pierre.

— Un talent dont sa fille a hérité, répondit Charlie avec un certain ressentiment. Comment ça se présente pour elle ?

— Elle est très appréciée, mais ils la connaissent depuis qu'on la promène en landau à travers la circonscription. On dit même que ses premiers mots étaient : « Votez Hunter ! » et je ne serais pas surpris d'apprendre que Max Hunter lui a laissé la circonscription dans son testament. Le fait que le même nom apparaisse sur les bulletins ne nous aide vraiment pas.

— Qu'est-ce que je dois répondre quand les gens du coin vont m'accuser d'avoir été parachuté ?

— Que les travaillistes n'ont jamais eu d'aussi grandes chances de l'emporter.

— Mais vous venez juste de dire que c'était perdu d'avance.

— Bienvenue dans le monde de la *Realpolitik*, ou plutôt dans la version en vigueur à Merrifield.

***

— Alors, votre première impression ? demanda Michael quand Sasha et Charlie rejoignirent le reste de l'équipe pour déjeuner au pub, le Roxton Arms.

— Les conservateurs ont peut-être les meilleures circonscriptions, mais les travaillistes ont les meilleures personnes, répondit-il en mordant dans un sandwich au jambon que sa mère n'aurait pas daigné toucher.

— Bien, dit Mme Campion une fois que Sasha eut avalé son déjeuner, arrosé d'une pinte de Farley. Le moment est venu de t'imposer à un public qui ne se doute encore de rien. Les affiches et les prospectus n'ont pas encore été imprimés, alors il va falloir improviser pendant quelques jours. Et souviens-toi Sasha, il y a une phrase que tu dois répéter sans cesse, jusqu'à ce que tu la dises même en dormant, ajouta Audrey en épinglant une rosette rouge sur le revers de sa veste.

Sasha, accompagné du président de section, de l'agent électoral et de quelques militants, sortit dans la rue principale. En rencontrant son premier électeur Sasha dit :

— Je m'appelle Sasha Karpenko et je suis le candidat travailliste pour l'élection partielle du jeudi 13 mars. J'espère pouvoir compter sur votre vote.

Il tendit sa main, mais l'homme l'ignora et continua à marcher.

— Charmant, maugréa Sasha.

— Chut ! siffla Mme Campion. Ça ne veut pas forcément dire qu'il ne va pas voter pour toi. Il est peut-être sourd, ou très pressé.

Sa deuxième tentative fut un peu plus réussie, une femme qui portait des sacs de courses s'arrêta pour lui serrer la main.

— Qu'allez-vous faire concernant la fermeture de l'hôpital de campagne ? demanda-t-elle.

Sasha ne savait même pas que Roxton avait un hôpital de campagne.

— Il va faire son possible pour convaincre le conseil de revenir sur sa décision, intervint Alf, venu à son secours. N'oubliez pas de voter travailliste le 13 mars.

— Mais vous n'avez aucune chance, répondit la femme. Un âne avec une rosette bleue pourrait gagner Merrifield.

— Les travaillistes n'ont jamais eu d'aussi grandes chances de l'emporter, dit Sasha en essayant de paraître confiant, mais la femme n'avait pas l'air convaincue quand elle s'éloigna.

— Bonjour, je m'appelle Sasha Karpenko et je suis le candidat travailliste…

— Désolé, monsieur Karpenko. Je vais voter Hunter, comme à chaque fois.

— Mais il est mort la semaine dernière, protesta Sasha.

— Vous êtes sûr ? demanda l'homme. Ma femme m'a pourtant dit de voter Hunter.

— Vous êtes né en Russie ? C'est vrai ? demanda l'homme que Sasha aborda ensuite.

— Oui, mais…

— Alors je vais voter conservateur pour la première fois, lança l'homme sans s'arrêter de marcher.

— Bonjour, je m'appelle Sasha Karpenko…

— Je vote pour le Parti libéral, répondit une femme avec un landau, et même nous, nous allons vous battre cette fois-ci.

— Bonjour, je m'appelle…

— Bonne chance, Sasha. Je voterai pour vous, même si je sais que c'est peine perdue.

— Merci, répondit Sasha.

Il se tourna vers Alf et demanda :

— C'est toujours comme ça ?

— À vrai dire, tu t'en sors mieux que notre dernier candidat.

— Il a fait quoi ?

— Elle. Elle a fait une dépression nerveuse une semaine avant l'élection et ne s'en est pas remise à temps.

Sasha éclata de rire.

— C'est la vérité, ajouta Alf. Nous ne l'avons plus jamais revue.

— Et dire que j'étais le seul homme que vous vouliez !

— Tu nous remercieras quand tu auras un siège sûr et que tu deviendras ministre, répondit Audrey en ignorant son sarcasme.

C'était la première fois que Sasha songeait à devenir ministre.

— Regarde qui est de l'autre côté de la rue, s'écria Charlie en donnant un coup de coude à Sasha.

Sur le trottoir d'en face, Fiona était entourée de ses supporteurs qui distribuaient des prospectus et tenaient des banderoles « Votez Hunter pour Merrifield ! »

— Ils n'ont même pas eu à imprimer de nouvelles affiches, pesta Alf.

— Il est temps de se confronter à l'ennemi, déclara Sasha avant de s'élancer dans la rue, se faufilant entre les voitures jusqu'à l'autre trottoir.

— Je m'appelle Fiona Hunter et je…

— Qu'est-ce que vous comptez faire à propos du stade de Roxton qu'on veut transformer en supermarché, voilà ce que je veux savoir.

— J'en ai déjà parlé avec le président du conseil, il m'a promis de me tenir informée, répondit Fiona.

— Exactement comme votre père, que des promesses, pas le moindre résultat.

Fiona sourit et laissa à un conseiller municipal le soin de s'occuper du problème.

— Est-ce que les conservateurs vont augmenter ma pension de retraite ? demanda une vieille dame en agitant un doigt devant son visage. Moi, c'est ça qui m'intéresse.

— Ils l'ont fait par le passé, dit Fiona avec enthousiasme, ils le feront à nouveau, mais seulement si nous gagnons l'élection.

— « Quand les poules auront des dents », voilà ce que devrait être votre slogan.

Fiona sourit en voyant Sasha s'approcher, la main tendue.

— Quel plaisir de te voir, Sasha, dit-elle. Qu'est-ce que tu fais ici ?

— Je m'appelle Sasha Karpenko et je suis le candidat travailliste pour l'élection partielle du jeudi 13 mars. J'espère pouvoir compter sur votre voix.

Le sourire s'effaça du visage de Fiona pour la première fois de la journée.

Chapitre 26

Alex
Brooklyn

— Quand tu rendras le tableau et que Lawrence te remboursera, tu es sûr de toujours vouloir investir encore dans l'Elena ?

— Oui, Maman, répondit Alex. Mais après m'être fait avoir comme ça, j'ai décidé de retourner à la fac.

— Mais tu as déjà un diplôme.

— En économie, ce qui est très bien pour devenir banquier, mais pour être entrepreneur, ça ne suffit pas. Je me suis inscrit à des cours du soir. Je vais faire une maîtrise en administration des affaires à Columbia. La prochaine fois que je croiserai la route d'Evelyn, je serai certain de ne pas refaire la même erreur. Entre-temps, je vais travailler chez Lombardi's Pizza, à Manhattan.

— Mais pourquoi ? Tu as déjà une pizzeria.

— Parce que Lawrence m'a dit que ce sont eux qui font les meilleures pizzas de tous les États-Unis et que j'ai bien l'intention de découvrir pourquoi.

Le mois de septembre fut chargé pour Alex. Il commença les cours du soir pour sa maîtrise et, malgré son travail chez Lombardi, il ne manquait pas un seul cours. Il rendait systématiquement ses devoirs en temps et en heure et lisait tous les livres du programme, et certains qui n'y étaient pas. Ironie du sort, Evelyn avait réussi là où sa mère avait toujours échoué.

Son apprentissage progressait également pendant la journée : Paolo, le gestionnaire de Lombardi's Pizza, sur la 12e Rue, lui montrait comment le restaurant avait bâti sa réputation. Grâce à ses conseils, Alex avait commencé à faire de petits changements à l'Elena et s'apprêtait à en faire de plus importants. Il voulait acheter un nouveau four chez Antonelli à Milan, qui lui permettrait de faire cuire douze pizzas toutes les quatre minutes, mais il ne pouvait pas se le payer avant d'avoir rendu le tableau et récupéré son chèque. Elle allait lui manquer. *Blue Jackie*, pas Evelyn.

***

Alex était en chemin pour les cours du soir quand il la vit pour la première fois.

Elle se tenait sur le quai de la station 51e Rue, portait un élégant tailleur bleu et avait à la main un attaché-case en cuir. Ce furent ses cheveux auburn courts, soigneusement coupés, et ses yeux marron profond qui le captivèrent. Il essaya de ne pas la fixer et lorsqu'elle jeta un coup d'œil dans sa direction, il détourna le regard.

Le métro entra en gare et il se retrouva à suivre cette apparition et s'assit à côté d'elle, bien qu'elle aille dans la mauvaise direction. Elle ouvrit sa mallette et en tira un magazine dans lequel elle se plongea. Sur la couverture, Alex aperçut un tableau d'un artiste nommé Willem De Kooning. Il aurait été prêt à parier qu'il avait vu une toile similaire chez Lawrence, mais décida que « je possède un Warhol » n'était pas une très bonne entrée en matière.

— Est-ce que De Kooning a peint le même sujet inlassablement ? demanda-t-il en fixant l'image.

Elle regarda Alex puis la couverture du magazine et répondit :

— Oui. Celui-là provient de sa série *Women*.

Son accent guindé lui rappelait Evelyn, mais c'était là leur seule ressemblance. Il hésita avant d'ajouter :

— Est-il possible que j'en aie vu un dans une collection privée ?

— Sûrement, mais il y en a très peu. Il y a plusieurs de ses tableaux au MoMA, c'est probablement là que vous l'avez vu.

— Ah oui, bien sûr, répondit Alex, qui n'avait jamais mis les pieds au Museum of Modern Art et n'avait qu'une vague idée de son emplacement. Vous avez raison, ça doit être là-bas.

En arrivant à la station suivante, il espéra de toutes ses forces qu'elle ne descende pas. Elle resta assise.

— Quel est votre artiste préféré ? hasarda-t-il alors que les portes se fermaient.

Elle ne répondit pas tout de suite.

— Je ne suis pas sûr d'avoir un favori parmi les expressionnistes abstraits, mais je trouve Motherwell sous-estimé et Rothko surestimé.

— J'aime beaucoup *Moon Woman*, de Pollock, lança Alex, un peu désespéré.

C'était le tableau qu'il avait fixé pendant une demi-heure, caché derrière un pilier à l'anniversaire de Lawrence.

— On considère que c'est l'un de ses meilleurs, mais je ne l'ai jamais vu qu'en photo. Rares sont les gens qui ont eu la chance de voir la collection Lowell en vrai.

Le train entra dans la station suivante et une fois de plus elle ne descendit pas. Lawrence Lowell est un très bon ami, si vous souhaitez voir sa collection… voilà ce qu'il aurait voulu dire, mais il avait peur qu'elle le prenne pour un fou.

— Vous travaillez dans le milieu de l'art ? demanda Alex.

— Oui, je suis assistante dans une galerie du West Side, répondit-elle en refermant son magazine.

— Ça doit être amusant.

— Ça l'est.

Elle rangea son magazine dans sa mallette et se leva alors que le train entrait dans la station.

Il se leva aussi.

— Je m'appelle Alex.

— Anna. Ravie de vous avoir rencontré, Alex.

Il resta planté là, comme une statue, alors qu'elle descendait du train. Il lui fit un signe de la main tandis qu'elle avançait sur le quai, mais elle ne se retourna pas.

— Mince alors, dit-il alors que les portes se refermaient et qu'elle disparaissait au loin.

Il allait devoir descendre au prochain arrêt et repartir dans l'autre sens. Pour la première fois, il allait rater un cours.

***

— Paolo, j'ai besoin d'un conseil.

— Si c'est à propos de pizzas, je ne suis pas sûr de pouvoir t'en apprendre plus.

— Non, c'est un problème de femme. Je ne l'ai rencontrée qu'une fois et puis elle est partie.

— Je ne te suis pas trop, mon petit. Reprends depuis le début.

— Je l'ai rencontrée dans le métro. Bon, « rencontrée » est un bien grand mot, ma tentative d'entamer la conversation a été assez pathétique. Et au moment où ça prenait enfin, elle m'a planté là. Tout ce que je peux te dire c'est son prénom et qu'elle est assistante dans une galerie du West Side.

— D'accord, commençons par la station à laquelle tu l'as vue.

— 51e Rue.

— Magasins de luxe, plein de galeries. Essayons de resserrer un peu l'étau. Est-ce que tu connais la période dans laquelle la galerie est spécialisée ?

— L'expressionnisme abstrait, je crois. Du moins c'est ce dont parlait le magazine qu'elle lisait.

— Il doit y avoir au moins une dizaine de galeries spécialisées dans ce courant. Qu'est-ce que tu peux me dire d'autre ?

— Elle est belle, intelligente…

— Âge ?

— Une petite vingtaine.

— Physique ?

— Mince, élégante, beaucoup de classe.

— Mais alors, qu'est-ce qui te fait penser qu'elle s'intéresse à toi ?

— Je suis d'accord. Mais s'il y a la moindre chance…

— Tu es un bien meilleur parti que tu ne le penses. Tu es brillant, charmant, bien éduqué, et je suppose que certaines femmes te décriraient comme beau.

— Qu'est-ce que je dois faire ? demanda Alex en ignorant la remarque sarcastique.

— D'abord, tu dois comprendre que le milieu de l'art est un petit monde, surtout le haut de gamme. Tu devrais aller chez Marlborough, sur la 57e. Trouve un assistant qui a à peu près son âge. Il y a de grandes chances qu'ils se connaissent ou qu'ils se soient croisés à un vernissage.

— Pourquoi est-ce que tu sais tant de choses sur l'art ?

— Les sujets que les Italiens maîtrisent sont l'art, la nourriture, l'opéra, les voitures et les femmes. Parce que ce sont les cinq choses que l'on fait le mieux dans notre pays.

— Si tu le dis. Je m'y mettrai demain matin, aux aurores.

— Pas si tôt, tu risques de perdre ton temps. Les galeries d'art n'ouvrent pas avant dix heures. Les clients qui peuvent mettre un demi-million dans un tableau ne sont pas des lève-tôt comme toi et moi. Et autre chose, si tu y vas accoutré comme ça, ils penseront que tu viens vider les poubelles. Si tu veux être pris au sérieux, mieux vaut être habillé et te comporter comme un client potentiel.

— Où est-ce que tu as appris tout ça ?

— Mon père est concierge au Plaza Hotel et ma mère travaille pour les grands magasins Bloomingdale's, j'ai été à l'école de la vie. Et une dernière chose, si tu veux vraiment l'impressionner, peut-être que tu devrais…

***

À quatre heures et demie le lendemain matin, Alex était déjà levé, habillé et sur le marché en train de négocier. Après avoir livré ses courses au restaurant, il rentra chez lui prendre son petit déjeuner avec sa mère.

Il ne lui raconta pas ce qu'il avait prévu de faire ce matin-là et attendit qu'elle parte travailler pour prendre une seconde douche et choisir un costume gris foncé, une chemise blanche et une cravate que sa mère lui avait offerte pour Noël. Puis, il enleva précautionneusement le Warhol du mur et l'enroula dans du papier kraft avant de le ranger dans un sac.

Il prit un taxi en direction de Manhattan – dépense nécessaire puisqu'il ne pouvait pas risquer de prendre le métro avec le tableau – et demanda au chauffeur de le conduire sur la 57e Rue Ouest.

Lorsqu'il arriva devant la Marlborough Gallery, les lumières venaient tout juste d'être allumées. Il étudia le tableau dans la vitrine, une œuvre de David Hockney. Quand il aperçut une jeune femme s'installer derrière un bureau, il prit une grande inspiration et poussa la porte.

« Ne sois pas pressé », lui avait dit Paolo. Les riches ne sont jamais pressés de dépenser leur argent. Il fit lentement le tour de la galerie, admirant les tableaux. C'était comme être à nouveau chez Lawrence.

— Puis-je vous être utile, monsieur ?

Il se tourna vers l'assistante qui se tenait maintenant à côté de lui.

— Non, merci. Je ne fais que regarder.

— Très bien. N'hésitez pas si vous avez besoin de quoi que ce soit.

Alex tomba amoureux pour la seconde fois, non pas de l'assistante, mais d'une dizaine de femmes qu'il aurait voulu emporter chez lui et accrocher à ses murs. Après avoir été captivé par une petite toile de Renoir, il se souvint de la raison première de sa visite. Il s'approcha du bureau de l'assistante.

— J'ai récemment rencontré une jeune femme nommée Anna qui travaille dans une galerie du West Side spécialisée dans l'expressionnisme abstrait et je me demandais si vous la connaissiez ?

La jeune femme sourit, mais fit non de la tête.

— Je ne travaille ici que depuis une semaine, désolée.

Alex la remercia, mais ne quitta pas la galerie avant d'avoir regardé une dernière fois le Renoir. Il ne gâcha ni son temps ni celui de la vendeuse en demandant le prix. Il savait qu'il ne pouvait pas se le permettre.

Il passa à une deuxième galerie, puis à une troisième, et consacra le reste de la matinée à parcourir sans succès une dizaine de galeries et à poser à une dizaine d'assistants la même question, recevant à chaque fois la même réponse. Lorsque les cloches de la cathédrale Saint-Patrick sonnèrent une heure de l'après-midi, il décida de s'accorder une pause pour déjeuner. Il remarqua une petite file d'attente devant un vendeur de sandwiches et s'avança, tenant toujours fermement son Warhol. C'est à ce moment-là qu'il la vit à travers la vitre du restaurant.

Elle était dans un box et discutait avec un bel homme qu'elle semblait bien connaître. Son cœur se serra quand l'homme se pencha pour lui prendre la main. Alex battit en retraite sur un banc non loin de là, où il s'effondra, abattu ; il n'avait plus très faim. Il s'apprêtait à rentrer quand ils sortirent tous les deux du restaurant. L'homme se pencha pour l'embrasser, mais Anna s'écarta, l'air grave. Elle s'éloigna en laissant l'homme planté là, sans dire un mot.

Alex se leva d'un bond et la suivit le long de Lexington Avenue, gardant ses distances, jusqu'à ce qu'elle entre dans une élégante galerie d'art. En dépassant N. Rosenthal & Co., il jeta un coup d'œil à l'intérieur et la vit, assise derrière un bureau. Il attendit quelques instants avant de revenir sur ses pas. Il entra dans la galerie sans regarder dans sa direction. Une cliente lui parlait et il fit semblant de s'intéresser à une œuvre. Lorsque la cliente bavarde fut partie, Alex s'approcha du bureau. Anna leva les yeux et sourit.

— Puis-je faire quelque chose pour vous, monsieur ?

— Je l'espère.

Il sortit le Warhol de son sac, retira le papier kraft et le posa sur le bureau. Anna regarda attentivement le tableau puis Alex. L'étincelle d'un souvenir fugace brilla dans ses yeux.

— J'espérais que vous pourriez me donner une estimation de la valeur de ce tableau.

Elle l'observa à nouveau et demanda :

— Il est à vous ?

— Non, il appartient à un ami. Il m'a demandé de le faire évaluer.

Elle le regarda à nouveau et dit :

— Je n'ai pas assez d'expérience pour vous donner une estimation correcte, mais si vous me permettiez de le montrer à M. Rosenthal, je suis sûr qu'il pourrait vous aider.

— Oui, bien sûr.

Anna prit la peinture, traversa la galerie et disparut dans une autre pièce. Alex était en train d'admirer une toile de Lee Krasner intitulée *The Eye Is the First Circle* quand un homme distingué et grisonnant, vêtu d'un costume croisé bleu foncé, d'une chemise rose et d'un nœud papillon à pois rouges, sortit de la pièce arrière, le tableau à la main. Il le reposa sur le bureau d'Anna.

— Vous avez demandé à mon assistante d'évaluer ce tableau ? interrogea-t-il en observant Alex.

Les mots « lent » et « mesuré » lui venaient à l'esprit. Cet homme était tout sauf pressé.

— J'ai bien peur de devoir vous annoncer, monsieur, que ceci est une contrefaçon. L'original appartient à M. Lawrence Lowell, de Boston, et fait partie de la collection Lowell.

« J'en suis conscient », aurait voulu répondre Alex.

— Qu'est-ce qui vous fait penser que c'est une contrefaçon ? demanda-t-il.

— Ce n'est pas le tableau en lui-même, je dois avouer qu'il m'a trompé pendant un moment. C'est la toile qui le trahit.

Il retourna le tableau et reprit :

— Warhol n'aurait pas pu se payer une toile si chère au début de sa carrière, et en plus elle n'est pas de la bonne taille.

— Vous en êtes sûr ? demanda Alex, qui se sentait à la fois en colère et acculé.

— Sans aucun doute. La toile fait deux centimètres de plus que l'original, celui de la collection de Lowell.

— Donc c'est un faux ?

— Non, monsieur. Un faux, c'est lorsque quelqu'un essaye de tromper le monde de l'art en prétendant avoir découvert un nouveau tableau qui ne fait pas partie du catalogue raisonné de l'artiste. Ceci est une contrefaçon, de très bonne facture d'ailleurs.

— Est-ce que je peux vous demander la valeur de l'original ? osa Alex.

— Un million, voire un million et demi. Sa provenance est impeccable. Il me semble que le grand-père de M. Lowell l'a acheté directement à l'artiste, quand celui-ci ne pouvait plus payer son loyer au début des années 1960.

— Merci, répondit Alex en ayant oublié pourquoi il était initialement entré dans la galerie.

— Si vous voulez bien m'excuser, je dois retourner dans mon bureau.

— Oui, bien sûr. Merci beaucoup.

Rosenthal quitta la pièce et au bout de quelques instants Alex se rendit compte qu'Anna le fixait.

— Nous nous sommes rencontrés dans le métro, non ? demanda-t-elle.

— Oui, avoua-t-il. Pourquoi n'avez-vous rien dit quand je vous ai montré le tableau ?

— L'espace d'un instant, j'ai pensé que vous étiez un faussaire.

— Rien d'aussi palpitant. La journée, je travaille chez Lombardi, et le soir, je fais des études de gestion.

— Pendant mes études, les margheritas de chez Lombardi étaient l'essentiel de mon alimentation.

— Ma mère fait une calzone délicieuse, si vous voulez y goûter.

— Ça me ferait très plaisir. Comme ça, vous pourrez me raconter comment vous êtes entré en possession d'une telle copie de *Blue Jackie*.

— C'était juste une excuse pour vous revoir.

Chapitre 27

Alex
Brooklyn

— Donc, tu m'as suivie dans le métro ? demanda Anna.

— Oui, avoua Alex, même si ce n'était pas la bonne direction.

— Comme c'est romantique, dit-elle dans un éclat de rire. Qu'est-ce que tu as fait quand je suis sortie du métro ?

— Je suis descendu à la station suivante et comme j'étais trop en retard pour mon cours, je suis rentré chez moi.

Un serveur s'approcha pour leur donner la carte.

— Qu'est-ce que tu me conseilles ? C'est ton restaurant après tout.

— Ma préférée est la capricciosa, mais choisis, elles sont si grosses qu'on peut partager.

— Alors, prenons celle-là. Mais tu n'es pas encore tiré d'affaire, Alex. Après ton échec lamentable à m'aborder, tu as décidé, tel Marc Antoine, de te lancer à ma recherche.

— J'ai passé la matinée à arpenter la moitié des galeries de Manhattan. Puis, par le plus grand des hasards, je t'ai aperçue en train de déjeuner dans un restaurant chic avec un homme plus âgé plutôt charmant.

— Il n'est pas si vieux, rétorqua Anna. Alors tu m'as suivie jusqu'à la galerie et tu as demandé à faire expertiser le tableau, alors que tout ce temps tu devais savoir que c'était une contrefaçon.

Alex resta silencieux tandis que le serveur déposait une large pizza au centre de la table.

— Ouah ! Elle a l'air délicieuse.

— Ma mère l'a faite tout spécialement elle-même, expliqua Alex en servant une part à Anna. Il faut que je te prévienne, elle ne résistera pas à la curiosité de venir te rencontrer. Il faudra lui dire que c'est la meilleure pizza que tu aies jamais goûtée.

— C'est vraiment le cas, dit Anna après la première bouchée. D'ailleurs, je crois que je vais emmener mon petit ami ici.

Alex ne put cacher sa déception, mais Anna ajouta, avec un sourire malicieux :

— Ex-petit ami. Celui que tu as vu au restaurant.

Alex aurait voulu en savoir plus sur lui, mais Anna changea de sujet :

— Alex, tu as eu l'air sincèrement surpris quand M. Rosenthal t'a annoncé que le tableau était une copie. D'où est-ce qu'il vient ?

Alex lui raconta toute l'histoire en détail – du moins, presque toute l'histoire –, heureux de pouvoir enfin partager son secret avec quelqu'un. Lorsqu'il en arriva à leur deuxième rencontre dans la galerie, Anna avait presque fini sa moitié de la pizza, mais Alex n'avait pas touché à la sienne.

— Mais pourquoi est-ce que ton ami te donnerait un demi-million pour un tableau qui ne vaut pas plus de quelques centaines de dollars ?

— Parce qu'il ne sait pas non plus que c'est une contrefaçon. Maintenant, il faut que je lui apprenne la vérité, et le pire c'est qu'il n'y a aucune chance qu'Evelyn me rende mon argent.

Anna se pencha par-dessus la table, lui prit la main et dit :

— Je suis désolée, Alex. Ça veut dire que tu ne pourras pas ouvrir un deuxième restaurant ?

— Rares sont les entrepreneurs qui ne rencontrent pas quelques obstacles sur le chemin du succès. Selon Galbraith, les plus sages se contentent d'ajouter leurs échecs au tableau de l'expérience et de passer à autre chose.

— Et tu es certain que ton ami Lawrence n'est pas de mèche dans l'escroquerie et ne t'a pas délibérément placé à côté de sa sœur à la fête ?

— Non, répondit Alex d'un ton ferme. Je n'ai jamais connu d'homme plus honnête de toute ma vie.

— Désolée, ce n'était pas très délicat de ma part. Après tout, je ne le connais même pas. Mais je dois bien admettre que j'adorerais voir la collection Lowell.

— C'est possible, si tu…

— Vous devez être Anna.

Alex leva les yeux, sa mère se dressait devant eux.

— Tu sais choisir ton moment pour entrer en scène, Maman, les Marx Brothers seraient fiers.

— Il n'a pas arrêté de me parler de vous, reprit Elena en ignorant son fils.

— Ça y est, Maman, c'est déjà gênant.

— Je suis si contente qu'il vous ait retrouvée. Il a été stupide de ne pas vous suivre la première fois.

— Maman !

Anna éclata de rire.

— Comment était la pizza ? demanda Elena.

— Délicieuse, répondit Anna.

— Je lui ai dit de dire ça, ajouta Alex.

— C'est vrai, admit Anna en se penchant pour lui prendre la main. Mais ce n'était pas nécessaire parce que c'est la stricte vérité.

— Quand peut-on espérer vous revoir ?

— Maman, tu es pire que Mrs Bennet dans *Orgueil et préjugés* !

— Et toi, pourquoi est-ce que tu n'as rien mangé ? demanda-t-elle comme à un enfant.

— Maman, va-t'en.

— Est-ce qu'Alex vous a raconté qu'il comptait ouvrir un deuxième restaurant ?

— Oui. Ça me semble très prometteur, madame Karpenko.

Alex était très embarrassé, il n'avait pas raconté toute l'histoire à sa mère.

— Appelez-moi Elena.

Alex se leva, le couteau à la main.

— Bon, je ferais mieux de retourner en cuisine ou le patron va me virer, ajouta-t-elle avec un sourire. J'espère vous revoir bientôt, je vous raconterai comment Alex a eu la Silver Star.

Alex brandit son couteau d'un geste faussement menaçant, mais elle filait déjà vers les cuisines.

— Désolé, d'habitude elle n'est pas si…

— Tu n'as pas à t'excuser Alex. Elle est comme ses pizzas, délicieuse. Mais raconte-moi comment tu as obtenu la Silver Star, dit-elle en retrouvant son sérieux.

— Pour être honnête, elle aurait dû être donnée au Tank, et pas à moi.

— Au Tank ?

Alex lui raconta toute la bataille entre son unité et les Viêt-cong à Bacon Hill et comment le Tank avait sauvé non seulement la vie de Lawrence, mais aussi la sienne.

— J'aurais aimé le rencontrer, dit Anna doucement.

— Peut-être que tu…

— Que je… ?

— Que tu accepterais de venir avec moi en Virginie ? Ça fait si longtemps que je veux aller sur sa tombe et…

— Quelle fille pourrait refuser une telle offre ?

Alex eut l'air gêné.

— Bien sûr, je viendrai avec toi, ajouta-t-elle en riant. On pourrait y aller dimanche ?

— Lawrence vient juste de rentrer d'Europe, il faut que j'aille le voir à Boston ce week-end, pour l'informer de ce que M. Rosenthal a dit à propos du tableau. Mais je suis libre le week-end d'après.

— Alors c'est noté.

***

Alex descendit du train à Boston avec une petite valise et un sac. Il héla un taxi et lui donna l'adresse de Lawrence.

À mesure que les minutes défilaient, il devenait de plus en plus anxieux. Il savait qu'il n'avait pas d'autre choix que de dire toute la vérité à son ami.

Lawrence l'attendait en haut des marches du perron quand le taxi remonta l'allée et s'arrêta devant la maison.

— Je vois que tu as rapporté le tableau, dit-il en lui serrant la main. Allons dans mon bureau, faisons l'échange et profitons tranquillement du reste du week-end.

Alex garda le silence et suivit Lawrence dans le couloir. En entrant dans le bureau de Lawrence, il resta interdit.

Presque chaque centimètre des murs en lambris de chêne était couvert de tableaux et de photographies de ses amis et de sa famille. Le regard d'Alex s'arrêta sur Nelson Rockefeller, ce qui fit sourire Lawrence alors qu'il prenait place à son bureau et invitait Alex à s'asseoir lui aussi.

Lawrence déballa le tableau, sourire aux lèvres.

— Bon retour parmi nous, *Jackie*, dit-il en tirant un carnet de chèques d'un tiroir du bureau.

— Tu n'auras pas besoin de ça.

— Comment ça ? Nous avions un marché.

— Parce que ce n'est pas un Warhol. C'est une contrefaçon.

— Une contrefaçon ? répéta Lawrence, incrédule, en scrutant le tableau.

— J'en ai peur. Et ce n'est pas mon opinion, mais l'avis d'un expert, Nathaniel Rosenthal.

Lawrence resta calme, mais laissa échapper, presque pour lui-même :

— Comment est-ce possible ?

— Je ne sais pas, mais si je devais deviner…

— Evelyn ! s'écria Lawrence en regardant le tableau. Elle est au courant depuis le début, c'est certain.

Il ouvrit son carnet de chèques, décapuchonna son stylo et inscrivit cinq cent mille dollars dans la case.

— Aucune chance que j'encaisse ton chèque. Ce n'est pas la peine que tu le signes.

— Tu dois le faire. Ma sœur nous a bernés tous les deux.

— Mais tu ne le savais pas, c'est tout ce qui importe.

— Sans cet argent, tu ne pourras pas ouvrir un deuxième restaurant.

— Alors j'attendrai. De toute façon, j'en ai appris plus en un week-end avec ta sœur qu'en un an en école de commerce.

— Peut-être qu'on pourrait s'arranger, suggéra Lawrence.

— À quoi est-ce que tu penses ?

— En échange de mes cinq cent mille dollars, je possède dix pour cent de ta société. Et pas n'importe quelle société, celle qui doit devenir encore plus grande que celle de mon parrain.

— Cinquante pour cent seraient plus justes.

— Alors, faisons un compromis. Je possède cinquante pour cent pour le moment, mais quand tu me rendras mon demi-million, je retomberai à dix pour cent.

— Vingt-cinq pour cent.

— C'est très généreux de ta part, dit Lawrence en signant le chèque.

— C’est surtout trop généreux de la tienne, répondit Alex.

Quand Lawrence lui tendit le chèque, ils se serrèrent à nouveau la main.

— Maintenant, je comprends mieux pourquoi Todd Halliday s’est éclipsé si tôt le soir de mon anniversaire, ajouta Lawrence en rangeant son carnet de chèques. Normalement il aurait dû rester dormir.

— Catherine de Médicis elle-même serait admirative de ta sœur. Elle savait que la seule façon d’être sûre que je voie le Warhol, c’était que je passe la nuit avec elle.

— Cinq cent mille dollars. C’est le coup d’un soir le plus cher de tous les temps. Mais j’ai un plan pour être sûr qu’Evelyn rembourse tout jusqu’au dernier centime. Allez, allons dîner.

***

Lawrence attendit qu’Alex ait vérifié chaque question une seconde fois. Il ajouta les mots « compagnie d’assurances ? » avant de lui rendre son antisèche. Lawrence acquiesça, prit une grande inspiration, décrocha le combiné et appela l’étranger.

Il repassa la liste en revue en attendant que l’un des deux réponde au téléphone. Il avait choisi son heure avec précaution : il était midi à Boston et six heures du soir à Nice. Ils devaient être rentrés de leur dîner à La Colombe d’Or, mais pas encore partis pour le casino à Monte-Carlo.

— Allô ? dit une voix familière.

— Allô, Eve, c'est moi. Je voulais te tenir informée concernant le Warhol.

— La police l'a retrouvé ?

— Oui, il était accroché au-dessus de la cheminée dans l'appartement de Karpenko à Brighton Beach. Ils auraient difficilement pu passer à côté.

— Alors il est de nouveau dans la chambre Jefferson ?

— J'ai bien peur que non. La police de Boston a voulu le faire expertiser et, surprise, c'est une contrefaçon.

— Et ça t'étonne ? ajouta Evelyn, un peu trop vite.

— Comment ça ? demanda innocemment Lawrence.

— Il a sans aucun doute échangé l'original avec une contrefaçon. Je parie qu'il a déjà fait sortir le vrai tableau du pays. À l'heure actuelle, il est probablement quelque part en Russie.

Quelque part dans le sud de la France, plutôt, pensa Lawrence.

— La compagnie d'assurances est de ton avis, Eve. Ils veulent savoir quand tu rentreras à Boston, puisque tu es la dernière à avoir vu Karpenko avant qu'il retourne à New York.

— Je n'ai pas prévu de rentrer avant quelques mois. Je suppose que la police a arrêté ton ami.

— Oui, mais il a été libéré sous caution. Il dit qu'il t'a donné un chèque de cinq cent mille dollars pour investir avec Todd dans une entreprise et que tu lui as donné le tableau comme garantie.

— C'est tout l'inverse, répliqua Evelyn. Il m'a supplié d'investir dans sa pizzeria et je l'ai envoyé sur les roses.

— Mais il a montré le chèque. Ce serait bien si tu pouvais venir donner ta version des faits à la police.

— Ma version des faits ? s'écria Evelyn. Tu es de quel côté, Lawrence ?

— Du tien, bien évidemment, Eve, mais la police refuse de lancer des poursuites tant qu'ils ne t'auront pas interrogée.

— Eh bien, ils n'auront qu'à attendre ! lança Evelyn en lui raccrochant au nez.

Lawrence reposa le combiné et se tourna vers Alex.

— J'ai comme l'impression qu'elle ne reviendra pas de sitôt, annonça-t-il avec un large sourire.

— Mais tu as perdu ton Warhol, répondit Alex.

— *Jackie* va me manquer, c'est vrai, mais Evelyn certainement pas.

***

— Je n'ai entendu que la moitié de la conversation, dit Todd Halliday en tendant un verre de whisky à sa femme, qui venait de raccrocher brusquement. Lawrence a compris que le Warhol est une copie et Karpenko a pu montrer le chèque, c'est bien ça ?

— Oui, répondit Evelyn en avalant son verre d'une traite. J'avais oublié que la banque de l'émetteur récupérait les chèques après le transfert de l'argent.

— Mais il a été délivré en espèces, ils ne pourront pas remonter jusqu'à toi.

— C'est vrai, mais si Lawrence découvre…

— À ce moment-là, nous n'aurons qu'à passer au plan B.

***

De retour à New York, Alex dut expliquer à sa mère pourquoi il revenait avec un chèque de cinq cent mille dollars même après avoir appris à Lawrence que le Warhol était une copie. Il fut surpris par la seule question qu'elle lui posa.

— Tu n'as pas encore demandé à Anna de t'épouser ?

— Maman, je ne la connais que depuis une semaine.

— Ton père a demandé ma main douze jours après notre rencontre.

— Dans ce cas, il me reste cinq jours, répondit Alex en souriant.

***

Alex descendit du métro sur la 14e Rue un peu après midi et se dirigea droit vers Lombardi. Il s'installa à une table, mais ne commanda rien. Quand Paolo arriva, il lui tendit le contrat. Paolo prit place en face de lui et lut attentivement toutes les clauses. Il n'y avait pas de surprises. Tout ce qu'Alex avait promis se trouvait dans le contrat, il signa, sourire aux lèvres, au bas de la page.

— Bienvenue à bord, cher associé, dit Alex en lui serrant la main. Tu es désormais le gestionnaire d'Elena 1 pendant que je m'occuperai de lancer Elena 2. On se voit à huit heures moins cinq lundi matin, il est grand temps que tu fasses la connaissance de ma mère. Enfin, c'est peut-être mieux que tu ne l'aies pas rencontrée avant de signer. Je dois filer. Je déjeune avec quelqu'un que je ne peux pas faire attendre.

Alex arriva au Bernardin quelques secondes seulement avant Anna.

— Comment ça s'est passé à Boston ? demanda-t-elle.

— On ne peut mieux, répondit-il avant d'expliquer pourquoi l'ouverture d'Elena 2 était maintenue.

— Lawrence est vraiment un ami en or. Mais où est le Warhol ?

— Le vrai ou la copie ?

— D'abord la copie.

— À sa place, dans la chambre Jefferson.

— Et l'original ?

— Lawrence pense qu'il est dans le sud de la France. Une autre raison pour laquelle Evelyn ne risque pas de rentrer de sitôt à Boston.

— N'y compte pas. L'homme que tu m'as décrit n'est pas du genre à faire mettre sa propre sœur derrière les barreaux.

— Je le sais, et toi aussi, mais est-ce qu'Evelyn pense pouvoir compter là-dessus ? Enfin, bref, qu'est-ce que tu as fait pendant mon absence ?

— J'ai dîné chez Lombardi.

— Traître.

— La pizza de ta mère est bien meilleure, mais leurs cartes sont d'un autre niveau.

— Je n'avais jamais remarqué.

— N'oublie pas, les clients voient le menu bien avant de voir les plats. J'ai fait du design pendant mes études, j'ai pensé que je pourrais sûrement faire quelque chose de plus attirant pour l'Elena.

Elle tira une dizaine de feuilles de papier de sa sacoche et les posa sur la table.

Alex étudia longuement les différents designs avant de dire :

— Ouah ! Je vois ce que tu veux dire.

— Ce ne sont que des esquisses. J'aurai des versions plus abouties avant que nous partions pour la Virginie.

— J'ai hâte, dit Alex, tandis que le serveur emportait leurs assiettes vides.

— Mais tu devras être patient, dit Anna en regardant sa montre. Il faut que je file. M. Rosenthal me lancera ce petit regard noir dont il a le secret si j'ai ne serait-ce qu'une minute de retard.

Tandis qu'Anna retournait à la galerie, Alex prit le métro jusqu'à Brighton Beach et s'arrêta à l'Elena pour annoncer à sa mère que Paolo serait là lundi.

— Et Anna ? demanda-t-elle.

— Elle va bien, répondit Alex avant de repartir en vitesse, sans que sa mère ait le temps de lui rappeler qu'il ne lui restait plus que trois jours.

Il s'assit au premier rang de l'amphithéâtre de Columbia juste au moment où le professeur Donovan entrait.

— Ce soir, nous allons parler du plan Marshall et du rôle qu'a joué le président Truman dans l'aide apportée aux Européens au lendemain de la Seconde Guerre mondiale. L'instabilité économique de l'Europe en 1945 était telle que…

En rentrant chez lui un peu après dix heures, Alex était exténué. Il trouva sa mère dans la cuisine en pleine discussion avec Dimitri, qui venait tout juste de revenir de Leningrad.

Alex s'écroula sur la première chaise venue.

— Dimitri vient de me dire que ton oncle Niko est devenu délégué du syndicat des dockers, expliqua Elena. N'est-ce pas formidable ?

Alex ne répondit pas. Il dormait déjà à poings fermés et ronflait.

Chapitre 28

Alex
Boston

— J'aimerais vraiment en apprendre plus sur ta vie en Union soviétique et sur la façon dont tu es arrivé aux États-Unis, demanda Anna alors que le train sortait de Penn Station.

— La version édulcorée ou celle avec tous les détails sanglants ?

— La vérité.

Alex lui raconta la mort de son père et tout ce qui s'était passé entre ce moment-là et sa rencontre avec elle dans le métro. Il omit seulement la raison pour laquelle il avait failli tuer le major Poliakov et le fait que Dimitri travaillait pour la CIA. À la fin de son récit, la première question d'Anna le prit par surprise.

— Est-ce que tu penses que ton ami d'enfance a joué un rôle dans la mort de ton père ?

— J'y ai beaucoup réfléchi. Je suis certain que Vladimir en aurait été capable ; j'espère pour lui que nous ne nous reverrons jamais. Maintenant que je t'ai raconté toute ma vie, c'est ton tour.

— Je suis née dans un camp de prisonniers au fin fond de la Sibérie. Je n'ai jamais connu mon père et ma mère est morte avant même…

— Bien essayé, dit Alex en passant son bras autour de son épaule.

Elle se tourna et l'embrassa pour la première fois.

Il lui fallut quelques secondes pour s'en remettre, puis il ajouta, dans un murmure :

— Allez, dis-moi la vérité.

— Je ne me suis pas échappée de Sibérie, mais du Dakota du Sud, quand on m'a proposé une place à Georgetown. J'ai toujours voulu faire une école d'art, mais je n'étais pas assez douée, alors j'ai fait de l'histoire de l'art et puis j'ai trouvé du travail chez Rosenthal.

— Tu devais être brillante à Georgetown, je vois mal M. Rosenthal comme quelqu'un ayant l'habitude de s'entourer d'idiots.

— Il est très exigeant, mais c'est un virtuose. Il est non seulement un spécialiste reconnu, mais c'est aussi un négociateur aguerri, c'est pour ça qu'il est très respecté dans le milieu. J'apprends beaucoup plus avec lui qu'à l'université. Maintenant que j'ai rencontré ton invincible mère, parle-moi un peu de ton père.

— C'était l'homme le plus formidable qu'il m'ait été donné de connaître. S'il n'était pas mort, nul doute qu'il aurait fini par devenir le premier président d'une Russie indépendante.

— Alors que son fils va devenir président d'une entreprise de pizzerias à Brooklyn, plaisanta Anna.

— Pas si ma mère y met son grain de sel. Elle veut que je devienne professeur, avocat ou médecin.

Tout sauf homme d'affaires. Mais je ne sais pas du tout ce que je vais faire après l'école de commerce. Je dois bien avouer que toi et Lawrence, vous avez changé ma vie.

— Comment ça ?

— En te cherchant, je suis entré dans un tas de galeries. C'était comme découvrir un monde nouveau où je n'avais de cesse de rencontrer de belles femmes. J'espère qu'en rentrant à New York tu m'en présenteras d'autres.

— On devrait commencer par le MoMA, puis aller au Frick, et si l'histoire d'amour se poursuit, je te présenterai les femmes allongées du Metropolitan. Et dire que je croyais que c'était de moi dont tu étais tombé amoureux.

— Anna, je t'aime depuis le premier regard. Si seulement tu t'étais retournée en descendant du métro, si tu m'avais adressé le moindre sourire, j'aurais défoncé les portes et je t'aurais couru après.

— Ma mère m'a toujours appris à ne pas regarder en arrière.

— Ta mère a l'air d'aussi mauvais conseil que la mienne, mais est-ce qu'elle sait faire une calzone ?

— Pas le moins du monde. Elle est institutrice. Dans une école primaire.

— Et ton père ?

— Il est le directeur de la même école, mais tout le monde sait qui dirige vraiment.

— J'ai hâte de les rencontrer, dit Alex alors qu'Anna posait la tête sur son épaule.

Alex n'avait jamais vu un trajet passer aussi vite. Ils échangèrent des souvenirs d'enfance, elle lui présenta

Fra Angelico, Bellini et le Caravage, et il lui parla de Tolstoï, de Pouchkine et de Lermontov.

Lorsque le train entra dans Arlington Station, un peu après sept heures et demie, ils venaient à peine d'entamer le XVIIe siècle. Dans le taxi qui les emmenait au cimetière national, Alex resta silencieux. En foulant la pelouse manucurée entre les rangées de pierres tombales blanches et nues qui s'étendaient à perte de vue, il se souvint d'une conversation avec le capitaine Lowell dans une tranchée près de la zone démilitarisée et le mot « futilité » lui vint à l'esprit. Pas une journée ne passait sans qu'il pense à Big Sam. Pas un jour où il ne remerciait les dieux, peu importait lesquels, de l'avoir laissé vivre.

Ils s'arrêtèrent devant la tombe du soldat de 1re classe Samuel T. Burrows. Anna resta silencieuse tandis qu'Alex pleurait, sans honte, à ses côtés. Au bout d'un moment, il tira un morceau de tissu de sa poche, s'agenouilla et posa la Silver Star sur la tombe de son ami.

Alex ne savait pas combien de temps il était resté là.

— Au revoir, mon ami, dit-il en s'en allant. Je reviendrai.

Anna lui sourit si tendrement qu'il se remit à pleurer.

— Merci, Anna, dit-il en la prenant dans ses bras. Big Sam t'aurait adorée et je suis sûr que tu aurais voulu qu'il soit mon témoin.

— Si c'est une demande en mariage, répondit Anna, sans parvenir à retenir un sourire, ma mère risque de faire remarquer qu'on ne se connaît que depuis deux semaines.

— Douze jours ont suffi à mon père, dit Alex en posant un genou à terre et en sortant un écrin en velours de sa poche.

Il l'ouvrit pour dévoiler la bague de fiançailles de sa grand-mère.

Alors qu'il passait la bague à l'annulaire gauche d'Anna, elle prononça une phrase dont il se souviendrait pour le restant de ses jours :

— Je dois être la seule fille qu'on ait jamais demandée en mariage dans un cimetière.

***

— Qu'est-ce que tu penses des nouveaux menus ? demanda Alex.

— Très classe, comme ta mère, répondit Lawrence. C'est elle qui les a faits ?

— Non, c'est Anna, sur son temps libre.

— J'ai vraiment hâte de la rencontrer. Peut-être que je devrais l'inviter à passer le week-end à Boston, pour voir ma collection d'œuvres d'art.

— Et je peux déjà te dire qu'elle va accepter, elle a vraiment hâte de te rencontrer et de voir la collection, répondit Alex en riant. Mais je suppose que tu n'as pas pris l'avion jusqu'à New York juste pour me faire plaisir, et j'espère que ce n'est pas non plus pour récupérer ton argent, j'ai déjà tout dépensé.

— Mais est-ce que tu es prêt à ce que j'investisse encore plus ?

— Pourquoi est-ce que tu ferais ça ?

— Parce que si l'Elena veut s'agrandir, il va falloir injecter de l'argent, c'est bien la seule chose pour laquelle Todd avait raison.

— Et tu serais prêt à financer les restaurants ?

— Et comment ! Je possède cinquante pour cent de l'entreprise, c'est dans mon intérêt.

— Jusqu'à ce que je te rembourse.

— Ce qui n'arrivera pas de sitôt si tu acceptes ma proposition.

— Ton parrain ne serait pas d'accord, lança Alex en s'esclaffant.

— Je ne vois pas pourquoi. L'un de ses premiers investissements était dans McDonald's, pourtant il n'avait jamais mangé un hamburger de sa vie. Mais nous avons tout de même un problème.

— Comment ça ? demanda Alex alors que Paolo revenait avec les plats du jour.

— Je crois que j'ai trouvé l'emplacement idéal pour le troisième Elena, à Boston, mais comment allons-nous faire pour cloner ta mère ?

— Ce sera toujours ses recettes au menu. Et je ne donne pas cher du cuisinier qui ne remplira pas ses exigences.

— Tu penses qu'elle acceptera de passer le premier mois dans la ville où nous ouvrirons le prochain restaurant ?

— Si tu la convaincs que c'est ton idée, sûrement.

— Alors, comment trouvez-vous les plats du jour ? demanda une voix reconnaissable entre mille.

Lawrence se leva pour la saluer.

— Sublime, Elena, dit-il en joignant le geste à la parole.

Alex reconnut ce sourire spécial que sa mère réservait à ses meilleurs clients.

— Je me demandais, Elena, si vous et moi pourrions avoir une petite discussion en privé plus tard, de préférence quand Alex ne sera pas dans les parages ?

***

Quand l'Elena 3 ouvrit ses portes à Boston, Alex fut surpris par l'intérêt que montra la presse locale et nationale. Mais il est vrai que lui n'était pas un homme politique.

Ted Kennedy, qui présidait la cérémonie d'ouverture, raconta à la foule qu'il avait, par le passé, inauguré des hôpitaux, des écoles, des stades et même un aéroport, mais encore jamais de pizzeria.

— Mais, soyons francs, il y a une élection cette année, plaisanta-t-il.

Il attendit la fin des rires avant d'ajouter :

— De toute façon, l'Elena n'est pas une pizzeria comme les autres. Mon ami, Lawrence Lowell, votre candidat démocrate au Congrès, s'est investi dans ce projet dès le début. Il croit beaucoup en Elena Karpenko et en son fils Alex, qui ont échappé aux griffes du communisme pour venir reconstruire leur vie aux États-Unis. C'est ça, le rêve américain.

Alex chercha sa mère des yeux et la trouva cachée derrière un réfrigérateur, Anna à ses côtés. Il se demandait si elle le lui avait dit ou pas encore.

— Mesdames et messieurs, annonça Kennedy, j'ai l'honneur de déclarer l'Elena 3 officiellement ouvert.

Quand les applaudissements eurent cessé, Lawrence s'avança pour remercier le sénateur et ajouta :

— Après avoir mangé le plat du jour, la pizza du Congrès – fromage, jambon et une pincée de sel –, je serai prêt pour la campagne électorale.

Il attendit que les acclamations diminuent avant de reprendre :

— J'ai également une annonce importante à faire. J'ai demandé à Alex Karpenko d'être mon directeur de campagne.

— Mais il n'a jamais dirigé de campagne, cria un journaliste.

— Et je n'avais jamais mangé de pizzas avant de venir aux États-Unis, rétorqua Alex, sous les applaudissements.

À la fin du discours de Lawrence, Alex chercha des yeux le sénateur Kennedy pour le remercier. Mais il s'était déjà éclipsé pour aller à un autre rendez-vous, donnant à Alex un aperçu des douze prochaines semaines.

***

— Tu crois qu'il a vraiment signalé le vol et dénoncé Karpenko à la police ? demanda Todd, une fois que le majordome eut quitté la pièce.

— Qu'est-ce qui te fait dire le contraire ? répondit Evelyn en buvant une gorgée de vin.

— C'est en une du *Globe.* Lawrence a confié à Karpenko la direction de sa campagne. Il n'aurait pas fait ça s'il le pensait coupable.

— Il a fait quoi ? siffla Evelyn en prenant le journal des mains de Todd.

— Le salaud ! s'écria-t-elle après avoir lu l'article sur l'inauguration de l'Elena 3 par Ted Kennedy.

— Peut-être qu'il est temps de rentrer à Boston et d'annoncer à tout le monde que tu voteras républicain pour la première fois.

— On pourrait s'estimer heureux d'avoir une ligne en seizième page du *Herald* avec ça, et puis ça ne surprendrait personne. Non, j'ai une idée qui va propulser mon frère en une de tous les journaux de la côte Est.

***

Alex fut étonné par sa propre fascination pour le système électoral et dut admettre qu'il appréciait tous les aspects d'une campagne. Pour la première fois, il comprenait pourquoi son père avait voulu être dirigeant syndical.

Il aimait la franchise du contact avec les électeurs sur le terrain, dans les usines, sur les pas de porte. Il savourait les meetings et était toujours très heureux de remplacer Lawrence quand celui-ci ne pouvait être présent.

Par-dessus tout, il aimait les visites hebdomadaires dans la capitale pour être briefé par les membres du parti sur la campagne à l'échelle nationale et sur les prochains angles d'attaque. Washington était devenue une seconde maison. Il se demanda même, mais n'osa pas en parler avec Anna, s'il allait un jour rejoindre Lawrence à Washington en tant que représentant du 8e district congressionnel de New York.

La seule chose qui lui déplaisait, c'étaient les longues périodes qu'il passait loin de sa fiancée et combien il se languissait qu'elle vienne le rejoindre à Boston chaque week-end. La campagne semblait s'éterniser, mais elle ne se plaignait jamais.

Alex n'avait pas encore annoncé à sa mère qu'Anna était enceinte, mais le couple avait déjà choisi la date du mariage. Trois jours après le scrutin. Dimitri et Lawrence seraient les témoins, et bien entendu la question du traiteur ne se posait même pas.

***

— Vous avez des preuves ? Des photos ? demanda Evelyn.

— Une dizaine, répondit la voix à l'autre bout du fil.

— Et son acte de naissance ?

— Nous l'avions même avant de le recruter.

— Et ensuite ?

— Vous n'avez plus rien à faire, vous pouvez juste attendre que votre frère se retire de l'élection.

***

— Le seul problème que tu poses en tant que directeur de campagne, c'est le nombre de personnes qui pensent que tu ferais un meilleur candidat, dit Lawrence. Il y a presque plus de gens à tes meetings qu'aux miens.

— Mais la famille Lowell a des représentants à Washington depuis plus d'un siècle, répondit Alex. Je ne suis qu'un immigré de première génération, à peine arrivé ici.

— Comme une grande partie des gens qui me soutiennent, c'est pourquoi tu ferais un très bon candidat. Si tu décides un jour de te présenter, que ce soit pour devenir employé de la fourrière ou sénateur, je serais très heureux de te soutenir.

***

Evelyn et Todd embarquèrent dans un avion pour Paris l'après-midi même, ils ne voulaient pas risquer d'être à Boston quand l'édition matinale des journaux sortirait le lendemain.

— Tu as posté le colis ? demanda Todd en attachant sa ceinture.

— Je l'ai remis en main propre, répondit Evelyn. Je ne voulais pas risquer un envoi par la poste après ce que m'ont coûté ces photos.

Elle sourit à l'hôtesse de l'air qui lui proposait un verre de champagne.

— Et si Lawrence découvre la vérité ?

— D'ici là, ça n'aura plus aucune importance.

***

— Mais tu dois recevoir une centaine de faux par jour. Qu'est-ce qui te fait dire que ça, c'est du sérieux ? demanda Blake Hawksley en désignant les photos étalées sur son bureau.

— Il est rare qu'une femme avec un accent de la haute société de Boston fasse ce genre de canular, répondit son directeur de campagne.

— Alors, qu'est-ce que tu me conseilles de faire ? demanda le candidat républicain.

— Laisse-moi transmettre l'information à mon contact au *Boston Globe*, il me dira ce qu'il en pense.

— Mais le *Globe* soutient toujours le candidat démocrate.

— Ça pourrait bien changer une fois qu'ils auront vu ça, dit Steiner en rassemblant les photos pour les ranger dans l'enveloppe. Leur premier objectif c'est de vendre du papier et rien que ça, ça pourrait doubler leur tirage.

— Quand ils verront ça, la première chose qu'ils feront ce sera de m'appeler. Qu'est-ce que je réponds ?

— Pas de commentaire.

***

Alex lut la une du *Globe* une deuxième fois avant de donner le journal à Anna. Quand elle eut fini de lire, il demanda :

— Tu savais que Lawrence était gay ?

— Bien sûr, répondit Anna. Tout le monde le sait. Enfin, tout le monde sauf toi, visiblement.

— Tu crois qu'il devra renoncer à se présenter ? demanda Alex en observant les photos qui s'étalaient en pleine page.

— Pourquoi ? Être gay n'est pas un crime. Ça pourrait même être un atout pour les élections.

— Mais avoir des relations avec un mineur en est un.

— C'est très clairement un coup monté. Un gigolo de trente ans qui en fait quinze piège Lawrence, il a sans doute reçu une jolie récompense pour sa participation. Ça ne me surprendrait pas que les républicains soient derrière tout ça.

— Tu as vu ce que Hawksley a dit au *Globe* ?

— « Pas de commentaire », et tu devrais conseiller à Lawrence la même réponse.

— Je ne pense pas que les électeurs lui pardonneront. Je devrais aller à Beacon Hill sur-le-champ, avant qu'il ne fasse une déclaration qu'il pourrait regretter.

En se levant, il sourit tristement et ajouta :

— Pour ne rien arranger, c'est aujourd'hui qu'il déjeune avec les Filles de la Révolution américaine[1].

— Transmets-lui mon bonjour et dis-lui de tenir bon. Il pourrait être surpris par la gentillesse des gens. Nous ne vivons pas tous dans le microcosme de Washington.

Alex prit Anna dans ses bras et l'embrassa.

— J'ai vraiment eu beaucoup de chance en montant dans ce métro.

Sous les ordres d'Alex, le chauffeur de taxi dépassa plusieurs fois les limitations de vitesse pour arriver chez Lawrence avant la presse. Mais ses efforts furent vains, lorsqu'ils arrivèrent à Beacon Hill une nuée de journalistes et de photographes en maraude avaient déjà planté leurs tentes sur le trottoir devant la maison de Lawrence. Ils n'avaient clairement pas l'intention de partir avant que le candidat sorte de sa forteresse pour faire une déclaration.

Pendant tout le mois précédent, Alex avait essayé de faire venir au moins quelques journalistes aux meetings et d'offrir un peu de couverture médiatique à Lawrence, mais on lui répondait toujours : « Pourquoi s'embêter, le résultat des élections est connu d'avance. » Maintenant que ce n'était plus le cas, ils tournaient comme des vautours ayant débusqué un animal blessé tentant de se réfugier dans un buisson.

— M. Lowell va-t-il se retirer de l'élection ? cria un journaliste en apercevant Alex qui sortait du taxi.

---

1. Association de descendantes des participants à la guerre d'indépendance des États-Unis, connue pour ses positions conservatrices.

— Vous allez le remplacer ? demanda un autre.

— Vous saviez qu'il avait eu des relations avec un mineur ? cria un troisième.

Alex garda le silence en se frayant un chemin à travers la meute de journalistes, aveuglé par les flashes des appareils photo. Il fut soulagé de voir Caxton lui ouvrir la porte avant même d'avoir à frapper.

— Où est-il ? demanda Alex au majordome qui refermait la porte derrière lui.

— M. Lowell est toujours dans sa chambre, monsieur. Il n'est pas sorti depuis que je lui ai apporté son petit déjeuner, il y a près d'une heure, avec les journaux du matin.

Alex se rua dans l'escalier jusqu'à la chambre principale. Il s'arrêta un instant pour reprendre son souffle et frappa doucement à la porte. Pas de réponse. Il frappa une nouvelle fois, un peu plus fort, mais toujours rien. Il tourna avec hésitation la poignée, poussa la porte et entra.

Lawrence était pendu à une poutre. Avec sa cravate de Harvard.

Chapitre 29

Sasha
Merrifield

— Celle-là vient du boucher, dit Charlie, c'est la facture mensuelle.

— Paye-la tout de suite, répondit Elena. Sasha insiste pour qu'on paye tous nos fournisseurs le plus vite possible ; comme ça, on est sûr d'avoir la meilleure viande, les fruits les plus frais et le pain du matin même. Régler une semaine plus tard, c'est risquer de recevoir des marchandises de la veille. Deux semaines plus tard et c'est les invendus. Au bout d'un mois, ils arrêtent tout bonnement de livrer.

— Je vais faire le chèque tout de suite. Sasha le signera en revenant de la circonscription et on le déposera à la boucherie en allant à la gare demain matin.

— C'est très gentil d'avoir pris ta matinée pour m'aider avec tout ça, dit Elena en regardant, l'air désespéré, le tas de courrier devant elle.

— Sasha est désolé de ne pouvoir s'en occuper lui-même, mais il ne peut pas se permettre de se libérer ne serait-ce qu'une ou deux heures.

— Est-ce que ça veut dire qu'il va gagner ? demanda Elena.

— Non, non, répondit fermement Charlie. Merrifield est un bastion conservateur. Même Mère Teresa n'aurait aucune chance de l'emporter, même pas contre le diable en personne.

— Mais Sasha est contre le diable, répondit Elena.

— Fiona n'est pas si terrible.

— Mais s'il ne peut pas gagner, ajouta Elena tandis que Charlie ouvrait la lettre suivante, à quoi bon ? Il y a tant de travail à faire ici.

— Il a le sentiment qu'il doit gagner ses galons. S'il fait ses preuves sur le terrain, il espère qu'on lui confiera un siège sûr.

— Mais les habitants de Merrifield doivent bien se rendre compte que Sasha ferait un meilleur député que Fiona Hunter ?

— Sasha aurait gagné un siège disputé, ça ne fait aucun doute. Mais dans le cas présent, nous devons accepter qu'il perde.

— Je ne comprends rien à la politique anglaise. En Russie, on sait déjà qui va gagner, ça ne sert à rien de faire des élections.

— Heureusement que la cuisine est un langage universel. Pas besoin de traduction, plaisanta Charlie en ouvrant la lettre suivante. Voyons, cette lettre nous informe que le lave-vaisselle de l'Elena 2 a maintenant trois ans et que l'entreprise vient récemment de lancer un modèle qui a deux fois la capacité de l'ancien et qui va également deux fois plus vite.

— Dans combien de temps est l'élection partielle ? demanda Elena.

— Dans onze jours, et après, retour à la normale.

— Certainement pas. Dans onze jours, Sasha sera député et votre vie sera encore plus mouvementée.

— Elena, combien de fois dois-je vous répéter qu'il ne peut pas gagner, dit Charlie en essayant de cacher son agacement.

— Tu ne devrais pas sous-estimer Sasha, souffla Elena.

Charlie l'avait entendue, mais ne répondit pas, elle était en train de lire la lettre une seconde fois.

— Qu'est-ce qu'il y a ? demanda Elena en remarquant l'expression sur le visage de Charlie.

Charlie prit sa belle-mère dans ses bras, lui tendit la lettre et s'écria :

— Félicitations ! Lisez la lettre, je vais chercher le champagne.

***

« Lâche ! » criait la une de la *Merrifield Gazette*.

— Mais je n'ai jamais dit ça, protesta Sasha.

— Je le sais bien, répondit Alf, mais c'est ce que le journaliste a compris quand tu as dit que tu étais déçu que Fiona ne veuille pas faire un débat public.

— Est-ce que je dois me plaindre au rédacteur en chef ?

— Certainement pas. C'est la meilleure publicité gratuite que nous ayons eue depuis des années, et en plus, il faudra qu'elle réagisse, ce qui nous en garantit une autre demain matin.

— Je suis d'accord, répondit Charlie. C'est à elle de se faire du souci pour une fois.

— Et je vois que ta mère fait aussi les gros titres, dit Alf en tournant la page.

— C'est vrai et c'est amplement mérité. Mais j'ai tout de même été surpris que les deux restaurants reçoivent une étoile Michelin.

— Une fois que tout sera terminé, j'emmènerai toute l'équipe à Londres pour goûter la cuisine de ta mère.

— Très bonne idée, répondit Charlie. Mais méfie-toi, Alf, la seule chose qu'elle voudra savoir, c'est pourquoi son fils n'est pas député.

— D'ailleurs, quel est le programme aujourd'hui ? demanda Sasha, impatient de se remettre au travail.

— Il y a encore quelques villages que tu n'as pas visités. Tout ce que tu as à faire c'est d'arpenter la rue principale et de serrer la main d'au moins un des habitants, comme ça, personne ne pourra dire que tu n'as pas pris le temps de venir à leur rencontre.

— Ce n'est pas un peu cynique ?

— Et n'oublie pas de déjeuner au pub du coin, reprit Alf en ignorant la remarque, et dit au patron que tu penses acheter une maison dans les environs.

— Mais ce n'est pas vrai.

— Tu devras être de retour à Roxton pour faire du porte-à-porte entre cinq heures trente et sept heures trente, quand les gens rentrent du travail. Mais tu pourras faire une pause entre sept heures trente et huit heures.

— Pourquoi ?

— Tu ne feras que perdre des votes si tu interromps quelqu'un pendant la diffusion de *Coronation Street*.

Sasha et Charlie éclatèrent de rire.

— Je suis très sérieux, répondit Alf.

— Et après, je continue à faire du porte-à-porte ?

— Non, après huit heures on ne frappe plus chez les gens. J'ai organisé un autre meeting public, cette fois c'est à la maison des jeunes de Roxton.

— Mais il n'y avait que douze personnes au dernier. Et douze en te comptant toi, Charlie et le chien de Mme Campion.

— Je sais, répondit Alf, mais c'est toujours cinq de plus que la dernière candidate. Et au moins quand tu t'es assis, le chien remuait la queue.

***

Sasha fut surpris par l'accueil chaleureux qui lui fut réservé dans les rues et sur le pas des maisons la dernière semaine de campagne. Plusieurs personnes évoquèrent le refus de Fiona de débattre, prétendant qu'elle ne parvenait pas à trouver un créneau qui convienne à tous les candidats. Cette déclaration en amena une autre favorable : « N'importe quand, déclare le candidat travailliste. »

— Tu sauras que tu as passé un nouveau palier quand ils remplaceront les mots « candidat travailliste » par ton nom, dit Alf.

— Surtout s'ils l'épellent correctement, ajouta Mme Campion.

D'un signe de tête, Alf désigna Charlie qui discutait avec un jeune homme devant l'agence pour l'emploi.

— On aurait de meilleures chances encore si ta femme était la candidate et si ta mère ouvrait un restaurant à Merrifield.

Durant les derniers jours avant le scrutin, Sasha ne rentra pas à la maison et se contenta de dormir dans la chambre d'ami d'Alf, pour être toujours à l'heure afin de saluer les travailleurs les plus matinaux.

***

Le jour du scrutin ne fut qu'un long brouillard, Sasha courut dans tous les sens, frappant à toutes les portes marquées d'une croix dans le registre interne de la campagne afin de rappeler aux gens d'aller voter. Il conduisit également quelques personnes âgées et quelques fainéants au bureau de vote le plus proche, mais il n'était même pas sûr que tous votent pour lui.

À la fermeture des bureaux de vote, à dix heures le jeudi soir, Alf le félicita :

— Tu n'aurais pas pu en faire plus. Très honnêtement, tu es le meilleur candidat que nous ayons jamais eu.

— Merci, répondit Sasha avant de murmurer à Charlie : ce n'est pas comme s'il y avait eu beaucoup d'autres prétendants.

Après un demi de bière brune et un paquet de chips partagé au Roxton Arms, Alf suggéra qu'il était temps de se rendre à la mairie pour le dépouillement, qui avait déjà commencé.

En entrant dans la grande salle, Alf, Sasha et Charlie furent accueillis par une enfilade de larges tables, où des volontaires triaient des bulletins dans des tas différents, pendant que d'autres les comptaient, d'abord en dizaines, puis en centaines et enfin en milliers.

Ils passèrent les heures suivantes à faire les cent pas dans la pièce en observant discrètement les piles de bulletins. Alf répétait sans cesse à Sasha qu'il n'en croyait pas ses yeux. Quand le secrétaire municipal, en tant que directeur de scrutin, annonça les résultats, peu après trois heures du matin, un cri de surprise monta du groupe des conservateurs, tandis que les militants travaillistes se mirent à applaudir et à féliciter Sasha à grand renfort de tapes dans le dos.

Alf nota les résultats au dos d'un paquet de cigarettes et les regarda longuement, incrédule.

Roger Gilchrist (Parti libéral) : 2 709
Fiona Hunter (Parti conservateur) : 14 146
Screaming Lord Sutch[1] (Indépendant) : 728
Sasha Karpenko (Parti travailliste) : 11 365
Janet Brealey (Indépendant) : 37

— Je proclame donc l'élection de Fiona Hunter en tant que députée de la circonscription de Merrifield, annonça le secrétaire municipal.

Fiona prit le micro pour faire son discours de remerciement. Elle salua le travail des militants de son parti et exprima combien elle avait hâte de représenter les habitants de Merrifield à la Chambre des communes, mais ne mentionna pas une seule fois le nom de ses adversaires. Lorsqu'elle s'écarta pour céder la place à Sasha, elle reçut des applaudissements mitigés.

Sasha accepta sa défaite avec grâce, il félicita son adversaire pour la campagne qu'elle avait menée et lui souhaita du succès à la Chambre des communes. Après

1. Musicien britannique connu pour ses candidatures satiriques à de nombreuses élections.

les discours des trois autres candidats, Sasha quitta l'estrade pour retrouver son équipe, qui faisait la fête comme s'ils avaient gagné avec une large majorité.

— Leur avance est passée de douze mille deux cent quatorze voix à moins de trois mille, ça fera très bonne impression sur ton CV et bon courage à celui ou celle qui se présentera pour nous la prochaine fois !

— Tu ne veux pas que je me représente ? demanda Sasha.

— Non, on ne va pas te demander de faire ça, répondit Alf. De toute façon, on t'aura fait beaucoup d'autres offres d'ici là, peut-être même un siège sûr.

— J'ai vraiment adoré chaque seconde des trois dernières semaines.

— Bien, il n'est pas nécessaire d'être cinglé pour être le candidat travailliste dans un endroit comme Merrifield, mais c'est vrai que ça aide. Ma dernière responsabilité en tant que secrétaire, c'est de m'assurer que tu ne rates pas le dernier train pour Victoria.

— À cette heure-ci, ce sera plutôt le premier train, ajouta Charlie.

Alors qu'ils marchaient pour la dernière fois le long du quai, Alf embrassa Charlie sur les deux joues et échangea une poignée de main chaleureuse avec Sasha.

— Tu as été un candidat exceptionnel. J'espère que je vivrai assez longtemps pour te voir devenir ministre.

***

Tous les quatre se voyaient chaque trimestre. Ce n'était pas assez formel pour être une réunion du conseil d'administration, mais pas assez détendu pour être une réunion de famille. Le rendez-vous se déroulait toujours autour d'une table de l'alcôve de l'Elena 1 à quatre heures un lundi après-midi. Suffisamment longtemps après le service du déjeuner, mais assez tôt pour ne pas empiéter sur la préparation du service du soir.

Sasha présidait toujours les réunions tandis que Charlie jouait le rôle de secrétaire ; elle préparait l'agenda et prenait les procès-verbaux. Elena, en tant que chef cuisinière, et la comtesse, en tant qu'actionnaire à cinquante pour cent, formaient le reste du quatuor.

Comme ils se voyaient régulièrement, il était rare que quelque chose à l'ordre du jour les prenne par surprise. Un barman avait une nouvelle fois volé une bouteille de whisky et devait être licencié. Elena avait dû à contrecœur changer de boulanger à la suite des plaintes répétées de la clientèle. Elle avait expliqué dans *Catering Monthly* qu'un dîner de premier choix pouvait être ruiné par des petits pains rassis ou par du café de mauvaise qualité.

« Les questions diverses », la dernière tâche à l'ordre du jour, consistaient la plupart du temps à choisir la date de la prochaine réunion. Mais pas aujourd'hui.

— Hier, on m'a informé de quelque chose dont je voudrais vous faire part, annonça Sasha.

Les trois autres écoutèrent, très attentives.

— Luini est sur le point d'annoncer que son restaurant fermera ses portes après quarante-sept ans, reprit Sasha. Il semblerait que le jeune Tony Luini ne soit pas comme son père, et depuis la mort de celui-ci le restaurant bat de l'aile. La famille a donc décidé de mettre le restaurant sur le marché. Tony m'a demandé si nous étions intéressés.

— Que vend-il exactement ? Parce qu'il n'y aura pas beaucoup de clientèle, demanda Elena.

— Un bail de quatorze ans avec une option de renouvellement.

— Pour combien ? demanda Charlie.

— Le loyer est de trente-deux mille livres par an, à régler à Grosvenor Immobilier, et la taxe est d'environ vingt mille livres.

— Le restaurant est loin de l'Elena 1 et de l'Elena 2 ? demanda la comtesse, qui avait toujours l'esprit pratique.

— Un peu plus d'un kilomètre. Une dizaine de minutes en taxi.

— À condition qu'il ne pleuve pas, ajouta Charlie.

— Mon grand-père disait toujours qu'il fallait ménager ses atouts. Et comme nous n'avons qu'un atout irremplaçable, je pense que c'est l'opinion d'Elena qui doit primer, répondit la comtesse. Surtout si tu comptes appeler le restaurant Elena 3.

— Je suis d'accord, ajouta Charlie. Et de plus, nous devons prendre en compte un autre facteur. Si Sasha devient député au cours des prochaines élections législatives, il aura du mal à garder l'œil sur deux restaurants, et encore plus sur trois.

— Surtout si je suis choisi pour un siège dans le Nord, continua Sasha. Je passerai la moitié de ma vie dans le train ou dans une voiture. On m'a proposé un entretien pour la circonscription de Wandsworth Central, mais c'est un bastion travailliste si sûr qu'il me faudra beaucoup de chance pour franchir la première phase de sélection interne.

— Puis-je suggérer que nous déjeunions chez Luini cette semaine, pour qu'Elena se fasse un avis sur la question ? Sans sa touche de magie à elle, ça ne vaut même pas la peine, dit la comtesse.

— Je suis d'accord, répondit Sasha. Sur ce, la réunion est terminée.

***

Ils descendirent main dans la main les marches de la mairie.

— Souris, dit Sasha. Ne dis rien avant qu'on soit dans la voiture.

Il ouvrit la portière et fit entrer Charlie.

— Ça fait longtemps que tu n'avais pas fait ça, plaisanta Charlie.

Sasha s'installa derrière le volant et adressa un signe de la main à Bill Samuel, le président de la section locale du parti, avant de mettre le contact. Il ne dit rien avant d'avoir rejoint la circulation matinale.

— Alors, tu trouves que ça s'est passé comment ? demanda-t-il alors qu'ils se dirigeaient vers la rivière.

— On ne peut mieux, répondit Charlie. Je suis persuadée qu'à cette heure-ci la semaine prochaine tu seras leur candidat.

— Comme Harold Wilson l'a si bien dit, une semaine, en politique, c'est très long. Je préfère ne rien tenir pour acquis.

— Ils ne t'ont peut-être pas désigné officiellement ce soir, mais c'est tout comme, répondit Charlie.

— Comment est-ce que tu sais ça ?

— Jackie, la femme du président, m'a dit que tu avais obtenu cent quarante-neuf voix. À eux deux, les deux autres candidats ont reçu cent cinquante et une voix. Si tu avais eu deux voix de plus, ils t'auraient désigné ce soir même. Alors la semaine prochaine, ce sera dans la poche !

— L'un des sièges les plus sûrs du pays. À moins de vingt minutes de la Chambre des communes et à un quart d'heure de la maison. Qu'est-ce qu'un homme peut vouloir de plus ?

— Je suis enceinte, répondit Charlie.

Sasha écrasa la pédale de frein. Derrière lui retentissait un concert de klaxons énervés, qu'il ignora pour prendre Charlie dans ses bras et lui dire :

— Quelle merveilleuse nouvelle, ma chérie ! Mais il faut s'assurer que le comité soit au courant avant le vote la semaine prochaine. Peut-être que tu pourrais passer un coup de téléphone à ta nouvelle amie Jackie Samuel.

— Je dois t'avouer, Sasha, que ce n'est pas la réaction que j'attendais.

***

— Toutes mes félicitations ! s'écria Elena en apprenant l'heureux événement.

— Merci, répondit Sasha. Mais ils ne m'ont pas encore officiellement choisi.

— Pas toi, imbécile. Je félicitais Charlie. Tu préférerais un garçon ou une fille ?

— Une fille bien sûr, répondit Sasha. Après tout, il n'y en a pas eu dans la famille Karpenko depuis quatre générations.

— Moi, je m'en fiche, ajouta Charlie, tant qu'il ou elle ne veut pas faire de politique.

— Mais elle pourrait devenir la première travailliste à accéder au poste de Premier Ministre, répliqua Sasha.

— Ce n'est pas naturel pour une femme d'être Premier Ministre, lança Elena.

— Ne dis pas ça devant Fiona Hunter, sauf si tu veux être enfermée dans la tour de Londres, répliqua Sasha.

— Si cette femme devient Premier Ministre, je réfléchirai sérieusement à rentrer en Russie, répondit Elena. Bon, certains d'entre nous feraient mieux de retourner travailler, surtout si l'on doit accueillir un député dans la famille. Ce n'est pas très bien payé, à ce que j'ai cru comprendre.

— Et en plus personne ne donne de pourboires aux députés, ajouta Charlie.

— C'est vrai, tout ce qu'on me donne, c'est des conseils sur la façon de diriger ce pays, répliqua Sasha en passant en revue les noms sur le cahier de réservations, s'arrêtant sur un nom familier.

— Je ne savais pas qu'Alf Rycroft venait dîner ce soir.

— Oui, expliqua Elena. Il a téléphoné ce matin. Il a dit qu'il espérait que vous pourriez vous joindre à lui, il a quelque chose d'important à vous annoncer.

— Il veut sûrement que tu te représentes à Merrifield pour les élections, répondit Charlie. Mais il ne sait pas que tu vas être choisi pour un siège sûr.

— Il sera très heureux de l'apprendre, ajouta Elena. Et si fier que son protégé devienne bientôt député. Comment s'en sort cette Hunter d'ailleurs ?

— Plutôt bien, répondit Sasha. Après un an sur les bancs de l'Assemblée, elle est déjà adjointe parlementaire auprès du porte-parole de l'opposition chargé de l'Agriculture au sein du cabinet fantôme.

— C'est un poste important ? demanda Charlie.

— C'est une première étape pour les députés dont on pense qu'ils ont une belle carrière devant eux.

— Ça sera intéressant de savoir qui de vous deux entrera dans un gouvernement avant l'autre, ajouta Elena.

— Ne mettons pas la charrue avant les bœufs, répondit Charlie.

— C'est vrai, ajouta Sasha. Je dois m'assurer que je suis bien choisi pour Wandsworth Central et je dois préparer un tout nouveau discours pour le dernier tour des primaires, vous n'allez pas beaucoup me voir d'ici jeudi prochain. D'ailleurs, Maman, tu as réfléchi à l'ouverture d'un troisième restaurant ?

— Oui, j'y ai réfléchi, dit-elle avant de retourner en cuisine.

***

Sasha ouvrit la bouteille de champagne et servit un verre à Charlie avant de s'en verser un.

— Il faut que je choisisse le bon moment, dit-il. Le mieux serait de lui dire avant même qu'Alf ait une chance de parler de Merrifield.

— Et comment est-ce que tu vas faire ça ?

— Pour une fois, je vais me comporter comme un Anglais. Je vais parler de tout et de rien, et même du beau temps, avant de lancer le sujet.

— Il arrive, murmura Charlie.

Sasha se leva de son tabouret au comptoir et vint à la rencontre du secrétaire de son ancienne circonscription.

— Viens nous rejoindre, Alf. J'ai ouvert une bouteille de champagne pour toi.

— On fête quelque chose en particulier ?

— Je vais être père.

— Et si tout va bien, c'est moi la mère, plaisanta Charlie.

— Toutes mes félicitations ! dit Alf en l'embrassant sur les deux joues.

— Merci, dit Charlie alors que le serveur apportait la carte.

— Qu'est-ce que tu recommandes ? demanda Alf sans ouvrir son menu.

— La moussaka d'Elena est sa spécialité, répondit Sasha. Des clients font des kilomètres pour y goûter, d'après le *Spectator*.

— C'est un journal un peu trop proche des conservateurs pour moi, mais je veux bien les prendre au mot. De toute façon, je suis un admirateur de ta mère, c'est une femme remarquable.

— Je suis entouré de femmes remarquables, ajouta Sasha, et j'ai hâte d'avoir un enfant qui m'adulera.

— Je crois que ce sera plutôt l'inverse, répondit Alf.

Après avoir commandé, Sasha leur servit du champagne et ils discutèrent de la nouvelle retransmission télévisée des séances parlementaires, des troubles en Irlande du Nord et enfin de la pluie et du beau temps, avant que Sasha suggère de passer à table.

— J'ai hâte que tu me racontes ce que Fiona fait, dit Sasha une fois assis.

— Chaque chose en son temps, répondit Alf. D'abord, je veux savoir comment tu t'en sors à l'Institut Courtauld, Charlie.

— Tu es assis à côté du Dr Karpenko, annonça Sasha en adressant un geste de la tête à sa femme.

— Toutes mes félicitations. Tu dois être très fière.

— Pas aussi fière que de Sasha, qui sera sûrement très bientôt député, répondit Charlie en mettant les pieds dans le plat.

Alf ne put cacher sa déception. Il prit son temps puis dit :

— Alors tu as été choisi pour un autre siège ?

— Pas vraiment, répondit Charlie, tandis que Gino apportait les entrées. Mais il a été présélectionné pour Wandsworth Central, et comme il a déjà une longueur d'avance sur les deux autres candidats, on a de bonnes raisons d'être confiants.

— Félicitations, une fois de plus. Je ne suis pas vraiment surpris, j'étais sincère quand j'ai dit que je voulais te voir un jour devenir ministre, mais j'avoue que j'espérais que tu deviennes député pour Merrifield.

— Mais tu m'as dit que tu ne voulais pas que je me représente à Merrifield. Et de toute façon, Fiona est déjà bien implantée à la Chambre des communes, ce sera de nouveau un bastion conservateur d'ici les prochaines élections.

— En temps normal, je serais d'accord avec toi, mais le rapport de la commission de délimitation des circonscriptions vient d'être publié.

— Il y a quelque chose que je ne comprends pas, je crois, demanda Charlie. J'ai l'impression d'être Alice au thé du Chapelier fou.

— Ce n'est pas très surprenant, en dehors de Westminster, peu de gens ont ne serait-ce qu'entendu parler de cette commission. C'est un comité indépendant qui se réunit quand il faut examiner le découpage des circonscriptions électorales, pour que les anomalies éventuelles puissent être corrigées. Dans sa grande sagesse, la commission a décidé que le découpage de Merrifield devait désormais inclure Blanford, à quelques kilomètres de là ; la nouvelle circonscription gardera le même nom.

— Est-ce que ça veut dire que Merrifield va devenir un siège travailliste sûr ? demanda Sasha.

— Non, je n'irais pas jusque-là. Mais d'après nos calculs, Merrifield va devenir un siège clef. Le *Guardian* l'a même mis dans la liste des sièges qui pourraient certainement faire basculer l'élection.

Le serveur débarrassa l'entrée, bien que Sasha n'eût pas touché à sa soupe.

— Et comment est-ce que Fiona l'a pris ?

— Elle a fait appel de la décision de la commission, elle s'est battue bec et ongles, mais elle a perdu et a dû décider si elle essayait de trouver un siège plus sûr ou luttait pour Merrifield. D'après ce qu'on m'a dit, le président du Parti conservateur lui a bien fait comprendre ce qu'il attendait d'elle et elle va donc rester à Merrifield.

Le plat principal était servi, mais Sasha ne touchait toujours pas à ses couverts.

— Comme les circonstances ont changé, j'ai réuni le comité hier soir et ils ont voté à l'unanimité : si tu veux bien être notre candidat, nous n'irons pas chercher ailleurs.

— Combien de temps a-t-il pour se décider ? demanda Charlie.

— J'ai promis une réponse au comité à la fin de la semaine.

— Avant que Wandsworth Central choisisse un candidat ? demanda Sasha.

— Tu le sais aussi bien que moi, Sasha, le candidat de Wandsworth Central, quel qu'il soit, est sûr de gagner, alors que tu es notre meilleure chance de remporter Merrifield et de permettre au Parti travailliste de conserver la majorité.

— Ça m'a tout l'air d'être une tentative de chantage pas très subtile, intervint Charlie.

— Aussi connue sous le nom de « ficelles de la politique », répondit Alf alors qu'Elena sortait des cuisines.

Alf se leva immédiatement.

— La moussaka était à tomber, dit-il. Et il me reste à goûter votre fameuse tarte banane-caramel.

— Oui, mais pas avant un nouveau verre de champagne, répondit Elena. Sasha vous a sûrement appris la bonne nouvelle.

— Nous n'avons parlé que de ça.

— Et vous avez vu, il a déjà fait son choix.

Alf eut l'air déçu, Charlie surprise et Sasha perplexe.

— Eh oui, ce sera Konstantin si c'est un garçon et Natasha si c'est une fille.

Sasha, Charlie et Alf éclatèrent de rire.

— Qu'est-ce que j'ai dit de si drôle ? demanda Elena.

***

Monsieur le Président,

C'est avec un grand regret, et après un long questionnement, que je vous annonce retirer ma candidature en tant que candidat travailliste aux primaires concernant les élections législatives de la circonscription de...

Sasha reposa son stylo sur le bureau, se redressa et réfléchit une fois de plus à la décision sur laquelle Charlie et lui étaient tombés d'accord.

Même maintenant, au dernier moment, il pensait encore à changer d'avis. Après tout, cette décision pouvait altérer le cours de sa vie. Puis il repensa à Fiona. Il prit son stylo et inscrivit les mots : *Wandsworth Central.*

Chapitre 30

Alex
Boston

La cathédrale de la Sainte-Croix était comble pour l'enterrement de Lawrence Lowell. Cet homme gentil et modeste aurait été touché par le nombre de personnes venues lui témoigner leur amour.

Alex fut honoré que la mère de Lawrence, Mme Rose Lowell, l'invite à prononcer l'un des trois éloges funèbres, surtout aux côtés des deux autres orateurs, le sénateur Ted Kennedy et l'évêque Lomax.

Après la dernière bénédiction de l'évêque et le départ des convives, deux hommes vinrent parler à Alex : il en connaissait un, mais n'avait jamais rencontré l'autre.

Bob Brookes, le président de la section de Boston du Parti démocrate, lui annonça qu'il devait lui parler en privé. Alex avait prévu de rentrer à New York l'après-midi même, mais il accepta de retarder son départ de vingt-quatre heures et ils décidèrent de se retrouver à son hôtel à dix heures le lendemain matin. Le second homme était en réalité l'avocat de la famille Lowell et il souhaitait une entrevue similaire. En revanche, maître Harbottle ne voulait pas discuter d'une affaire si délicate en dehors de son cabinet, Alex prit donc rendez-vous avec lui après son entretien avec Brookes.

Alex retourna au Mayflower Hotel et appela Anna à la galerie pour lui expliquer qu'il ne rentrerait pas avant le lendemain. Elle semblait déçue, mais reconnut qu'elle avait hâte de savoir ce que les deux hommes avaient à lui dire.

— D'ailleurs, ajouta-t-elle, tu l'as dit à ta mère ?

***

— Le vote a été unanime, expliqua Brookes.

— Je suis flatté, répondit Alex, mais c'est toujours non. Deux nouveaux restaurants Elena viennent d'ouvrir, à Denver et à Seattle, et les employés n'ont pas encore rencontré leur patron. Il faudra que vous trouviez quelqu'un d'autre.

— Vous êtes la seule candidature que le comité ait examinée.

— Mais je suis new-yorkais. Lawrence était mon seul lien avec Boston.

— Alex, je vous ai vu travailler avec Lawrence ces six dernières semaines, et après une longue carrière en politique, je peux l'affirmer, vous êtes fait pour ça.

— Pourquoi est-ce que vous ne vous portez pas candidat vous-même, Bob ? Vous êtes un Bostonien pur souche, tout le monde ici vous connaît et vous respecte.

— Je pourrai vous présenter une dizaine de personnes qui peuvent présider la section locale de leur parti, mais des gens faits pour être candidats, c'est rarissime.

— Je dois bien avouer que j'ai envisagé une carrière politique, mais ce serait beaucoup plus logique de commencer par une élection locale à Brighton Beach, où j'ai fait mes études et lancé mon entreprise, et peut-être un jour, si je suis chanceux, je pourrai les représenter au Congrès. Non, Bob, il va falloir que vous trouviez quelqu'un d'ici pour s'opposer à Blake Hawksley.

— Mais Hawksley ne vous arrive pas à la cheville et la majorité démocrate est suffisamment large pour que vous le battiez sans problème. Une fois que vous serez au Congrès, personne ne pourra vous en déloger, du moins pas avant que vous ne vouliez devenir sénateur.

Alex hésita.

— J'aimerais que ce soit si facile, mais ce n'est pas le cas. Si vous aviez la gentillesse de remercier le comité, peut-être dans quatre ou cinq ans…

— Le siège ne sera plus disponible dans quatre ou cinq ans, Alex. En politique tout est affaire de moment opportun et d'occasion à saisir, et ces deux étoiles ne sont pas souvent alignées.

— Vous avez raison, Bob, je le sais bien, mais la réponse est toujours non. Il faut que j'y aille. J'ai rendez-vous avec l'avocat de Lawrence. Il m'a demandé de passer à son cabinet avant d'aller à l'aéroport.

— Si jamais vous changiez d'avis…

***

— Je m'appelle Ed Harbottle. Je suis l'un des associés de Harbottle, Harbottle et McDowell. Ce cabinet a l'honneur de représenter la famille Lowell depuis plus d'un siècle. Mon grand-père a géré les biens de

M. Ernest Lowell, banquier et collectionneur d'art émérite, expliqua Harbottle en jetant un regard à un tableau représentant un vieil homme vêtu d'un costume croisé bleu foncé à rayures, une montre à gousset en or à la main. Mon père était l'avocat du sénateur James Lowell et ces onze dernières années j'ai moi-même été l'avocat, le conseiller juridique et, j'aimerais le croire, l'ami de M. Lawrence Lowell.

Alex regarda l'homme assis de l'autre côté du bureau, qui portait également un costume croisé bleu foncé à rayures et une montre à gousset en or, sans nul doute la même que sur le tableau. Quant au costume, Alex hésitait.

— Nous nous rencontrons en de tristes circonstances, monsieur Karpenko.

— Tragiques et inutiles, ajouta Alex avec émotion.

Harbottle fronça les sourcils.

— J'espère qu'un jour l'orientation sexuelle des gens ne sera plus qu'un détail, y compris pour ceux qui veulent servir leur pays, reprit Alex.

— Ce n'est pas la raison du suicide de M. Lowell, mais j'y reviendrai, répondit Harbottle en ajustant ses lunettes en demi-lune. M. Lowell a chargé ce cabinet d'être l'exécuteur unique de son testament et, à ce titre, j'ai le devoir de vous informer qu'il vous a légué quelque chose.

Alex resta silencieux, essayant de ne pas penser au contenu du document…

— Je ne ferai référence qu'à la clause qui vous concerne, puisque je ne peux pas discuter d'autres éléments. Vous avez des questions, monsieur Karpenko ?

— Non, aucune, répondit Alex, qui avait des dizaines de questions, mais avait le sentiment qu'elles trouveraient des réponses bien assez vite – à la vitesse de Me Harbottle.

Une fois de plus, l'avocat ajusta ses lunettes avant de tourner les pages d'un épais document en papier vélin.

— Je vais à présent lire la clause quarante-trois du testament, annonça-t-il. « Je lègue à Alex Konstantinovitch Karpenko mes cinquante pour cent de parts de l'entreprise Pizzeria Elena, dans laquelle nous étions associés. »

Alex était stupéfait de la générosité de son ami.

— Je vois mal sa sœur accepter ça sans rien dire, finit par ajouter Alex.

— Au contraire, je ne crois pas que Mme Evelyn Lowell-Halliday vous posera un quelconque problème. À vous ou à quiconque.

— Qu'est-ce que vous ne me dites pas, Me Harbottle ? demanda Alex en le fixant.

L'avocat hésita un moment puis retira ses lunettes et les posa sur le bureau.

— Les raisons de son suicide sont un peu plus complexes que ce qui a été dévoilé au public, monsieur Karpenko. Lawrence ne s'est pas suicidé à cause des révélations faites dans la presse.

— Alors pourquoi ?

— Lawrence avait beaucoup de qualités, il était très généreux et avait un profond sens du devoir, ce qui faisait de lui un candidat idéal. Il aurait été un membre du Congrès admirable, je n'en doute pas.

— Mais ?

— Mais, reprit Harbottle, des qualités différentes sont nécessaires pour gérer une entreprise de nos jours, et bien que Lawrence ait été le président de la Lowell Bank and Trust, il n'en avait que le titre et laissait à d'autres la responsabilité des affaires. À d'autres qui n'avaient pas la même fibre morale.

— C'est grave ? À quel point ? demanda Alex.

— Je ne connais pas les détails de l'état actuel des finances de la banque, mais je peux vous dire que Douglas Ackroyd, le directeur général, annoncera sa démission dans l'après-midi. Je suis soulagé que ce cabinet ne représente pas un homme comme lui dans quelque action judiciaire qui risquerait de surgir.

— Est-ce que je peux faire quelque chose ?

— Je ne peux pas vous conseiller en la matière, monsieur Karpenko. Mais Lawrence m'a demandé de vous remettre cette lettre.

Il ouvrit le tiroir de son bureau et en tira une mince enveloppe blanche qu'il tendit à Alex.

Alex l'ouvrit et déplia l'unique feuille de papier, sur laquelle s'étalait la large écriture de Lawrence, reconnaissable entre mille.

Mon cher Alex,

Quand tu liras cette lettre, j'aurai couvert de honte la réputation de ma famille, gagnée au fil des décennies et ruinée en une seule génération.

Je suis désolé de t'accabler avec mes problèmes, mais dans les quelques jours qui suivront mon décès, la Lowell Bank and Trust sera soumise à une enquête de l'IRS[1]*. Quelqu'un devra s'occuper de mettre en ordre*

1. Agence du gouvernement américain chargée de la perception de l'impôt.

le capital de la banque en s'assurant que les clients et les actionnaires loyaux soient le moins lésés possible.

À cette fin, j'ai pris des dispositions pour que tout le patrimoine de ma famille, mes propriétés à Boston, Southampton et dans le sud de la France, ainsi que la collection Lowell, soient utilisés par le nouveau président de la banque comme il le jugera utile.

Néanmoins, il reste une question : qui sera ce nouveau président ? La seule personne en qui j'ai confiance pour accomplir cette pénible tâche, c'est toi. Toutefois, je comprendrais que tu ne te sentes pas à la hauteur de ce fardeau, surtout que ce ne serait pas la première fois que tu viendrais à mon secours.

Pour tout ce que tu as fait par le passé, mes remerciements les plus profonds.

Bien à toi,

Lawrence.

Alex regarda l'avocat et demanda :

— Est-ce que quelqu'un d'autre a lu cette lettre, Me Harbottle ?

— Je ne l'ai même pas lue moi-même, monsieur.

***

Une fois sorti du bureau de Me Harbottle, Alex rentra directement à l'hôtel et informa la réception qu'il libérerait la chambre dans la matinée. Mais d'abord, il devait passer quelques coups de téléphone avant même d'aller à la banque. En premier lieu à Anna, pour lui dire qu'il ne rentrerait pas à New York comme prévu.

Puis il lui expliqua les détails du testament de Lawrence avant de lui demander :

— Est-ce que tu crois que tu pourrais venir à Boston aussi vite que possible avec M. Rosenthal pour évaluer la collection Lowell ?

— Je vais voir s'il est libre et je te rappelle. Tu restes au Mayflower pour les quelques jours à venir ?

— Non, Me Harbottle m'a conseillé de m'installer à Beacon Hill dès que possible, avant qu'Evelyn essaye de prendre possession des lieux.

— C'est si généreux de la part de Lawrence de t'avoir laissé ses parts de l'Elena, surtout qu'il ne savait pas si tu accepterais son offre.

— Et il m'a aussi facilité les choses en me léguant ses parts de la banque, à condition que j'accepte d'en être le directeur général, ce qui m'aidera beaucoup à la sauver. Ça veut dire que personne ne peut contredire mes décisions, du moins à part Evelyn, qui contrôle les cinquante autres pour cent.

— Evelyn ? Est-ce qu'elle ne va pas te rendre la tâche encore plus difficile ?

— Si j'avais été le conseiller du père de Lawrence, je lui aurais dit que les tribunaux sont plein de frères et sœurs possédant des parts égales et qui se déchirent. Mais Harbottle est convaincu que tant que les actions ne valent rien, elle ne risque pas de me causer des ennuis. Tu me manques, ajouta-t-il en changeant tout un coup de sujet. Tu penses que tu pourras venir bientôt ?

— C'est toi qui devais rentrer à New York, au cas où tu aurais oublié. Je prendrai l'avion vendredi matin, on pourra passer le week-end ensemble. Il faudra que je fasse l'inventaire de la collection avant que

M. Rosenthal nous rejoigne. Et avant d'oublier, est-ce que tu as prévenu ta mère ?

— Pas encore, mais je le ferai dès que j'aurai une minute.

Ensuite, Alex appela une agence immobilière locale pour faire évaluer les propriétés de Lawrence à Boston, à Southampton et en France.

Enfin, il téléphona à Paolo pour lui demander de s'occuper de l'entreprise pendant son absence.

***

— Deux œufs sur le plat, du bacon et des pommes de terre, commanda Alex à la serveuse qui lui versait une tasse de café.

Heureusement que sa mère était à Brooklyn, à des kilomètres de là, et ne le voyait pas manger.

Il but une gorgée de café avant d'ouvrir le supplément économie du *Globe*. En une, une photo de Douglas Ackroyd au-dessus d'une déclaration égoïste qu'il avait faite la veille.

« Il est temps pour moi de renoncer à mes fonctions de directeur général de la Lowell Bank and Trust, que j'ai fidèlement servie ces vingt dernières années. Après la mort tragique de notre illustre président, Lawrence Lowell, j'ai acquis la certitude que la banque doit se tourner vers un nouveau dirigeant alors que nous avançons vers le vingt et unième siècle. C'est avec enjouement que je reste membre du comité d'administration et que je me mets au service du nouveau président comme il lui conviendra. »

Ça ne m'étonne pas de toi, pensa Alex. Mais pourquoi Ackroyd voulait-il rester au conseil d'administration ? Peut-être voulait-il s'assurer que c'était bien sur Lawrence que reposerait la faillite de la banque, ce qui lui garantirait de sortir de la débâcle sans entamer sa réputation. Alex avait beau ne l'avoir jamais rencontré, il avait le sentiment de déjà le connaître.

Dès qu'il aurait eu le temps d'étudier les livres de comptes, Alex avait l'intention de publier un communiqué, pour que tout le monde sache à qui incombait la faute. Il replia son journal et admira longuement le magnifique bâtiment de style géorgien qui dominait l'autre côté de State Street, en se demandant si les finances de la banque étaient suffisamment bonnes pour qu'elle soit vendue en l'état. Après tout, elle existait depuis plus d'un siècle et avait toujours eu très bonne réputation. Mais ces questions trouveraient leurs réponses dans les livres de comptes et leur étude pourrait bien lui prendre plusieurs jours.

Alex regarda sa montre quand la serveuse apporta sa commande : huit heures vingt-quatre du matin. Il avait prévu de faire son entrée à huit heures cinquante-cinq. Il regarda autour de lui en se demandant si l'un des autres clients travaillait à la banque et savait que le nouveau président était assis dans le même restaurant.

L'une des options qu'il avait envisagées était de proposer à l'une des grandes banques de Boston de faire une fusion, en expliquant que puisque Lawrence n'avait pas d'héritier, il n'y avait pas de successeur naturel. Mais si la santé des finances de la banque rendait cela impossible, il n'aurait pas d'autre choix que de passer au plan B : une vente au rabais. Dans ce cas-là, il serait de retour à New York pour faire des pizzas dans moins d'un mois.

À huit heures trente, il observa un homme revêtu d'un fringant pardessus vert et d'une casquette sortir de la banque et se placer à côté de l'entrée. Les employés arrivaient au compte-gouttes : des jeunes femmes en chemisier blanc et jupe noire tombant en dessous du genou, des jeunes hommes en complet gris, chemise blanche et cravate foncée suivis, un peu plus tard, des hommes plus âgés en costume croisé à la coupe élégante et cravate aux couleurs de leur club, avec l'air assuré et un sentiment d'appartenance à une élite. Cette assurance résisterait-elle à la découverte de la vérité ? Alex connaîtrait-il la réponse à cette question lorsque la banque fermerait ses portes ce soir ? Ces mêmes portes rouvriraient-elles demain matin ?

À huit heures cinquante, Alex régla sa note, quitta la chaleur du *diner* et traversa lentement la place. En arrivant devant l'entrée, le portier porta la main à sa casquette et lui dit :

— Bonjour, monsieur. J'ai bien peur que la banque n'ouvre ses portes avant quelques minutes.

— Je suis le nouveau président, annonça Alex en tendant la main.

Le portier hésita un instant et répondit :

— Je m'appelle Errol, monsieur.

— Depuis combien de temps travaillez-vous ici, Errol ?

— Douze ans, monsieur. C'est M. Lawrence qui m'a trouvé ce travail.

— Vraiment ?

Il quitta le portier, qui semblait inquiet, entra et s'avança vers la réception.

— Comment puis-je vous être utile, monsieur ? demanda une jeune femme élégante.

— Je suis le nouveau président de la banque. Pouvez-vous m'indiquer où est mon bureau ?

— Bien sûr, monsieur Karpenko, vous êtes au dernier étage. Voulez-vous que je vous accompagne ?

— Non, ne vous dérangez pas. Je trouverai mon chemin.

Il monta dans un ascenseur où quelques employés discutaient de la troisième défaite d'affilée de l'équipe de base-ball des Boston Red Sox et du nouveau directeur général. Selon eux, les deux étaient voués à l'échec.

— On m'a dit que Karpenko n'avait jamais rien dirigé, à part une pizzeria, et qu'il n'y connaît rien à la banque, dit l'un d'entre eux.

— Je prends les paris sur le temps qui lui reste, ajouta un autre.

— Tu ferais peut-être mieux d'attendre un peu avant d'établir une cote, suggéra un troisième.

Alex laissa échapper un sourire, mais ne dit rien.

L'ascenseur s'arrêta plusieurs fois pour laisser descendre les employés. Quand les portes s'ouvrirent au vingt-quatrième étage, Alex était seul. Il fit un pas dans le couloir désert et poussa la première porte qu'il trouva, c'était un placard. La deuxième menait à des toilettes et la troisième au bureau d'une secrétaire, vide. Tout au bout du couloir, il trouva une porte frappée du mot « Président » en lettres dorées, un peu passées. Il entra et, en un coup d'œil, comprit que le bureau avait été occupé par Lawrence. Mais pas très souvent. La pièce était richement meublée et les murs couverts de tableaux, dont des portraits du père et du grand-père de Lawrence, mais elle n'avait pas l'air habitée. Alex ferma la porte, s'approcha de la fenêtre et regarda la vue magnifique de la baie.

Il s'enfonça dans le fauteuil en cuir rouge derrière le bureau en teck, sur lequel étaient posés un buvard, un téléphone et la photo encadrée d'un jeune homme qu'il ne connaissait pas mais pensait avoir aperçu à l'enterrement. Il souleva le combiné, appuya sur le bouton estampillé « Accueil » et, lorsqu'on décrocha, demanda :

— Veuillez demander à Errol de me rejoindre dans le bureau du président.

— Le portier, monsieur ?

— Oui, le portier.

En attendant Errol, Alex écrivit une liste de questions sur une feuille de papier. Il n'avait pas tout à fait fini lorsqu'il entendit des coups timides à la porte.

— Entrez, lança-t-il.

La porte s'ouvrit doucement et laissa voir la silhouette d'Errol sur le pas, mais il n'avait pas l'air décidé à entrer.

— Entrez, entrez. Enlevez votre casquette et votre manteau et asseyez-vous, reprit Alex en désignant une chaise.

Errol retira sa casquette, mais garda son pardessus et prit place.

— Bien, Errol, vous m'avez dit tout à l'heure que vous travailliez pour la banque depuis douze ans. Ce qui veut dire que vous possédez quelque chose qui me manque grandement.

Errol le regardait, interdit.

— Cette chose, c'est l'information. Je vais vous poser des questions qui seront peut-être un peu gênantes, mais qui m'aideront à faire mon travail. J'espère que vous pourrez m'aider.

Errol se tassa sur sa chaise et ne semblait pas très coopératif. Alex changea d'approche.

— Vous m'avez dit que c'est M. Lowell qui vous a trouvé ce travail.

— Oui, c'est ça. Le capitaine Lowell est venu faire un discours à l'Association des Vétérans et quand il a entendu que j'avais servi au Vietnam…

— Quelle division ?

— La 25e, monsieur.

— J'étais dans le 116e régiment.

— Celui de M. Lawrence.

— Oui, c'est comme ça que nous nous sommes rencontrés, et comme vous, c'est M. Lowell qui m'a donné ce travail.

Pour la première fois, Errol lui adressa un sourire.

— Si vous avez servi aux côtés du capitaine Lowell, je ferai tout ce que je peux pour vous aider.

— Je suis content de savoir que, comme moi, vous vous entendiez bien avec M. Lowell. Et avec M. Ackroyd ?

Errol baissa la tête.

— À ce point-là ?

— J'ouvre la portière de sa voiture tous les matins depuis douze ans et il ne connaît toujours pas mon nom.

— Et sa secrétaire ? demanda Alex en parcourant sa liste de questions.

— Mlle Bowers. Elle est partie en même temps que lui. Mais elle ne va manquer à personne, monsieur.

Alex haussa les sourcils.

— Elle était un peu plus que sa secrétaire, si vous voyez ce que je veux dire.

Alex resta silencieux.

— Et honnêtement, personne n'en a voulu à Mme Ackroyd lorsqu'elle a demandé le divorce.

— Vous la connaissez ?

— Pas vraiment, monsieur. Elle ne venait pas très souvent ici, mais quand elle venait elle m'appelait toujours par mon prénom.

— Une dernière question, Errol. M. Lowell avait-il une secrétaire ?

— Oui, monsieur, Mlle Robbins. Une vraie perle. Mais M. Ackroyd l'a virée la semaine dernière, après vingt ans ici.

— Ah vraiment, il a fait ça ?

***

— Entrez.

— Vous avez demandé à me voir, monsieur le président ?

— Oui, monsieur Jardine. Il me faut les comptes de la banque après audit des cinq dernières années.

— Une version en particulier, monsieur ? demanda Jardine, en ne parvenant pas à retenir un rictus.

— Une version en particulier ? Qu'est-ce que vous voulez dire ?

— C'est-à-dire que M. Lowell préférait qu'on lui montre une version abrégée. Nous la lisions ensemble chaque année.

— Très bien. Mais je ne suis pas M. Lowell et j'ai besoin d'un peu plus de détails.

— Le résumé du rapport annuel fait déjà trois pages, je pense que vous le trouverez suffisamment détaillé.

— Et si je ne suis pas de cet avis ?

— Je suppose que vous pourriez consulter le rapport détaillé que nous préparons pour l'IRS chaque année, mais il fait plusieurs centaines de pages, il me faudra deux ou trois jours pour le réunir.

— Je viens de vous dire que je voulais les comptes des cinq dernières années, monsieur Jardine, pas ceux de l'année prochaine. Assurez-vous que le rapport complet pour l'IRS, dit Alex en insistant sur le mot « complet », se trouve sur mon bureau dans moins d'une heure.

— Ça risque de prendre un peu plus de temps, monsieur.

— Alors peut-être ferais-je mieux de trouver quelqu'un qui comprenne combien il y a de secondes dans une heure, monsieur Jardine.

Alex n'avait jamais vu quelqu'un sortir aussi vite d'un bureau. Il s'apprêtait à appeler Me Harbottle quand le téléphone sonna.

— J'ai retrouvé Mlle Robbins, monsieur le président, lui annonça l'opérateur, je suis en ligne avec elle. Je vous la passe ?

— Oui, s'il vous plaît.

— Bonjour, mademoiselle Robbins. Je m'appelle Alex Karpenko, je suis le nouveau président de la Lowell Bank and Trust.

— Je sais, monsieur Karpenko. J'ai lu l'annonce dans le *Globe* ce matin, et, bien sûr, je me souviens de votre discours très émouvant à l'enterrement de M. Lowell. En quoi puis-je vous être utile ?

— J'ai cru comprendre que M. Ackroyd vous avait renvoyée vendredi dernier.

— Oui, c'est le cas. Il m'a ordonné de débarrasser mon bureau le jour même.

— Bien, il n'en avait pas le droit. Vous étiez l'assistante de Lawrence, et pas la sienne. Je me demandais si vous accepteriez de revenir et de reprendre votre poste auprès de moi.

— C'est très généreux de votre part, monsieur Karpenko. Vous êtes sûr de ne pas vouloir quelqu'un de plus jeune pour guider l'entreprise vers une nouvelle ère ?

— C'est la dernière chose dont j'ai besoin. Je suis submergé par la paperasse et j'ai l'impression que vous êtes la seule personne qui sait où se trouve le canot de sauvetage.

Mlle Robbins réprima un petit rire.

— Quand voulez-vous que je commence, monsieur ?

— À neuf heures, mademoiselle Robbins.

— Demain matin.

— Non, non, ce matin.

— Mais il est onze heures trente-cinq, monsieur.

— Déjà ?

***

— Salut, Alex ! Je suis Ray Fowler, le secrétaire général. Qu'est-ce que je peux faire pour toi ? dit-il en tendant la main.

— Bonjour, monsieur Fowler, répondit Alex en restant assis et en ignorant sa poignée de main. Je voudrais une copie des procès-verbaux de chaque réunion du conseil d'administration de ces cinq dernières années.

— Pas de problème, monsieur, je vous les fais remonter tout de suite.

— Non, vous me les apporterez en main propre, monsieur Fowler, ainsi que toutes les notes qui vous ont servi à les rédiger.

— Mais elles ont pu être égarées ou détruites depuis le temps.

— Je n'ai pas besoin de vous rappeler, monsieur Fowler, qu'il est contraire au règlement de l'entreprise de détruire tout document qui pourrait faire l'objet d'une enquête criminelle.

— Je vais faire de mon mieux pour les trouver, monsieur.

— N'est-ce pas exactement ce qu'a dit le président Nixon quand on lui a demandé de montrer les enregistrements du Watergate ?

— Je ne pense pas que ce soit une comparaison très juste, monsieur.

— Je vous dirai ce que j'en pense, monsieur Fowler, mais seulement après avoir lu les procès-verbaux.

***

— Il a fait quoi ? demanda Ackroyd.

— Il a exigé de voir les comptes après audit de ces cinq dernières années et tous les procès-verbaux avec les notes manuscrites, répondit Ray Fowler.

— Vraiment ? Il va falloir se débarrasser de lui avant qu'il se croie chez lui et se mette à nous causer de sérieux problèmes.

— Ce sera plus facile à dire qu'à faire. Il n'est pas comme Lawrence Lowell. Ce type-là est intelligent, dur et sans pitié. Et n'oublie pas qu'il contrôle cinquante pour cent des actions de la banque.

— Evelyn contrôle l'autre moitié. Il ne peut rien faire sans notre appui, surtout pas tant que nous avons une majorité au sein du conseil d'administration.

— Mais s'il découvrait…

— Laisse-moi te rappeler, Ray, que si l'IRS découvrait ce que tu manigances depuis dix ans, la responsabilité en retomberait sur quelqu'un et, contrairement à ce que disait le président Truman, ce ne serait pas sur moi.

***

On frappa à la porte.

Alex regarda sa montre : 58 minutes et 20 secondes. Il sourit et lança :

— Entrez, monsieur Jardine.

La porte s'ouvrit et le directeur financier fit entrer six de ses employés, les bras encombrés de cartons.

— En voilà quelques-uns pour commencer, monsieur, dit Jardine, sans dissimuler son ton sarcastique.

— Mettez-les là, répondit Alex en désignant une longue table à l'autre bout de la pièce.

Les six assistants obéirent immédiatement tandis que Jardine, immobile, observait.

— Ce sera tout, monsieur ? dit-il avec assurance.

— Non, monsieur Jardine. Vous venez de me dire que ce n'était que le début, quand puis-je espérer avoir le reste ?

— C'était une maigre tentative d'humour, monsieur.

— Eh bien, elle a échoué, monsieur Jardine. Pouvez-vous vous assurer que personne dans votre service ne parte avant moi ce soir, vous y compris ? J'ai le sentiment, dit-il en jetant un œil aux dossiers, que je vais avoir quelques questions avant la fin de la journée.

***

— Evelyn, nous avons un problème.

— Douglas, c'est à toi de t'occuper des problèmes à la banque, surtout depuis que tu es président.

— Mais je ne suis plus président, expliqua Ackroyd. Avant de mourir, Lawrence a désigné un type, un certain Alex Karpenko, pour le remplacer.

— Ah non ! Pas encore lui.

— Tu le connais ?

— On s'est déjà rencontrés et je peux te dire qu'il ne fait pas de quartier. Mais comme je possède cent pour cent des parts de la banque, je peux…

— Lawrence lui a aussi légué ses actions. Ce type a commencé à fouiner et s'il découvrait…

— Nous avons toujours une majorité au conseil d'administration ?

— Tant que tu es là pour le vote, oui.

— Alors il faudra que je prenne l'avion pour la prochaine réunion. Et la première chose à l'ordre du jour sera la destitution de Karpenko et son remplacement par toi. Tout ce que j'attends de toi c'est que tu préparès la réunion sans qu'il se doute de quoi que ce soit.

— Ça ne va pas être une mince affaire. Il a déjà pris possession de la maison de ton frère et je pense que ta villa dans le sud de la France est la prochaine sur la liste.

— Moi vivante, jamais !

— Il a aussi donné l'ordre de transférer toute la collection Lowell à la banque au cas où l'IRS voudrait la faire évaluer.

— Ça pourrait être un problème, concéda Evelyn.

— Karpenko est un emmerdeur, et coriace en plus de ça. Je ne pense pas que tu le connaisses vraiment.

Evelyn ne répondit rien.

***

Alex passa le reste de la semaine à étudier les bilans, les dividendes, les déclarations fiscales et même les salaires des jeunes collaborateurs. Mais ce n'est que le mercredi après-midi qu'il repéra quelque chose qu'il dut relire trois fois avant d'admettre qu'aucun conseil d'administration de bonne foi n'aurait accepté une chose pareille.

Il regarda à nouveau la ligne en pensant qu'il y avait sûrement un zéro en trop. Le chiffre était caché entre deux autres de montants similaires, pour ne pas trop attirer l'attention. Il revérifia la somme et la nota sur un carnet. Alex craignait de découvrir d'autres lignes de ce genre avant d'atteindre les comptes de l'année en cours.

Le lendemain matin, Alex identifia un retrait du même ordre sur un bilan, sans explication. Une nouvelle fois, il nota le montant dans son carnet. Il faisait déjà nuit quand il découvrit un troisième chiffre, un montant bien supérieur cette fois. Il l'ajouta à sa liste en se demandant comment la banque avait pu s'en sortir en faisant cela.

Le vendredi, Alex en était arrivé à la conclusion que la Lowell Bank and Trust continuait d'opérer en étant insolvable, mais il décida de ne rien dire au commissaire aux comptes avant d'avoir pu passer en revue les éventuels autres actifs de la banque et surtout avant que M. Rosenthal ait évalué la collection d'œuvres d'art.

Lorsque les lampadaires s'allumèrent au-dehors, Alex décida qu'il était temps de rentrer. Il avait hâte de revoir Anna. Il jeta un coup d'œil à la pile de bilans qu'il lui restait à examiner et se demanda s'il en finirait un jour.

Les deux années que Lawrence avait passées au Vietnam et pendant lesquelles Douglas Ackroyd avait donné un nouveau sens à l'expression « quand le chat n'est pas là… » avaient aggravé la situation. Non seulement il se versait un salaire de cinq cent mille dollars par an, mais il y ajoutait trois cent mille dollars de frais divers, tandis que ses deux sbires, Jardine et Fowler, se taillaient eux aussi une belle part du fromage. Mais celle qui dirigeait l'opération était clairement Evelyn, qui, grâce à ses cinquante pour cent des parts, avait donné carte blanche à Ackroyd et recevait beaucoup plus qu'elle n'aurait pu espérer en retour.

Alex avait hâte de passer le week-end avec Anna, qui était venue de New York, mais il emporta tout de même quelques dossiers avec lui. En passant devant la porte de Mlle Robbins, il remarqua que la lumière était toujours allumée. Il glissa la tête dans le bureau et dit :

— Bonne soirée, passez un bon week-end.

— On se voit à six heures, lundi matin, monsieur, dit-elle sans lever les yeux de la pile de courrier.

Alex avait très vite compris pourquoi Ackroyd s'était empressé de la renvoyer. Elle était la seule à savoir où les secrets étaient enfouis.

En sortant, Alex eut l'impression tenace d'être suivi, comme autrefois à Leningrad. Cela lui rappela des souvenirs de Vladimir et il se demanda quel poste il occupait désormais au KGB. *Je devrais lui passer un coup de téléphone et lui proposer de rejoindre le conseil d'administration de la banque*, pensa-t-il. Il aurait sûrement plein de façons de faire dire à Ackroyd, Fowler et Jardine quels dossiers il faudrait regarder plus attentivement.

Alex s'enfonça dans la banquette arrière du taxi et donna l'adresse au chauffeur avant d'ouvrir un autre dossier. S'il n'avait pas été très attentif, il aurait pu manquer un nouveau retrait, qui n'avait pu être autorisé que par un seul homme. Il vérifia le montant trois fois, mais n'arrivait toujours pas à y croire. Le dernier chèque avait été encaissé deux jours après la mort de Lawrence, la veille de la démission d'Ackroyd. Le montant dépassait de loin tous les autres.

Alex ajouta le chiffre à sa longue liste avant d'additionner tous les retraits qu'Evelyn avait faits depuis le décès de son père et l'arrivée de son frère à la présidence de la banque. Le total était de vingt et un millions de dollars, et bien sûr, pas le moindre signe de remboursement. En ajoutant la dilapidation d'Evelyn au salaire mirobolant d'Ackroyd et de ses deux sbires, ainsi que les notes de frais, la probable faillite de la Lowell Bank and Trust devenait évidente. Alex se demanda s'il allait devoir vendre la collection Lowell pour permettre à la banque de rester à flots.

Il réfléchissait aux conséquences lorsque le taxi arriva devant la maison de Lawrence. Pour lui, ce serait toujours la maison de Lawrence.

Il sortait de la voiture et un large sourire se dessinait sur son visage quand il aperçut Anna sur le pas de la porte. Son sourire disparut aussi vite qu'il était apparu lorsqu'il vit l'expression sur le visage de sa femme.

— Qu'est-ce qui ne va pas, ma chérie ? demanda-t-il en la serrant dans ses bras.

— Tu ferais mieux de boire un grand verre de vodka avant que je te raconte.

Elle lui prit la main et l'emmena en silence dans la maison. Elle servit deux verres et attendit qu'il soit assis pour dire :

— Il n'y a pas que le Warhol qui soit une contrefaçon.

Alex vida son verre d'une traite avant de demander :

— Combien ?

— Je ne peux pas en être sûre et certaine avant d'avoir l'avis de M. Rosenthal, mais je pense qu'au moins la moitié sont des copies.

Alex resta silencieux, elle lui servit un autre verre. Après une longue gorgée, il lui confia :

— La valeur de la collection Lowell est la seule chose qui empêche la banque de couler. Je ne crois pas que j'arriverai à fermer l'œil avant l'arrivée de M. Rosenthal.

— Je lui ai téléphoné il y a quelques heures et il est en route.

— Est-ce qu'il y a une bonne nouvelle ?

— Ta mère n'arrête pas de me demander pourquoi nous repoussons sans cesse la date du mariage.

— Qu'est-ce que tu lui as dit ?

— Qu'on essaye toujours de glisser ça entre sauver une banque et ouvrir un nouveau restaurant, et qu'il faut trouver un moment où nous sommes au même endroit, de préférence.

— D'ici là, on aura déjà des petits-enfants.

pas qu'on arrivera à fonder l'[illegible] avant l'arrivée de M. Rosenthal.

— Je lui ai téléphoné. Il y a quelques heures qu'il est en route.

— Est-ce qu'il y a une bonne nouvelle ?

— La mère n'arrête pas de me demander pourquoi nous repoussons sans cesse la date du mariage.

— Qu'est-ce que tu lui as dit ?

— Qu'on essaye toujours de glisser [illegible] sauver une banque et ouvrir un nouveau restaurant... et qu'il faut trouver un moment où nous sommes au même endroit, de préférence.

— Dis-lui, on aura déjà des petits-enfants.

Chapitre 31

Sasha
Merrifield

Sasha avait toujours réussi à survivre avec six heures de sommeil seulement, mais après la visite du Premier Ministre à Buckingham Palace pour demander la dissolution du Parlement, il avait appris à se contenter de quatre heures.

Une nouvelle fois, il avait adopté une routine qui aurait impressionné un maître de ballet du Bolchoï, même si ce n'était que pour trois semaines. Il se levait tous les matins à cinq heures et se tenait déjà sur le quai de la gare de Roxton avec un petit groupe de volontaires bien avant l'arrivée des premiers voyageurs. Il les saluait d'un « Bonjour, je m'appelle Sasha Karpenko et je suis... »

À huit heures, il prenait son petit déjeuner, dans un café différent tous les matins, et vingt minutes plus tard il marchait vers le bureau de la campagne dans la grande rue – trois pièces louées pour le mois – où il parcourait les journaux du matin. Le *Merrifield Gazette* avait trouvé plusieurs façons de dire que l'élection était serrée, au coude à coude, très disputée, mais ce matin-là, la une le prit par surprise : « Hunter défie Karpenko pour un débat. »

— Joli coup, dit Alf. Cette fois, elle n'a pas attendu que tu prennes les devants. Il faut que tu acceptes immédiatement, on choisira une date et un lieu plus tard.

— N'importe où, n'importe quand, répondit Sasha.

— Non, non ! rétorqua Alf. Nous ne sommes pas pressés. Le mieux pour nous, c'est que le débat soit à Roxton et le plus près possible de la date du scrutin.

— Pourquoi Roxton ?

— C'est l'endroit de la circonscription où il y a le plus de chance que tes soutiens viennent en nombre.

— Mais pourquoi repousser au dernier moment ?

— Ça te laissera plus de temps pour te préparer. N'oublie pas que tu n'es plus face à une étudiante, mais face à une députée, qui a vécu ici toute sa vie. Mais maintenant, il est temps que tu retournes dans la rue et que tu me laisses m'occuper de ce genre de détails.

Après avoir appelé le rédacteur en chef de la *Gazette* pour lui annoncer qu'il serait très heureux d'accepter l'invitation de Mlle Hunter et qu'il avait hâte de débattre, Sasha sortit du siège pour aller à la rencontre de ceux qui faisaient leurs courses le matin, principalement des femmes, des enfants et quelques retraités. Pendant trois heures, il serra le plus de mains possible, délivrant sans cesse le même message. Son nom, son parti, la date du vote et un rappel du nouveau statut de Merrifield en tant que siège décisif.

À une heure, il prenait quarante minutes pour déjeuner, Alf le rejoignait dans un pub du coin et le tenait au courant des actions de Fiona. Sasha discutait des horaires d'ouverture légaux et de la taxe sur l'alcool avec le tenancier et ne commandait qu'un plat et un demi de la bière locale.

— Faites bien attention à toujours payer vous-même ce que vous consommez et n'offrez rien à quelqu'un qui vote dans la circonscription.

— Pourquoi ? demanda Charlie, le ventre plus rond que jamais, en buvant son jus d'orange.

— Tu peux être sûre que les conservateurs crieraient à la tentative de corruption, ce qui est contraire au règlement électoral.

Après avoir serré la main de tous les clients du pub, ils visitaient une usine, lieu où Sasha recevait généralement un accueil chaleureux. Puis, de trois heures et demie à quatre heures et demie, ils faisaient le tour d'un établissement scolaire – primaire, collège et lycée. Là-bas, Charlie était dans son élément et de nombreuses mères lui confiaient qu'elles voteraient pour Sasha, contrairement à leur mari.

— C'est ton arme secrète, lui avait souvent dit Alf. Fiona a dit qu'elle était fiancée, mais personne n'a jamais vu ce garçon. Non pas que j'aille répéter ça, bien entendu.

Vers cinq heures, il retournait au siège pour faire le bilan de la journée avant de se rendre à deux, parfois trois événements où il faisait un discours.

— Ne t'inquiète pas pour le nombre de personnes présentes, expliqua Alf. C'est aussi une bonne occasion de répéter les éléments qui devront avoir l'air spontanés lors du débat.

Il rentrait à minuit et, avec un peu chance, s'endormait vers une heure du matin. Ce n'était pas toujours facile, parce que, comme pour les comédiens au théâtre, l'adrénaline ne retombait pas au moment même où le rideau descendait. Quatre heures de sommeil avant la sonnerie du réveil et il fallait tout recommencer, heureux d'être un jour plus près de l'élection.

***

Le matin du débat, l'un des sondages donnait deux points d'avance à Fiona, tandis qu'un autre les plaçait au coude à coude. Pour ne pas arranger les nerfs de Sasha, la chaîne de télévision annonça qu'au vu de l'intérêt que suscitait l'élection, le débat serait retransmis en direct à une heure de grande écoute.

C'est Charlie qui choisit le costume (gris), la chemise (blanche) et la cravate (verte) qu'il porterait le soir même. Elle se gardait bien de l'interrompre lorsque, dès qu'ils étaient seuls, il répétait ses points essentiels et ses phrases bien affûtées. Mais quand il lui demandait son avis, elle répondait honnêtement, même quand elle savait que ce n'était pas ce qu'il voulait entendre.

— C'est l'heure, annonça Charlie en regardant sa montre.

Sasha la suivit hors du bureau de la campagne et jusque dans la voiture.

— Tu es si beau, dit-elle alors qu'ils démarraient.

Sasha ne répondit pas.

— N'oublie pas qu'elle ne t'arrive pas à la cheville.

Il gardait le silence.

— La semaine prochaine, ce sera toi et pas elle qui sera assis sur un banc de la Chambre des communes.

Toujours rien.

— Et d'ailleurs, ajouta-t-elle, ce n'est peut-être pas le bon moment pour te le dire, mais je pense voter conservateur.

— Heureusement que tu ne votes pas dans cette circonscription, répondit Sasha alors que la voiture arrivait devant la mairie de Roxton.

***

— Bonsoir mesdames et messieurs, annonça Chester Munro, le présentateur vedette de *Southern News*, en contemplant l'auditorium plein à craquer. Ce soir, nous accueillons un débat entre les deux principaux candidats au siège parlementaire de Merrifield. Mlle Hunter, la députée actuelle, représente le Parti conservateur, et son opposant, M. Karpenko, est le candidat du Parti travailliste.

» Chaque candidat dispose de trois minutes pour son discours d'ouverture, puis nous prendrons les questions des électeurs, et enfin chacun aura deux minutes pour conclure. Nous allons maintenant accueillir les deux candidats.

Sasha et Fiona entrèrent chacun d'un côté de la scène et furent accueillis par les acclamations frénétiques de leurs soutiens. Sasha aurait voulu être chez lui, à Fulham Road, en train de déguster la moussaka de sa mère avec un verre de vin rouge, mais il aperçut Charlie et Elena qui lui souriaient au premier rang. Il leur adressa un sourire tandis que Munro annonçait :

— Je vais maintenant inviter M. Karpenko à faire son discours d'ouverture.

Sasha s'avança lentement, posa ses notes sur le pupitre et attendit que le public s'installe. Il jeta un œil à sa première phrase, mais il connaissait son discours par cœur. Il leva les yeux, conscient qu'il n'avait que trois minutes pour faire une impression durable. Ou plutôt, comme Alf lui avait dit, il avait cent quatre-vingts secondes, – de cette façon il aurait conscience qu'il faut tirer profit de chaque seconde. Pour la première fois, il donna raison à Alf lorsqu'il affirmait que le premier à faire son discours était désavantagé.

— Mesdames et messieurs, commença Sasha, en fixant le dixième rang du parterre. Le candidat que vous avez devant vous a été parachuté.

Un murmure de surprise se répandit dans la salle. Seule Charlie n'avait pas l'air étonnée. Mais elle avait déjà entendu ce discours plusieurs fois.

— Et comme si ça ne suffisait pas, je suis aussi un immigré de première génération. Si après ça vous cherchez encore une excuse pour ne pas voter pour moi, je suis né à Leningrad et non à Merrifield.

Alf regardait avec appréhension depuis les coulisses et découvrait que la foule était bouche bée.

— Mais permettez-moi de vous dire quelques mots sur ce candidat parachuté. Je suis né, je l'ai dit, à Leningrad. Mon père était un homme courageux qui a obtenu la médaille de l'ordre de Lénine pour avoir défendu sa patrie contre les nazis durant le siège de la ville pendant la Seconde Guerre mondiale. Après la guerre, il a gravi les échelons, de docker il est devenu superviseur, responsable de huit cents hommes. Un poste qu'il a occupé jusqu'à ce qu'il commette un crime qui lui a valu la mort.

Le public buvait ses paroles.

— Bien sûr, vous voulez savoir quelle était la nature de ce crime. Un meurtre, peut-être ? Une attaque à main armée ? De la fraude ? Ou pire, encore, une trahison contre son pays ? Rien de tout ça, le crime de mon père était de vouloir créer un syndicat pour que ses camarades dockers puissent bénéficier des avantages que tout le monde dans ce pays prend pour acquis. Mais le KGB s'opposait à cela, et ils l'ont assassiné.

» Par peur des représailles, ma courageuse mère, qui est ici ce soir, a risqué sa vie pour qu'elle et moi puissions échapper à la tyrannie soviétique et recommencer notre vie dans ce grand pays. J'ai commencé mes études à Londres, et comme Mlle Hunter, j'ai décroché une bourse pour Cambridge, où, comme Mlle Hunter, je suis devenu président de l'Union et où j'ai obtenu la plus haute mention et les félicitations du jury.

Le public applaudit, ce qui donna à Sasha un instant de répit pour jeter un coup d'œil à ses notes.

— Après Cambridge, j'ai travaillé dans le restaurant de ma mère tout en suivant des cours du soir, où j'ai étudié la comptabilité et la gestion. Ma mère est peut-être l'une des meilleures chefs cuisinières du pays, couronnée de deux étoiles Michelin, mais elle n'a jamais su tenir ses comptes.

Des rires et des applaudissements chaleureux montèrent du public.

— Je suis tombé amoureux et j'ai épousé une Anglaise, qui fait de la recherche à la Courtauld Gallery. Notre premier enfant doit naître le jour de l'élection.

Sasha regarda vers le ciel et ajouta :

— Est-ce qu'on pourrait repousser ça au lendemain ?

Les acclamations furent spontanées cette fois, tandis qu'il souriait à sa femme. Une alarme l'informa qu'il ne lui restait que trente secondes. Sasha n'avait pas envisagé que les applaudissements seraient si longs, il lui fallait se dépêcher.

— Quand je suis arrivé à Merrifield, il y a trois ans, pour l'élection partielle, je suis tombé amoureux une seconde fois. Mais vous avez renvoyé ce prétendant et offert le prix à ma rivale, bien que la petite marge qui nous séparait m'ait laissé l'espoir de retenter ma chance. Maintenant je vous demande d'offrir votre cœur à un autre.

Il baissa la voix, murmurant presque, et reprit :

— Je veux partager un secret avec vous, un secret qui, je l'espère, vous prouvera mon amour pour Merrifield. Avant l'annonce de cette élection, on m'a proposé de me présenter à Londres, pour un siège avec une avance travailliste de plus de dix mille voix. Mais j'ai décliné cette offre parce que j'ai quelque chose d'autre en commun avec Mlle Hunter. Comme elle, je veux être le député de la circonscription de Merrifield. Je suis peut-être un candidat parachuté, mais je voudrais être votre candidat parachuté.

La moitié du public se leva pour acclamer son candidat, l'autre moitié resta assise, mais certains d'entre eux applaudirent avec réticence.

Munro attendit que Sasha retourne à sa place et que les applaudissements se tarissent pour annoncer :

— J'invite Mlle Hunter à répondre.

Sasha regarda Fiona et vit qu'elle rayait furieusement des paragraphes entiers de son discours. Elle se leva et se dirigea vers le pupitre. Elle adressa un sourire nerveux au public.

— Je m'appelle Fiona Hunter et j'ai eu l'honneur de vous représenter au Parlement ces trois dernières années. J'espère que vous m'avez trouvée à la hauteur de votre soutien.

Elle leva les yeux et quelques-uns de ses partisans les plus ardents applaudirent.

— Je suis née et j'ai grandi à Merrifield. L'Angleterre est ma patrie, l'a toujours été et le sera toujours.

Fiona se rendit immédiatement compte qu'elle n'aurait pas dû prononcer cette phrase. Elle tourna vivement une page, puis une autre. Sasha se demandait combien de fois les mots « parachuté », « intrus » et même « immigré » avaient été barrés de son discours.

Elle continua tant bien que mal, parlant de son père, de Cambridge et de l'Union, consciente qu'en permettant à son opposant de s'exprimer en premier elle lui avait laissé la chance de lui voler ses meilleures répliques. Quand l'alarme lui annonça qu'elle n'avait plus que trente secondes, elle passa rapidement à la dernière page de son discours et conclut :

— J'espère que vous donnerez à la fille du coin que je suis une seconde occasion de vous servir.

Elle retourna à sa place, mais les applaudissements s'étaient tus bien avant qu'elle se rassoie.

Tout le monde savait pertinemment qui avait gagné le premier round, mais le deuxième allait commencer et Sasha savait qu'il ne pouvait pas se laisser déconcentrer ne serait-ce qu'une seconde.

— Les candidats vont maintenant répondre aux questions, expliqua Munro. Merci de rester bref et d'aller droit au but.

Une dizaine de mains se levèrent immédiatement. Munro donna la parole à une femme au cinquième rang.

— Je voudrais connaître l'opinion des deux candidats sur le fait que les terrains de sport de Roxton ont été bradés par le conseil municipal pour être remplacés par un supermarché ?

Fiona se leva avant même que Munro puisse décider qui parlerait en premier.

— J'ai appris à jouer au hockey et au tennis sur ces terrains, et c'est pourquoi j'ai soulevé cette question en séance, pendant les questions au Premier Ministre. J'ai condamné cette proposition et je continuerai à le faire si je suis réélue. Espérons que c'est un sujet sur lequel M. Karpenko est d'accord avec moi, mais j'en doute puisque c'est une majorité travailliste qui a donné un permis de construire au supermarché en premier lieu.

Cette fois-ci, elle fut chaudement applaudie.

Sasha attendit le silence complet pour répondre.

— Il est vrai que Mlle Hunter s'est positionnée contre la construction du supermarché sur les terrains sportifs de Roxton en séance à la Chambre des communes. Mais en revanche, ce qu'elle n'a pas dit, c'est qu'en tant qu'adjointe parlementaire auprès du porte-parole de l'opposition en charge de l'Agriculture, elle n'a jamais soulevé la question au Parlement. Et pourquoi ? Sûrement parce que le cabinet fantôme lui aurait répondu qu'un centre sportif encore plus grand est en construction, tout près d'ici, à Blandford, équipé pour le football, le rugby, le cricket, le hockey, le tennis et la natation. Tout ça grâce à l'action du gouvernement travailliste. Si je suis élu, je soutiendrai le conseil municipal sur cette proposition, parce que ses membres n'ont pas laissé le découpage arbitraire des circonscriptions influencer leur bon sens. Soyez-en sûrs, je protégerai toujours les intérêts des citoyens de Merrifield. Peut-être Mlle Hunter devrait-elle être élue non pas au Parlement, mais à la Chambre des Où-vous-voulez-mais-pas-chez-moi. Excusez-moi de prendre du recul sur les choses.

Lorsque Sasha reprit sa place, le public applaudissait encore.

Munro choisit ensuite un grand homme vêtu d'un élégant costume en tweed et d'une cravate rayée.

— Quelle est l'opinion des conservateurs concernant les coupes dans le budget de la Défense proposées par le ministre de la Défense travailliste, M. Healey, quand il est venu visiter la circonscription il y a deux semaines ?

Fiona sourit, le major Bennet avait été bien préparé à poser cette question.

— Peut-être devriez-vous répondre en premier, M. Karpenko, suggéra Munro.

— Les coupes budgétaires concernant la Défense sont un sujet épineux pour tous les gouvernements. Néanmoins, si nous voulons construire des écoles, des universités, des hôpitaux, et aussi des complexes sportifs, il faut faire des coupes ou augmenter les impôts. Ce n'est jamais un choix facile, mais c'est inévitable. Ce que je peux vous promettre, c'est qu'élu je pèserai toujours le pour et le contre avant de prendre une décision de cette importance.

Il retrouva sa place sous des applaudissements timides.

— Si l'on pouvait gagner des batailles en jouant du pipeau, il ne fait aucun doute que M. Karpenko serait chef des armées, répondit Fiona.

Elle attendit que les applaudissements et les rires diminuent et reprit :

— Deux guerres mondiales ne nous ont-elles pas appris que nous ne pouvons pas baisser notre garde ? Non, la défense du territoire doit rester une priorité pour tout député et ce sera la mienne si je retourne à Westminster.

Fiona savoura les applaudissements avant de retourner à sa place. Sasha savait pertinemment qui avait gagné ce round. La question suivante était celle d'une dame assise au fond de la salle.

— Combien de temps devrons-nous encore attendre la rocade de Roxton ?

Au sourire sur le visage de Fiona, Sasha comprit que c'était une nouvelle question préparée à l'avance ; elle n'eut même pas besoin de regarder ses notes.

— La construction de la rocade pourrait être lancée demain, si le gouvernement travailliste, sous contrôle socialiste, ne refusait pas de délivrer un permis de construire. Je me demande bien pourquoi. Peut-être M. Karpenko pourrait-il nous répondre ? Mais si les conservateurs sont élus, je vous assure que la rocade sera une priorité.

Fiona adressa un sourire triomphant à Sasha alors qu'elle reprenait son siège sous des applaudissements encore plus nourris. Elle savait que si la rocade était validée, des logements sociaux de Merrifield devraient être détruits pour faire de la place, ce qui ferait à nouveau de Merrifield un bastion conservateur. Elle savait aussi que Sasha ne pouvait pas admettre en public que c'était la véritable raison derrière son soutien à la décision.

— Je ne doute pas que Roxton ait besoin d'une rocade. La seule question qui reste à élucider est l'emplacement de cette voie rapide.

— N'importe où mais pas chez toi ! cria Fiona, sous les applaudissements et les exclamations.

— Je peux vous assurer que si je deviens député, je ferai tout mon possible pour accélérer le processus.

Les applaudissements, ou plutôt leur absence, montraient à tout le monde que Fiona venait de remporter un nouveau round.

Munro donna enfin la parole à une vieille dame qui levait la main depuis le début.

— Quelles sont les intentions des candidats concernant l'augmentation des pensions de retraite ?

— Tous les gouvernements conservateurs ont augmenté les retraites au niveau de l'inflation, répondit Fiona. Le gouvernement travailliste ne l'a jamais fait, sûrement parce que sous leur direction l'inflation a grimpé en moyenne de quatorze pour cent par an. Je le dis à tous ceux qui touchent une retraite, si vous espérez maintenir ou augmenter votre niveau de vie, votez conservateur. Et en vérité je dirais la même chose aux plus jeunes, parce que nous en passerons tous par là.

Les soutiens conservateurs, qui avaient vu leur candidate en danger revenir dans la course et maintenant mener au score, lancèrent de grandes acclamations.

— J'aimerais, dit Sasha en se levant, que pour une fois Mlle Hunter regarde le long terme, c'est-à-dire au-delà des élections de la semaine prochaine. Aujourd'hui, l'espérance de vie dans ce pays est de soixante-treize ans. En 2000, elle sera de quatre-vingt-un ans, et en 2020, quand j'aurai soixante-huit ans et que je serais éligible moi-même à cette pension de retraite, elle sera, d'après les études actuelles, de quatre-vingt-sept ans. Aucun gouvernement, de gauche comme de droite, n'aura les ressources pour augmenter les retraites chaque année. N'est-il pas temps que les députés disent la vérité sur ce genre de questions primordiales plutôt que de débiter des platitudes avec l'espoir de s'en sortir à la prochaine élection ? J'ai une formation d'économiste et non, comme Mlle Hunter, d'avocat. Je vous exposerai toujours les faits, tandis qu'elle vous racontera systématiquement ce que vous voulez entendre.

En retournant à sa place, les applaudissements semblaient dire qu'il n'y avait pas de vainqueur évident.

— Il ne reste qu'une seule question, annonça Munro en désignant un jeune homme assis dans l'allée.

— Est-ce que l'un de vous deux pense que Merrifield United va un jour gagner la Coupe d'Angleterre ?

Toute la salle éclata de rire.

— Je suis une fervente supportrice des « Merries » depuis mon enfance, répondit Fiona, et mon père m'a légué son abonnement au stade dans son testament. Mais comme je crains que mon adversaire ne m'accuse de populisme, je dois admettre qu'il y a peu de chances que nous gagnions la Coupe, mais je garde espoir.

Sasha s'avança pour répondre.

— C'était une grande réussite pour Merrifield d'atteindre le troisième tour de la Coupe l'année dernière. Le but de Joey Butler face à Arsenal était fantastique et ça n'a été une surprise pour personne quand le club londonien lui a offert un contrat. J'étais également ravi que les Merries investissent l'argent de la Coupe dans de nouvelles tribunes couvertes. D'ailleurs, si j'ai la chance de devenir votre député, ne soyez pas surpris de me retrouver dans les gradins de Merrifield les jours de match.

Le jeune homme qui avait posé la question ne cacha pas à qui irait son vote et Sasha pensait qu'ils étaient revenus à égalité. Désormais, tout reposait sur leurs conclusions.

— Comme M. Karpenko a ouvert le bal, c'est cette fois Mlle Hunter qui va s'exprimer la première, annonça Munro.

Fiona laissa ses notes de côté et regarda directement le public.

— Il semblerait qu'il ne soit pas de bon ton de rappeler que je suis une fille du coin ou que mon opposant n'est pas d'ici. Je ne dois pas non plus vous rappeler que j'ai battu M. Karpenko lors des élections à l'Union de Cambridge et également lors du scrutin partiel après la mort de mon père. Et quand remporter cette circonscription est devenu une tâche plus complexe pour mon parti, je n'ai pas fui. Mais je peux vous assurer que si M. Karpenko perd ces élections, vous ne le reverrez plus jamais ici. Il se mettra en quête d'un siège plus sûr, mais vous savez que moi, je suis ici pour la vie. À vous de choisir.

La moitié du public se leva pour l'acclamer, tandis que les autres restaient assis, attendant de voir si leur candidat avait encore des cartouches en réserve.

Sasha n'avait que quelques instants pour trouver un moyen de répondre à un argument si simple et pourtant si brillant. Pour autant, il ne doutait pas que si Fiona perdait les élections, elle irait également chercher un siège sûr ailleurs. Mais il ne pouvait pas le dire parce qu'il ne pouvait pas le prouver. La salle comble attendait avec impatience, la moitié espérant qu'il triomphe, l'autre qu'il s'effondre.

— Tout comme mon père, j'ai toujours eu foi en la démocratie, bien que j'aie grandi dans un régime totalitaire. Je suis très heureux de laisser les électeurs de Merrifield décider lequel d'entre nous ils trouvent plus à même de les représenter à la Chambre des communes. Tout ce que je vous demande, c'est de faire ce choix en prenant en compte le candidat qui fera le meilleur travail et pas uniquement celui ou celle qui a vécu le plus longtemps ici. Bien sûr, je pense que ce candidat, c'est moi. Mais si vivre à Merrifield est une preuve d'engagement, il faut que vous sachiez que la semaine dernière j'ai acheté une maison sur Farndale Avenue et que tout comme Mlle Hunter, j'ai hâte de passer le restant de mes jours ici.

Chester Munro attendit la fin des applaudissements pour remercier les deux candidats.

— Et j'aimerais aussi remercier les électeurs d'être venus… commença-t-il avant d'être interrompu par une jeune femme qui sortit des coulisses et lui tendit un morceau de papier.

Il l'ouvrit et le parcourut avant de reprendre :

— Je pense que vous serez tous curieux de savoir qu'un sondage télévisuel effectué juste après le débat donne 42 points à Mlle Hunter et 42 points également à M. Karpenko. Il reste donc seize pour cent d'électeurs indécis ou favorables à d'autres partis.

Les candidats se levèrent, s'approchèrent lentement l'un de l'autre et se serrèrent la main. Ils avaient tous les deux accepté que le débat se termine sur une égalité ; il ne leur restait qu'une semaine pour faire tomber leur adversaire.

***

Sasha ne semblait pas être resté immobile une seule seconde pendant les sept derniers jours, tandis qu'Alf lui rappelait sans cesse que le résultat final pouvait se jouer à quelques voix. Il se doutait que Fiona entendait les mêmes mots.

Le jour du vote, Sasha, incapable de dormir, se leva à deux heures du matin. Avant même de descendre prendre son petit déjeuner, il avait lu tous les journaux. À six heures, il était devant la gare de Merrifield, implorant les passants d'« Aujourd'hui : votez Karpenko ».

Une fois les bureaux de vote ouverts, à sept heures, il passa de salle de travail en salle de travail pour remercier sa légion de fervents militants, qui refusaient de prendre ne serait-ce qu'une minute de pause avant la fin du scrutin.

— Allons boire un verre avec le reste de l'équipe, dit-il à Charlie à dix heures du soir, lorsque la BBC annonça que les bureaux de vote étaient fermés et que le dépouillement avait commencé partout dans le pays.

Ils remontèrent lentement la grande rue, sous les « bonne chance », les « au revoir » et même quelques « on ne s'est pas déjà vu quelque part ? » En arrivant au Roxton Arms, Alf et le reste de l'équipe étaient déjà en train de commander au bar.

— Et pour une fois, c'est toi qui offres, maintenant qu'on ne peut plus nous acheter, dit Alf.

Toute l'équipe poussa des hourras.

— Vous n'auriez pas pu faire plus, l'un comme l'autre, dit Audrey Campion en tendant un jus de tomate à Charlie et une pinte, sa première depuis trois semaines, à Sasha.

— Je suis d'accord, ajouta Alf. En revanche, je suggère que nous mangions tous quelque chose avant d'aller à la mairie pour suivre le dépouillement, les résultats ne tomberont certainement pas avant deux heures du matin.

— Une prédiction, peut-être ? demanda Sasha.

— Les prédictions, c'est bon pour les joueurs de poker et les idiots. Le collège électoral a pris sa décision. Tout ce que nous pouvons faire c'est attendre et voir s'ils ont pris la bonne. Tu peux raconter tout ce que tu veux maintenant, les jeux sont faits.

— Je fermerai l'hôpital de campagne, je lancerai la construction de la rocade et je ferai une coupe de dix pour cent dans le budget de la Défense, répondit Sasha.

Tout monde éclata de rire, sauf Charlie qui bascula soudainement en avant et se retint grâce au bar.

— Qu'est-ce qui ne va pas ? demanda Sasha en la prenant dans ses bras.

— Qu'est-ce que tu crois, bougre d'imbécile ? répondit Audrey.

— Et tu ne peux t'en prendre qu'à toi-même, ajouta Alf. C'est toi qui as demandé au Seigneur d'attendre la fin du vote.

— Arrête de jacasser, Alf, et appelle l'hôpital, lança Audrey. Dis-leur qu'une femme qui va bientôt accoucher est en route. Michael va chercher un taxi !

Alf se précipita sur le téléphone à l'autre bout du bar tandis que Sasha et Audrey aidaient Charlie à sortir, lentement, du pub. Michael avait déjà hélé un taxi et expliqué au chauffeur exactement où il devait aller bien avant que Charlie puisse enfin s'asseoir sur la banquette arrière.

— Accroche-toi, ma chérie. Ce n'est pas très loin, dit Sasha, soudain heureux que l'hôpital de campagne n'ait pas encore fermé.

Pleins phares, le chauffeur slalomait entre les voitures dans la circulation dense de la soirée. Alf avait vraisemblablement bien fait son travail : quand le taxi s'arrêta devant l'entrée, deux aides-soignants et un médecin les attendaient. Le docteur aida Charlie à sortir de la voiture tandis que Sasha sortait son portefeuille.

— C'est pour moi, m'sieur. Disons que ça compense le fait que j'ai oublié de voter.

Sasha le remercia tout en le maudissant en même temps, alors que Charlie montait dans un fauteuil roulant. S'il perdait d'une voix… Il tint la main de sa femme pendant que le médecin lui posait calmement une série de questions. L'un des aides-soignants la poussa le long d'un couloir vide jusqu'à la salle de travail, où attendait une équipe obstétricale. Sasha ne lui lâcha la main que lorsqu'elle passa les portes.

Il faisait les cent pas dans le couloir, s'en voulant d'avoir demandé tant de choses à Charlie ces derniers jours de campagne. Alf avait raison, un enfant était plus important que n'importe quelle satanée élection.

Il ne savait pas combien de temps s'était écoulé lorsqu'une infirmière sortit de la salle, lui adressa un chaleureux sourire et dit :

— Félicitations, M. Karpenko. C'est une petite fille.

— Et ma femme ?

— Elle va bien. Elle est très fatiguée et aura besoin de beaucoup de repos, mais vous pouvez venir les voir toutes les deux quelques minutes.

Sasha la suivit dans la pièce, où Charlie tenait tendrement contre elle un nouveau-né. Une petite chose toute fripée qui leva de grands yeux bleus vers lui. Il serra Charlie dans ses bras, remercia les dieux, peu importait lesquels, pour ce miracle et regarda sa fille comme si elle était le premier enfant qui ait jamais existé.

— C'est dommage que ce ne soit pas arrivé la semaine dernière, dit Charlie.

— Pourquoi, ma chérie ?

— Imagine tous les votes supplémentaires que tu aurais eus si tu avais pu dire pendant le débat que ta fille était née dans la circonscription.

Sasha rit alors qu'une infirmière posait une main sur son épaule et dit :

— Nous devrions laisser votre femme se reposer.

— Bien sûr, répondit Sasha, tandis qu'une autre infirmière prenait l'enfant pour le mettre dans un berceau.

Sasha quitta la pièce à contrecœur, Charlie dormait déjà. Dans le couloir, il s'arrêta pour regarder sa fille à travers la vitre de la porte. Il lui fit un signe de la main, c'était idiot, il savait qu'elle ne pouvait pas le voir. Il marcha vers l'escalier et, pour la première fois depuis des heures, ses pensées se tournèrent vers ce qui se passait à la mairie. Il courut dans le couloir et dévala les marches, se demandant s'il pourrait trouver un taxi à cette heure-ci. Il traversa l'accueil et s'apprêtait à pousser la porte quand une voix derrière lui l'interpella :

— Monsieur Karpenko ?

Il se retourna et vit l'infirmière derrière le bureau de la réception.

— Félicitations ! lança-t-elle.

— Merci. Je suis vraiment heureux d'avoir une petite fille.

— Ce n'est pas pour ça que je vous félicitais, monsieur Karpenko.

Sasha resta interloqué.

— Je voulais vous dire à quel point je suis heureuse que vous soyez notre nouveau député.

— Vous avez les résultats ?

— Ils viennent d'être annoncés à la radio. Après trois recomptages, vous l'emportez avec vingt-six voix d'avance.

[illegible] la grâce [illegible] Quelle [illegible]
dent. Dans le [illegible] il [illegible] sa [illegible]
[illegible] de la porte. [illegible] signe de
la main [illegible] il savait qu'elle ne [illegible] pas
[illegible] Il [illegible] sur l'escalier [illegible] la [illegible]
[illegible] des heures [illegible] pensées se [illegible]
ce qui se passait à la grille. Il [illegible] dans le [illegible]
[illegible] les marches [illegible] il [illegible]
trouver [illegible] cette [illegible] l'escalier [illegible]
[illegible] porte quand une voix [illegible]
[illegible]

[illegible]

Il se retourna et [illegible] de la porte
[illegible]

[illegible]

[illegible]

[illegible]

[illegible]

[illegible]

[illegible]

Chapitre 32

Alex
Boston

— Anna a raison, je suis désolé de vous l'apprendre, expliqua Rosenthal. Plus d'une cinquantaine de ces tableaux sont des copies et, au vu de votre expérience avec le Warhol, il est aisé de déduire qui possède les originaux.

— Et elle les a déjà probablement tous vendus. Ce qui veut dire que la banque ne pourra jamais éponger ses dettes, dit Alex.

— Je n'en suis pas si sûr. Le milieu de l'art est petit, tout le monde se connaît. Un tableau de la collection Lowell mis sur le marché serait immédiatement reconnu. Et ici, il ne s'agit pas d'une seule toile, mais de plus de cinquante. Néanmoins, après la mort de M. Lowell, sa sœur pourrait essayer de se débarrasser des œuvres assez vite, surtout si elle pense que son unique autre source de revenus s'apprête à se tarir.

— Et c'est le cas, répondit Alex avec un certain emportement.

— Alors la première chose à faire, c'est de localiser les tableaux.

— Je parie qu'ils ont été mis à l'abri dans la villa d'Evelyn dans le sud de la France.

— C'est aussi ce que je pense, ajouta Anna. S'ils étaient dans son appartement à New York, Lawrence les aurait vus.

La question suivante de Rosenthal les prit par surprise :

— Est-ce que vous connaissez bien le majordome de M. Lowell ?

— Pas tant que ça, répondit Alex. Pourquoi cette question ?

— Est-ce que vous savez envers qui il était loyal ?

— Quand il est question de la famille Lowell, il faut soutenir l'une ou l'autre des factions, comme je l'ai très vite découvert à mes dépens. Mais je n'ai pas de raison de croire qu'il n'est pas de notre côté.

— Alors, avec votre permission, j'aimerais lui poser quelques questions.

— Je n'y vois pas d'inconvénient, répondit Alex en sonnant.

Caxton arriva quelques instants plus tard.

— Vous avez appelé, monsieur ?

— À vrai dire, c'est moi qui voudrais vous dire un mot, Caxton, expliqua Rosenthal. J'aimerais savoir si la sœur de M. Lowell est venue ici lorsqu'il était au Vietnam.

— Très souvent, monsieur, c'était devenu sa deuxième maison.

— Étiez-vous toujours là durant ses visites ?

— Non, monsieur, pas systématiquement. Une fois par mois, ma femme et moi-même rendons visite à notre fille et à notre petit-fils à Chicago pour le week-end. Parfois, à notre retour, le dimanche soir, il était clair que M. et Mme Lowell-Halliday étaient venus pendant notre absence.

— Comment pouvez-vous en être sûr ? demanda Alex.

— Il y avait des lits à faire, des tables à débarrasser, des verres à laver et beaucoup de cendriers à vider.

— Donc, ils ont pu être tout seuls ici pendant quarante-huit heures ?

— De nombreuses fois.

— C'est très utile, Caxton. Merci beaucoup, conclut Rosenthal.

— Il est très important, Caxton, que cette conversation reste entre nous. Vous comprenez ? ajouta Alex.

— Pendant les douze années où j'ai servi M. Lowell, il n'a jamais mis en doute ma discrétion.

— Je suis désolé. J'ai manqué de tact.

Tout le monde resta silencieux en attendant que le majordome quitte la pièce.

— Bien, on peut dire qu'il t'a remis à ta place, mon chéri, dit Anna.

— À vrai dire, c'est plutôt rassurant, ajouta Rosenthal. Il n'aurait jamais répondu sur ce ton plein de reproches s'il avait une quelconque intention de communiquer avec Mme Lowell-Halliday.

— Tout à fait d'accord, ajouta Anna. Mais si elle a emporté les toiles dans le sud de la France, comment est-ce qu'on peut le prouver ?

— Ça ne devrait pas être très compliqué, répondit Rosenthal. L'un des tableaux qu'elle a volés est un Rothko qui mesure près d'un mètre sur deux. Elle pouvait difficilement le faire passer en bagage à main.

Rosenthal se leva et fit les cent pas dans la pièce. Anna, qui avait l'habitude de cette petite manie, se tourna vers Alex et lui fit signe de ne rien dire.

— À mon avis, finit par expliquer Rosenthal, il est impossible de déplacer un tableau de cette taille sans l'aide d'un transporteur spécialisé dans les œuvres d'art, surtout dans le cas d'un envoi à l'étranger, puisqu'il y a des formulaires d'exportation et plein d'autres paperasses à remplir. Il n'y a que quelques spécialistes sur la côte Est et un seul à Boston.

— Vous le connaissez ? demanda Alex, plein d'espoir.

— Bien sûr, mais je n'ai nullement l'intention de le contacter. La première chose qu'il ferait après avoir raccroché, c'est de téléphoner à sa cliente pour la prévenir.

— Mais c'est sûrement notre meilleure piste.

— Pas nécessairement, une autre entreprise a dû récupérer l'envoi à Nice pour le livrer à la villa de Mme Lowell-Halliday, à Saint-Paul-de-Vence. Ça m'étonnerait que cette compagnie ait eu connaissance du contenu des paquets ; c'est un secret que Mme Lowell-Halliday n'a sûrement pas voulu partager avec quiconque, et moins encore avec l'IRS.

— Mais comment allons-nous découvrir qui a réceptionné les tableaux sans avertir la moitié du monde de l'art ?

— En restant dans un cercle rapproché. Et je crois que je connais exactement le bon galeriste pour nous aider à Paris. Est-ce que je peux utiliser le téléphone du bureau ?

— Oui, bien entendu, répondit Alex.

M. Rosenthal se servit un grand verre de whisky et quitta la pièce sans ajouter un mot.

— Qu'est-ce qu'il mijote ? demanda Alex.

— Je ne suis pas certaine, répondit Anna. Mais je pense qu'il est en train de forcer quelques mains, et c'est pour ça qu'il ne veut pas qu'on l'entende.

Rosenthal ne revint pas avant trois quarts d'heure, et lorsqu'il entra, malgré son besoin de se resservir un verre, Anna détecta l'ombre d'un sourire.

— Pierre Gérard nous rappellera dès qu'il aura trouvé le coursier de Nice. Il dit que ça ne peut être qu'une entreprise parmi trois et toutes aimeraient le garder comme client. Dans le même temps, Monty Kessler partira de New York demain matin, il pense nous rejoindre vers midi.

Alex acquiesça. Il aurait voulu demander qui était Monty Kessler mais savait quand il ne fallait pas poser de questions à M. Rosenthal.

***

En descendant pour prendre son petit déjeuner le lendemain matin, Alex trouva Rosenthal au milieu de l'escalier en train d'apposer des petites pastilles autocollantes, jaunes ou rouges, sous les tableaux.

— Tu seras heureux d'apprendre, Alex, qu'il reste soixante et onze originaux dans la collection, dont certains font partie des plus beaux exemples d'expressionnisme abstrait qu'il m'ait été donné de voir. Néanmoins, il ne fait aucun doute que cinquante-trois autres sont des copies, dit-il alors que le téléphone sonnait.

— Un appel longue distance de Paris pour M. Rosenthal, annonça Caxton.

Rosenthal descendit d'un pas vif les marches et prit le combiné.

— Bonjour, Pierre.

Il ne dit pas grand-chose pendant les quelques minutes qui suivirent, mais n'arrêta pas de griffonner sur le bloc-notes près du téléphone.

— Merci mille fois. Je t'en dois une, lança-t-il en riant. Bon d'accord, deux. Je te préviendrai quand le chargement aura quitté New York.

Il raccrocha et annonça :

— J'ai le nom du transporteur français. Un M. Dominique Duval, qui, ces cinq dernières années, a livré quantité de caisses de tailles diverses à Mme Lowell-Halliday, dans sa résidence de Saint-Paul-de-Vence.

— Mais si Pierre appelle ce M. Duval, ne va-t-il pas tout de suite téléphoner à Evelyn ? demanda Alex.

— Pas s'il veut continuer à travailler avec Pierre. Dans tous les cas, Pierre lui a dit qu'il avait un envoi encore plus important à lui confier, s'il gardait le silence.

***

— Il y a un camion blanc qui remonte l'allée, annonça Anna, qui regardait par la fenêtre.

— Ça doit être Monty, répondit Rosenthal. Caxton, auriez-vous l'amabilité d'ouvrir la porte à M. Kessler ?

Préparez-vous pour une invasion de voleurs de tableaux professionnels.

— Tout de suite, monsieur.

Quelques instants plus tard, un petit homme gros et chauve entra dans le hall, suivi de six employés, tous vêtus de survêtements noirs, sans logo, et qui auraient eu l'air à leur place sur un ring de boxe. Chacun d'eux portait un sac chargé de l'équipement de tout cambrioleur qui se respecte.

— Bonjour, Monty, salua Rosenthal. Merci d'avoir fait aussi vite.

— Pas de problème, monsieur Rosenthal. Mais il faut que je vous rappelle que comme on est samedi, nous sommes tous payés double. Je commence par où ? demanda-t-il, mains sur les hanches au milieu de l'entrée, couvant des yeux les tableaux avec un air de papa poule.

— Vous n'emportez que ceux qui ont une pastille jaune sur le cadre. Quand vous aurez fini, je te dirai où les livrer.

Alex regardait avec admiration les sept hommes se déployer et s'atteler à leur tâche avec efficacité et habileté. L'un d'entre eux décrochait un tableau, un autre l'enroulait dans du papier bulle tandis qu'un troisième le rangeait dans une caisse prête à être chargée dans le camion. M. Rosenthal avait envoyé les mesures par fax la veille au soir et une autre équipe avait travaillé pendant la nuit pour préparer les caisses à temps. Tous étaient payés double.

— Ils ont l'air d'avoir déjà fait ça, dit Alex.

— Oui, Monty est un spécialiste des divorces et des décès. Des femmes qui doivent déménager des objets de valeur pendant que leur mari est au travail.

Alex rit et ajouta :

— Et les décès ?

— Des enfants qui veulent déplacer des tableaux et des meubles qui, en accord avec leurs parents, ne sont pas mentionnés dans le testament. C'est une entreprise prospère et Monty travaille presque toujours de nuit et le week-end.

— Est-ce que je peux donner un coup de main ?

— Il faudrait que tu retournes à la banque et que tu t'assures que tout est en place pour l'arrivée de Monty et de son équipe, vers quatre heures cet après-midi. Quelqu'un doit l'attendre à l'arrière du bâtiment pour le mener jusqu'à un coffre assez grand pour accueillir soixante et onze tableaux. Quand ce sera fait, il faudra que tu reviennes au plus vite.

— Le camion reviendra aussi à Beacon Hill ?

— Oui. Ils n'auront encore fait que la moitié du travail.

— Alors il vaudrait mieux que je me dépêche.

Alex aurait voulu poser tout un tas de questions à M. Rosenthal, mais il savait que ce n'était pas la peine. En sortant de la maison, il vit le premier tableau qu'on chargeait dans le camion.

— Et moi, que puis-je faire, monsieur Rosenthal ? demanda Anna.

— Vérifiez l'inventaire une seconde fois, assurez-vous qu'ils n'emportent que les toiles avec des pastilles jaunes. Notre vrai travail ne commencera que lorsqu'ils reviendront de la banque, quand les cinquante-trois autres tableaux seront envoyés à New York.

— Mais ce ne sont que des copies, rétorqua Anna.

— C'est vrai. Mais il faut tout de même les rendre à leur propriétaire.

***

— Le Warhol est en sécurité dans la soute, annonça Anna alors que l'avion décollait. Le reste de la collection est déjà arrivé à Nice ?

— Oui, répondit Rosenthal. J'ai rappelé Pierre Gérard dès que j'ai posé le pied à New York dimanche soir. C'est l'un des galeristes d'art abstrait les plus importants de Paris et un vieil ami qui connaît bien la collection Lowell, son grand-père a vendu trois œuvres au père de M. Lowell quand il était en Europe en 1947. Je lui ai annoncé qu'un large convoi de tableaux était en route pour Nice et je lui ai demandé de faire en sorte que M. Duval vienne les chercher et les entrepose le temps que nous arrivions. Il m'a téléphoné hier pour me dire qu'Evelyn et M. Halliday ont été vus montant dans un vol Air France en direction de Boston ce matin. C'est là que je t'ai appelée pour te rappeler de ne pas oublier le Warhol. Quand nous atterrirons à Nice, tout sera en place. Pierre et M. Duval nous attendront à l'aéroport.

— Tout ce qu'il nous reste à faire, c'est de récupérer le reste de la collection, répondit Anna.

— Ce qui n'est pas une mince affaire. Au moins, nous avons des professionnels à nos côtés. Mais si nous échouons…

— Alex m'a dit que la banque coulera et nous avec.

— Pas trop de pression alors, ajouta Rosenthal. Cela dit, je pourrais toujours proposer à Alex de travailler comme coursier pour la galerie. Il serait plutôt bon.

— Ou il pourrait prendre mon travail, vous allez avoir besoin de quelqu'un quand je m'occuperai du bébé.

— Non, il n'est pas assez bon pour ça, répondit Rosenthal tandis que l'avion atteignait quarante mille pieds et tournait lentement vers l'est.

***

— Combien de temps à l'avance dois-tu les prévenir ? demanda Ackroyd.

— Le règlement de la banque indique quatorze jours, répondit Fowler. Je pensais envoyer des lettres à tous les membres du conseil d'administration ce matin.

— Mais dès que Mlle Robbins ouvrira le courrier, elle préviendra Karpenko de la réunion exceptionnelle du conseil d'administration, et s'il est aussi intelligent que tu le dis, il ne lui faudra pas longtemps pour comprendre ce qui se trame.

— J'y ai pensé, et c'est pour ça que je vais envoyer la lettre à son adresse à Brooklyn. Puisqu'il loge à Boston, elle restera sous son paillasson jusqu'à son retour.

— Et la motion pour le faire remplacer en tant que président sera passée bien avant qu'il puisse faire quoi que ce soit. Alors, qu'est-ce que tu attends pour poster ces lettres, Ray ?

***

En descendant de l'avion à Nice, Anna fut accueillie par la brise chaude du soir. Elle aurait voulu qu'Alex soit avec elle pour sa première visite en France. Mais elle savait qu'il ne pouvait pas risquer de s'éloigner de son bureau ne serait-ce que quelques heures.

Une fois dans le secteur des arrivées, après la douane, un homme vêtu d'une chemise à fleurs entrouverte et d'un costume bleu ciel désormais très à la mode se rua vers Rosenthal et l'embrassa sur les deux joues.

— Bienvenue, mon ami. Je te présente Dominique Duval, que j'ai choisi pour orchestrer toute l'opération.

Alors que la Citroën se mêlait à la circulation de début de soirée qui rejoignait Nice, Duval entreprit de mettre au parfum ses complices.

— Dès que M. et Mme Lowell-Halliday ont quitté la ville, j'ai appelé Pierre pour lui annoncer qu'ils étaient en route pour Boston.

— Comment saviez-vous qu'ils allaient à l'aéroport ? demanda Anna.

— Les trois valises étaient un bon indice.

— Ça suggère aussi, ajouta Rosenthal, qu'Evelyn pense rester à Boston quelque temps.

— Puis j'ai appelé Nathaniel à New York, expliqua Pierre – pour la première fois Anna découvrait ce qui se cachait derrière l'initiale « N. » Rosenthal –, pour lui annoncer qu'ils étaient en route et j'ai pris l'avion pour Nice pour tout préparer en vue de l'échange de demain.

— Pourquoi si vite ? interrogea Rosenthal.

— Nous devons profiter du fait que le jeudi est le jour de congé du majordome. Sinon, il faudra attendre la semaine prochaine. Elle sera peut-être revenue d'ici là.

— Votre équipe est en place ?

— Fin prête, répondit Duval. Demain matin, à la première heure, j'appellerai la villa et je dirai à la bonne que j'ai une livraison importante.

— Qu'est-ce qu'on sait sur la bonne ? demanda Rosenthal.

— Elle s'appelle Maria. Elle travaille pour eux depuis des années et elle reste seule quand le majordome prend son jour de congé. Ce n'est pas une lumière, mais elle est très gentille.

— Comme nous disposons d'une liste exhaustive des œuvres, ça devrait nous prendre une heure tout au plus, expliqua Pierre.

— Mais on ne peut pas empaqueter cinquante-trois tableaux d'une valeur inestimable en moins d'une heure, s'écria Rosenthal. Ce ne sont pas des boîtes de conserve. Ça prendra sûrement trois ou quatre heures.

— Une heure, c'est déjà risqué, expliqua Duval. Nous les emporterons le plus vite possible jusqu'à l'entrepôt, qui n'est qu'à sept kilomètres, où l'on pourra les empaqueter en bonne et due forme pour le transport en avion. Ça devrait aller, nous avons déjà les caisses avec les copies.

— Très impressionnant, répondit Rosenthal. Mais cette histoire de bonne m'inquiète.

— J'ai peut-être une idée, intervint Anna.

***

— Visiblement, je n'ai même pas le droit de m'installer chez moi, dit Evelyn. Nous avons dû prendre une chambre au Fairmont, qui n'est pas donné. J'espère bien, Douglas, que tout est en ordre pour lundi prochain.

— Tout est prêt, répondit Ackroyd. Malgré la division du conseil d'administration, avec ton vote, nous avons la majorité. À cette heure-ci, la semaine prochaine, Karpenko sera de retour à New York pour s'occuper de ses pizzas et je serai le président de la banque.

— Et moi, je pourrai emménager à Beacon Hill et récupérer le reste des tableaux avant que l'IRS ne découvre que la Lowell Bank and Trust a encore moins de fonds qu'une tirelire.

***

Il appela la villa à huit heures dix le lendemain.

— Bonjour, Maria, c'est Dominique Duval. J'ai une livraison pour Mme Lowell que je dois déposer à la villa.

— Mais Mme Lowell n'est pas là et c'est le jour de congé du majordome.

— Mes consignes sont très claires. Madame a insisté pour que la livraison soit faite avant son retour des États-Unis. Si tu as un doute, tu peux toujours l'appeler à Boston, en revanche il faut que tu saches qu'il est deux heures du matin là-bas.

Il prenait un premier risque.

— Non, non, répondit la bonne. Quand serez-vous là ?

— Dans une heure.

Duval raccrocha et retrouva le reste de l'équipe qui l'attendait dans le camion.

— Et comment va ma femme ? dit-il en s'asseyant à côté d'Anna.

Elle lui répondit d'un mince sourire.

Duval sortit de l'entrepôt et emprunta la route principale. Il conduisait bien à droite et prenait garde à ne pas dépasser les limitations de vitesse. En conduisant, il rappela à chaque membre de l'équipe son rôle une dernière fois, en particulier à Anna, Pierre et Rosenthal.

— Et n'oubliez pas, il n'y a qu'Anna et moi qui sortons du camion en arrivant, ajouta-t-il.

Quarante minutes plus tard, ils passaient le portail, remontaient l'allée et se garaient devant une splendide villa. Anna aurait adoré se promener dans les jardins colorés et soigneusement taillés, mais pas aujourd'hui.

Duval et elle marchèrent jusqu'à la porte main dans la main. Duval appuya sur la sonnette et, quelques instants après, la bonne arriva. Elle sourit en apercevant le camion.

— Une livraison pour Mme Lowell, dit Duval. Si tu veux bien signer ici, Maria, j'irai chercher la caisse dans le camion.

Maria sourit mais son air accueillant se changea vite en inquiétude quand Anna s'effondra sur le sol, les mains sur son ventre.

— Oh, ma chérie. Ma femme est enceinte, Maria. Tu crois qu'elle pourrait s'allonger quelques minutes à l'intérieur ?

— Bien sûr, monsieur. Suivez-moi.

Duval aida Anna à se relever et ils suivirent la bonne à l'intérieur, jusqu'à une chambre d'ami au premier étage, après le grand escalier.

— Je suis désolée de vous embêter, dit Anna alors que Duval l'aidait à monter sur le lit.

— Ce n'est rien, madame, répondit Maria. Vous voulez que j'appelle un médecin ?

— Non, ce n'est pas la peine, je suis sûre que ça ira si je me repose quelques minutes. Mon chéri, dit-elle à Duval, est-ce que tu pourrais aller me chercher mes cachets dans le camion, ils sont dans mon sac.

— Bien sûr, ma chérie. Je ne serai pas long, répondit-il en louchant sur le tableau au-dessus du lit.

— Vous êtes si gentille, dit Anna en prenant la main de Maria.

— Oh non, madame, ce n'est rien, moi aussi j'ai des enfants. Et je sais combien les hommes sont inutiles dans ce genre de situation, ajouta-t-elle alors que Duval quittait la pièce.

Il se rua dans l'escalier et trouva son équipe qui travaillait d'arrache-pied, Rosenthal servant de M. Loyal tandis que Pierre tenait le fouet. Un par un les chefs-d'œuvre étaient décrochés des murs et remplacés, quelques secondes plus tard, par les copies.

— Le Matisse est au-dessus de la cheminée dans le salon, lança Rosenthal à l'un des transporteurs.

— Le Picasso va dans la chambre principale, dit-il à un autre.

— Et le Rauschenberg va juste ici, expliqua-t-il en désignant un espace vide sur le mur en face de lui.

— Je cherche un Dalí. Il ira dans la chambre d'ami, ajouta Duval alors qu'un De Kooning disparaissait par la porte.

— Il y a trois Dalí, répondit Pierre en consultant l'inventaire. Quel est le sujet ?

— Une montre jaune en train de fondre sur une table.

— Huile ou aquarelle ?

— Huile, répliqua Duval en remontant l'escalier.

— Trouvé ! N'oublie pas le sac à main de ta femme.

— Merde ! s'écria Duval en se précipitant hors de la maison, manquant de bousculer deux employés.

Il ouvrit la portière du camion, prit le sac d'Anna, s'élança vers la maison et monta les marches quatre à quatre. Pierre était juste derrière lui, le Dalí dans les bras. Duval reprit son souffle et entra, un air soucieux sur le visage, tandis que Pierre attendait dans le couloir.

— Et le problème avec Béatrice, disait la bonne, c'est qu'elle a quatorze ans, mais qu'elle semble en avoir vingt-trois.

Anna rit tandis que Duval lui passait le sac.

— Merci, chéri, dit-elle en sortant un tube d'aspirine de son sac à main. Je suis vraiment désolée d'être une telle enquiquineuse, mais pourriez-vous aller me chercher un verre d'eau ?

— Bien sûr, répondit Maria en se dirigeant vers la salle de bains.

Anna bondit, se mit debout sur le lit et décrocha rapidement le Dalí. Elle le donna à Duval qui se rua vers la porte, l'échangea avec Pierre contre la copie, qu'il tendit à Anna. Deuxième risque. Elle eut à peine le temps de l'accrocher et de se remettre au lit que Maria réapparut avec un verre d'eau. Elle les trouva main dans la main.

Anna avala doucement deux cachets et ajouta :

— Je suis désolée de vous retenir aussi longtemps.

Son mari pugnace parla pile au bon moment.

— Maria, où dois-je mettre le paquet de Mme Lowell ?

— Vous pouvez le laisser dans l'entrée, le majordome s'en occupera à son retour.

— Très bien, dit Duval, et quand je reviendrai, ma chérie, peut-être seras-tu suffisamment reposée pour que nous rentrions à la maison ?

— J'espère, répondit Anna.

— Ne vous inquiétez pas, je vais rester avec elle jusqu'à ce que vous ayez fini.

— C'est très gentil, merci beaucoup.

En dévalant l'escalier, il vit Pierre qui tendait le Dalí à un transporteur.

— Combien de temps nous reste-t-il ? demanda-t-il en retrouvant Rosenthal dans l'entrée.

— Cinq, dix minutes, maximum, annonça Rosenthal.

Un employé lui montra un Pollock.

— Au bout du salon, répondit-il sans hésiter.

Le regard de Duval était fixé sur la porte de la chambre. Il ajouta :

— Des problèmes ?

— Je ne trouve pas le Warhol, *Blue Jackie*. Il est trop important pour ne pas être dans une des chambres. Mais tu devrais retourner en haut avant que la bonne ne se doute de quelque chose.

Duval remonta les marches et entra dans la chambre, où Maria racontait toujours des anecdotes sur ses enfants à Anna. Il leva cinq doigts, et quand elle acquiesça d'un signe de tête, il remarqua que le Dalí était de travers.

— Chéri, Maria me racontait tous les problèmes qu'elle a avec sa fille Béatrice.

— Elle ne peut pas être pire que Marcel, lança Duval en s'asseyant au bord du lit.

— Mais je croyais que vous attendiez votre premier enfant ? demanda Maria, incrédule.

— Dominique a eu un fils avec sa première femme, répondit Anna du tac au tac, qui est morte d'un cancer. À mon avis, c'est d'ailleurs l'une des raisons qui expliquent les soucis de Marcel.

— Je suis désolée, dit Maria.

— Je me sens un peu mieux maintenant, annonça Anna en se levant doucement et en posant ses pieds sur le tapis. Vous avez été si gentille, je ne sais pas comment vous remercier.

Elle se leva, mal assurée, et avec l'aide de Maria avança vers la porte, tandis que Duval montait sur le lit pour remettre le Dalí en place. Son troisième risque. Il les rattrapa juste à temps pour ouvrir la porte.

— Je vais vous devancer pour vérifier que la portière du camion est bien ouverte.

Ça ne faisait pas partie du script appris par cœur. Il était déjà au milieu de l'escalier lorsqu'il aperçut Rosenthal et Pierre qui se tenaient toujours dans l'entrée.

— Où est le Warhol ? questionna Pierre.

— Tant pis pour le Warhol, répondit Duval. Filons d'ici.

Pierre se dépêcha de sortir, suivi de Rosenthal qui jurait dans sa barbe.

Quand Maria et Anna atteignirent l'entrée, Duval se tenait près de la porte, une main sur une caisse de transport.

— Merci beaucoup. Vous avez été très gentille avec ma femme. Voilà le colis pour Mme Lowell, ainsi qu'une lettre.

— Je m'assurerai que madame les reçoive bien à son retour.

Duval prit délicatement Anna par le bras et la guida hors de la maison. La portière du camion était déjà ouverte. C'était dans ce genre de petits détails que Rosenthal excellait.

Tandis que le camion reculait dans l'allée, Duval se demanda si Maria trouverait étrange qu'il utilise un véhicule de cette taille pour une si petite livraison.

— Tu as eu des problèmes, Anna ?

— À part le fait d'être enceinte, d'avoir deux époux, mais de n'être mariée à aucun d'eux, et un beau-fils que je n'ai jamais rencontré, aucun.

— Conduis doucement, Dominique, ajouta Rosenthal. N'oublie pas que nous avons une marchandise précieuse à bord.

— Comme c'est gentil, répondit Anna en posant ses mains sur son ventre.

Rosenthal ne dit rien et se contenta de sourire tandis qu'Anna se penchait par la fenêtre pour saluer Maria de la main. Celle-ci lui fit un signe en retour, l'air perplexe.

— Je [illegible] que madame [illegible]
[illegible]

[illegible] Anna par le bras et la garda hors de la maison. La dernière [illegible]. C'était [illegible] ce genre de [illegible] que Rosenthal excellait.

Tandis que [illegible] Dorval se demanda si [illegible] étrange qu'il utilisa un véhicule de cette taille pour une si petite [illegible]

— Tu as eu des problèmes, Anna ?

[illegible] deux époux [illegible] et qu'ils [illegible]

[illegible] Dominique [illegible] pas que nous avons une [illegible]

— [illegible] répondit Anne en posant sa main sur son [illegible]

[illegible]

Chapitre 33

Alex
Boston

Le lendemain matin, Alex arriva si tôt à la banque qu'Errol n'avait pas encore pris son poste et que le gardien de nuit dut lui ouvrir. Encore quelqu'un qu'il dut convaincre qu'il était le nouveau président.

Il monta seul dans l'ascenseur et en arrivant dans le couloir du vingt-quatrième étage il nota avec amusement que Mlle Robbins avait oublié d'éteindre sa lumière. « Ce n'est pas Versailles ici », se voyait-il déjà lui faire remarquer en riant. Il ouvrit la porte pour éteindre la lumière, mais fut accueilli par un :

— Bonjour, monsieur le président.

— Bonjour, répondit Alex sans rien laisser paraître. Vous êtes restée ici toute la nuit ?

— Non, monsieur, mais je voulais rattraper le retard dans le courrier avant votre arrivée.

— Vous avez trouvé des choses intéressantes ?

— Il y a une lettre et un paquet dont, à mon avis, vous devriez immédiatement prendre connaissance. Ils sont en haut de cette pile.

— Merci, répondit Alex, impatient de découvrir ce que Mlle Robbins jugeait intéressant.

Il entra dans son bureau et trouva la montagne de courrier qui l'attendait.

Il prit la lettre en haut de la pile et la lut avec attention. Puis, il saisit le paquet et resta bouche bée devant ce qui se cachait à l'intérieur. Ses mains tremblaient encore lorsqu'il reposa le contenu du paquet. Il ne pouvait qu'être de l'avis de Mlle Robbins, la lettre était très intéressante, et elle avait formulé cette opinion sans même savoir ce que recelait le paquet.

La deuxième lettre était de Bob Underwood, l'un des membres du conseil d'administration de la banque, pour qui le moment était venu de se retirer des affaires, puisqu'il avait maintenant soixante-dix ans. Il pensait que la réunion exceptionnelle du conseil d'administration lundi matin serait l'occasion pour informer le reste des membres de sa décision. Alex laissa échapper un juron, Underwood était l'une des rares personnes qu'il souhaitait voir rester au conseil. Il semblait satisfait des dix mille dollars par an qu'il recevait en tant que membre sans mandat exécutif et n'avait que très rarement des frais. Nul besoin de lire entre les lignes pour comprendre qu'il était l'un des seuls à bien vouloir tenir tête à Ackroyd et ses acolytes. Alex essayerait de le faire changer d'avis.

Puis son regard revint vers les mots « réunion exceptionnelle du conseil d'administration lundi matin ». Pourquoi Mlle Robbins ne l'en avait-elle pas informé ?

On frappa doucement à la porte et Mlle Robbins entra avec une tasse de café, noir et sans sucre, et une assiette de biscuits au blé complet. Comment pouvait-elle savoir que c'étaient ses gâteaux préférés ?

— Merci, dit Alex alors qu'elle déposait le plateau en argent, qui avait sûrement appartenu à la famille de Lawrence, sur le bureau. Puis-je vous poser une question indiscrète, Mlle Robbins ? Quel est votre prénom ?

— Pamela.

— Bien, moi c'est Alex.

— Je le sais bien, monsieur le président.

— Je suis d'accord avec vous, Pamela, la lettre de Mme Ackroyd est très intéressante. Mais je ne connais pas cette femme, comment me conseilleriez-vous de répondre à son offre ?

— J'accepterais en toute bonne foi, monsieur. Après tout, tout le monde sait que leur divorce a tourné au vinaigre…

Mlle Robbins hésita.

— Ce n'est pas le moment de faire des manières, Pamela, dites-moi tout.

— Ma seule surprise, c'est qu'il n'y ait pas eu plus de femmes parmi les témoins cités.

— Vous n'y allez pas avec le dos de la cuillère. Continuez.

— Sa dernière secrétaire, une Mlle Bowers, avait sûrement des talents cachés dont j'ignore l'existence, mais disons qu'écrire correctement était loin d'être son point fort.

— Vous pensez donc que je dois croire Mme Ackroyd sur parole ?

— Oui, c'est mon avis, monsieur le président, et j'ai particulièrement aimé le dernier paragraphe de sa lettre.

Alex le relut et il le fit effectivement sourire.

— Vous avez besoin de quelque chose d'autre, monsieur ?

— Oui. Dans la lettre de M. Underwood, il semble dire qu'il doit y avoir une réunion exceptionnelle du conseil d'administration lundi prochain. Vous êtes au courant ? Parce que moi je le découvre à l'instant.

— Je n'étais pas censée le savoir non plus, répondit Mlle Robbins. Mais je me suis renseignée discrètement et apparemment M. Fowler a prévenu de la réunion par courrier il y a quelques jours.

— Pas moi.

— En fait, si. Mais il a envoyé le courrier à votre appartement à New York, c'est l'adresse qui se trouve dans le registre de l'entreprise.

— Mais Fowler sait très bien que je loge dans la maison de M. Lowell. Qu'est-ce qu'il prépare ?

— Aucune idée, monsieur. Mais je peux essayer de le découvrir.

— Oui, s'il vous plaît. Et si vous pouviez trouver l'ordre du jour, sans que Fowler le sache.

— Très bien, monsieur le président.

— Pendant ce temps, je vais me replonger dans les dossiers avant mon rendez-vous avec Me Harbottle à onze heures.

Alors qu'elle s'apprêtait à sortir, Alex ne put s'empêcher de demander :

— Que pensez-vous de Me Harbottle, Pamela ?

— C'est un excentrique, soupe au lait et raide comme la justice, tout droit sorti d'un roman de Dickens. Mais heureusement qu'il est de notre côté, l'ennemi en a une peur bleue, et plus important encore, il est comme la femme de César.

— La femme de César ?

— Une autre fois, monsieur le président.

— Avant de partir Pamela, si je vous demandais comment sauver la banque, que me conseilleriez-vous de faire ?

— Ce n'est pas tellement une question de quoi faire, mais plutôt avec qui. J'organiserais un rendez-vous secret, très secret, avec Jake Coleman qui, il y a six mois encore, était le directeur financier de la banque.

— Je crois que je me souviens avoir lu ce nom quelque part. Dans les procès-verbaux peut-être ?

— Il a donné sa démission après une violente dispute avec M. Ackroyd, et comme à moi, on lui a demandé de ranger ses affaires et de déguerpir sur-le-champ.

— C'était une dispute à quel sujet ?

— Je ne sais pas. M. Coleman était bien trop professionnel pour discuter du problème avec des employés.

— Où travaille-t-il maintenant ?

— Il n'a pas réussi à retrouver un travail. À chaque fois que quelqu'un pense l'embaucher, il appelle M. Ackroyd qui non seulement le poignarde dans le dos, mais n'y va pas de main morte.

— Organisez un rendez-vous avec lui au plus vite.

— Tout de suite, monsieur le président, répondit Mlle Robbins en fermant la porte derrière elle.

À la lecture des procès-verbaux de l'année passée, il apparaissait de plus en plus évident que Lawrence avait eu beau assister à chaque réunion, Ackroyd, Jardine et Fowler, ce trio diabolique, n'avaient fait que se jouer de lui. Il venait d'atteindre le mois de septembre quand on frappa à la porte. Était-il déjà onze heures ?

La porte s'ouvrit et la silhouette caractéristique de Me Harbottle entra.

— Bonjour, monsieur Karpenko, salua le vieil avocat.

— Bonjour, maître, répondit Alex qui s'était levé en attendant que Harbottle prenne place.

Il se tut un instant, espérant que Me Harbottle suggère qu'il était peut-être temps qu'ils s'appellent par leurs prénoms, mais celui-ci ne dit rien.

— Je voudrais d'abord vous remercier pour l'excellent conseil que vous m'avez prodigué hier. Il m'a permis de prendre une courte avance sur Ackroyd et Jardine, mais seulement un mètre. Je viens juste d'apprendre que Fowler a organisé une réunion exceptionnelle du conseil d'administration lundi prochain.

— Vraiment ? dit Harbottle en ajustant ses lunettes. Dans ce cas, je suppose que leur intention est de vous remplacer en tant que président. Et ils n'auraient pas organisé de réunion s'ils n'étaient pas certains d'avoir la majorité.

— Mais si c'est le cas, que puis-je faire ?

— Je n'en saurai rien, monsieur le président, avant d'avoir pu consulter le règlement de la banque une nouvelle fois.

— Une nouvelle fois ?

— Oui, j'ai découvert quelque chose qui pourrait vous aider.

Alex s'enfonça dans son fauteuil, il savait que Me Harbottle allait prendre son temps.

— Pendant que vous vous êtes familiarisé avec les procès-verbaux et les bilans annuels, je me suis plongé dans le règlement de l'entreprise – un livre de chevet captivant – et je crois avoir découvert quelque chose qui pourrait vous intéresser.

Il tira un dossier de sa sacoche en cuir.

— Le paragraphe 33b, sans aucun doute.

Harbottle laissa échapper un petit sourire.

— Non, dit-il en ouvrant le dossier, en réalité il s'agit de la clause 9, article 2. Permettez-moi de vous éclairer, monsieur le président.

Il se mit à lire le passage qu'il avait souligné :

— Aucun employé ou membre du conseil d'administration de l'entreprise ne devra percevoir un salaire supérieur à celui du président.

L'esprit d'Alex se mit à tourner à plein régime, il devint évident que Me Harbottle n'avait pas chômé.

— Ackroyd se payait la somme astronomique de cinq cent mille dollars par an en tant que président-directeur général, ce qui lui permettait de verser à son équipe des salaires mirobolants, lui garantissant une majorité au conseil d'administration.

— Alors, si je me versais une paie plus réaliste, disons…

— Soixante mille dollars par an, suggéra Harbottle. Tout en ordonnant que chaque note de frais doive être validée par vous-même, je soupçonne que les trois hommes ne tarderaient pas à démissionner.

— Mais pour ça, il faut que je reste président.

— C'est vrai. Et après ce que je vais vous dire, vous ne voudrez peut-être pas rester à ce poste.

Alex se renfonça dans sa chaise.

— Vous m'avez demandé de rendre visite au président de la commission des comptes, ce que j'ai fait hier après-midi. Je ne peux pas dire qu'il était d'une humeur généreuse. Au contraire, il m'a fait comprendre, après examen du dernier bilan, qu'il ne prendrait en compte la collection Lowell comme actif pour la banque que lorsqu'elle aurait été évaluée par un expert reconnu et placée dans un coffre de la banque. Pour cela, il vous accorde vingt-huit jours et je dois personnellement l'informer en cas d'échec.

Alex laissa échapper un profond soupir.

— Quelque chose d'autre ?

— Oui, j'en ai peur. Il m'a aussi fait comprendre que M. Lowell n'avait pas le droit de vous céder ses parts de la banque, ni même celles de votre restaurant, et a insisté pour que ces parts soient déposées auprès de la banque comme garantie. Il a également suggéré que vous pourriez y ajouter vos propres parts de l'Elena, pour prouver votre engagement vis-à-vis de l'entreprise. Néanmoins, il a précisé que ce n'était pas une obligation.

— C'est généreux de sa part. Quelque chose à ajouter dans la colonne des crédits ?

— Oui. J'ai pris en note ses mots exacts, répondit Harbottle en tournant une page de son carnet. « Je suis certain que quelqu'un qui a pu échapper au KGB caché dans une caisse avec pour seule ressource une dizaine de bouteilles de vodka et qui a fini par décrocher une Silver Star sera sans nul doute capable de surmonter les difficultés de la banque. »

— Comment sait-il tout ça ?

— Vous n'avez vraisemblablement pas eu le temps d'ouvrir le *Boston Globe* d'aujourd'hui. La rubrique économique vous a consacré un portrait élogieux. Ils vous font passer pour un mélange d'Abraham Lincoln et de James Bond.

Alex rit pour la première fois de la journée.

— Mais restez sur vos gardes. Ackroyd est tout aussi impitoyable et ingénieux que Blofeld, et je ne serais pas surpris que, comme l'ennemi juré de Bond, lui aussi nourrisse ses chats avec des poissons vivants.

— J'ai du mal à croire que vous…

— Eh oui, je dois admettre que je suis un grand admirateur de Ian Fleming. J'ai lu tous ses romans, mais je n'ai vu aucune des adaptations.

Il retira ses lunettes, rangea le dossier dans sa sacoche et croisa les bras, signe qu'il allait dire quelque chose de confidentiel.

— Puis-je vous demander comment s'est passé le voyage de M. Rosenthal à Nice ?

— On ne peut mieux. À l'exception d'un tableau, toute la collection sera bientôt en sûreté dans un coffre, dont seuls le chef de la sécurité de la banque et moi connaissons les codes, et qui ne peut être ouvert que par nous deux, ensemble, avec nos clefs.

— C'est une très bonne nouvelle. Vous avez dit qu'il manquait un tableau ?

— Qui vient d'ailleurs tout juste d'entrer en ma possession, répondit Alex en donnant la lettre de Mme Ackroyd.

L'avocat lut la lettre puis Alex lui tendit une petite toile.

— Une *Blue Jackie* de Warhol. Je dois dire que ça me redonne foi en mes concitoyens.

— Ou même concitoyennes, répliqua Alex avec un sourire.

— Mais comment Mme Ackroyd a-t-elle mis la main sur ce tableau ?

— Elle m'a expliqué qu'Ackroyd le lui avait donné dans le cadre de leur divorce.

— Mais comment lui l'a-t-il eu ?

— Sûrement par Evelyn Lowell-Halliday. En remerciement pour service rendu.

— Voilà qui me donne une idée, dit Harbottle avant de se taire quelques instants. Mais si je veux que ça marche, je vais devoir vous emprunter *Jackie* pour quelques jours.

— Bien sûr, maître, répondit Alex, conscient qu'il ne fallait même pas demander pourquoi.

Harbottle enveloppa le tableau et le rangea délicatement dans sa sacoche.

— Je vous ai déjà fait perdre trop de temps, monsieur, je vais m'en aller, dit-il en se levant.

Alex ne put s'empêcher de sourire en raccompagnant Me Harbottle à la porte. Mais une nouvelle fois, le vieil avocat le prit par surprise.

— Maintenant que nous nous connaissons un peu mieux, pourquoi ne pas simplement m'appeler Harbottle ?

***

Alex comprit très vite pourquoi Jake Coleman et Doug Ackroyd n'avaient jamais pu travailler ensemble. Coleman était l'archétype de l'homme droit, honnête, décent, qui croyait fermement que le collectif était plus important que l'individu. Tandis qu'Ackroyd…

Les deux hommes se donnèrent rendez-vous à l'Elena 3, Alex était certain que c'était le seul endroit à Boston où Ackroyd et ses acolytes ne mettraient jamais les pieds.

— Pourquoi avez-vous quitté la Lowell Bank and Trust ? demanda Alex une fois qu'ils eurent tous deux commandé une pizza du Congrès.

— Je n'ai pas quitté la banque, j'ai été viré, répondit Jake.

— Est-ce que je peux vous demander pourquoi ?

— J'ai cru bon de suggérer qu'il fallait que quelqu'un informe le président que l'appétence de sa sœur pour les jeux d'argent avait pris des proportions incontrôlables et que si elle continuait à pouvoir emprunter à tort et à travers, la banque finirait par couler.

— Comment M. Ackroyd a-t-il réagi ? dit Alex, alors qu'on leur apportait les pizzas.

— Il m'a conseillé de m'occuper de mes affaires, si je savais ce qui était bon pour moi.

— Et vraisemblablement, vous avez fait le contraire.

— J'ai mis en garde M. Ackroyd que s'il ne prévenait pas le président, je le ferais moi-même. C'est comme si j'avais signé ma condamnation à mort, j'ai été viré le lendemain.

— Et vous avez dit la vérité à Lawrence ?

— Je lui ai écrit immédiatement et j'ai même pris un rendez-vous pour lui parler. Mais il m'a demandé d'attendre jusqu'à la fin de l'élection, et comme elle n'était que dans quelques semaines, je n'y voyais pas d'inconvénient.

— Et vous n'avez pas pu retrouver du travail depuis ?

— Non. En tout cas pas à un poste équivalent à celui que j'avais chez Lowell. Ackroyd s'en est assuré.

— Je suis surpris qu'il ait tant d'influence dans le secteur de la banque.

— Il a des ennemis, bien entendu. Mais dès que je postule, la première personne que l'on contacte est le directeur général de la dernière banque pour laquelle j'ai travaillé.

Alex pouvait presque entendre Ackroyd souffler, sur le ton de la confidence : « Entre vous et moi, on ne peut pas vraiment lui faire confiance. » Confiance, voilà un mot qui ouvrait ou fermait toutes les portes dans ce secteur.

— Si je vous offrais un poste, vous voudriez bien revenir ?

— Non. En tout cas, pas tant qu'Ackroyd est toujours au conseil d'administration. Je n'ai pas envie d'être viré deux fois.

— Mais si Ackroyd démissionnait ?

— Tant qu'il a une majorité au conseil, rien ni personne ne le poussera à partir. Et puis Evelyn aura toujours cinquante pour cent des parts, à quoi bon ?

— Vous avez sûrement raison et je ne peux pas non plus faire comme si j'étais moi-même en sécurité. Et même si cela changeait, je ne peux pas garantir que la banque ne coulerait pas. Néanmoins, je suis convaincu que nous aurions de bien meilleures chances si vous reveniez.

— Qu'est-ce qui vous fait dire ça ? Vous me connaissez à peine.

— Mais je connais Bob Underwood et Pamela Robbins, et s'ils sont prêts à se porter garant, ça me suffit.

— J'en suis touché. Si vous parvenez à vous débarrasser d'Ackroyd et de ses acolytes, je serai très heureux de reprendre mon poste de directeur financier.

— Ce n'est pas exactement ce que j'avais en tête.

Jake semblait déçu.

— J'aimerais que vous remplaciez Ackroyd, reprit Alex, et que vous deveniez le nouveau directeur général.

***

— Bonjour, messieurs, dit Alex en remarquant l'unique chaise vide autour de la table. Je vais demander à M. Fowler de nous lire le procès-verbal de la dernière réunion.

Le secrétaire général se leva et ouvrit le registre des procès-verbaux.

— Le conseil d'administration s'est réuni le 18 mars et parmi les sujets évoqués… commença-t-il.

L'esprit d'Alex dévia vers la réunion en urgence, la veille au soir, dans le cabinet de Me Harbottle, qui avait duré jusqu'aux petites heures du jour. À contrecœur, ils étaient tous les deux parvenus à la conclusion que les chiffres étaient contre lui, circonstance aggravée par le fait qu'Evelyn était à Boston. Il regarda la chaise vide. Mais si Evelyn ne venait pas, il avait peut-être une chance.

Quand Alex était rentré chez lui, Anna dormait à poings fermés. Il avait décidé de ne pas la réveiller pour lui annoncer de mauvaises nouvelles. Il avait posé la main sur son ventre, sur son petit garçon ou sa petite fille à naître, cette petite rondeur de vie en devenir qui allait bientôt sortir et se joindre au monde.

Il se mit au lit, ayant désespérément besoin de sommeil, mais son esprit, comme celui d'un meurtrier la nuit précédant son exécution, ne l'avait pas laissé trouver le repos.

Il revint au monde réel quand Fowler demanda :

— Voilà qui conclut le procès-verbal de la dernière réunion. Y a-t-il des questions ?

Toujours aucun signe d'Evelyn.

Il n'y avait pas de questions, principalement parce que tout le monde autour de la table savait ce qui se trouvait en tête de l'ordre du jour.

— Le premier point est le choix du nouveau président, annonça Alex au moment où la porte s'ouvrait en grand et où Evelyn entrait précipitamment dans la pièce.

Alex laissa échapper un juron en voyant la femme qui l'avait tant séduit lors de leur première rencontre. Il comprenait pourquoi les hommes tombaient immédiatement sous son charme, au moins pour quelque temps. Jardine et Ackroyd se levèrent pour la saluer et elle prit la chaise vide entre eux.

— Veuillez m'excuser pour mon retard, dit Evelyn. Je devais discuter d'une affaire privée avec mon avocat avant cette réunion.

« Quel avocat ? Quelle affaire privée ? » se demanda Alex.

— J'étais sur le point de lancer l'appel aux nominations pour le poste de président, à la suite de la mort tragique de votre frère, expliqua Fowler.

Evelyn acquiesça.

— Ne vous arrêtez pas pour moi, dit-elle en adressant un sourire chaleureux au secrétaire général.

M. Jardine se leva d'un bond.

— Je voudrais que soit inscrite au procès-verbal mon admiration pour la façon dont M. Karpenko a temporairement occupé cette fonction pendant que nous cherchions un candidat plus qualifié pour être notre nouveau président. Je crois, pour le futur de cette entreprise, que cette personne est Douglas Ackroyd. Nous connaissons tous le travail remarquable qu'il fait en tant que directeur général.

— Il a presque fait couler la banque, maugréa Bob Underwood, assez fort pour que les autres membres du conseil l'entendent.

Jardine ignora la remarque et continua :

— C'est donc sans hésitation que je propose que notre ancien directeur général, M. Douglas Ackroyd, devienne le nouveau président de la Lowell Bank.

— Quelqu'un est-il prêt à appuyer cette nomination ? demanda Fowler.

— Je serais très heureux de le faire, répondit Alan Gates, à point nommé.

— Un autre membre de la brigade des cinquante mille dollars de notes de frais qui veut s'assurer que la poule aux œufs d'or continue de pondre, dit Underwood.

— Merci, reprit Fowler. S'il n'y a pas d'autre nomination, il ne nous reste plus qu'à procéder au vote. Ceux en faveur de M. Douglas Ackroyd pour le poste de président, veuillez lever la main.

Six mains se levèrent.

— Un rappel au règlement, monsieur le secrétaire général, intervint M. Underwood.

La machine infernale, d'ordinaire si bien huilée, s'enraya soudain.

— Je me dois de préciser que, selon le paragraphe 7.9 du règlement de la banque, les candidats au poste de président ne peuvent pas voter pour eux-mêmes.

Alex sourit. Vraisemblablement, Harbottle n'avait pas été le seul à travailler jusque tard dans la nuit. Il y eut des grommellements dans la salle tandis que Fowler vérifiait le règlement.

— Effectivement, finit-il par concéder.

— Eh bien, on en découvre tous les jours, répondit Underwood. Les fondateurs n'étaient pas si stupides.

— Néanmoins, M. Ackroyd a toujours cinq votes. Ceux qui votent contre, veuillez lever la main.

Cinq membres s'empressèrent de lever la main.

— Y a-t-il des abstentions ?

— Seulement moi, répondit Evelyn sur un ton innocent.

Alex était estomaqué et Ackroyd ne parvenait pas à dissimuler sa surprise.

— Cela fait donc cinq voix partout, avec une abstention, ajouta Fowler.

— Qu'est-ce qu'on fait maintenant ? demanda Tom Rhodes, l'un des membres qui parlaient rarement.

— Je suggère que M. Fowler consulte le paragraphe 6.10 du règlement, intervint Underwood, et nous aurons bientôt une réponse.

Fowler tourna la page avec réticence et lut à haute voix :

— En cas d'égalité, le dernier mot revient au président.

Tout le monde se tourna vers Alex, qui n'hésita pas une seconde avant de prononcer :

— Contre.

De nouveaux grommellements montèrent des membres du conseil.

Il fallut un certain temps avant que Fowler, après avoir vérifié une seconde fois le règlement, demande :

— Y a-t-il d'autres nominations ?

— Oui, répondit Bob Underwood. Je propose qu'Alex Karpenko continue son mandat, en vertu de son excellente contribution depuis qu'il a pris son poste.

— Je seconde la nomination, ajouta Rhodes.

Fowler reprit son rôle d'arbitre.

— En faveur, veuillez lever la main.

Cinq mains se levèrent, puisque Alex ne pouvait pas voter pour lui-même.

Alors que Fowler s'apprêtait à demander qui s'opposait, Evelyn leva timidement la main pour se joindre aux cinq autres. Fowler n'aurait pas pu avoir l'air plus désarçonné lorsqu'il annonça :

— Je déclare M. Alex Karpenko élu au poste de président de la Lowell Bank and Trust.

Plusieurs membres du conseil applaudirent à tout rompre, tandis qu'Ackroyd ne pouvait masquer son incrédulité, puis sa colère. Lui et les quatre autres membres se levèrent et quittèrent précipitamment la pièce.

— Judas, siffla Ackroyd en passant près d'Evelyn.

— Plutôt une bonne Samaritaine ! s'écria Underwood avant que la porte ne claque.

— Ils reviendront, lâcha Alex dans un soupir.

— Je ne crois pas, répondit Evelyn à voix basse.

Elle se tut afin d'avoir l'attention de tout le monde.

— La raison pour laquelle j'étais en retard à la réunion, expliqua-t-elle, c'est que j'ai reçu un peu plus tôt ce matin la visite d'un inspecteur de la police de Boston.

Tous les regards étaient fixés sur elle.

— Il semble qu'un tableau de Warhol appartenant à la collection Lowell, *Blue Jackie*, ait été volé pendant que Lawrence était au Vietnam.

Elle s'arrêta pour boire une gorgée d'eau, ses mains tremblantes montraient à quel point elle était fébrile.

— Quand l'officier m'a annoncé le nom du voleur, j'étais sous le choc. J'ai immédiatement consulté mon avocat, qui m'a conseillé de venir à la réunion et de faire mon possible pour que M. Karpenko reste président de la banque. J'ai également assuré au chef de la police que lorsque le procès de M. Ackroyd aura lieu, je me rendrai disponible pour témoigner.

Certains des membres acquiescèrent, mais Alex resta perplexe.

— Félicitations, dit Underwood, vous avez fait d'une pierre cinq coups.

— Mais je ne comprends pas, ajouta Alex une fois que les rires se furent tus. Pourquoi m'as-tu soutenu ?

— Qui suis-je pour m'opposer à la décision de mon frère ?

Personne dans la salle ne croyait une traître mot de ce qu'Evelyn racontait, et ils furent encore plus stupéfaits par ce qu'elle dit ensuite.

— Et à cette fin, je suis prête à te vendre mes cinquante pour cent de l'entreprise pour un million de dollars.

Maintenant, Alex comprenait pourquoi elle voulait écarter Ackroyd. Il s'apprêtait à répondre à son offre quand Mlle Robbins entra précipitamment dans la pièce et lui tendit un morceau de papier. Il le déplia, le lut et se leva d'un bond, un grand sourire aux lèvres.

— Je pensais que rien ni personne ne pourrait m'éloigner de cette réunion, dit-il, mais les mots « votre femme va accoucher » le peuvent.

Il était déjà en train de sortir de la pièce.

Sous les applaudissements et les exclamations, Alex, la main sur la poignée, se tourna et dit :

— Bob, vous me remplacez ? Je ne pense pas que je reviendrai aujourd'hui.

— Un taxi vous attend, lui dit Mlle Robbins dans l'ascenseur.

Le taxi fonça comme un bolide sur le circuit de Daytona. Alex devait se tenir à son siège tandis que le chauffeur slalomait entre les voitures. Les mots « elle va accoucher » avaient déclenché une vitesse jusque-là inédite.

Lorsque les pneus du taxi crissèrent devant l'entrée de l'hôpital, un quart d'heure plus tard, deux motards de police les avaient pris en chasse. Alex priait pour qu'ils soient tous les deux des pères de famille. Il sortit son portefeuille, tendit un billet de cent dollars au chauffeur et se rua vers l'entrée.

— Votre monnaie ! cria le conducteur, mais Alex avait déjà disparu à l'intérieur.

Il traversa le hall d'entrée et donna son nom à la réceptionniste.

— Maternité, 6B, quatrième étage, annonça-t-elle en consultant son registre. Votre femme est arrivée juste à temps.

Alex se rua dans l'ascenseur et martela le bouton du quatrième étage, mais l'ascenseur ne monta pas plus vite pour autant. Quand les portes s'ouvrirent, il courut dans le couloir jusqu'à la porte 6B. Il poussa la porte et découvrit Anna assise sur le lit, un petit paquet emmailloté au creux des bras. Elle le regarda et sourit.

— Et voilà ton père. Qu'est-ce qui a pu lui prendre autant de temps ?

— Je suis vraiment désolé de ne pas avoir été là, dit Alex en la serrant dans ses bras. « Un imprévu au travail » n'est pas une très bonne excuse, mais c'est la vérité.

— Je te présente ton fils et héritier, dit-elle en lui tendant l'enfant.

— Salut, mon petit gars. Comment se passe ta journée ?

— Tout va bien. Mais il est très anxieux de savoir ce qu'il s'est passé à la réunion du conseil d'administration.

— Il n'y a pas d'inquiétude à avoir, son père est toujours le président de la Lowell Bank.

— Comment ça ?

— Evelyn a voté pour moi.

— Pourquoi a-t-elle fait ça ?

— Elle a dû se rendre à l'évidence, la banque ne pouvait plus se permettre de lui donner de l'argent et, plus important encore, elle ne pourra pas mettre la main sur la collection Lowell.

— Mais pourquoi a-t-elle jeté l'éponge si vite ?

— Jackie Kennedy est venue à notre secours.

— Là, je ne te suis plus.

— Apparemment, la police devait arrêter soit Evelyn soit Ackroyd pour le vol du Warhol, permettant à l'autre de témoigner contre son complice. Il n'est pas difficile d'imaginer quel rôle Evelyn a choisi. À vrai dire, elle est si désespérée qu'elle m'a proposé de me vendre ses parts de la banque.

— Pour combien ?

— Un million de dollars. Dommage que je n'aie pas une telle somme en ce moment.

— Espérons que tu ne le regrettes pas.

On frappa doucement à la porte et une infirmière passa la tête dans l'entrebâillement.

— Je suis désolée de vous déranger monsieur Karpenko, mais il y a un motard de la police ici qui dit qu'il a besoin d'une preuve.

plus important encore, elle ne pourra pas mettre la main sur la collection Lovell.

— Mais pourquoi a-t-elle jeté l'éponge si vite ?

— Jackie Kampoulo est venu à notre secours.

— Là, je ne te suis plus.

— Apparemment, la police, devant arrêter soit Evelyn soit Ackroyd pour le vol du Wanamaker, permettait à l'épouse de témoigner contre son complice. Il n'est pas difficile d'imaginer quel rôle Evelyn a choisi. À vrai dire, elle était si désespérée qu'elle m'a proposé de me vendre ses parts de la banque.

— Pour combien ?

— Un million de dollars. Dommage que je n'aie pas une telle somme en ce moment.

— Espérons que tu ne le regrettes pas.

On frappa doucement à la porte et une infirmière passa la tête dans l'entrebâillement.

— Je suis désolée de vous déranger, monsieur Kampulo, mais il y a un motard de la police ici qui dit qu'il a besoin d'une preuve.

Livre 4

Chapitre 34

Sasha
Westminster, 1980

« Il aurait mieux valu que M. Sasha Karpenko ne quitte jamais l'Union soviétique » était la première phrase de l'éditorial du *Times* ce matin-là.

Sasha tomba sous le charme du palais de Westminster à la seconde où il entra par la porte St Stephen et rejoignit ses collègues dans le vestibule des députés. Sa mère pleura lorsqu'il prêta serment avant d'aller s'asseoir sur les bancs de l'opposition. Une Bible à la main, au milieu des députés, du gouvernement d'un côté et de l'opposition de l'autre, qui le regardaient comme s'il venait d'une autre planète, Sasha se sentait comme le petit nouveau de l'école.

Michael Cocks, le chef du groupe travailliste, lui avait conseillé de faire profil bas les premières années. Néanmoins, les députés s'étaient vite rendu compte qu'ils avaient entre les mains un talent prodigieux qui ne serait peut-être pas si facile à manipuler. Quand Sasha se leva pour faire son discours inaugural, toute l'assemblée, y compris les deux bancs à l'avant sur lesquels était assis le gouvernement et, en face, le cabinet fantôme, resta pour entendre le représentant de la circonscription de Moscou, comme l'appelaient les conservateurs. Mais Sasha avait décidé de s'attaquer à ce problème dès le début.

— M. Sasha Karpenko, appela le président de la Chambre des communes, M. Thomas.

Toute la salle se tut, comme c'était la tradition lors des discours inauguraux.

— Monsieur le président, je voudrais commencer par exprimer l'honneur que je ressens en tant qu'immigré russe de devenir député à la Chambre des communes britannique. Si vous m'aviez dit, il y a seulement douze ans, quand je n'étais qu'un lycéen à Leningrad, que je serais assis sur l'un de ces bancs avant même mon trentième anniversaire, seule ma mère vous aurait cru, d'autant plus que je venais d'annoncer à mon meilleur ami que j'allais devenir le premier président russe élu démocratiquement.

Cette phrase fut accueillie par de vives acclamations des deux côtés de la Chambre.

— Monsieur le président, j'ai le privilège de représenter la circonscription de Merrifield, dans le Kent, qui, dans son infinie sagesse, a choisi de remplacer une conservatrice par un travailliste.

Il regarda la Première ministre, assise sur le premier banc en face de lui, et reprit :

— Quelque chose que mon parti entend bien répéter aux prochaines élections.

Margaret Thatcher inclina légèrement la tête, tandis que les bancs de l'opposition applaudissaient.

— Mon opposante, Mlle Fiona Hunter, a servi la Chambre pendant trois ans et sera très regrettée à Merrifield – du moins par les conservateurs. Je ne doute pas qu'elle retrouvera une place sur ces bancs, mais pas dans ma circonscription.

Des bravos montèrent des bancs travaillistes et, lorsque Sasha leva les yeux de ses notes, il ne faisait aucun doute qu'il avait l'attention de toute la Chambre.

— Certains députés, des deux côtés de la Chambre, doivent se demander où va ma loyauté. Westminster ? Leningrad ? Merrifield ? Moscou ? Je vais vous dire où est ma loyauté. Elle est auprès de tous les citoyens de ce pays qui croient que le pouvoir de la démocratie est sacré et que le droit de vivre dans une société libre est inaliénable.

» Monsieur le président, je n'ai pas le temps pour les étiquettes que sont "droite" et "gauche". J'admire Winston Churchill tout autant que Clement Attlee et les héros de mes années universitaires étaient aussi bien le travailliste Aneurin Bevan que le conservateur Iain Macleod. C'est en gardant à l'esprit leur souvenir que je m'efforcerai d'évaluer le mérite de chaque argument et de juger chacun de mes collègues sur la sincérité de ses opinions, même lorsque je serai en profond désaccord avec eux. Il peut m'arriver de crier depuis les plus hautes montagnes, mais j'espère avoir le bon esprit de redescendre de temps à autre dans les vallées pour écouter avec attention.

» En arrivant ici, les premiers mots du président de groupe m'ont fait me sentir comme l'écolier pleurnicheur de Shakespeare, avec sa sacoche et sa face radieuse d'aurore, qui, comme un limaçon, rampe à contrecœur vers l'école.

Des rires s'élevèrent des deux côtés de la Chambre.

— Ah ! Je vois que je ne suis pas le seul !

Des acclamations fusèrent, seul le président du groupe travailliste resta silencieux.

— Il m'a conseillé de ne parler que des sujets que je maîtrise bien… ce qui veut dire que vous ne m'entendrez pas beaucoup.

Sasha attendit que les rires diminuent pour continuer.

— Quel honneur me font les habitants de Merrifield en élisant un immigré russe pour les représenter sur ces bancs sacrés, où il peut librement exprimer ses opinions, sur n'importe quel sujet, sans crainte. Quelqu'un dans cette Chambre croit-il qu'un Anglais puisse faire la même chose au Kremlin ? Non, bien entendu. Mais j'aimerais vivre assez longtemps pour avoir tort.

Il retourna à sa place sous les applaudissements des deux côtés de la salle. À la surprise générale, un homme à lunettes avec une crinière de cheveux gris assis sur le premier banc, celui du cabinet fantôme, se leva.

— Le chef de l'opposition, annonça le président.

— Monsieur le président, je me lève pour féliciter monsieur le représentant de Merrifield pour son remarquable discours inaugural.

Des bravos se répandirent dans l'assemblée.

— Néanmoins, je dois faire remarquer qu'une partie de ceux qui se tiennent sur le banc face à moi considèrent déjà que je représente les intérêts de Moscou.

Des acclamations et des huées fusèrent dans la salle.

— En tout cas, je pense que je peux affirmer au nom de toute la Chambre que nous attendons avec impatience la prochaine contribution de notre collègue.

Sasha leva les yeux en direction de la galerie et aperçut Charlie, sa mère, Alf et la comtesse qui le regardaient avec une fierté non dissimulée. Mais ce n'est qu'en lisant le *Times* le lendemain matin qu'il comprit l'impact que ces quelques minutes avaient eu.

« Il aurait mieux valu que M. Sasha Karpenko ne quitte jamais l'Union soviétique, puisqu'il aurait sûrement pu y jouer un rôle important en participant au développement des valeurs démocratiques dans ce pays. »

***

— C'est ma faute, dit Sasha. J'aurais dû me rendre compte que c'était aller trop vite.

— Ce n'est la faute de personne, répondit Elena. Nous avons voté, et seule la comtesse a émis des réserves.

— J'ai seulement pensé que ce serait un peu trop pour Elena, rappela la comtesse.

— Et vous avez eu raison, ajouta Sasha. Il faut que je vous avertisse, les derniers chiffres ne sont pas très satisfaisants.

Tous les membres du conseil d'administration s'armèrent de courage.

— L'Elena 3 perd de l'argent pour le septième trimestre d'affilée. J'ai beau être un optimiste-né, c'est une tendance que je nous vois mal inverser.

— Quel est l'impact économique sur l'entreprise ? demanda la comtesse.

— Si l'on additionne le prix de rachat du bail, les coûts d'installation et les pertes jusqu'à maintenant, répondit Sasha en faisant des calculs, le total est un peu en dessous de cent quatre-vingt-trois mille livres.

— Peut-on s'en sortir ? interrogea Charlie.

— Je crois que oui, mais ça va être très juste.

— Qu'en pense la banque ? demanda Elena.

— Ils sont prêts à nous soutenir si l'on ferme l'Elena 3 tout de suite pour se concentrer sur l'Elena 1 et l'Elena 2. Ils font encore des bénéfices, mais ils ont souffert de ma décision.

— Regardons le bon côté des choses, tu as toujours ton indemnité parlementaire pour t'aider, ajouta Elena.

— Plus pour très longtemps, j'en ai peur. Si Margaret Thatcher garde son avance dans les sondages, je vais avoir beaucoup de mal à remporter Merrifield lors des prochaines élections.

— Mais si les électeurs pensent que tu as fait un bon travail, ils vont peut-être faire leur choix indépendamment des questions de parti ? demanda la comtesse.

— Ça représente rarement plus de quelques centaines de voix, et c'est surtout pour les frondeurs qui ont voté en dehors de la ligne de leur parti. Et si l'entreprise dépose le bilan, je devrai abandonner l'élection et laisser le champ libre à Fiona.

— Il faut toujours se souvenir que la pente vers le succès est raide, mais qu'il est d'autant plus facile d'en glisser, ajouta la comtesse.

— Il faudra se remettre à grimper dans ce cas, répondit Elena.

***

Sasha avait compris que le principal obstacle à la survie de l'Elena serait le service des impôts. Si l'*Inland Revenue* venait réclamer son dû, l'entreprise serait mise en faillite et devrait liquider tous ses actifs. Si l'Elena 1 et l'Elena 2 étaient mis sur le marché au même moment, tout le monde comprendrait qu'il s'agirait d'une vente au rabais.

Sasha avait accepté l'idée que s'il en arrivait là, il lui faudrait laisser tomber la politique et chercher du travail. Quel idiot ! Pile au moment où il croyait que rien ne pouvait l'arrêter, voilà qu'il passait pour le dernier des imbéciles.

Il ne pouvait blâmer personne d'autre que lui-même, alors il décida de se confronter au problème. Il appela l'*Inland Revenue* pour prendre rendez-vous avec le fonctionnaire chargé de son dossier, M. Dark. Ce nom même lui donnait un mauvais pressentiment. C'était comme s'il avait déjà l'homme sous les yeux. Petit, chauve, bedonnant, arrivé à la fin de sa carrière de gratte-papier et qui n'aimait rien plus que de jeter des vies par la fenêtre. Il votait probablement conservateur et ne pourrait pas se retenir de dire qu'il était vraiment désolé, mais que c'était son travail et qu'il ne pouvait pas faire d'exception.

***

Un quart d'heure avant son rendez-vous, Sasha gara sa Mini sur Tynsdale Street, traversa la rue et pénétra dans un bâtiment en brique rouge sans âme. Sur le fronton, les armoiries royales auraient tout aussi bien pu annoncer « Vous qui entrez ici, abandonnez toute espérance ». Il donna son nom à la réceptionniste.

— M. Dark vous attend, dit-elle d'un ton inquiétant. Son bureau est au treizième étage.

Quelle coïncidence, pensa Sasha.

Même l'ascenseur semblait monter avec réticence avant de laisser descendre son unique passager. Sasha posa un pied dans le couloir gris et terne et se mit en quête du bureau de M. Dark. Il frappa à la porte et entra dans une pièce sans fenêtres où s'étalaient des dossiers rouges sur un bureau. Derrière ce bureau – première surprise – se trouvait un homme de son âge qui l'accueillit – deuxième surprise – avec un sourire chaleureux. Il se leva et serra la main de Sasha.

— Est-ce que je peux vous offrir une tasse de thé, monsieur Karpenko ?

Voilà la façon dont les Anglais vous mettaient à l'aise, avant d'ajouter une cuillère de cyanure.

— Non, merci, répondit Sasha, qui espérait que le bourreau se dépêcherait de faire son travail.

— Je ne peux pas vous en tenir rigueur. Je sais que vous êtes un homme très occupé, monsieur Karpenko, alors je vais essayer de ne pas vous faire perdre votre temps.

Il ouvrit le dossier devant lui et en examina le contenu quelques instants pour se remémorer les points principaux.

— J'ai étudié vos déclarations fiscales sur ces cinq dernières années, reprit M. Dark, et après avoir longuement discuté avec votre banquier, ce que vous m'avez permis de faire (Sasha acquiesça), je crois que nous avons trouvé une solution à votre problème.

Sasha fixait l'homme en se demandant ce que serait la prochaine surprise.

— Vous devez aux impôts cent vingt-six mille livres que votre société est vraisemblablement incapable de rembourser à l'heure actuelle. Néanmoins, et contrairement à ce que pensent la plupart des gens, nous, les inspecteurs des impôts, préférons sauver les entreprises plutôt que de les faire couler. Après tout, c'est notre seule chance de récupérer notre argent.

Sasha aurait voulu rire mais résista à la tentation de le faire.

— En gardant cela à l'esprit, monsieur Karpenko, nous allons vous offrir un délai de grâce d'un an, pendant lequel vous ne devrez payer aucun impôt. Après cette année, vous serez tenu de vous acquitter du montant total de cent vingt-six mille livres sur une période de quatre ans. Néanmoins, si l'entreprise dégageait des profits pendant cette période, le moindre centime reviendrait à l'*Inland Revenue.*

Il s'arrêta un moment, regarda Sasha et ajouta d'un ton ferme :

— Je suis conscient que les cinq prochaines années ne vont pas être évidentes pour vous et votre famille, monsieur Karpenko, mais si vous refusez cette offre, nous n'aurons pas d'autre choix que de prendre possession de la totalité de vos actifs. Les impôts sont toujours payés en premier, avant tout autre créancier.

Il s'interrompit à nouveau et regarda son visiteur.

— Vous pouvez prendre quelques jours pour réfléchir avant d'arrêter votre décision.

— Ce ne sera pas nécessaire, monsieur Dark, répondit Sasha. J'accepte vos conditions et je vous suis très reconnaissant de me donner une seconde chance.

— Je suis très heureux que vous preniez cette décision. Une grande partie des gens dont je m'occupe dépose le bilan et ouvre une nouvelle entreprise le lendemain, sans se soucier de leurs dettes ou de leurs créanciers, ajouta M. Dark en tirant une feuille d'un second dossier. Tout ce qu'il vous reste à faire c'est de signer ici, ici et ici.

Il tendit un stylo à Sasha.

— Merci, répondit Sasha en se demandant s'il allait se réveiller.

Sasha signa l'accord puis M. Dark se leva et lui serra à nouveau la main.

— Je ne suis pas beaucoup la politique, monsieur Karpenko, ajouta M. Dark en le raccompagnant dans le couloir, mais si je vivais à Merrifield, je voterais pour vous, et j'ai beau n'avoir mangé qu'une seule fois à l'Elena, c'était un dîner très plaisant.

— Il faut que vous reveniez, dit Sasha en montant dans l'ascenseur.

— Quand vous aurez tout remboursé, mais pas avant, monsieur Karpenko.

Les portes de l'ascenseur se fermèrent.

***

Les chances de Sasha de conserver son siège se faisaient de plus en plus minces après la victoire très populaire de Mme Thatcher dans les Malouines et le refus catégorique de Michael Foot de prendre des positions politiques centristes.

Mais il eut un coup de chance capable de changer le cours d'une carrière politique. Sir Michael Forrester mourut d'une crise cardiaque, ce qui provoqua une élection partielle dans la circonscription voisine de Endlesby. L'occasion d'occuper un siège conservateur sûr pour le reste de sa vie était trop tentante pour Fiona Hunter et personne ne fut étonné quand elle laissa entendre qu'elle était une potentielle candidate. Après tout, disait-elle, Endlesby était la moitié de son ancienne circonscription.

Fiona remporta le scrutin avec plus de dix mille voix d'avance et retrouva sa place sur les bancs verts de la Chambre des communes, où Sasha pensait que leur rivalité continuerait. La bonne fortune de Sasha se manifesta une seconde fois lorsque l'Association des conservateurs de Merrifield eut de nombreux désaccords au sujet du candidat aux prochaines élections et finit par choisir un conseiller municipal qui divisait l'opinion au sein de son propre parti.

Après les élections législatives, Margaret Thatcher retourna à la Chambre des communes avec une large majorité, mais elle avait été éconduite par les électeurs de Merrifield, qui avaient préféré conserver leur représentant, avec une avance de quatre-vingt-onze voix. Comme Alf l'avait rappelé à Sasha, c'est Winston Churchill lui-même qui avait dit : « Une seule suffit, mon garçon. »

***

Neil Kinnock, le nouveau chef du Parti travailliste, invita Sasha à rejoindre les premiers rangs de l'opposition en entrant au cabinet fantôme en tant que porte-parole adjoint aux Affaires étrangères, chargé spécialement des pays du bloc de l'Est.

La réputation de Sasha au Parlement et au-dehors ne fit que s'accroître et les membres des deux côtés de la Chambre savaient que, lorsqu'il se levait pour prendre la parole, ceux qui manquaient de préparation le regretteraient bien vite.

Fiona devint sous-secrétaire d'État au ministère des Affaires étrangères et du Commonwealth et semblait promise à une longue carrière politique. Pourtant c'est un autre conservateur fraîchement élu qui fit s'écrier Sasha de joie – du moins en privé.

Sasha admit qu'ils devraient se détester cordialement quand ils s'affronteraient à la Chambre, mais ça ne l'empêcherait pas de partager de temps en temps un demi au Annie's Bar avec le très honorable Ben Goldsmith, député.

Chapitre 35

Sasha
Londres et Moscou

Quand le gouvernement annonça son intention d'envoyer une délégation multipartite à Moscou pour discuter des relations anglo-russes à la suite de l'élection de Mikhaïl Gorbatchev, le nouveau président russe, le choix de Sasha pour représenter le Parti travailliste n'étonna personne.

Néanmoins, Sasha ne fut pas ravi de découvrir que les conservateurs avaient choisi Fiona Hunter pour mener la délégation. Était-ce uniquement parce qu'elle n'avait pas de plus grand plaisir que de s'opposer à Sasha dès qu'elle en avait l'occasion ?

— Combien de temps vas-tu devoir rester avec cette affreuse bonne femme ? demanda Charlie quand Sasha lui annonça la nouvelle.

— Trois, quatre jours au plus, mais nous n'aurons pas vraiment le temps de nous parler.

— Ne baisse pas ta garde un seul instant, rien ne ferait plus plaisir à Fiona que de mettre des obstacles à ta carrière.

— Je crois qu'elle se concentre surtout sur la sienne en ce moment. Elle espère devenir secrétaire d'État lors du prochain remaniement, expliqua Sasha en sortant de la salle de bains.

— Je n'y crois pas une seconde. Avant de m'abandonner, as-tu réfléchi à des prénoms pour notre enfant, qui devrait être là dans six semaines ?

— Si c'est un garçon, j'ai déjà choisi, dit Sasha en posant son oreille contre le ventre de Charlie.

— Est-ce que j'ai mon mot à dire ou est-ce que c'est une consigne de vote stricte ?

— Juste une question à choix multiple. Tu peux choisir entre Konstantin, Sergueï ou Nicholas.

— Konstantin, répondit Charlie sans hésiter.

***

Fiona monta à bord du jet British Airways à destination de Moscou accompagnée de son équipe. Ils s'installèrent tous à l'avant de l'avion, Sasha prit place seul à l'arrière. Il aurait voulu être le chef de cette délégation et non le représentant de l'opposition.

Quand le signal des ceintures de sécurité s'éteignit, il s'enfonça dans son fauteuil, ferma les yeux et pensa à son retour en Union soviétique après presque vingt ans d'absence. Le pays avait-il changé ? Vladimir était-il devenu un officier haut placé du KGB ? Poliakov travaillait-il toujours à Leningrad ? Son oncle Niko était-il devenu le délégué syndical des dockers ? Pourrait-il lui rendre visite ?

Lorsque l'avion atterrit à l'aéroport de Cheremetievo quatre heures plus tard, Sasha regarda par le hublot et aperçut la petite délégation qui les attendait sur la piste d'atterrissage. Fiona descendit en premier de l'avion, ne ratant pas cette belle occasion de faire une photo dont elle espérait qu'elle serait reprise par la presse britannique.

Elle descendit lentement la rampe et salua de la main un groupe d'habitants réunis derrière une barrière en métal, mais ils ne lui répondirent pas. Ce n'est que lorsque Sasha sortit de l'avion qu'ils se mirent à applaudir et à faire de grands signes. Il s'avança vers eux, d'un pas incertain, incapable de croire que cet accueil lui était réservé jusqu'à ce qu'il aperçoive une pancarte sur laquelle s'étalait « Karpenko ». Fiona avait du mal à dissimuler son mécontentement alors qu'un employé de l'ambassade venait à sa rencontre.

Alors qu'il avançait toujours, on jeta dans les bras de Sasha plusieurs bouquets de fleurs. Puis il essaya de répondre à une multitude de questions adressées dans sa langue maternelle.

« Vous allez revenir pour diriger notre pays ? »

« Quand est-ce qu'on pourra contester les résultats des élections ? »

« Pensez-vous que les prochaines élections seront libres et justes ? »

— Je suis très flatté que vous connaissiez mon nom, répondit Sasha à une jeune fille qui ne devait même pas être née lorsqu'il avait fui l'Union soviétique.

Il regarda autour de lui et vit Fiona monter dans la limousine de l'ambassadeur, un petit drapeau britannique flottant sur le capot, qui démarra aussitôt.

— Est-ce qu'il y a des bus pour aller en ville ? demanda Sasha.

— N'importe lequel d'entre nous serait fier de vous conduire à votre hôtel, répondit un jeune homme au premier rang. Je m'appelle Fyodor et nous nous demandions si vous voudriez bien faire un discours à notre meeting ce soir. C'est sans doute le seul moment où vous serez libre avant l'ouverture de la conférence demain.

— J'en serais très honoré, dit Sasha en se demandant s'il pouvait attirer une foule plus grande à Moscou qu'au club des travailleurs de Roxton.

Pendant le trajet, dans cette voiture qui n'avait pas vraiment l'air d'être capable d'arriver à destination, Fyodor expliqua à Sasha que ses discours faisaient souvent l'objet d'articles dans la *Pravda* et qu'il apparaissait de temps en temps à la télévision, tout ça faisant partie de la nouvelle politique d'ouverture du gouvernement.

Sasha était étonné, mais il savait pertinemment que si les autorités avaient envisagé qu'il y avait le moindre risque qu'il revienne en Russie pour contester le résultat d'une élection, il aurait immédiatement été censuré. De toute façon, Gorbatchev semblait plutôt bien s'en sortir. Tant que Sasha demeurait un outil grâce auquel le Parti communiste pouvait montrer le rayonnement international de sa doctrine, il n'y avait aucun danger. Il pouvait les entendre dire « N'oubliez pas que Karpenko est un enfant des docks de Leningrad, qui a gagné une bourse pour Cambridge et est devenu député à la Chambre des communes en Angleterre. N'est-ce pas la preuve que notre système fonctionne ? »

Devant l'hôtel, un nouveau groupe de personnes attendait dans un froid glacial. Sasha serra d'autres mains tendues et répondit à de nombreuses questions. Il finit par s'enregistrer à la réception puis prit l'ascenseur pour rejoindre sa chambre. Ce n'était pas le Savoy, mais il était clair que ses compatriotes avaient enfin compris que, pour attirer les étrangers à Moscou, il fallait proposer au moins le minimum du confort qu'ils trouvaient à l'Ouest. Il prit une douche et enfila un autre costume, une chemise propre et une cravate rouge avant de redescendre dans la rue, où la même voiture et le même chauffeur l'attendaient.

Sasha monta à l'avant, en se demandant à nouveau s'ils arriveraient à destination. Il contempla le Kremlin par la fenêtre.

— C'est vous qui vivrez ici un jour, dit Fyodor alors qu'ils quittaient la place Rouge pour s'enfoncer dans des rues désertes.

— Combien de personnes attendez-vous ce soir ? demanda Sasha.

— On ne peut pas vraiment savoir, nous n'avons jamais fait ce genre de chose auparavant.

Sasha se demandait si cet Alf russe réussirait à rassembler plus d'une dizaine d'hommes et un chien assoupi. Il se demanda ensuite ce qu'il pourrait bien raconter à cette foule. S'il n'y avait pas grand monde, décida-t-il, il ferait une courte allocution, répondrait à quelques questions et serait de retour à l'hôtel pour le dîner.

Quand la voiture s'arrêta devant la maison des travailleurs, il avait préparé quelques petites phrases. Sur le trottoir, il fut accueilli par une femme en costume traditionnel qui lui offrit un panier de pain et de sel. Il la remercia et s'inclina, avant de suivre Fyodor dans une allée étroite jusqu'à une porte de service. En entrant dans le bâtiment, il entendit les cris de « Kar-pen-ko ! Kar-pen-ko ! » Lorsqu'il monta sur l'estrade, trois cents personnes se levèrent en continuant à scander « Kar-pen-ko ! Kar-pen-ko ! »

Sasha regardait la salle comble et comprit que le chant scandé de son enfance, destiné aux seules oreilles de son ami Vladimir, était devenu le cri de ralliement d'un grand nombre de gens qu'il n'avait jamais connus et qui, pendant des générations, avaient tu ce qu'ils ressentaient réellement.

Son discours dura plus d'une heure, mais les interruptions, en raison des slogans lancés et des applaudissements, furent si nombreuses qu'il ne parla qu'une quinzaine de minutes. Lorsqu'il quitta l'estrade, tout le bâtiment vibrait au son de « Kar-pen-ko ! Kar-pen-ko ! »

Dans la rue, sa voiture fut assaillie par la foule, et il fallut près de cinq cents mètres à Fyodor pour passer la seconde. Sasha se disait que s'il essayait de décrire ce qui venait d'arriver à Elena ou à Charlie, aucune des deux ne le croirait.

Sasha avait toujours espéré qu'il jouerait un rôle, même minime, dans la chute du régime communiste et dans la *perestroïka*, mais désormais, pour la première fois de sa vie, il pensait réellement voir ce jour arriver. Regretterait-il de ne pas être resté au pays pour se présenter aux élections parlementaires de la Douma ? Il était toujours préoccupé par ces pensées lorsqu'il entra dans l'hôtel et que le vieux monde se rappela tout à coup à lui. La première personne qu'il aperçut dans l'entrée fut Fiona.

— Tu as passé une bonne soirée ? demanda Sasha.

— L'ambassade nous a offert des billets pour le Bolchoï. On a appelé ta chambre mais on ne t'a pas trouvé. Où étais-tu ?

Voilà quelqu'un d'autre qui ne le croirait pas, et qui, plus encore, ne voudrait pas le croire.

— J'ai vu de vieux amis, dit-il en sortant sa clef et en avançant vers l'ascenseur avec Fiona.

— Quel étage ? demanda Sasha en montant dans l'ascenseur.

— Le dernier.

Il envisagea de lui expliquer qu'en Union soviétique c'était le pire étage, mais se dit qu'elle ne comprendrait pas. Il appuya sur les deux boutons et aucun des deux ne parla avant que l'ascenseur atteigne le quatrième étage, où ils se souhaitèrent bonne nuit.

— Ne rate pas le bus demain. Neuf heures quinze précises, lança Fiona alors que les portes se refermaient.

Sasha laissa échapper un sourire. Déléguée de classe un jour, déléguée de classe toujours.

— Les Russes sont connus pour faire attendre, dit-il en avançant dans le couloir.

Il déverrouilla la porte de sa chambre, qui devait faire la moitié de la taille de celle de Fiona. La seule compensation, c'est qu'il devait y avoir moitié moins de punaises. Soudain, il se rendit compte qu'il n'avait pas mangé, il envisagea de commander au *room service* mais se ravisa aussitôt. Il enfila son pyjama, se mit au lit, entendant encore les échos de « Kar-pen-ko ! Kar-pen-ko ! » dans ses oreilles alors qu'il remontait les couvertures, et s'endormit comme une masse.

Ce martèlement incessant faisait-il partie de son rêve, songea-t-il, mais comme il ne cessait pas, il finit par se réveiller. Il jeta un œil à sa montre : trois heures sept. Ça ne pouvait pas être Fiona, n'est-ce pas ? Il se tira du lit, enfila sa robe de chambre et traversa la pièce en traînant les pieds.

— Qui est-ce ?

— *Room service*, répondit une voix sensuelle.

— Je n'ai rien commandé, ajouta Sasha en ouvrant la porte.

— Je n'étais pas sur le menu, chéri, répondit une rousse aux jambes interminables.

Elle portait également une robe de chambre, si ce n'est que la sienne était en soie noire et brillante, et surtout, entrouverte.

— Je suis la surprise au menu ce soir, ajouta-t-elle dans un anglais parfait, une bouteille de vodka dans une main et deux verres dans l'autre. C'est la bonne chambre, n'est-ce pas, chéri ?

— J'ai bien peur que non, répondit Sasha en russe. Mais revenez à sept heures et demie, j'ai oublié de demander à la réception de me réveiller.

En fermant la porte, un grand sourire sur le visage, il ajouta :

— Bonne nuit, chérie.

Il se remit au lit, en se disant que les informations du KGB n'étaient pas très précises. Quelqu'un aurait dû leur dire qu'il n'aimait pas particulièrement les rousses. Mais pour la vodka, ils avaient visé juste.

***

Sasha fut l'un des premiers à monter dans le bus le lendemain matin et, à sa grande surprise, Fiona déserta son escorte et vint s'asseoir à côté de lui.

— Bonjour, camarade secrétaire, plaisanta-t-il. J'espère que vous avez bien dormi.

— En vérité, je n'ai presque pas fermé l'œil de la nuit, murmura Fiona. J'ai rencontré un charmant jeune homme, Gerald, au bar de l'hôtel, qui m'a dit travailler pour l'ambassade. Il m'a rejointe dans ma chambre après minuit. J'aurais dû lui claquer la porte au nez, mais j'avais bu un peu trop de champagne.

— Ce n'est pas grave. Tu es une femme célibataire très attirante, pourquoi ne pourrais-tu pas t'accorder la compagnie d'un collègue en dehors des heures de travail ? Je ne vois pas qui ça intéresserait à part quelques pervers au service d'écoute du Kremlin.

— Ce n'est pas le sexe qui m'inquiète, c'est ce que j'ai raconté ensuite.

— Comme quoi ? demanda Sasha, qui prenait goût aux déboires de sa rivale.

Fiona prit sa tête dans ses mains et continua tout bas :

— Que Thatcher est une dictatrice dépourvue de sens de l'humour. Que Geoffrey Howe est une vraie chiffe molle. Et je lui ai peut-être confié le nom de deux ou trois ministres qui ont des liaisons avec leurs secrétaires.

— C'est très inhabituel de ta part, Fiona, de manquer de discrétion. Mais ce n'est pas le genre de chose qui mérite de se retrouver en une.

— Ça l'est, si l'on se retrouve ivre dans les bras d'un officier du KGB.

— Tu ne peux pas en être sûre.

— Mais je sais qu'il n'y a aucun Gerald à l'ambassade de Grande-Bretagne. Si l'histoire arrive aux mains de la presse, je suis finie.

— Peut-être pas, mais il est vrai que ça risque de repousser cette fameuse promotion à laquelle font si souvent allusion les journaux. Mais seulement jusqu'à ce que sainte Margaret soit enfin destituée, ce qui, je l'admets, n'a pas l'air si imminent. Mais pourquoi me raconter tout ça ?

— Oh Sasha ! Tout le monde sait que tu as de bons contacts en Union soviétique. Comment peux-tu croire une minute que nous ne savons rien de ton meeting d'hier soir ? Tu dois avoir des amis influents au sein du KGB.

— Malheureusement non. Tu ne l'as peut-être pas remarqué, Fiona, mais ce sont eux les méchants.

— Madame la ministre ? demanda un fonctionnaire, en se penchant vers eux.

— Une minute, Gus, répondit Fiona.

Elle se tourna vers Sasha et ajouta dans un murmure :

— Si tu pouvais faire quoi que ce soit, je t'en serais éternellement reconnaissante.

Et nous savons tous à quoi ressemble ton idée de l'éternité, se dit Sasha alors que le bus s'arrêtait sur la place Rouge.

Fiona mena ses troupes pour saluer leurs homologues étrangers, qui n'auraient jamais pu discerner un quelconque trouble sur le visage de la sous-secrétaire d'État. *Très impressionnant*, pensa Sasha en marchant dans son sillage.

La délégation fut conduite par les grandes portes en fer frappées de scènes du siège de Moscou. Deux gardes en uniforme se mirent au garde-à-vous sur leur passage. Puis la délégation emprunta un large escalier recouvert de moquette rouge jusqu'au deuxième étage où ils entrèrent dans une pièce richement décorée au centre de laquelle se trouvait une longue table en chêne qui avait certainement autrefois embelli la salle d'un palais. Ils furent invités à s'asseoir d'un côté et Sasha repéra son nom sur un carton à trois sièges du bout de la table. Une fois installés, ils attendirent encore un peu l'arrivée des Russes, qui prirent place de l'autre côté de la table.

Leur hôte fit un long discours prévisible, qui n'avait pas besoin d'être traduit. Sasha trouva que la réponse de Fiona n'était pas à la hauteur de ses allocutions habituelles. Mais ça n'avait pas beaucoup d'importance. Les communiqués de clôture avaient déjà été rédigés par des assistants et seraient publiés le dernier après-midi de la conférence, peu importait ce qui se dirait dans les prochains jours.

Pour la première session, ils furent divisés en petits groupes afin de discuter des échanges universitaires et des restrictions de visas ainsi que du prêt de la collection Walpole de l'Ermitage pour une exposition au Houghton Hall, à Norfolk. Les Russes ne semblaient s'inquiéter que du retour de leurs tableaux.

C'est lors de la pause déjeuner que Sasha le remarqua, seul à l'autre bout de la pièce. Il portait un uniforme vert bouteille décoré d'une rangée de médailles de guerre et ses épaulettes dorées suggéraient qu'il avait monté rapidement les échelons. Sasha aurait reconnu ces yeux bleus, froids et calculateurs, entre mille. Vladimir lui sourit et s'avança avec détermination à sa rencontre. À moins de un mètre, il s'arrêta, presque comme un boxeur au milieu du ring, attendant de savoir qui allait frapper le premier.

Sasha avait déjà préparé sa première réplique, mais il soupçonnait Vladimir d'avoir lui aussi travaillé la sienne depuis quelque temps. Cette rencontre ne devait rien au hasard, c'était une évidence.

— Je dois avouer, Vladimir, que je suis surpris que tu trouves le temps de venir à un événement aussi mineur.

— En temps normal, je n'aurais pas fait le déplacement, mais ça fait un moment que je veux te voir, Aleksandr.

— Je suis touché qu'Apollon ait pris le temps de descendre de sa montagne.

— D'abord, permets-moi de te féliciter pour ton succès depuis que tu as quitté notre pays, répondit Vladimir en ignorant la remarque. Mais je dois tout de même te conseiller de ne pas t'aventurer à Leningrad. Notre vieil ami le colonel Poliakov t'y attend sûrement. Il n'est pas le genre d'homme à pardonner.

— Alors Vladimir, quelle hauteur étourdissante as-tu atteinte ? demanda Sasha en essayant de piquer lui aussi son ami au vif.

— Je ne suis qu'un colonel subalterne du KGB, stationné en Allemagne de l'Est.

— Une étape sur la voie d'autres grandes choses, sans nul doute.

— C'est pour cela que je voulais te voir. Certains de mes hommes étaient à ton meeting hier soir. Il semblerait que si tu rentrais pour te présenter à l'élection présidentielle, tu ferais un candidat sérieux, ce qui est, après tout, tout ce que tu as toujours voulu.

— Mais M. Gorbatchev m'a pris de vitesse, je n'ai aucune raison de revenir. De toute façon, je suis anglais maintenant.

Vladimir éclata de rire.

— Tu es russe, Aleksandr, et tu le resteras à jamais. C'est ce que tu as dit à ta foule d'admirateurs hier soir. De toute façon, Gorbatchev ne sera pas là éternellement. À vrai dire, il risque de quitter le paysage bien plus vite qu'il ne le pense.

— Qu'est-ce que tu suggères ?

— Qu'on reste en contact. Personne ne sait mieux que toi que bien choisir son moment est une chose primordiale en politique. Tout ce que je demande en retour c'est d'être placé à la tête du KGB. C'est ce que tu m'as promis il y a des années.

— Je ne t'ai jamais fait de promesses, Vladimir, tu le sais aussi bien que moi. Et dans tous les cas, mon opinion sur le népotisme n'a pas changé. Et ça c'était à l'époque où nous étions encore amis.

— Nous ne le sommes peut-être plus, Aleksandr, mais nous avons des intérêts communs.

— Je vais te prendre au mot, et même te donner une chance de le prouver.

— À quoi est-ce que tu penses ?

— Tes hommes ont espionné ma chef de délégation hier soir ?

— Oui, cette conne a été particulièrement indiscrète.

— Elle est encore jeune et elle pourrait être utile plus tard.

— Mais elle n'est même pas dans ton parti.

— C'est sûrement un concept difficile à saisir pour toi, Vladimir.

Vladimir ne répondit pas tout de suite, puis haussa les épaules :

— La bande sera dans ta chambre d'hôtel dans une heure.

— Merci. Et n'oublie pas de dire à tes agents de mettre leur dossier à jour. Je n'aime pas trop les rousses.

— Je leur ai dit qu'ils perdaient leur temps avec toi. Tu es incorruptible, ce qui va me faciliter les choses quand je serai chef du KGB.

Vladimir s'éloigna sans l'ombre d'un au revoir et Sasha s'apprêtait à rejoindre son groupe quand un inconnu s'approcha de lui.

— Vous ne me connaissez pas, monsieur Karpenko, lui dit cet homme de son âge, vêtu d'un costume qui n'avait pas été fait à Moscou, mais je suis votre carrière politique avec beaucoup d'intérêt.

En Angleterre, Sasha aurait cru l'homme sur parole et lui aurait souri, mais en Russie… il devait rester méfiant et se taire.

— Je m'appelle Boris Nemtsov et je pense que nous avons plusieurs choses en commun.

Sasha restait silencieux.

— Je suis un député de la Douma. Et je crois que nous avons tous les deux la même haute opinion d'un individu en particulier, ajouta l'homme en désignant Vladimir d'un regard.

— Les ennemis de mes ennemis sont mes amis, répondit Sasha en serrant la main de Nemtsov.

— J'espère que nous deviendrons de vrais amis. Après tout, il y aura d'autres conférences et d'autres meetings où nous pourrons discrètement échanger des confidences, sans que personne n'ouvre de dossiers.

— Je crois que c'est déjà fait. Nous devrions lui offrir quelque chose à y inscrire. Je ne suis pas du tout d'accord, s'écria tout à coup Sasha, assez fort pour que tout le monde l'entende autour d'eux.

— Dans ce cas, nous n'avons plus rien à nous dire, répondit froidement Nemtsov avant de tourner les talons.

Sasha aurait voulu sourire, mais résista à la tentation.

Vladimir les regardait tous les deux ; Sasha n'était pas sûr qu'il ait cru à leur manège.

Chapitre 36

Alex
Boston, 1988

Quand Alex entra dans la banque le lundi matin, il ne remarqua pas l'homme assis dans un coin du hall d'entrée. Le mardi, il aperçut sa silhouette, mais comme il avait une réunion avec Alan Greenspan, le président de la Réserve fédérale, pour discuter des dernières directives de l'Organisation des pays exportateurs de pétrole sur le prix du baril et la consolidation du dollar face à la livre sterling, la silhouette de l'homme solitaire ne lui resta pas longtemps à l'esprit. Le mercredi, il observa l'homme plus longuement avant de monter dans l'ascenseur. Était-il vraiment assis là depuis trois jours ? Pamela le saurait.

— Quel est mon premier rendez-vous, Pamela ? demanda-t-il avant même d'avoir ôté son pardessus.

— Sheldon Woods, le nouveau président du Parti démocrate de Boston.

— Combien est-ce qu'on leur a donné l'année dernière ?

— Cinquante mille dollars, mais cette année, il y a des élections.

— Les élections me rappellent toujours Lawrence. Disons, cent mille cette année.

— Très bien, monsieur le président.

— Il y a autre chose ce matin ?

— Non, mais vous déjeunez avec Bob Underwood à l'Algonquin ce midi. N'oubliez pas qu'il est toujours à l'heure.

Alex acquiesça et ajouta :

— Vous savez ce qu'il veut ?

— Démissionner, « raccrocher mes bottes » si je me souviens de ses mots exacts.

— Ça, jamais ! Il restera au conseil d'administration jusqu'à sa mort.

— C'est bien ce qu'il craint.

— Et cet après-midi ?

— Votre agenda est vide jusqu'à votre séance de sport à cinq heures. Votre entraîneur m'a dit que vous aviez raté les deux dernières séances.

— Mais je paye même quand je ne viens pas.

— Je ne crois pas que ce soit ça le souci, monsieur le président.

— Quelque chose d'autre ?

— N'oubliez pas que c'est votre anniversaire de mariage, vous emmenez votre femme au restaurant ce soir.

— C'est vrai. Je ferais mieux d'aller en ville lui choisir un cadeau après déjeuner.

— Anna a déjà choisi son cadeau.

— Est-ce que j'ai le droit de savoir ce que c'est ?

— Un sac Chloé, qui vient des grands magasins Bonwit Teller.

— Très bien, j'irai le chercher cet après-midi. Il est de quelle couleur ?

— Gris. Il est déjà emballé, je l'ai fait livrer à mon bureau hier. Tout ce qu'il vous reste à faire c'est de signer ici.

Elle posa une carte d'anniversaire sur son bureau.

— Parfois, Pamela, je pense que vous feriez une meilleure présidente que moi.

— Si vous le dites, monsieur le président. Mais en attendant, pouvez-vous vous assurer de signer toutes les lettres qui sont dans le parapheur avant l'arrivée de M. Woods ?

Convaincre Pamela de reprendre son ancien poste est la meilleure décision que j'aie jamais prise, pensa Sasha en ouvrant le parapheur. Il lut attentivement chaque message, faisant de temps à autre une correction et ajoutant parfois une petite note manuscrite. Il étudiait une lettre du président de la Harvard Business School l'invitant à faire un discours devant les étudiants de dernière année à l'automne lorsqu'on frappa à la porte.

— M. Woods, annonça Mlle Robbins.

— Sheldon, s'écria Alex en se levant. Ça fait déjà un an ? Tu veux un café ?

— Non, merci, répondit Woods.

— Bien, avant tout, je sais que c'est une année électorale et j'ai déjà décidé de doubler ma contribution, en l'honneur de Lawrence.

— C'est très généreux, Alex. Il aurait fait un député formidable.

— C'est vrai. Pas un jour ne passe sans que je pense à lui. Cet homme a changé le cours de mon destin et je n'ai jamais pu lui dire merci.

— Si Lawrence était encore en vie, c'est lui qui te remercierait. Tout le monde à Boston savait que la banque avait des ennuis avant ton arrivée. Quel redressement ! J'ai entendu dire que tu allais être nommé banquier de l'année.

— Une grande partie du mérite revient à Jake Coleman, qui est l'exact opposé de son prédécesseur.

— C'était un putsch incroyable ! Je suppose que tu sais qu'Ackroyd est sorti de prison la semaine dernière.

— Oui, et je n'y aurais même pas repensé s'il n'avait pas été vu montant dans un avion pour Nice.

— Je ne te suis plus.

— Et c'est mieux ainsi, ajouta Alex en signant un chèque de cent mille dollars qu'il tendit à Woods.

— Je t'en suis extrêmement reconnaissant. Mais ce n'est pas la raison pour laquelle je suis venu.

— Cent mille ne suffisent pas ?

— C'est presque trop. Mais en réalité, nous, c'est-à-dire mon comité, espérions que tu voudrais bien te présenter pour la primaire afin d'être le candidat démocrate au poste de sénateur junior du Massachusetts.

Alex ne put dissimuler sa surprise.

— Quand vous m'avez sollicité pour me présenter au Congrès après la mort de Lawrence, j'ai refusé à contrecœur parce qu'il fallait que je prenne la tête de la Lowell Bank. Néanmoins, je dois bien avouer que je me suis souvent demandé si j'avais pris la bonne décision et si la politique n'était pas ma véritable vocation.

— Alors peut-être que le moment est venu de te confronter à un nouveau défi.

— Malheureusement non. La banque a beau être remise sur pied maintenant, je voudrais qu'elle entre dans la cour des grands. Quel don va faire la Bank of America au Parti démocrate ?

— Ils ont déjà donné un quart de million à la campagne.

— Alors, je saurai que j'ai réussi quand tu me demanderas la même somme, et quand, plus encore, je n'y réfléchirai pas à deux fois.

— Je préfère n'avoir que cent mille et toi comme candidat.

— J'en suis très flatté, Sheldon, mais ma réponse reste la même. Mais merci de me l'avoir proposé.

Alex appuya sur un interrupteur sous son bureau.

— Dommage, tu aurais fait un homme politique remarquable.

— C'est un sacré compliment, Sheldon. Peut-être dans une autre vie.

Ils échangèrent une poignée de main et Mlle Robbins raccompagna M. Woods jusqu'à l'ascenseur.

En se rasseyant, Alex se demanda combien sa vie aurait été différente si Lawrence n'était pas mort – ou si sa mère et lui étaient montés dans l'autre caisse. Mais bien vite il mit fin aux « et si » et retourna à la réalité, ajoutant une croix en haut de la lettre du président de la Harvard Business School.

Mlle Robbins venait de refermer la porte quand le téléphone sonna. Alex décrocha et reconnut immédiatement la voix à l'autre bout du fil.

— Salut Dimitri. Ça fait très longtemps. Comment vas-tu ?

— Très bien, Alex, merci. Et toi ?

— On ne peut mieux.

— Je suis très heureux de l'entendre, Alex. Mais il faut que je te dise quelque chose, Ivan Donokov vient de sortir de prison et il est de retour à Moscou.

— Comment est-ce possible ? demanda Alex en frissonnant tout à coup. Je croyais qu'il avait pris quatre-vingt-dix-neuf ans, sans possibilité de liberté conditionnelle.

— La CIA l'a échangé contre deux de nos agents qui croupissaient dans des geôles à Moscou depuis plus de dix ans.

— Espérons qu'ils ne finissent pas par le regretter. Mais merci de m'avoir prévenu.

« J'espère que toi non plus tu ne finiras pas par le regretter », ajouta Dimitri, une fois le combiné raccroché.

Alex essaya de ne pas penser à Donokov en signant les lettres. Ses pensées furent interrompues par l'entrée de Mlle Robbins qui venait chercher le courrier.

— Avant que j'oublie, Pamela, l'homme qui attend à la réception depuis trois jours, vous savez qui il est ?

— Un certain M. Nesterov. Il est venu de Leningrad pour essayer de vous rencontrer. Il dit qu'il était à l'école avec vous.

— Nesterov, Nesterov, répéta Alex. Un grand artiste, mais je ne me souviens pas d'un camarade portant ce nom-là. Mais puisqu'il est si déterminé à me rencontrer, je devrais sûrement lui accorder quelques minutes.

— Il dit qu'il a besoin de quelques heures. J'ai essayé de lui expliquer que vous n'aviez pas quelques heures avant Noël, mais ça ne l'a pas dissuadé, ce qui me fait me demander s'il ne travaille pas pour le KGB.

— Le KGB n'a pas vraiment l'habitude de poireauter dans les salles d'attente pendant trois jours, surtout à la vue de tous. Je vais le recevoir. Mais venez me sauver au bout d'un quart d'heure, dites que j'ai un autre rendez-vous.

— Très bien, monsieur le président, répondit Mlle Robbins, l'air peu convaincu.

Alex était toujours en train de signer des lettres quand on frappa doucement à la porte. Mlle Robbins entra, suivie d'un homme qui lui disait quelque chose, puis il se souvint.

— Quelle joie de te revoir Misha, après tout ce temps, salua Alex, alors que Mlle Robbins sortait.

— Je suis très heureux de te voir, Aleksandr. Je suis étonné que tu te souviennes de moi.

— Le capitaine de l'équipe d'échecs junior. Est-ce que tu joues toujours ?

— Oui, mais je n'ai jamais atteint ton niveau, ce n'est pas la peine de me défier.

— Je ne saurais même pas dire quand j'ai joué pour la dernière fois, avoua Sasha en se remémorant Donokov. Avant que tu me dises ce qui t'amène à Boston, comment se porte ma ville ?

— Leningrad est toujours aussi belle en cette saison, tu t'en souviens sûrement, répondit Nesterov en russe. Des rumeurs laissent entendre qu'elle retrouvera bientôt le nom de Saint-Pétersbourg. Un autre symbole pour perpétuer le mythe de la fin de l'ancien régime.

Entendre Nesterov parler russe rendait Alex triste, et même un peu coupable, d'avoir perdu son accent, il s'exprimait maintenant comme n'importe quel WASP de Boston. Il observa son visiteur avec plus d'attention. Nesterov faisait un mètre soixante-dix et portait une imposante moustache brune qui rappelait à Alex son père. Il était vêtu d'un costume en tweed épais, avec des revers larges, qui suggérait soit qu'il ne s'intéressait pas à la mode, soit que c'était la première fois qu'il quittait l'Union soviétique.

— Mon père travaillait aux docks quand ton père était superviseur. La plupart des ouvriers ont gardé de lui un souvenir affectueux et plein de respect.

— Et mon oncle Niko ?

— Il est devenu superviseur. Il m'a demandé de vous passer le bonjour, à ta mère et à toi.

Je lui dois la vie, s'apprêtait à expliquer Alex, mais il s'arrêta en pensant que si le major Poliakov était toujours vivant, c'était un trop grand risque.

— Transmets-lui mes amitiés et dis-lui que j'espère que nous nous reverrons très vite.

— J'espère bien que ce sera plus tôt que tu ne le penses. Je le vois de temps en temps, souvent au match de foot le samedi.

— Vous êtes tous les deux dans les tribunes pour soutenir l'équipe de Leningrad.

— Il n'y a plus de tribunes debout maintenant. Tout le monde a une place assise.

— Je ne doute pas que mon ami Vladimir ait trouvé une place dans le box des invités de marque ?

— Je ne l'ai pas vu depuis des années. Aux dernières nouvelles, il était colonel du KGB et stationné à Dresde.

— Je ne crois pas que ce soit pour le long terme. En tout cas, je suis sûr que tu n'es pas venu jusqu'à Boston pour parler du passé. Que voulais-tu signifier en disant que tu espères que je revoie bientôt mon oncle ?

— Tu sais que le régime soviétique actuel est très différent de l'ancien. Le marteau et la faucille ont été remplacés par le dollar. Le problème, c'est qu'après des siècles d'oppression, d'abord par les tsars puis par les communistes, nous les Russes, nous n'avons aucune tradition d'économie de marché.

Alex acquiesça mais ne voulait pas l'interrompre.

— Alors, de ce côté-là, rien n'a vraiment changé. Lorsque le gouvernement a décidé de vendre certaines des firmes les plus lucratives de l'État, personne n'était assez qualifié pour faire face à un tel bouleversement, bien évidemment. Le changement s'est donc révélé dramatique, ce que j'ai découvert moi-même quand mon entreprise a été mise en vente, ajouta Nesterov en lui tendant sa carte.

— La compagnie de Gaz et Petroleum de Leningrad, lut Alex.

— Peu importe qui reprendra GPL, ils deviendront instantanément millionnaires.

— Et tu voudrais te joindre à eux ?

— Non. Comme ton père, je pense que la richesse devrait être distribuée entre ceux qui ont participé à la réussite de l'entreprise, et non simplement offerte sur un plateau à l'ami d'un ami du président.

— Quel est le prix de vente ? interrogea Alex en se demandant si l'entrevue durerait plus d'un quart d'heure.

— Vingt-cinq millions de dollars.

— Et le chiffre d'affaires de l'année dernière ?

Nesterov ouvrit un sac en plastique, en tira des papiers et les posa sur le bureau.

— Un peu plus de quatre cents millions de dollars, répondit-il, sans même lire.

— Et le profit ?

— Trente-huit millions six cent quarante mille dollars exactement.

— Est-ce que j'ai raté quelque chose ? demanda Alex. Avec une marge aussi importante, l'entreprise devrait valoir dans les quatre ou cinq cents millions.

— Non, non. C'est juste qu'on ne peut pas s'attendre à passer du communisme au capitalisme en une nuit en échangeant simplement un bleu de travail pour un smoking Brooks Brothers. L'Union soviétique a peut-être certaines des plus grandes universités au monde pour étudier la philosophie, ou même le sanskrit, mais certainement pas pour l'économie et la gestion.

— N'importe quelle banque russe te prêterait l'argent si tu pouvais garantir ce genre de rendements, non ?

— En vérité, les banques sont aussi perdues que tout le monde. Mais elles ne risquent quand même pas de prêter vingt-cinq millions de dollars à quelqu'un qui gagne l'équivalent de cinq mille dollars par an et dispose de moins de cent dollars sur son compte épargne.

— Quelle est la date limite pour prendre une décision ?

— Le 31 octobre. Après ça, c'est ouvert à quiconque peut avancer l'argent.

— Mais c'est dans un mois, dit Alex au moment où Mlle Robbins entrait dans la pièce, prête à raccompagner M. Nesterov.

— Ce qui arrange bien le KGB, ils convoitent déjà l'entreprise.

— Annulez mon déjeuner, Pamela, et contactez tous les responsables des équipes de management et d'investissement, dites-leur de venir immédiatement, peu importe sur quoi ils travaillent.

— Très bien, monsieur le président, répondit Mlle Robbins, comme s'il n'y avait rien d'inhabituel.

— Je vais aussi avoir besoin d'une demi-douzaine de pizzas livrées pour une heure. Et avant que vous demandiez, ma mère pourra choisir.

Mlle Robbins ne revint pas dans le bureau avant la fin de la réunion, cinq heures plus tard.

— Vous avez de nouveau manqué votre séance de sport.

— Je sais, la réunion a duré plus longtemps que prévu.

— Vous dînez toujours avec votre femme ? demanda Mlle Robbins en posant le cadeau sur le bureau d'Alex.

— Zut ! s'écria Alex. Faites savoir à Jake que je ne pourrai pas les rejoindre, lui et M. Nesterov, pour dîner. Dites-leur que j'ai quelque chose de plus important à faire.

— Ce qui arrange bien le KGB, [illegible] l'entreprise.

— Admirez trois Irlandais, Pascal, et [illegible] sont ici responsables des équipes de [illegible] et d'investissement, quels que [illegible] peu importe sur quelle [illegible] travaillent.

— Très peu [illegible] répondit Mlle Robbins, [illegible] il n'y a [illegible] rien d'inhabituel.

— Je vais aussi avoir besoin d'un quart-d'heure de [illegible] livrés pour une heure [illegible] que vous [illegible] ma mère pourra [illegible]

Mlle Robbins ne [illegible] pas dans le bureau avant la [illegible] de la réunion, [illegible] plus tard.

— Vous avez de nouveau [illegible] votre [illegible] ?

— Je [illegible] que [illegible]

— Vous allez toujours avec votre [illegible] ? demanda Mlle Robbins en posant le café sur le bureau. [illegible] Alex. [illegible] Alex. Faites savoir [illegible] que je ne pourrai pas les [illegible] plus important [illegible]

[illegible]

Chapitre 37

Alex
Boston

Evelyn décrocha le téléphone et entendit une voix familière, à laquelle elle n'avait pas parlé depuis un certain temps.

— Il faut qu'on se voie.

— Pourquoi est-ce que je voudrais te voir ?

— Parce que tu sais très bien que je n'ai pas volé le Warhol, répondit Ackroyd.

— Tu portes un micro, c'est ça ?

— Non, je ne risque pas de vouloir que quelqu'un entende ce que je vais te dire.

— Je t'écoute.

— Je n'ai pas perdu mon temps en prison et j'ai mis au point un moyen de gagner un demi-milliard de dollars et de ridiculiser Karpenko par la même occasion.

Quelques secondes s'écoulèrent et Evelyn répondit :

— Qu'est-ce qu'il faut que je fasse ?

— Simplement me confirmer que je toucherai dix pour cent des gains, si tout fonctionne.

— Vas-y, je t'écoute.

— Je ne te dirai pas un mot de plus, Evelyn, tant que je n'aurai pas ta signature au bas de la page. Je n'ai pas oublié que la dernière fois que nous avons passé un marché, j'ai fini en prison.

— Dans ce cas, Douglas, il va falloir que tu viennes dans le sud de la France et que tu prennes le contrat avec toi.

***

Alex arriva au Marliave avec dix minutes d'avance et faisait des calculs au dos du menu lorsque Anna entra.

— Joyeux anniversaire, ma chérie ! dit-il en se levant pour l'embrasser.

— Merci. Mais voilà la question piège, dit-elle en s'asseyant à leur table favorite. Sais-tu depuis combien d'années nous sommes mariés ou est-ce que c'est ça que tu essayes de calculer ?

Alex eut le temps de compter.

— Treize ans, ça aurait fait quatorze si Lawrence ne m'avait pas légué ses parts de la banque.

— Très bien, tu as gagné une nouvelle année de répit. Et ça, qu'est-ce que c'est ? demanda Anna avec un air faussement timide.

— Ouvre-le, tu verras.

— Ça risque d'être plus une surprise pour toi que pour moi.

Alex rit.

— Je ferai semblant de l'avoir déjà vu.

Anna défit délicatement le ruban rouge, ouvrit le paquet et souleva le couvercle pour révéler un petit sac à main Chloé gris clair, qui était à la fois pratique et élégant.

— J'ai aussitôt pensé qu'il était fait pour toi, dès que je l'ai vu.

— Tu veux dire : au moment où je l'ai sorti du paquet, répondit-elle en se penchant pour l'embrasser. Peut-être que tu pourras me rappeler de remercier Pamela.

Le maître d'hôtel s'approcha d'eux.

— Je sais exactement ce que je veux, François, dit-elle. Une salade niçoise et une sole.

— La même chose, ajouta Alex. J'ai pris assez de décisions pour aujourd'hui.

— Oserais-je demander ?

— Je ne peux pas en dire trop pour le moment, ça pourrait soit être une immense perte de temps ou la meilleure affaire de ma carrière.

— Quand est-ce que tu sauras ?

— La semaine prochaine, sûrement. Quand je rentrerai de Leningrad.

— Mais tu avais dit que tu ne retournerais jamais en Russie, et surtout pas à Leningrad !

— C'est un risque calculé. Je pense qu'après toutes ces années, il est vraisemblable que Poliakov ait pris sa retraite.

— Qu'en pense ta mère ?

— Elle ne sera pas tranquille tant qu'il ne sera pas mort et enterré. Mais je lui ai promis de voir son frère Niko, de prendre des nouvelles du reste de la famille et d'aller sur la tombe de mon père, alors elle est d'accord.

— Je ne veux pas que tu y ailles, répondit Anna d'une voix faible. Jake Coleman peut te remplacer. Il est aussi bon négociateur que toi.

— Peut-être, mais les Russes s'attendent toujours à traiter avec le président. D'ailleurs, il y a une place en plus dans l'avion, si tu veux venir.

— Non, merci. De toute façon, j'ai un vernissage mercredi.

— Quelqu'un que je connais ? demanda Alex, content de pouvoir changer de sujet.

— Robert Indiana.

— Super, j'adore son travail ! Je suis triste de rater ça.

— L'exposition sera toujours là quand tu reviendras. Si tu reviens.

— La situation n'est pas si inquiétante, ma chérie. Alors, est-ce que je peux savoir quel est mon cadeau ? demanda Alex, en espérant détendre l'atmosphère. Je ne vois pas de paquet cadeau.

— C'était un peu trop grand pour l'emporter avec moi. C'est une sculpture en bronze d'un demi-mètre carré d'Indiana, qui s'appelle *LOVE*.

Elle la dessina à l'arrière du menu :

— Combien est-ce que ça va me coûter ?

— Avec la remise habituelle, près de soixante mille. Et si tu l'offres à Konstantin, il évitera les droits de succession.

— Alors attends, j'essaye de comprendre, mon amour. Mon cadeau d'anniversaire de mariage va me coûter soixante mille dollars et Konstantin sera son véritable propriétaire ?

— Exactement, mon chéri. Je crois que tu as compris. Mais la bonne nouvelle, c'est que tu as maintenant une maigre chance d'aller au paradis. Même si tu ne t'y plairas pas.

— Pourquoi ça ?

— Parce que tu n'y connaîtras personne, lança-t-elle alors que le serveur amenait leurs plats.

— Alors qu'est-ce que j'y gagne ?

— Tu pourras la regarder pour le restant de tes jours.

— Merci. Et est-ce que je peux demander où est l'ayant droit ce soir ?

— Il dort chez sa grand-mère.

— Elena a vraiment pris sa soirée ? demanda Alex.

— La moitié de la soirée. Konstantin préfère les margheritas d'Elena plus que tout ce que je lui prépare. Et ne me lance pas ce regard de « moi aussi ». Qu'est-ce que tu as fait aujourd'hui ?

— Sheldon Woods est venu ce matin pour me demander si je voulais me présenter au Sénat.

— Combien de temps il t'a fallu pour repousser cette offre alléchante ?

— J'y ai sérieusement pensé pendant vingt secondes.

— Je me souviens de l'époque où tu étais vraiment fasciné par la politique. Tout ce que tu voulais, c'était devenir le premier président d'une Russie libre.

— Et j'avoue que ce serait bien plus tentant que le Sénat. Mais tout ça a changé quand Lawrence est mort.

Le maître d'hôtel arriva avec les deux soles.

— Voulez-vous que je lève les filets, madame ?

— Oui, s'il vous plaît, François, pour nous deux. Mon mari ne prend aucune décision ce soir.

— Toute l'équipe espère que vous apprécierez cette bouteille de chablis Beauregard en l'honneur de l'occasion.

— C'est vous que j'aurais dû épouser, François, vous n'auriez jamais oublié notre anniversaire et vous savez exactement quoi m'offrir.

François se courba et les laissa.

— Mais quand Lawrence t'a légué ses parts de la banque, elles ne valaient rien, et maintenant elles doivent représenter une fortune, dit Anna en changeant de sujet.

— C'est vrai, mais je ne peux pas me permettre de vendre ne serait-ce qu'une action tant qu'Evelyn possède le reste des parts, sans ça elle aurait le contrôle.

— Peut-être qu'elle voudrait bien vendre ses parts ? Après tout, elle a toujours l'air de manquer d'argent.

— C'est possible, mais je n'ai pas ce genre de capital à disposition et je suis sûr que tu te souviens que le jour de la naissance de notre fils, elle m'a proposé ses parts pour un million, et que tu m'as dit que je regretterais sûrement de ne pas les avoir achetées.

— La clairvoyance, le cauchemar du banquier.

— À l'époque, j'avais même envisagé de vendre l'Elena pour racheter les parts moi-même, mais c'était un risque considérable. Si la banque avait coulé, nous n'aurions plus rien eu.

— Est-ce que je peux demander combien valent ces parts maintenant ?

— Environ trois cents millions.

Anna poussa un cri de surprise.

— La banque va devoir lui payer tout ça ?

— Sûrement, nous ne pouvons pas nous permettre de laisser une autre banque acheter cinquante pour cent de notre stock d'actions, ça voudrait dire passer le restant de nos vies à regarder par-dessus nos épaules, surtout si Douglas Ackroyd se retrouvait dans leur conseil d'administration.

— Peut-être que tu devrais te présenter au Sénat. Moins de problèmes et un salaire fixe.

— Mais il faut écouter un quart de million d'électeurs au lieu de douze membres du conseil d'administration.

— Et encore plus, si tu suivais ton rêve d'enfance et que tu te présentais à la présidentielle.

— Aux États-Unis ?

— Non, en Russie.

Alex ne répondit pas tout de suite.

— Ah ! fit Anna. Tu y penses toujours.

— Mais je suis conscient que, comme pour tous les rêves, je finirai par me réveiller, répondit Alex alors que François s'approchait.

— Un dessert, madame ?

— Certainement pas. Nous avons tous les deux assez mangé. Les anniversaires ne doivent pas être une excuse pour prendre du poids. Et puis mon mari a encore manqué sa séance de sport, ajouta-t-elle en désignant Alex. Il est privé de dessert.

François remplit leurs verres et emporta la bouteille vide.

— À une nouvelle année de vie commune inoubliable, madame Karpenko ! lança Alex en levant son verre.

— Si seulement tu n'allais pas en Russie.

***

— Je suis désolé de vous déranger, monsieur Karpenko, s'excusa le serveur, mais votre secrétaire a appelé pour dire qu'il y a un problème avec les visas, elle demande si vous pouvez revenir au bureau aussi vite que possible.

— Je ferais mieux d'y aller au plus vite, répondit Alex. Je me dépêche.

Il quitta sa mère et un Nesterov à l'air inquiet qui finissaient chacun leur pizza et se hâta d'arriver au bureau, où Mlle Robbins l'attendait.

— Tout se déroule comme prévu ? demanda-t-elle.

— Oui, Misha et ma mère mangeaient une pizza quand je suis parti. Elle ne sait pas grand-chose sur les affaires, mais quand on est dans la restauration depuis aussi longtemps qu'elle, il y a peu de choses qu'on ne sache pas sur les gens. Quelque chose d'important à me dire avant que j'y retourne ?

— L'assistante de Ted Kennedy m'a appelée pour confirmer que les cinq visas seraient sur votre bureau à cinq heures cet après-midi, elle m'a aussi chargée de vous rappeler que le sénateur se présentait pour un nouveau mandat l'année prochaine.

— Voilà qui va me coûter cent mille autres dollars.

— Voici mille dollars en liquide et l'équivalent en roubles, les chèques et les cartes bancaires ne semblent pas encore très répandus en Union soviétique. Les chambres à l'hôtel Europa sont réservées pour cinq nuits.

— Une nuit pourrait suffire.

— Harrison, le commandant de bord, vous attend à l'aéroport de Logan vers onze heures. Il a réservé pour onze heures et demie. Vous ferez le plein à Londres puis vol direct jusqu'à Leningrad. Vous pouvez y retourner et demander à votre mère ce qu'elle pense de M. Nesterov.

Alex prit son temps pour revenir vers l'Elena 3. En arrivant, il vit que sa mère écoutait attentivement chaque mot que Nesterov prononçait. Il retrouva son air inquiet quand Alex les rejoignit.

— Un problème avec les visas ? demanda Nesterov.

— Non, tout est réglé. J'espère que la pizza t'a plu.

— C'était ma première, et j'ai expliqué à ta mère que je connaissais l'endroit parfait pour ouvrir un Elena à Leningrad. Excusez-moi un instant, il faut que j'aille, comment est-ce que vous dites déjà en Amérique… me refaire une beauté.

Dès qu'il disparut dans l'escalier, Alex demanda :

— Alors, verdict, Maman ?

— C'est un garçon en or. En or massif, répondit Elena. Je ne sais rien sur le gaz à part l'éteindre et l'allumer, et je suis consciente que je viens tout juste de rencontrer Misha, mais je le laisserais sans surveillance à côté de mon tiroir-caisse grand ouvert sans hésiter.

— Et sa famille ? demanda Alex qui ne voulait pas perdre une minute.

— Il a une femme, Olga, et deux enfants, Yuri et Tatiana, qui espèrent tous les deux aller à l'université, mais il croit que sa fille a plus de chance de réussir que son fils, qui ne s'intéresse qu'aux motos. Très franchement, Alex, je ne pense pas que Misha puisse te rouler dans la farine, ou dans la pâte à pizza.

Nesterov remontait l'escalier.

— Merci, Maman. Je vais me rendre à Leningrad dans ce cas.

— N'oublie pas d'aller sur la tombe de ton père et essaye de voir ton oncle Niko. J'ai hâte que tu me donnes de ses nouvelles.

Chapitre 38

Alex
Boston et Leningrad

Alex avait assemblé une équipe de quatre chefs de service, dirigée par Jake Coleman, pour l'accompagner en Russie. Tous étaient des experts dans leurs domaines respectifs : la banque, l'énergie, le droit des obligations et la comptabilité. Dick Barrett, le chef du département énergétique de la banque, avait déjà passé de nombreuses heures avec Nesterov et dut bien admettre qu'il était très impressionné.

— Cet homme en sait plus sur le secteur que bon nombre de soi-disant experts, et pourtant il n'a jamais gagné plus de quelques milliers de dollars par an. Pour lui, c'est réellement la chance de toute une vie. Il m'a rappelé que la Russie possède vingt-quatre pour cent des réserves de gaz naturel mondiales et dix pour cent des stocks pétroliers. Il faut que je me mette à côté de lui dans l'avion, peut-être qu'en arrivant à Leningrad j'aurai comblé mes lacunes.

Me Andy Harbottle, le nouvel avocat à demeure de l'entreprise, plus connu sous le nom de « Me Mauvais

Côtés », serait chargé d'établir le contrat final. Mais pas avant que son père ait donné son feu vert.

Jake avait confirmé que Nesterov ne comprenait pas grand-chose à la comptabilité et averti Alex qu'il ne pourrait pas vérifier les chiffres avant d'arriver au siège de GPL et de pouvoir éplucher lui-même les comptes.

— Comment pourrait-il saisir quelque chose de si complexe ? dit Alex. Personne ne s'est jamais vu proposer un marché où on peut faire des bénéfices de près de mille pour cent pratiquement du jour au lendemain. Ce qui se passe en ce moment en Russie, c'est comme la ruée vers l'or en Californie dans les années 1850, il faut qu'on en profite avant nos concurrents.

— Je suis d'accord, répondit Harbottle. Mais je suis de nature plutôt prudente…

— Tu es bien le fils de ton père.

— Je n'ai jamais vu quelqu'un saisir les bonnes occasions comme tu le fais, et ce pourrait bien être ce succès dont tu parles souvent et qui nous fera entrer dans la cour des grands.

— Ou qui nous mènera droit à la faillite.

— C'est peu probable. N'oubliez pas que nous avons un avantage de taille. Notre président est russe et originaire de Leningrad.

Alex se retint d'ajouter : « Et s'est enfui en manquant de tuer un officier du KGB. »

***

Les six passagers montèrent à bord du jet Gulfstream à destination de Leningrad pour ce que Jake surnommait « la ruée vers le gaz ». Aucun d'eux ne savait à quoi s'attendre. L'avion fit escale à l'aéroport londonien d'Heathrow, où toute l'équipe descendit pour se dégourdir les jambes et manger un morceau. Alex aurait voulu aller en ville et visiter la Tate, le Royal National Theatre et même la Chambre des communes, mais pas cette fois.

Alex se réveilla en sursaut quand le commandant de bord annonça qu'ils entamaient la descente vers l'aéroport de Pulkovo et demanda aux passagers d'attacher leur ceinture. Il pensa à la ville qu'il avait quittée depuis tant d'années, à son père, à son oncle et même à Vladimir, qui serait plus vraisemblablement à Moscou qu'à Leningrad à l'heure actuelle. Il essaya de chasser le major Poliakov de son esprit et de se concentrer sur l'affaire qui pourrait propulser la banque vers de nouveaux horizons. Ou bien serait-il arrêté avant même d'avoir franchi la douane ?

Il regarda par le hublot mais ne discerna que les lumières du terminal et ce ciel étoilé qu'il n'avait pas revu depuis son adolescence.

Il était tiraillé. Il n'arrivait pas à savoir s'il était heureux de rentrer. Mais à l'instant où il descendit de l'avion, il retrouva le rythme russe. En Russie, il y avait trois vitesses : lent, très lent, et si vous étiez assez stupide pour vous plaindre, encore plus lent. Ils attendirent plus de deux heures la vérification de leurs passeports et il se rendit compte du nombre de choses qu'il tenait pour acquises aux États-Unis. Était-ce seulement son imagination ou l'agent des douanes avait-il ralenti davantage le rythme en lisant le nom « Karpenko » ? Puis ils durent encore attendre une heure pour récupérer leurs bagages et pouvoir enfin partir.

Nesterov les guida hors du terminal et jusque dans la rue. Il leva la main et cinq voitures firent une embardée pour s'arrêter devant eux. Alex et son équipe n'en croyaient pas leurs yeux tandis que Nesterov choisissait trois véhicules. « À Leningrad, tout ce qui a quatre roues est un taxi », expliqua-t-il.

— À l'Astoria, dit-il à chacun des conducteurs. Et ne gonflez pas les prix, pas plus de dix mille roubles.

Ses nouveaux associés s'entassèrent dans les voitures.

— Mais ça ne fait qu'un dollar, intervint Alex quand Nesterov le rejoignit sur la banquette arrière.

— C'est bien assez, répondit-il alors que la voiture démarrait en trombe en direction du centre-ville – encore un long trajet.

Lorsqu'ils eurent fini de s'enregistrer à l'hôtel, ils étaient épuisés.

— Dormez bien, lança Jake, il faut qu'on soit tous en forme demain.

***

Le lendemain matin, ils se retrouvèrent dans la salle à manger pour le petit déjeuner et bien que certains d'entre eux eussent l'air affectés par le décalage horaire, une fois que la caféine de quelques cafés bien noirs fut entrée dans leurs veines, ils étaient tous prêts pour leur première tâche.

Jake et Alex se rendirent à la Banque commerciale pour demander s'il était possible de transférer vingt-cinq millions de dollars à Leningrad d'un jour pour le lendemain. Après l'expérience de l'aéroport la veille,

Alex était un peu pessimiste. Dick Barrett avait accompagné Nesterov à l'usine GPL, en bordure de la ville, tandis qu'Andy Harbottle avait rendez-vous avec les avocats de l'entreprise pour discuter du plus gros et du plus complexe contrat qu'il ait jamais eu entre les mains. Son père pensait que tous les nombres avaient trop de zéros pour être crédibles.

Andy avait déjà préparé un premier brouillon du contrat, mais il avait averti Alex :

— Même si les Russes le signent, quelle garantie avons-nous que les paiements arriveront bien comme prévu ? C'est peut-être la nouvelle ruée vers l'or, mais il y a toujours des cow-boys, et ceux-là ne sont même pas *nos* cow-boys.

La seule statistique qu'il avait pu confirmer, c'est qu'un Américain traînant un Russe devant les tribunaux soviétiques n'avait que quatre pour cent de chances de remporter le procès.

L'équipe au complet se retrouva à six heures dans la chambre d'hôtel de Jake ce soir-là. Jake et Alex expliquèrent que si les banques russes avaient été complètement déroutées par le brusque revirement politique du gouvernement, elles avaient cependant pour consigne d'accueillir à bras ouverts les investisseurs étrangers et, contrairement à Oliver Twist, de les encourager à revenir pour en redemander.

Barrett rapporta que tout ce qu'avait dit Nesterov sur le fonctionnement de l'entreprise était exact, mais il trouvait que les normes de sécurité laissaient un peu à désirer. Alex prenait tout en notes.

— Et le bilan comptable ? demanda Jake en se tournant vers leur comptable.

— Je n'ai pas l'impression qu'ils comprennent quoi que ce soit aux bases de la comptabilité moderne, expliqua Mitch Blake. Ce qui n'est pas très surprenant vu que l'entreprise est gérée par des apparatchiks depuis des années. Mais question dernière ligne de comptes de résultat, c'est la plus impressionnante qu'il m'ait été donné de voir.

— Jouons l'avocat du diable quelques instants, intervint Alex. Quels sont les mauvais côtés possibles ?

— Ils pourraient tout simplement voler nos vingt-cinq millions, répondit Andy Harbottle. Mais je ne suis pas sûr que nous devrions faire nos valises maintenant.

***

Pendant le dîner ce soir-là, Alex était heureux de voir toute l'équipe détendue pour la première fois.

— Tu retrouves toujours ton oncle demain midi ? demanda Jake.

— Oui, j'espère qu'il pourra m'aider à comprendre comment traiter avec le nouveau régime.

— Tu sais ce dont ce pays a besoin ? lança Jake en plantant son couteau dans un steak dur comme une semelle.

— Que ma mère ouvre une pizzeria sur la perspective Nevski, l'Elena 37.

— Ah, oui ! Mais dans un second temps, tu devrais te présenter à l'élection présidentielle. Un Russe honnête qui comprend le commerce, c'est exactement ce qui manque à ce pays.

— C'était mon rêve d'enfance. Si mon père n'avait pas été tué, peut-être que…

— Peut-être que quoi ? demanda Jake.

Mais Alex, les yeux rivés droits devant lui, ne répondait pas. Il venait de remarquer les trois hommes assis à l'autre bout du restaurant. La peur qu'il avait essayé de chasser de son esprit s'incarnait devant ses yeux. Il n'avait aucun doute sur l'identité de l'homme âgé ni sur celle des deux brutes qui se tenaient à ses côtés.

La large cicatrice qui s'étendait sur la partie droite du visage de l'homme, jusqu'à son cou, rappelait immédiatement l'endroit où lui et Alex s'étaient rencontrés pour la dernière fois. Les derniers mots glaçants de Poliakov, « Je te ferai pendre », résonnèrent dans ses oreilles. Anna avait raison, il n'aurait jamais dû venir. Jake et le reste de l'équipe étaient parfaitement capables de s'occuper du contrat sans lui. Mais il avait laissé le plaisir des négociations et des affaires l'emporter sur le bon sens.

L'homme le fixait toujours et ne le quittait pas des yeux. Alex n'avait aucun doute quant à ses intentions. Alors que l'équipe discutait de la stratégie du lendemain, Alex se tenait au bord de sa chaise, en alerte, attendant que le major joue le premier coup d'une partie d'échecs qui n'allait pas finir sur un pat.

Alex toucha le coude de Jake.

— Écoute-moi bien, murmura-t-il. L'homme que j'ai failli tuer quand je me suis échappé de Leningrad est assis en face de nous, et je ne crois pas aux coïncidences.

Jake jeta un coup d'œil aux trois individus.

— Mais Alex, ça fait plus de vingt ans.

— Regarde sa cicatrice, Jake. Tu oublierais un truc comme ça ?

— Et les deux hommes avec lui ?

— Du KGB, ce qui veut dire qu'ils sont au-dessus des lois. Ils se fichent bien de comment je vais mourir, seulement de quand.

— Il faut qu'on aille au consulat américain le plus vite possible.

— Je n'atteindrai même pas la porte. Il faut que vous fassiez tous comme si de rien n'était. Si quelqu'un me demande, dis que j'ai un rendez-vous ou que je rends visite à mon oncle Niko. Gagne du temps. Je te préviendrai quand je serai en sécurité.

— Est-ce qu'on ne devrait pas appeler le consulat pour leur demander conseil ?

— Regarde bien ces trois hommes, Jake, demande-toi s'ils sont le genre de personnes que tu inviterais à une garden-party. Ce n'est pas le moment de faire des échanges diplomatiques.

— Alors qu'est-ce que tu vas faire ?

— Je vais me fondre dans le paysage. Je suis né et j'ai grandi ici. Occupe-toi de conclure l'affaire. Je m'occupe de moi.

Tandis qu'Alex parlait, un groupe de six personnes était conduit à une table. Lorsqu'elles passèrent entre Poliakov et lui, comme un nuage cachant le soleil, Alex fila en douce. Jake se tourna et dit « Tu as remarqué que… », mais il avait disparu.

Alex ne perdit pas de temps à attendre l'ascenseur et se dirigea droit vers l'escalier. Il grimpa les marches quatre à quatre, en regardant constamment par-dessus son épaule. En arrivant au sixième étage, il déverrouilla la porte, pénétra dans sa chambre et s'enferma à l'intérieur, sans même prendre la peine de mettre la pancarte « Ne pas déranger ». Il entra la combinaison à six chiffres du coffre-fort de la penderie et s'empara de son passeport ainsi que d'un peu d'argent. Il tâta la poche de sa veste pour vérifier que son portefeuille, avec les roubles de Mlle Robbins, était toujours là.

En entendant des voix dans le couloir, il se précipita vers la fenêtre et l'ouvrit. Tandis qu'il grimpait à l'échelle de secours, on tambourinait à la porte. Il descendit l'échelle en lorgnant en haut et en bas, ne sachant pas de quelle direction le danger viendrait. En atteignant le dernier barreau, il leva les yeux et vit l'une des deux brutes qui le regardait depuis la fenêtre de sa chambre.

— Il est là ! cria l'homme, alors qu'Alex se laissait tomber sur le trottoir.

Trois autres hommes se tenaient devant l'entrée de l'hôtel, scrutant les alentours, il se dirigea donc d'un pas vif dans la direction opposée. En regardant par-dessus son épaule, il vit l'un d'entre eux qui le montrait du doigt et se mettait à dévaler l'escalier du fronton de l'hôtel à sa poursuite.

Alex tourna dans une petite ruelle et commença à courir, conscient que l'homme ne devait pas être loin derrière. Il voyait la grande route se profiler à l'horizon, mais ne ralentit pas sa course, manquant de peu de se faire écraser par un tramway. Il courut après le véhicule, priant pour qu'il s'arrête. Une centaine de mètres plus loin, ses freins crissèrent dans un bouquet d'étincelles. Il s'en voulait d'avoir manqué autant de séances de sport.

En jetant un coup d'œil derrière lui, Alex aperçut ses assaillants au coin de la rue. Il sauta dans le tramway juste avant les portes se referment, lança un kopeck au chauffeur, en se rappelant combien il avait payé le trajet en taxi, avant de s'avachir sur un siège à l'arrière du tramway. Par la fenêtre, il vit l'un des hommes, tête baissée, mains sur les genoux, qui essayait tant bien que mal de reprendre son souffle. Alex ne savait que trop que dans quelques minutes la toile des agents du KGB s'étendrait sur la ville, à la recherche d'un Américain portant un costume de chez Brooks Brothers, une chemise blanche, une cravate bleue et des mocassins en cuir. Pas exactement ce qui s'appelle se fondre dans le paysage.

Il s'enfonça dans son siège, vigilant aux coups d'œil furtifs des autres passagers – en Russie, tout le monde est un espion –, tandis que tous les monuments de son enfance défilaient par la vitre. Puis il se rappela que dans quelques arrêts ils arriveraient au terminal central des tramways, le bout de la ligne.

Lorsque le tramway s'arrêta devant la station, il se mêla aux passagers qui s'écoulaient hors des rames. Il marcha prudemment jusqu'à l'entrée, se méfiant des gens en uniforme ou de n'importe qui se tenant immobile. Quand il atteignit un large porche, il se glissa dans les ténèbres, espérant quelques instants de répit pour échafauder un plan.

— Vous cherchez quelqu'un ?

Alex se retourna avec effroi et vit un jeune garçon maigre qui lui souriait.

— Combien ? demanda Alex.

— Dix dollars.

— Où ?

— J'ai un appartement à deux pas. Si vous êtes intéressé, suivez-moi.

Alex acquiesça, mais prit garde de marcher quelques pas derrière le jeune homme tandis qu'ils descendaient une allée sombre. Puis, sans prévenir, le garçon se glissa dans un immeuble délabré qui datait d'avant guerre, semblable à celui dans lequel Alex avait grandi. Alex monta les trois étages de l'escalier couvert de graffitis avant que le garçon ouvre la porte et lui fasse signe d'entrer.

Le garçon tendit la main et Alex lui donna les dix dollars.

— Vous voulez quelque chose en particulier ? demanda le garçon, comme s'il lui tendait un menu.

— Non. Contente-toi de te déshabiller.

Le garçon eut l'air étonné mais obéit à l'ordre, bien vite il ne lui resta plus que son caleçon. Alex enleva sa veste, son pantalon et sa cravate et enfila le jean du jeune garçon, mais se rendit compte qu'il ne pouvait pas fermer le bouton.

— Est-ce que tu as un manteau ?

Le garçon, incrédule, le conduisit dans une chambre, ouvrit la penderie et s'écarta. Alex choisit une veste de jogging large qui sentait le cannabis, délaissant la casquette de base-ball ornée du logo des Yankees de New York. Il n'y avait pas de miroir pour se regarder, mais c'était sans nul doute mieux que son costume Brooks Brothers.

— Maintenant, écoute-moi bien, ajouta Alex en tirant un billet de cent dollars de son portefeuille.

Le garçon ne quittait pas l'argent des yeux.

— Ce soir, tu ne travailles pas. Une fois que je serai sorti, tu verrouilles la porte et tu attends mon retour, je te donnerai un autre de ces billets, expliqua Alex en secouant le billet sous le nez du garçon. Tu m'as bien compris ?

— Oui, monsieur.

— Assure-toi d'être là quand je reviendrai.

— Je serai là, je serai là.

Alex lui tendit l'argent et, sans un mot de plus, laissa le garçon planté là, en caleçon, l'air d'avoir gagné le gros lot. Il attendit d'avoir entendu le bruit de la clef dans la serrure puis descendit avec précaution les marches avant d'aller se mêler aux habitants qui entraient dans la station bondée. Mais à quelques mètres de l'entrée, Alex remarqua un policier qui scrutait les alentours. Alex comprit instantanément ce qu'il cherchait. Il fit demi-tour et marcha vers la grande rue. L'agent ne regardait pas les gens qui quittaient la station.

Il aperçut au loin un taxi qui se dirigeait dans sa direction et leva la main, oubliant ce qui s'était passé à l'aéroport à son arrivée à Leningrad. Le taxi, trois autres voitures et une ambulance s'arrêtèrent immédiatement, voulant tous le prendre en charge. Alex décida que l'ambulance serait plus sûre. Il ouvrit la portière et s'assit à côté du conducteur.

— Où est-ce que vous allez ? demanda l'homme en russe.

— À l'aéroport.

— Ça va vous coûter cher.

Alex sortit un autre billet de cent dollars.

— Ça fera l'affaire, répondit le chauffeur en embrayant.

Il fit demi-tour, faisant fi de la cacophonie des klaxons de protestation, puis fonça dans la direction opposée.

Alex se pencha sur son problème suivant. Selon toute vraisemblance, l'aéroport serait tout aussi risqué que la station de tramway, mais ses pensées furent interrompues par la vue d'une voiture de police à un barrage et de deux officiers qui vérifiaient les permis.

— Stop ! cria Alex.

— Il y a un problème ? demanda le conducteur en se rangeant sur le trottoir.

— Vous ne voulez pas le savoir. Il vaut mieux que je disparaisse.

Le conducteur ne répondit pas. Mais en descendant, Alex trouva la porte arrière entrouverte et une main tendue. Il grimpa à l'arrière et rejoignit un deuxième homme, vêtu d'une combinaison d'ambulancier verte, la paume ouverte. Alex connaissait ce regard et lui donna un billet de cent dollars.

— Vous êtes poursuivi ?

— Par le KGB, répondit Alex, conscient qu'il y avait cinquante pour cent de chances que l'homme les déteste et cinquante pour cent de chances qu'il travaille pour eux.

— Allongez-vous, lui dit l'homme en montrant la civière.

Alex obéit et l'ambulancier le cacha sous une couverture. L'homme se tourna vers le conducteur et dit :

— Mets la sirène, Leonid, ne t'arrête pas. Fonce.

Le conducteur obéit à son collègue et fut soulagé quand l'un des policiers enleva la barrière et les laissa passer. S'ils avaient arrêté l'ambulance, ils n'auraient trouvé qu'un patient étendu sur un brancard, la tête recouverte d'un bandage, avec un œil unique les fixant.

— Quand on sera à l'aéroport, qu'est-ce que vous comptez faire ? demanda le brancardier.

Alex n'avait pas encore décidé mais l'homme répondit lui-même à sa question :

— Helsinki est votre meilleure chance. Il y a plus de probabilités qu'ils fouillent les vols vers l'Ouest. Votre russe est bon mais je dirais que ça fait des années que vous n'avez pas mis les pieds à Leningrad.

— Alors direction Helsinki, répondit Alex alors que l'ambulance filait vers l'aéroport. Comment est-ce que je vais acheter un billet ?

— Laissez-moi faire, dit-il en tendant une main dans laquelle Alex plaça un nouveau billet de cent dollars. Vous n'auriez pas des roubles plutôt ? Pour ne pas attirer l'attention.

Alex sourit et vida son portefeuille de tous les roubles de Mlle Robbins, ce qui fit naître un sourire plus grand encore. Ils n'échangèrent pas un mot de plus avant d'arriver à l'aéroport, où le conducteur se gara mais laissa le moteur en marche.

— Je ferai aussi vite que possible, dit le brancardier, avant de pousser la porte pour sortir.

Quand la portière s'ouvrit à nouveau, Alex eut l'impression qu'il s'était écoulé une heure, mais cela ne faisait vraisemblablement que quelques minutes.

— Vous avez un siège sur un vol pour Helsinki, dit-il en agitant triomphalement le billet. Je sais même de quel terminal part l'avion.

Il se tourna vers Leonid et ajouta :

— Dirige-toi vers l'entrée des secours et mets la sirène.

L'ambulance démarra à nouveau sur les chapeaux de roues, mais Alex n'avait aucun moyen de savoir où ils allaient. Quelques minutes plus tard, ils s'arrêtèrent et un garde vêtu d'un uniforme gris éclatant ouvrit la portière arrière. Il jeta un coup d'œil à l'intérieur, hocha la tête et referma. Le garde leva la barrière et laissa l'ambulance passer.

— Va vers l'avion Aeroflot à la porte 42, dit le brancardier à son collègue.

Alex n'aimait pas la sonorité du mot « Aeroflot » et se demandait s'il ne se dirigeait pas tout droit dans un piège, mais il ne bougea pas avant que la portière s'ouvre de nouveau. Il se redressa, apeuré, sur le qui-vive, mais le brancardier se contenta de sourire et de lui donner une paire de béquilles.

— Il va falloir que j'en achète d'autres, dit-il, et il ne lâcha les béquilles que lorsque Alex lui tendit un nouveau billet de cent dollars, comme s'il savait que les poches d'Alex étaient presque vides.

Le brancardier accompagna son patient jusque dans l'avion. Il tendit au steward le billet d'avion et une liasse de roubles, ce dernier compta les billets pliés avant même de regarder la carte d'embarquement. Il montra du doigt une place au premier rang.

Le brancardier aida Alex à s'asseoir, se baissa vers lui et lui donna un dernier conseil, puis il descendit de l'avion avant qu'Alex ait pu le remercier. Par le hublot, il regarda l'ambulance s'éloigner vers l'entrée du personnel, sirène éteinte, sans lumière et sans bruit. Il fixa la porte de l'avion, priant pour qu'elle se referme. Ce ne fut qu'une fois dans les airs qu'il laissa échapper un soupir de soulagement.

***

Lorsque l'avion atterrit à Helsinki, le pouls d'Alex était presque revenu à la normale et il avait un plan.

Il suivit le conseil du brancardier : lorsqu'il arriva en tête de la file d'attente, il tendit son passeport avec, à la page où aurait dû se trouver son visa, un billet de cent dollars. L'officier ne laissa rien paraître en retirant le billet à l'effigie de Benjamin Franklin et en tamponnant le passeport.

Après la douane, Alex fonça vers les toilettes les plus proches, enleva ses bandages et les jeta à la poubelle. Il se rasa, se débarbouilla et, une fois sec, remit à contrecœur les habits du jeune homme, puis il se mit à la recherche d'un magasin qui résoudrait ce problème. Trente minutes plus tard, il ressortait de la boutique de vêtements vêtu d'un pantalon en toile, d'une chemise blanche et d'un blazer. Seuls ses mocassins en cuir avaient survécu au périple.

Une heure plus tard, alors qu'Alex était à bord d'un vol American Airways en direction de New York et sirotait une vodka tonic, le vendeur du magasin remarquait le vieux jean, le T-shirt et les béquilles laissés dans une cabine.

Lorsque l'avion décolla, le steward ne demanda pas au passager de première classe ce qu'il voulait pour le dîner ou s'il voulait regarder un film, car il dormait à poings fermés. Le steward abaissa doucement le siège d'Alex et lui mit une couverture.

***

En atterrissant à JFK le lendemain matin, il appela Mlle Robbins et lui demanda de faire en sorte que sa voiture et son chauffeur l'attendent à son arrivée à l'aéroport de Logan.

Pendant le court vol jusqu'à Boston, il décida qu'il rentrerait directement à la maison et expliquerait à Anna et à Konstantin pourquoi il ne remettrait jamais les pieds en Union soviétique.

À l'atterrissage, il fut très heureux de voir Mlle Robbins qui l'attendait à l'arrivée, un air perplexe sur le visage.

— C'est si bon d'être chez soi, dit-il en s'écroulant à l'arrière de la limousine. Pamela, vous ne croirez jamais ce qui m'est arrivé et comment je me suis échappé.

— J'ai entendu une partie de l'histoire, mais j'ai hâte de connaître votre version.

— On vous a raconté que le major Poliakov et ses sbires du KGB m'attendaient au restaurant de l'hôtel ?

— Ce même colonel Poliakov qui est mort depuis trois ans ? demanda innocemment Mlle Robbins.

— Poliakov est mort ? répliqua Alex, incrédule. Mais qui était cet homme avec les deux gorilles du KGB ?

— Un aveugle, son frère et un ami. Ils allaient à une conférence à Leningrad. Jake s'apprêtait à vous dire qu'il avait aperçu sa canne blanche quand vous avez pris la fuite.

— Mais la cicatrice ? Elle était très reconnaissable.

— Une marque de naissance.

— Mais ils ont forcé la porte de ma chambre… j'ai entendu un homme crier « Il est là ! »

— C'était le gardien de nuit. Et il n'a pas forcé la porte, il avait un passe-partout, Jake était juste derrière lui et vous a identifié.

— Mais quelqu'un m'a couru après, je suis monté dans le tramway à la dernière seconde.

— Dick Barrett m'a dit qu'il n'imaginait pas que vous puissiez galoper aussi vite…

— Mais l'ambulance, le barrage de police, et…

— J'ai hâte d'en savoir plus sur l'ambulance, sur le barrage et surtout sur pourquoi vous n'avez pas repris votre avion, où vous attendait un mot de Jake expliquant la situation, répondit Mlle Robbins alors que la limousine quittait la route et entrait par un portail marqué « Privé ». Mais il faudra patienter jusqu'à votre retour.

— Où allons-nous ?

— Pas nous, vous seulement. Jake a appelé ce matin pour annoncer que l'affaire était conclue avec M. Nesterov. Mais il y a un problème : vous avez dit au président de la Banque commerciale que le contrat ne serait pas valide sans votre propre signature.

La limousine s'arrêta devant le jet privé de la banque, qui attendait son unique passager.

— Bon voyage, monsieur le président, ajouta Mlle Robbins.

Livre 5

Chapitre 39

Sasha
Londres, 1994

— Silence, silence ! s'écria le président de la Chambre des communes. Questions pour le ministre des Affaires étrangères. Monsieur Karpenko, la parole est à vous.

Sasha se leva du banc de l'opposition et demanda :

— Le ministre des Affaires étrangères peut-il confirmer que le Royaume-Uni signera bien le cinquième protocole de la convention de Genève, puisque nous sommes le seul pays européen à ne pas l'avoir fait ?

M. Douglas Hurd se leva pour répondre tandis qu'un employé contournait la tribune du président pour tendre un morceau de papier au président du groupe travailliste. Il regarda le nom avant de faire passer le billet jusqu'au premier rang des bancs de l'opposition. Sasha le déplia, lut le message, se leva immédiatement et marcha avec difficulté le long du banc, enjambant ou écrasant parfois les pieds de ses collègues, comme un spectateur quittant une pièce de théâtre au milieu de la représentation. Il s'arrêta pour expliquer au président les raisons de son départ. Le président lui répondit par un sourire.

— Un rappel au règlement, monsieur le président, dit le ministre des Affaires étrangères en se levant. Monsieur le député ne pourrait-il pas avoir la bienséance de rester assis pour écouter la réponse à sa question ?

— Bien dit ! crièrent plusieurs députés sur les bancs du gouvernement.

— Pas cette fois, répondit le président sans ajouter un mot.

Des deux côtés de la Chambre, des députés se mirent à bavarder, se demandant ce qui avait pu provoquer le départ précipité de Sasha.

— Passons à la deuxième question, dit le président, le sourire aux lèvres.

Au moment où Sasha atteignit la porte, le député Robin Cook était déjà debout.

— Un taxi, monsieur ? demanda le portier.

— Non, merci, répondit Sasha.

Il avait décidé de courir jusqu'au St Thomas Hospital plutôt que d'attendre un taxi qui devrait traverser Parliament Square et affronter une demi-douzaine de feux de circulation avant d'arriver à destination. Au milieu du pont de Westminster, il était déjà hors d'haleine à force de slalomer entre les touristes armés d'appareils photo. Chaque foulée lui rappelait combien il s'était laissé aller ces dernières années.

Depuis la naissance de leur fille, Charlie avait fait deux fausses couches et le Dr Radley les avait prévenus, c'était peut-être leur dernière chance d'avoir un autre enfant.

En arrivant à l'extrémité sud du pont, il dévala les marches et courut le long de la Tamise jusqu'à l'entrée de l'hôpital. Il ne s'arrêta pas à la réception pour demander à quel étage était sa femme, ils avaient rendu visite au Dr Radley ensemble la semaine passée. Évitant l'ascenseur bondé, il se rua dans l'escalier vers la maternité. Cette fois, il s'arrêta à la réception pour donner son nom à l'infirmière. Elle vérifia son ordinateur pendant qu'il reprenait son souffle.

— Madame Karpenko est déjà dans la salle de travail. Vous pouvez prendre une chaise, ça ne devrait plus tarder.

Sasha ne chercha même pas la chaise, mais se mit à faire les cent pas dans le couloir, en priant en silence pour son fils. Elena ne voyait pas d'un bon œil qu'ils aient voulu connaître à l'avance le sexe de l'enfant. Il se demandait pourquoi il priait dans cette situation alors qu'il ne le faisait jamais d'habitude. Enfin, sauf peut-être à Noël. Quand tout allait bien, il négligeait le Seigneur. Et en ce moment, les choses allaient on ne peut mieux. Natasha, qu'il adorait, le menait par le bout du nez depuis quinze ans.

— Sinon, à quoi servent les pères ? l'avait une fois entendu dire Charlie à une amie.

Ils avaient beau s'être serré la ceinture – une expression de sa mère – après la fermeture de l'Elena 3, il avait fallu quatre ans avant que la société soit de nouveau bénéficiaire et qu'ils puissent rembourser les impôts. L'Elena 1 et l'Elena 2 faisaient maintenant des profits confortables, même si Sasha avait accepté l'idée qu'il aurait pu gagner bien plus d'argent s'il n'avait pas choisi une carrière politique. La perspective d'un deuxième enfant lui faisait penser à l'avenir. Deviendrait-il ministre du gouvernement de Sa Majesté ? Ou ses électeurs le congédieraient-ils ? Après tout, Merrifield était toujours un siège disputé et il fallait être idiot pour se croire à l'abri. Peut-être ne seraient-ils jamais riches, mais ils menaient une vie confortable et n'avaient pas à se plaindre. Sasha avait accepté depuis longtemps que lorsqu'on faisait de la politique, on ne voyageait pas toujours en première classe.

Il avait été enchanté de sa promotion au poste de secrétaire d'État aux Affaires étrangères au sein du cabinet fantôme, lorsque Tony Blair avait pris la tête de l'opposition. Cet homme avait un défaut bien étrange pour un travailliste : il voulait gouverner.

Robin Cook, le porte-parole des Affaires étrangères du cabinet fantôme, souhaitait une politique étrangère éthique. Il avait dit à Sasha qu'il attendait de lui qu'il rappelât à ses homologues russes que la nouvelle richesse de leur pays devait être distribuée au peuple et non remise entre les mains d'un groupe d'oligarques sans mérite, dont une bonne partie avait élu résidence dans le quartier londonien de Mayfair, sans y payer d'impôts.

En privé, Sasha avait annoncé à Cook que non seulement il était d'accord avec lui, mais qu'il réfléchissait sérieusement à rentrer au pays pour se présenter à la prochaine présidentielle si les choses ne s'amélioraient pas. Il avait été très heureux de voir la chute du communisme mais n'aimait pas tellement ce qui l'avait remplacé.

Même dans les meilleures conditions, obtenir des informations fiables de Russie n'était pas chose aisée, mais Sasha était devenu ami avec Boris Nemtsov, récemment réélu député, et s'était fait des amis parmi les jeunes diplomates de l'ambassade. Ils se rencontraient régulièrement à des événements officiels, à des conférences et à des réceptions dans les autres ambassades. Sasha découvrit assez vite que l'un des jeunes chargés d'affaires, Ilia Resinev, pouvait faire passer des informations venant de son oncle.

Quand Eltsine remplaça Gorbatchev, Ilia fit savoir à Sasha que son vieil ami Vladimir faisait partie du cercle étroit du nouveau président et espérait une promotion. Vladimir venait de démissionner de ses fonctions de colonel lorsque le KGB avait été dissous et il s'était rapproché de l'un de ses anciens professeurs de l'université, Anatoli Sobtchak, qui était devenu le premier maire démocratiquement élu de Saint-Pétersbourg. Vladimir avait fait partie de ses premières nominations, au poste de chef du comité des relations de politique étrangère et économique. Ilia lui avait appris qu'aucun accord sur le pétrole ou le gaz dans la province ne pouvait être conclu sans l'assentiment de Vladimir, mais qu'il signait rarement lui-même les documents, et lorsqu'il déménagea à trois reprises en trois ans, à chaque fois pour une maison encore plus grande que la précédente, malgré son salaire de fonctionnaire, personne ne fut vraiment surpris.

Enfin, Ilia mit en garde Sasha : si Sobtchak était réélu, le nom de son successeur à la mairie de Saint-Pétersbourg ne ferait plus l'ombre d'un doute.

— Et après ça, qui sait jusqu'où Vladimir pourra aller ? ajouta-t-il.

Sasha arrêta de tourner en rond et regarda les portes de la salle d'accouchement, qui restaient désespérément closes. Ses pensées le ramenèrent en Russie, à son rendez-vous avec Boris Nemtsov, qui, en tant que député en vue, prévoyait de visiter Londres à l'automne, où il annoncerait à Sasha si se présenter à l'élection présidentielle était envisageable ou non. Eltsine avait déçu au sein même de ses rangs, qui ne lui trouvaient pas l'esprit de réforme qu'ils avaient espéré. Et une grande partie des leaders mondiaux se plaignaient de ne pouvoir s'entretenir avec lui passé quatre heures de l'après-midi. Après cette heure-là, il n'était plus cohérent dans aucune langue. Durant une escale à Dublin, Eltsine n'avait même pas été capable de descendre de l'avion, faisant attendre le Premier ministre irlandais, le *Taoiseach*, sur la piste d'atterrissage.

Sasha regarda sa montre pour la énième fois en demandant ce qui se passait derrière ces portes, quand elles s'ouvrirent d'un coup brusque et que le Dr Radley, en blouse opératoire, sortit dans le couloir. Sasha avança vers lui avec enthousiasme, mais lorsque le docteur retira son masque, il n'eut pas besoin de mots pour comprendre qu'il n'aurait jamais de fils.

***

Sasha se demandait s'il accepterait un jour la mort de son fils Konstantin. Il avait serré le garçon dans ses bras quelques instants avant qu'on ne l'emmène.

Ses collègues à la Chambre n'auraient pu être plus compréhensifs et compatissants. Mais quand il manqua plusieurs votes importants ainsi qu'à une partie de ses obligations de porte-parole de l'opposition, ils commencèrent à se demander s'il n'avait pas perdu son appétit pour la politique.

Le chef de l'opposition en discuta avec le chargé des Affaires étrangères et ils décidèrent de ne rien dire avant le retour des vacances parlementaires de l'été.

Elena suggéra qu'ils avaient tous les deux besoin de vacances, aussi loin de Westminster que possible.

— Pourquoi ne pas visiter Rome, Florence et Milan, proposa Gino, où vous pourriez profiter des meilleurs opéras, des plus belles galeries d'art et des restaurants les plus fameux du monde entier. Pavarotti et Bernini accompagnés de pâtes et de vin sicilien. Que demander de plus ?

— *New York, New York*, suggéra une autre voix italienne à la radio.

Charlie et Sasha décidèrent finalement de suivre le conseil de Frank Sinatra.

— Qu'allons-nous faire de Natasha ?

— Elle sera très contente de se débarrasser de vous, leur assura Elena. De toute façon, elle espérait rejoindre des camarades de classe au festival d'Édimbourg pour un concert de Bon Jovi.

— Alors c'est parfait.

***

Sasha était bien décidé à organiser des vacances que Charlie n'oublierait pas de sitôt. Ils passeraient cinq jours sur le *Queen Elizabeth II* et, en arrivant à New York, prendraient une suite au Plaza. Ils iraient au Metropolitan, au MoMA et au Frick et il avait même dégotté des billets pour un concert de Liza Minnelli au Carnegie Hall.

— Et nous rentrerons par le Concorde.

— Tu vas nous mettre sur la paille, répondit Charlie.

— Ne t'inquiète pas, les conservateurs n'ont pas encore ressuscité les peines de prison pour dettes.

— C'est probablement dans leur programme.

Les cinq jours de croisière sur le *Queen Elizabeth II* furent idylliques. À bord, ils se firent quelques nouveaux amis, dont un ou deux pensaient même que les travaillistes avaient une chance de remporter les prochaines élections. Chaque journée commençait par une séance de sport, mais ils parvenaient tout de même à prendre un demi-kilo par jour. Le dernier matin, ils se levèrent aux aurores et, sur le pont, saluèrent la statue de la Liberté, tandis que les gratte-ciel de Manhattan se rapprochaient de plus en plus à l'horizon.

Une fois enregistrés à l'hôtel – Charlie l'avait convaincu de ne pas prendre la suite présidentielle, mais plutôt une jolie chambre pour deux quelques étages plus bas – ils ne perdirent pas une minute.

Le Metropolitan Museum enchanta Charlie avec son large éventail d'œuvres de tant de cultures différentes. De la Grèce byzantine à l'Italie du Caravage, jusqu'aux maîtres flamands en passant par Rembrandt et Vermeer ; les impressionnistes français réclamèrent une seconde visite. Le musée d'Art moderne l'envoûta également et étonna Sasha, qui ne savait pas différencier un Picasso d'un Braque pendant leur période cubiste. Mais c'est le Frick qui devint leur seconde maison, où Bellini, Holbein et Mary Cassatt les poussaient sans cesse à revenir. Avec son interprétation de *Maybe This Time*, Liza Minnelli les fit se lever pour réclamer un rappel.

— Qu'est-ce qu'on devrait faire pour notre dernier jour ? demanda Sasha alors qu'ils prenaient leur petit déjeuner dans le jardin.

— Allons faire du lèche-vitrines.

— Pourquoi ne pas simplement entrer dans le premier magasin de la Cinquième Avenue et acheter tout ce que nous voyons ?

— Parce que nous n'avons plus d'argent.

— Il nous reste assez pour acheter quelque chose pour les deux grand-mères et pour Natasha.

— Alors nous irons regarder les vitrines de la Cinquième Avenue et faire des emplettes chez Macy's.

— Faisons un compromis, dit Sasha en repliant son journal. Nous irons chez Bloomingdale's.

Charlie choisit une paire de gants en cuir pour sa mère et Sasha acheta pour Elena une montre Swatch, dont elle avait fréquemment parlé. À un prix si raisonnable, répétait-elle souvent.

— Et pour Natasha ? demanda Sasha.

— Un jean Levi's. Toutes ses copines seront vertes.

— Mais ils sont troués avant même d'être achetés, dit Sasha en les regardant.

— Et tu prétends être un homme du peuple.

Ils étaient en route pour rentrer au Plaza, les bras chargés de sacs, lorsque Charlie s'arrêta pour regarder un tableau dans une vitrine de Lexington Avenue.

— C'est ça que je veux, dit-elle, émerveillée par les couleurs et les traits de pinceau.

— Alors tu n'as pas choisi le bon mari.

— Oh, je n'en suis pas si sûre. Mais je veux quand même savoir combien ça va te coûter, dit-elle en entrant dans la galerie.

Les murs de la galerie étaient couverts de tableaux abstraits et Charlie admirait un Jackson Pollock quand un homme âgé s'approcha.

— C'est une œuvre magnifique, madame.

— Oui, mais si triste.

— Triste ?

— Il est mort si jeune, avant d'avoir pu aller au bout de son potentiel.

— C'est vrai. Nous avons eu la chance de le représenter de son vivant et ce tableau est passé entre mes mains trois fois ces trente dernières années.

— Laissez-moi deviner : décès, divorce et impôts ?

Le vieil homme sourit et dit :

— Vous travaillez dans le milieu, n'est-ce pas ?

— Je suis conservatrice pour la collection Turner.

— Ah, transmettez mes amitiés à Nicholas Serota. Il occupe un poste réellement passionnant !

Sasha se rapprocha d'eux.

— Me risquerais-je à demander le prix du tableau dans la vitrine ?

— Le Rothko ? interrogea M. Rosenthal en se tournant vers le client. Oh, Alex, je ne savais pas que tu étais en ville. Mais tu devrais être au courant que ta femme l'a déjà acheté pour la collection.

— Ma femme l'a déjà acheté ?

— Il y a quelques semaines.

— Avec un salaire de député de la Chambre des communes, ça me semble peu probable.

Rosenthal ajusta ses lunettes, regarda plus attentivement son client et dit :

— Excusez-moi, j'aurais dû réaliser mon erreur quand vous avez parlé.

— Vous avez dit *la collection*, intervint Charlie.

— Oui, la collection Lowell à Boston.

— Voilà une collection que j'ai toujours voulu voir. Mais j'ai cru comprendre qu'elle était dans le coffre-fort d'une banque.

— Plus maintenant. Les tableaux ont tous été remis à leur place il y a quelque temps. Je serais très heureux de vous organiser une visite privée, madame. La conservatrice de la collection travaillait ici avant et je suis certain qu'elle serait ravie de vous rencontrer.

— J'ai bien peur que nous n'ayons réservé notre vol pour Londres pour cet après-midi, répondit Charlie.

— Quel dommage ! Une prochaine fois peut-être, dit Rosenthal en lui tendant sa carte. J'espère que nous nous reverrons.

— C'est étrange, dit Charlie lorsqu'ils furent de nouveau sur Lexington Avenue. Il t'a pris pour quelqu'un d'autre.

— Quelqu'un qui peut se permettre d'acheter un Rothko.

— Allez, nous ferions mieux de nous dépêcher si on veut être à JFK avant cinq heures.

Elle se retourna pour regarder une dernière fois le tableau.

— Tu imagines ce que ça doit être de posséder un Rothko ?

***

— Je sais, je sais, dit Sasha. Si Dieu avait voulu qu'on vole, il nous aurait donné des ailes.

— Ne te moque pas, répondit Charlie. L'avion va beaucoup trop vite.

— Il a été construit pour aller à cette vitesse. Détends-toi et profite du champagne.

— Mais tout l'avion tremble. Tu le sens, non ?

— Ça s'arrêtera quand nous passerons le mur du son, et là ce sera comme n'importe quel avion, sauf qu'on ira à plus de mille deux cents kilomètres à l'heure.

— Je préfère ne pas y penser, répondit Charlie en fermant les yeux.

— Et ne t'endors pas.

— Pourquoi pas ?

— Parce que ce sera la première et la dernière fois que tu prendras le Concorde.

— Sauf si tu deviens Premier Ministre.

— Ça n'arrivera pas, mais…

Charlie lui agrippa la main.

— Merci, mon chéri, pour les plus belles vacances au monde. Mais je dois admettre que j'ai hâte d'être à la maison.

— Moi aussi, avoua Sasha. Tu as lu l'éditorial du *New York Times* de ce matin ? Apparemment, même les Américains se mettent à penser que nous allons remporter les prochaines élections.

Sasha tourna la tête, Charlie s'était endormie. Il aurait aimé pouvoir dormir lui aussi. Il se retourna et aperçut de l'autre côté de la rangée quelqu'un qu'il reconnut immédiatement. Il aurait aimé se présenter, mais ne voulait pas le déranger. L'homme se retourna et regarda dans sa direction.

— Quelle heureuse coïncidence, monsieur Karpenko ! dit David Frost. Je disais justement à mon producteur ce matin qu'il fallait que je vous invite dans mon émission le plus vite possible. Je suis très intéressé par votre opinion sur la Russie, sur Eltsine et le temps qu'il restera en place.

À cet instant, Sasha pensa réellement que ce n'était peut-être qu'une question de temps avant qu'il n'entre au gouvernement.

***

Pour la première fois depuis des années, Sasha apprécia beaucoup le congrès annuel du parti à Blackpool. Il n'était plus question discours après discours de réclamer des changements que le gouvernement devait faire ; cette fois les porte-parole du cabinet fantôme parlaient des changements qu'ils amorceraient une fois que les conservateurs auraient eu le courage de convoquer des élections.

Dès qu'il quittait son hôtel pour rejoindre le lieu de la conférence, des passants lui faisaient de grands signes et criaient : « Bonne chance, Sasha ! » Des journalistes qui, par le passé, n'avaient pas le temps de passer boire un verre au Annie's Bar l'invitaient maintenant à dîner et il avait du mal à les faire entrer dans son emploi du temps. Le message du leader travailliste lors de son discours de clôture ne pouvait pas être plus clair : préparez-vous pour un gouvernement travailliste, préparez-vous pour la doctrine du New Labour. Comme tout le monde dans la salle comble, Sasha n'avait qu'une hâte, que John Major, le Premier Ministre conservateur, convoque une des élections.

***

Sasha se sentait coupable de ne pas avoir rendu visite à la comtesse depuis longtemps. Sa mère prenait le thé avec elle une fois par semaine et, au fil des années, elles étaient devenues très amies. Elena lui rappelait souvent que c'était l'œuf Fabergé de la comtesse qui avait changé leur vie. Mais cela faisait des mois que la comtesse n'était pas venue à une réunion du conseil d'administration, alors qu'elle possédait toujours cinquante pour cent de l'entreprise.

Lorsque Sasha toqua à la porte de son appartement sur Lowndes Square, la même fidèle domestique lui ouvrit et, pour la première fois, le fit entrer dans la chambre de la comtesse. Sasha fut très choqué de voir combien la comtesse avait vieilli depuis leur dernière rencontre. Ses cheveux blancs clairsemés et son visage creusé annonçaient le crépuscule de sa vie. Elle lui adressa un faible sourire.

— Viens, assieds-toi à côté de moi Sasha, dit-elle en tapotant le bord du lit. Il y a quelque chose dont je dois te parler. Je sais que tu dois être très occupé alors je vais aller droit au but.

— Je ne suis pas pressé, répondit Sasha en s'asseyant. Prenez votre temps. Je suis vraiment désolé de ne pas être venu plus souvent.

— Ce n'est pas grave. Ta mère me tient au courant de tout. L'entreprise s'en sort de nouveau très bien et j'espère vivre assez longtemps pour te voir devenir ministre de la Couronne.

— Bien sûr que vous vivrez assez longtemps.

— Mon cher Sasha, j'ai atteint un âge où la mort est une voisine, c'est pour cela que j'ai demandé à te voir. Toi et moi avons tant de choses en commun, par-dessus tout un amour et une dévotion pour notre pays d'origine. Nous devons tant de choses à nos hôtes britanniques, qui ont été si courtois et si tolérants, mais c'est du sang russe qui coule dans nos veines. Quand je mourrai…

— Et j'ose espérer qu'il nous reste encore beaucoup de temps, dit Sasha en lui prenant la main.

— Mon seul souhait, reprit la comtesse en ignorant l'interruption, c'est d'être enterrée aux côtés de mon père et de mon grand-père dans l'église Saint-Nicolas à Saint-Pétersbourg.

— Votre souhait sera exaucé. N'y pensez plus.

— C'est vraiment gentil, je t'en serai éternellement reconnaissante. Dans un registre plus gai, mon garçon, une petite anecdote historique qui t'amusera. Quand je n'étais encore qu'une fillette, le tsar Nicolas II est venu me voir dans ma chambre d'enfant et s'est assis comme toi, au bord de mon lit.

Sasha sourit en lui tenant la main.

— Je crois que je serai la seule dans l'histoire de notre pays à avoir eu le privilège de voir s'asseoir sur mon lit le tsar et le futur président de la Russie.

Sasha [illegible] la main.

— Je crois en être [illegible] [illegible] de mon [illegible] d'avoir [illegible] [illegible] le futur président de la Russie.

Chapitre 40

Sasha
Westminster, 1997

John Major attendit le dernier moment pour convoquer une élection, le dernier jour des cinq années de la législature parlementaire. Dès lors, il n'était plus question de savoir si les travaillistes gagneraient les élections, mais seulement de connaître la taille de leur majorité.

Comme le poste de Sasha à Merrifield n'était plus considéré comme un siège disputé, il fut envoyé dans tout le pays pour faire des discours dans des circonscriptions, où, jusqu'à maintenant, presque personne n'arborait la rosette rouge des travaillistes. Même Fiona Hunter, avec son avance de onze mille trois cent vingt-huit voix dans la circonscription voisine, faisait du porte-à-porte et des meetings comme si elle défendait un siège clef pouvant faire basculer les résultats des élections.

Sasha passa la dernière semaine de la campagne entourée par des amis et des militants à Merrifield en attendant de connaître le verdict national. Aux premières heures de la matinée du vendredi 2 mai, le directeur de scrutin pour la circonscription de Merrifield déclara la victoire de M. Sasha Karpenko avec une avance de neuf mille sept cent quarante et une voix. Alf lui rappela le temps où son avance n'avait que deux chiffres et seulement après trois décomptes.

Ce matin-là, il lut le même titre, deux mots, en une de presque tous les quotidiens nationaux : « Victoire écrasante. »

Lorsque les résultats du dernier scrutin furent proclamés, en Irlande du Nord, le Parti travailliste avait une majorité de cent soixante-dix-neuf sièges. Sasha était déçu que Ben Goldsmith ait perdu sa circonscription et il admit, mais seulement à lui-même, qu'il était content que Fiona Hunter ait survécu grâce à quelques centaines de voix. Il appellerait Ben plus tard ce jour-là pour compatir.

Il alluma la télévision pendant que Charlie faisait bouillir des œufs.

— Pas de télé avant d'avoir fini de te préparer, gronda Natasha en le menaçant du doigt.

— C'est ça, ma préparation, jeune fille, répliqua son père, alors qu'ils regardaient une Jaguar noire remonter The Mall en direction de Buckingham Palace, transportant un passager qui avait rendez-vous avec la reine. Comme c'était la coutume, Sa Majesté demanderait à M. Tony Blair de former un gouvernement et il lui répondrait par l'affirmative.

Lorsque la voiture repassa les grilles du palais quelque quarante minutes plus tard, elle fila droit vers le 10, Downing Street, où son passager s'installerait pour les cinq prochaines années, sous les titres de Premier Ministre et de Premier lord du Trésor.

— Et maintenant, que va-t-il se passer ? demanda Charlie.

— Comme tous mes collègues, je vais rester à côté du téléphone en espérant que le nouveau Premier Ministre me passe un coup de fil.

— Et s'il n'appelle pas ? demanda Natasha.

— Je retournerai à la Chambre pour les cinq prochaines années.

— Ça n'arrivera pas. Mais pendant ce temps, certains ont du travail. Appelle-moi dès que tu as du nouveau. Et n'oublie pas que tu dois accompagner Natasha au lycée ce matin, ajouta Charlie avant de partir prendre le métro à la station Victoria.

Sasha découpa le haut de son œuf et constata qu'il était trop cuit. Quand Natasha quitta la pièce pour préparer son sac, il essaya de lire le journal. Il vivait un instant historique. Il aurait voulu pouvoir lire les journaux du lendemain et découvrir s'il avait été nommé.

Natasha passa la tête dans l'interstice de la porte.

— Allez Papa, viens, c'est l'heure. Je ne peux pas être en retard.

Sasha abandonna son œuf entamé, prit les clefs de la voiture et suivit sa fille dans la rue.

— Est-ce que je t'ai dit que je vais jouer Porcia dans la pièce du lycée cette année ? dit-elle en attachant sa ceinture de sécurité.

— Quelle Porcia ? demanda Sasha en démarrant.

— Dans *Jules César*.

— « Vous êtes une vraie et honorable épouse ; vous m'êtes aussi chère que les gouttes vermeilles qui affluent à mon triste cœur. »

Natasha se tut un instant puis récita la réplique suivante :

— « Si cela était vrai, je connaîtrais ce secret. Je l'accorde, je suis une femme, mais une femme que le seigneur Brutus a prise pour épouse. »

— Pas mal du tout, dit Sasha.

— Nous cherchons encore un Brutus, Papa, si tu n'as rien d'autre à faire, répondit Natasha alors qu'ils s'approchaient des grilles du lycée.

— C'est une proposition honnête. Je te dirai ce soir si j'ai reçu une offre plus alléchante.

— D'ailleurs, dit Natasha en descendant de voiture, tu as fait une erreur dans ta réplique.

— Laquelle ?

— Tu m'as toujours dit « Ne sois pas paresseuse ma fille, cherche par toi-même ! », n'est-ce pas ? Passe une bonne journée, Papa, bonne chance !

***

Sasha laissa passer trois sonneries avant de décrocher.

— Sasha, c'est Ben. Je t'appelle juste pour te souhaiter bonne chance.

— Je suis désolé que tu aies perdu ton siège. Je suis sûr que tu reviendras vite.

— Je n'y crois pas trop. J'ai le sentiment que ton parti va rester au gouvernement quelque temps.

— Peut-être qu'ils te nommeront à la Chambre des lords ?

— Je suis trop jeune. Et de toute façon, il y a du monde avant moi.

— Restons en contact, répondit Sasha, conscient que ce ne serait dorénavant plus aussi facile.

— Je vais raccrocher. Je sais que tu attends un appel du numéro 10. Bonne chance.

Sasha ne s'était pas rassis que le téléphone sonna à nouveau. Il le décrocha avant la deuxième sonnerie.

— Ici le numéro 10, annonça la voix de l'opératrice. Le Premier Ministre souhaiterait vous voir à trois heures vingt cet après-midi.

Sasha aurait voulu plaisanter et dire « Laissez-moi consulter mon agenda » mais il répondit :

— Bien sûr.

Pendant toute l'heure suivante, il fit semblant de regarder la télé, de lire le journal et même de prendre son déjeuner. Il eut quelques collègues au téléphone qui avaient également été convoqués, ou qui attendaient encore nerveusement, et de nombreux autres, dont Alf Rycroft, qui appelaient pour lui souhaiter bonne chance. Entre-temps, il remplit la gamelle le chat, qui dormait profondément, et lut le deuxième acte de *Jules César* pour trouver le mot sur lequel il s'était trompé.

Il prit la voiture jusqu'à la Chambre des communes un peu après deux heures et demie et se gara dans le parking du personnel. Le policier à l'entrée lui adressa un salut au moment où il l'aperçut. Savait-il quelque chose que Sasha ignorait ? Il quitta le palais de Westminster juste après trois heures et traversa lentement Parliament Square à pied, remonta Whitehall et dépassa le ministère des Affaires étrangères et du Commonwealth. Était-ce lui que les fonctionnaires attendaient à l'intérieur ? Le policier en service à Downing Street ne regarda même pas sa liste.

— Bonjour, monsieur Karpenko, dit-il en ouvrant le portail qui barrait la rue.

— Bonjour, répondit Sasha, avant de remonter Downing Street vers son destin.

Il fut étonné de voir la porte du numéro 10 s'ouvrir alors qu'il était encore à quelques pas. C'était la première fois qu'il y entrait. À l'intérieur, une jeune femme l'attendait.

— Bonjour, monsieur Karpenko. Auriez-vous l'amabilité de me suivre ?

Elle le conduisit en haut de l'escalier, où étaient accrochés les portraits des anciens Premiers ministres. John Major était déjà sur le mur.

En arrivant au premier étage, elle s'arrêta devant une porte à laquelle elle toqua doucement, l'ouvrit et s'écarta. Sasha entra et trouva le Premier Ministre assis en face d'une chaise qui avait l'air d'avoir accueilli plusieurs personnes. Un secrétaire, stylo en main, était assis derrière lui.

— Je suis certain que ce ne sera pas une grande surprise, annonça le Premier Ministre, lorsque Sasha eut pris place, mais j'aimerais que vous rejoigniez Robin au ministère des Affaires étrangères et du Commonwealth pour le seconder en tant que secrétaire d'État. J'espère que vous accepterez ce poste.

— Avec plaisir, répondit Sasha. Je serai très honoré de servir dans votre premier gouvernement.

— J'aimerais aussi que vous me teniez au courant de la situation en Russie, particulièrement si votre situation personnelle devait changer.

— Ma situation personnelle, monsieur le Premier Ministre ?

— Notre ambassadeur à Moscou m'a dit que si vous retourniez en Russie pour vous présenter contre Eltsine, vous pourriez avoir une majorité plus importante encore que la mienne ici. Dans ce cas-là, ce serait à moi d'essayer d'obtenir un rendez-vous avec vous.

— Mais l'élection présidentielle russe n'auront pas lieu avant trois ans.

— Oui, mais les sondages montrent que sa cote de popularité n'a plus qu'un chiffre et diminue encore.

— Les sondages n'ont aucune importance, monsieur le Premier Ministre. En Russie, ce qui importe, c'est le nombre de bulletins qui se retrouvent dans les urnes, qui les y a mis et, surtout, qui va les compter.

— Eh bien, quand on parle de la *glasnost*… Mais j'ai le sentiment que ce sera bientôt votre tour, Sasha. Tenez-moi simplement au courant, et en attendant, bonne chance dans votre nouveau travail.

Le secrétaire se pencha et murmura à l'oreille du Premier Ministre. Sasha n'avait pas besoin qu'on lui explique que le rendez-vous était terminé, il s'apprêtait à partir quand le Premier Ministre ajouta :

— Votre nom est aussi sur la liste des secrétaires d'État qui participeront au Conseil privé de Sa Majesté.

— Merci, monsieur le Premier Ministre, dit Sasha en se levant.

Les deux hommes se serrèrent la main.

En sortant du bureau du Premier Ministre, la jeune femme l'attendait dans le couloir.

— Suivez-moi, monsieur le secrétaire d'État, une voiture vous attend pour vous conduire au ministère des Affaires étrangères.

Denis Healey lui avait une fois raconté qu'on n'oubliait jamais la première personne qui vous appelait « monsieur le secrétaire d'État ». Mais qu'au bout d'une semaine on avait l'impression que c'était devenu le prénom qu'on portait depuis la naissance.

En sortant du numéro 10, Sasha croisa Chris Smith et se demanda quel poste on allait lui proposer. Il fit un pas dehors et un homme massif qui avait l'air de jouer pilier au rugby se présenta.

— Bonjour, monsieur le secrétaire d'État, je m'appelle Arthur et je suis votre chauffeur, annonça-t-il en ouvrant la portière arrière de la voiture.

— Je préférerais m'asseoir devant.

— J'ai peur que ce ne soit pas possible, monsieur. Question de sécurité.

Sasha monta à l'arrière. Il se demandait pourquoi il avait besoin d'une voiture, le ministère des Affaires étrangères n'était qu'à quelques centaines de mètres. « Question de sécurité », pouvait-il entendre Arthur répéter.

— Est-ce que je peux passer un coup de téléphone ?

— Le téléphone est dans l'accoudoir, monsieur. Décrochez et vous obtiendrez tout de suite le standard du ministère. Dites-leur qui vous voulez joindre et ils vous connecteront directement.

— Je dois tout de même leur donner le numéro, non ?

— Ce n'est pas nécessaire, monsieur.

Sasha leva l'accoudoir et décrocha le combiné.

— Bonjour, monsieur, dit la voix. Que puis-je faire pour vous ?

— Je voudrais parler à ma femme.

— Bien sûr, monsieur, je vous connecte.

Fiona lui avait une fois raconté qu'il fallait un peu de temps pour s'habituer au brusque changement de vie entre l'opposition et le gouvernement.

— Allô ? fit la voix à l'autre bout du fil.

— Bonjour, ici le très honorable Sasha Karpenko, député de la circonscription de Merrifield, secrétaire d'État de Sa Majesté auprès du ministère des Affaires étrangères et du Commonwealth.

Il attendit que Charlie éclate de rire.

— Je suis désolé, monsieur le secrétaire d'État, reprit la voix, mais votre femme n'est pas à son bureau. Je lui dirai que vous avez appelé.

— Je suis vraiment désolé… commença Sasha, mais le téléphone avait déjà été raccroché. Je crois que je viens de faire ma première gaffe, Arthur.

— Et ce ne sera sûrement pas la dernière. Mais je dois avouer que vous êtes le premier de mes secrétaires d'État qui ait réussi à la faire avant même d'arriver au ministère.

Et [illegible] [illegible] pas [illegible] [illegible] doit avoir que vous êtes le premier [illegible] d'État [illegible] [illegible] [illegible] [illegible]

Chapitre 41

Alex
Boston et Davos, 1999

La réunion du conseil d'administration s'était déroulée sans encombre jusqu'à ce que Jake en vienne au dernier point à l'ordre du jour : les questions diverses.

— Evelyn veut quoi ? s'écria le président en regardant avec incrédulité son directeur général.

— Vendre ses cinquante pour cent de parts de la banque. Elle nous offre le droit de préemption.

— Combien valent ses parts sur le marché ? demanda Bob Underwood.

— Quatre, peut-être cinq cents millions.

— Combien en demande-t-elle ? questionna Mitch Blake.

— Un milliard.

Ce groupe d'hommes, pourtant capables de jouer au poker pendant des heures sans laisser paraître la moindre émotion, laissa échapper un cri de surprise.

— Elle est consciente qu'avec cinquante pour cent des parts de l'entreprise, elle nous braque un pistolet sur la tempe.

— Alors il va falloir qu'elle appuie sur la détente, répondit Alex, parce que nous n'avons pas ce genre de somme à disposition.

— Comme l'a dit George Soros, quand on possède cinquante et un pour cent d'une entreprise, on est son maître, et quand on en possède quarante-neuf pour cent, on est son esclave.

— Quelqu'un a une idée ? demanda Alex en regardant autour de la table.

— On pourrait la tuer, répondit Bob Underwood.

— Ça ne changerait rien, intervint Jake, sur un ton détaché. Son mari, Todd Halliday, hériterait de tout et il faudrait avoir affaire à lui.

— Nous pourrions jouer le jeu, ajouta Underwood. Elle va vite découvrir que personne d'autre n'acceptera de lui donner une somme aussi faramineuse.

— Je n'en suis pas si sûr, répondit Jake. La Bank of Boston aimerait beaucoup mettre la main sur notre portefeuille russe, qui dépasse maintenant celui de tous nos concurrents, et je crains qu'ils ne soient prêts à payer même plus que le prix demandé.

— Pourquoi ne pas simplement ignorer cette satanée bonne femme, suggéra Blake, peut-être qu'elle finira par s'en aller.

— Elle s'attendait à ça, répondit Jake, elle a tout anticipé et a sorti l'artillerie lourde pour nous assiéger.

— Que prévoit-elle d'utiliser comme munitions ? demanda Alex.

— Les statuts de l'entreprise.

— Quel paragraphe en particulier ? demanda Andy Harbottle, qui pensait tous les connaître par cœur.

— Le numéro 92.

Tous les membres du conseil d'administration patientèrent tandis que Harbottle tournait les pages d'un volume à la reliure en cuir usée. Quand il trouva la bonne page, il lut à haute voix :

— Le ou les titulaires de cinquante pour cent ou plus des parts de la société peuvent suspendre toute décision du conseil d'administration pour une durée de six mois.

— Elle a fait la liste de onze décisions que nous avons prises l'année passée et qu'elle a l'intention de contester, expliqua Jake. Ce qui mettrait la banque à l'arrêt pour six mois. Elle ajoute que si nous ne payons pas, elle viendra elle-même à l'assemblée générale annuelle le mois prochain et mettra sa menace à exécution.

— Qui l'a entraînée là-dedans ? demanda Underwood.

— C'est certainement Ackroyd. Comme il a un casier, il ne peut pas risquer de mettre lui-même les mains dans le cambouis. Il va falloir régler ça directement avec Evelyn.

— Mais vu son passif avec Ackroyd, pourquoi ne pas lui proposer quatre cents millions et voir comment elle réagit ?

— On peut essayer. Jusqu'où suis-je autorisé à monter, monsieur le président ?

— Six cents millions, et c'est déjà de l'extorsion, répondit Alex.

— Je crois que nous devons nous attendre à ce qu'elle mette ses menaces à exécution, ajouta Jake. Dans ce cas, Ackroyd lui conseillera de vendre ses parts à la Bank of Boston pour sept cents millions.

— On devrait la faire danser au bout d'une corde, comme bon nombre de ses ancêtres anglais, intervint Underwood.

— C'est moi qui devrais être pendu, ajouta Alex. N'oubliez pas qu'elle m'a déjà proposé ses parts pour un million et que j'ai refusé.

— Pendu haut et court, dit Underwood.

— Pas encore, intervint Jake. Il nous reste une carte à jouer.

***

— Félicitations ! dit Anna. C'est toujours un honneur particulier d'être reconnu par ses pairs.

— Merci, répondit Alex. Surtout que le Forum de Davos est le lieu de rencontre de tous les gens importants de la finance.

— Sur quoi doit porter ton intervention ?

— Le rôle de la Russie dans le nouvel ordre mondial. Le seul problème, c'est que le moment est très mal choisi pour la banque.

— Evelyn fait encore des siennes ?

— Elle menace de prendre en otage l'assemblée générale annuelle si nous ne lui donnons pas ce qu'elle demande.

— Peut-être devrions-nous annuler le week-end à Londres et aller directement à Davos ?

— Non, on a tous les deux besoin de faire une pause et ça fait des mois que tu attends ce voyage.

— Des années, renchérit Anna. Depuis que M. Rosenthal m'a dit que je ne comprendrais jamais vraiment les aquarelles anglaises avant d'avoir vu les Turner à la Tate.

***

Après avoir rendu visite au plus prestigieux perruquier de Boston, il prit un aller-retour pour Nice qu'il régla en espèces. L'employé de l'agence de voyages lui réserva également une chambre à l'Hôtel de Paris, sans fixer de date de retour, puisqu'il ne savait pas combien de temps prendrait l'exécution de son plan.

Il était toujours très méticuleux, attentif aux moindres détails. Son héros, le général Eisenhower, avait écrit dans ses Mémoires qu'à armes égales c'est la préparation qui vous faisait remporter la victoire. Quand il prit place dans l'avion pour Nice, il était prêt à l'affronter sur le champ de bataille qu'elle choisirait.

***

Mlle Robbins leur avait réservé une chambre au Connaught, l'hôtel londonien préféré de Lawrence. Comme ils n'avaient qu'un long week-end avant le Forum de Davos, chaque minute devait être mise à profit.

La National Gallery, la Wallace Collection et la Royal Academy of Arts étaient des passages obligés et les comblèrent. La prestation d'Henry Goodman en Shylock dans *Le Marchand de Venise* leur donna envie de prolonger leur séjour et d'aller voir toutes les autres pièces qui se jouaient au Royal National Theatre. Et comment départager le musée d'Histoire naturelle de

Londres, le Victoria and Albert Museum et le Science Museum, à moins de les visiter tous dans la foulée ?

Anna garda la collection Turner à la Tate Gallery pour leur dernière matinée et ils se tenaient devant les portes du musée bien avant l'ouverture. *Le Palais de l'archevêque à Lambeth*, peint lorsque l'artiste n'avait encore que quinze ans, ne laissait aucun doute sur son génie. Mais après avoir contemplé *Le Naufrage* et *Venise*, Anna aurait voulu demander à Alex s'il ne pouvait pas aller à Davos sans elle.

En se retournant, elle le vit qui discutait avec une femme qui n'avait pas l'air d'une touriste ; le badge sur le revers de sa veste suggérait qu'elle travaillait peut-être pour le musée. Anna, qui souhaitait poser une question sur la relation tumultueuse entre Turner et John Constable, son contemporain et rival, s'approcha d'eux.

— Je suis désolée, disait la femme. Pendant une seconde j'ai pensé que… Quelle imbécile je fais !

Elle s'éclipsa, embarrassée.

— Que s'est-il passé ? demanda Anna.

— Je ne suis pas sûr, mais je crois qu'elle m'a pris pour quelqu'un d'autre.

— Tu mènes une double vie, mon chéri ? plaisanta-t-elle. Elle est exactement ton type : cheveux foncés, yeux foncés, et elle a l'air très intelligente.

— J'en ai trouvé une comme ça il y a quelque temps, répondit Alex en enlaçant sa femme. Et très honnêtement, une seule me suffit.

— Est-ce que je me trompe en disant que tu commences à t'inquiéter pour ton discours ?

— Tu as peut-être raison.

— Alors, retournons à l'hôtel pour répéter.

Aucun d'eux ne remarqua la conservatrice en chef qui les fixait depuis son bureau alors qu'ils sortaient dans Millbank et hélaient un taxi. À l'exception du costume Brooks Brothers et de l'accent américain, Charlie aurait juré… et puis elle se souvint. Serait-ce la femme qui avait travaillé à la galerie Rosenthal et qui dirigeait maintenant la collection Lowell ?

***

Il s'installa en première classe et fut soulagé de constater qu'il ne connaissait personne dans l'avion. Il mit à profit le long trajet pour réviser son plan de nombreuses fois, mais il savait qu'il devrait avoir l'air surpris lorsqu'ils se rencontreraient pour la première fois. Comme chez tous les brillants orateurs, même les remarques impromptues devaient être apprises par cœur.

Il se tourna à nouveau vers son dossier, suspectant qu'il en savait maintenant plus sur elle que ses amis les plus intimes. Pendant l'atterrissage, il se demanda ce qui pourrait aller de travers. Mais il y avait toujours un imprévu. Encore un enseignement d'Eisenhower.

Après le contrôle des passeports et avoir récupéré ses deux larges valises en cuir, il prit un taxi pour l'Hôtel de Paris, s'enregistra et fut guidé vers sa suite. Il donna un généreux pourboire, ce qui faisait partie de son plan. Il fallait qu'on se souvienne de lui. Comme il ne réussissait jamais à dormir dans l'avion, il fila au lit et ne se réveilla qu'à huit heures le lendemain matin.

Il passa la journée à se familiariser avec l'agencement de l'hôtel et du casino, situé de l'autre côté de la place, bien qu'il ne jouât pas. Il fallait qu'il ait l'air d'un habitué lorsqu'ils se rencontreraient. Et plus important encore, les soirées devaient être répétées à la seconde près.

Le lundi soir, il dîna seul au restaurant de l'hôtel et gagna la confiance de Jacques, le maître d'hôtel, aidé là encore par un pourboire extravagant, puis il regagna sa chambre. Dès le mardi, Jacques lui confirma qu'elle et son mari dînaient là tous les vendredis soir avant de traverser la place pour se rendre au casino, où ils jouaient jusqu'au matin.

Le mercredi, Jacques l'installa à la table voisine de celle qu'ils occupaient habituellement et lui choisit une chaise qui le mettait dos à elle. Le jeudi, Jacques connaissait le rôle qu'il devait jouer. Monsieur lui avait donné quelques généreux encouragements et lui avait laissé entendre que s'il jouait son rôle, il saurait se rendre encore plus généreux.

Le vendredi soir, il était à sa place trente minutes avant le lever du rideau. Il passa commande mais dit à Jacques qu'il n'était pas pressé.

Ils entrèrent tous les deux dans le restaurant un peu après huit heures, Jacques ne lui jeta même pas un coup d'œil en accompagnant ses clients à leur table habituelle. Il était toujours plongé dans la lecture du *Wall Street Journal,* il voulait qu'elle comprenne qu'il était seul.

Jacques attendit que leurs plats principaux aient été débarrassés pour lever le rideau sur le deuxième acte, où il revint en scène pour son grand rôle. Il se pencha et lui murmura à l'oreille :

— Madame, avez-vous vu qui est assis derrière vous ?

— Si vous voulez parler du vieil homme derrière moi, non, je l'ignore.

— C'est George Soros. Il me donne toujours un petit tuyau boursier et lorsqu'il revient, ma mise a doublé.

— C'est un habitué ?

— Il vient tous les ans, madame, juste pour une semaine. Pour se détendre, là où personne ne va le reconnaître.

— Je ne prendrai pas de dessert ce soir, Jacques. Mon mari non plus.

Todd eut l'air déçu, il aimait beaucoup le roulé au chocolat amer, mais il connaissait cet air sur le visage de sa femme.

— Très bien, madame, répondit Jacques.

En passant devant la table d'à côté, il remplit le verre d'eau, signe qu'il avait joué son rôle et se retirait maintenant de la scène.

Quelques instants plus tard, Todd se leva et quitta discrètement le restaurant. Le convive à la table d'à côté tourna une page de son journal et continua sa lecture. Evelyn se leva et repoussa sa chaise jusqu'à ce qu'elle heurte la sienne.

— Je suis désolée, dit-elle alors qu'il se retournait.

— Ce n'est pas grave, répondit-il en se levant et en s'inclinant légèrement.

— Dieu du ciel, êtes-vous qui je pense que vous êtes ?

— Ça dépend qui vous voulez que je sois, dit-il avec un sourire chaleureux.

— M. Soros ?

— Je suis découvert, madame.

— Evelyn Lowell, dit-elle en lui souriant.

Il fit une nouvelle révérence.

— J'ai eu le privilège de connaître votre père, un grand homme, qui m'a beaucoup appris.

— Mon cher papa. Combien j'aimerais qu'il soit encore parmi nous pour me conseiller sur un problème qui me cause du souci.

— Peut-être suis-je en mesure de vous venir en aide ?

— Oh, non, je ne voudrais pas vous….

— Ma très chère dame, ce serait un honneur pour moi de conseiller la fille de James Lowell et peut-être de pouvoir lui rendre un peu de la gentillesse qu'il m'a montrée, toutes ces années. Je vous en prie, joignez-vous à moi, dit-il en tirant la chaise à côté de lui.

— Comme c'est aimable, répondit Evelyn en s'asseyant.

— Jacques, une coupe de champagne pour madame, et pour moi, la même chose que d'habitude.

Le maître d'hôtel s'éclipsa.

— Comment puis-je vous être utile, madame Lowell ?

— Evelyn, s'il vous plaît.

— George, dans ce cas, répondit-il.

Il écouta Evelyn lui raconter tout ce qu'il savait déjà, pendant qu'elle sirotait son champagne et lui un verre de brandy.

— C'est un problème récurrent dans le milieu des affaires. Surtout quand des frères et sœurs rivaux sont impliqués. On l'appelle le dilemme cinquante/cinquante.

— Comme c'est intéressant, dit-elle en buvant ses paroles.

— Il y a une solution très simple, bien sûr.

— Vraiment, quelle est-elle ?

— D'abord, je dois vous demander, Evelyn, si vous savez garder un secret ?

— Bien entendu, répondit-elle en posant la main sur sa cuisse.

— Parce qu'il faudra que nous travaillions en étroite collaboration dans les jours à venir et je ne voudrais pas que quiconque, et je dis bien quiconque, sache d'où provient ce que je m'apprête à vous dévoiler, pas même votre mari.

— Alors il vaudrait peut-être mieux que nous allions dans votre chambre, où nous ne risquons pas d'être entendus, ajouta-t-elle en remontant sa main sur sa cuisse.

Ce n'était pas vraiment ce à quoi Bob s'attendait, mais s'il fallait en passer par là…

***

La dernière fois qu'Alex avait été aussi nerveux, c'était sur un champ de bataille au Vietnam. Et comme cette fois-là, le pire, c'était l'attente.

Sa première peur, c'était que personne ne vienne l'écouter. Lorsque Nelson Mandela, George Soros et Henry Kissinger étaient au menu, il fallait accepter n'être au mieux qu'un dessert. Pourtant, les organisateurs lui avaient assuré que « Le rôle de la Russie dans le nouvel ordre mondial » était le plat du jour, qui faisait saliver bon nombre de délégués.

Quand un assistant toqua à la porte de la salle des conférenciers et lui annonça qu'il devait se rendre en coulisses, Alex n'eut pas le courage de demander si l'auditorium était rempli. Lorsqu'il n'en put plus, il jeta un coup d'œil entre les rideaux et découvrit que les organisateurs n'avaient pas exagéré. La salle était comble, au point que certains délégués étaient assis sur les marches.

Klaus Schwab se leva pour le présenter et commença par expliquer qu'Alex Karpenko faisait partie, depuis une dizaine d'années, du fleuron des banquiers d'affaires de la florissante économie de la jeune république russe et qu'il avait conclu des marchés qui avaient abasourdi ses concurrents les plus prudents, qui étaient complètement dépassés. La Lowell Bank avait donné un nouveau sens à l'expression « ratio risque-rendement » et avait même conclu un marché qui avait rapporté mille pour cent de profit dans sa première année, tout en permettant d'augmenter les salaires de tous les employés de l'entreprise.

— Lors de la ruée vers l'or, conclut Schwab, il fallait prendre le train en marche et filer vers l'ouest. Aujourd'hui, c'est vers l'est qu'il faut diriger son jet privé, vers la Russie.

Alex fut soulagé que Schwab ne mentionne pas sa fuite de Saint-Pétersbourg en ambulance, juste après s'être fait dépouiller par un jeune prostitué et un brancardier.

En sortant des coulisses pour prendre la place de Schwab, il fut accueilli par des applaudissements polis. Le genre d'accueil qui indiquait que la salle réservait son jugement pour la fin du discours.

Alex regarda les rangées de visages attentifs et patienta quelques secondes avant de commencer son allocution.

— Quand je parle au Rotary Club, devant des étudiants ou à une conférence sur les affaires, je suis toujours à peu près certain d'être plus informé que n'importe qui dans l'auditoire. J'ai accepté cette invitation sans comprendre qu'aujourd'hui tout le monde dans la salle en sait bien plus que moi.

Les rires lui donnèrent l'occasion de se détendre un peu.

— Depuis dix ans, la Lowell Bank and Trust travaille auprès des populations locales en Russie et M. Schwab nous a très gentiment décrits comme des leaders dans notre domaine. La banque est établie depuis plus d'un siècle à Boston et l'on nous y considère toujours comme des jeunots. Pourtant, dans le domaine de la banque d'affaires en Russie, nous faisons déjà partie de l'*establishment*, au bout d'à peine dix ans. Alors, comment cela est-ce possible ?

» Il n'y a même pas cinquante ans, Staline dirigeait l'un des plus grands empires au monde. À sa mort en 1953, il a été pleuré comme un héros national et des statues à son effigie ont été installées jusque dans les plus petits villages. La population l'appelait affectueusement Oncle Joe et de par le monde son nom était accolé à ceux de Roosevelt et Churchill. Mais aujourd'hui, vous aurez bien du mal à trouver une statue de Staline quelque part dans l'ancienne Union soviétique, à part dans sa ville natale.

» Après Staline se sont succédé une série de despotes non élus qui avaient grandi pendant des années dans l'ombre du maître : Khrouchtchev, Kossyguine, Brejnev, Andropov et Tchernenko se sont tous accrochés au pouvoir avant de mourir ou d'être destitués. Et puis d'un seul coup, presque sans avertissement, tout a changé quand Mikhaïl Gorbatchev est arrivé et a annoncé la *glasnost*. Qu'on peut simplement traduire par : des politiques ou des pratiques de gouvernance démocratiques plus transparentes et une plus grande circulation de l'information.

» Depuis mars 1990, date à laquelle Gorbatchev est devenu le premier président soviétique élu, le pays a changé très rapidement et pour la première fois les entrepreneurs ont pu agir sans les restrictions d'une économie planifiée et centralisée.

» Pourtant, les gens qui ont supervisé cette transformation faisaient partie de la même bande de truands qui dirigeaient l'ancien régime. Que penseriez-vous si l'on donnait au Parti communiste américain les clefs de Fort Knox ? Et cela malgré le fait que l'Union soviétique dispose de l'un des systèmes universitaires les plus prestigieux au monde, mais seulement si vous voulez devenir philosophe ou poète, pas si vous souhaitez étudier le commerce. À cette époque, vous aviez plus de chances de faire des études de sanskrit à l'université de Moscou que d'apprendre à déchiffrer un bilan comptable.

» La Russie possède vingt-quatre pour cent des réserves mondiales de gaz, six pour cent du stock de pétrole et plus de bois que tout autre pays. Mais bien que le travailleur moyen ne s'appelle plus un camarade, il gagne toujours moins que l'équivalent de quinze dollars par semaine et rares sont ceux qui perçoivent plus de cinquante mille dollars par an. Moins que ma secrétaire. La transition entre le communisme et le capitalisme n'est pas chose aisée.

» Nous savons tous que les premières impressions sont marquantes et je n'aurais pas dû être surpris quand, au bout de quelques heures dans le pays où j'ai grandi, certains des problèmes de la Russie me sont apparus clairement. J'étais dans la rue, cherchant un taxi et je ne pouvais m'empêcher de remarquer que s'il y avait bon nombre de BMW, de Mercedes et de Jaguar, il n'y avait presque pas de Ford Fiesta ou de VW Polo. L'écart entre les riches et les pauvres est plus criante en Russie que dans n'importe quel pays. Deux pour cent des Russes détiennent quatre-vingt-dix-huit pour cent de la richesse nationale, qui peut alors blâmer les citoyens de rejeter le capitalisme et de vouloir le retour de ce que certains nomment désormais les "bons vieux jours du communisme" ? Si les valeurs occidentales doivent triompher, ce dont la Russie a besoin c'est d'une classe moyenne qui, par le travail et la diligence, pourra bénéficier de l'incroyable richesse et des ressources naturelles du pays.

» Cela ne veut pas dire qu'il n'y a pas de grandes opportunités de faire des affaires en Russie. Bien sûr, elles existent. Néanmoins, si vous souhaitez conquérir l'Est, soyez prévenus, ce n'est pas pour les enfants de chœur.

» M. Schwab vous a appris que la Lowell Bank a conclu un marché qui avait rapporté mille pour cent de profit en une année. Mais ce qu'il ne vous a pas dit, c'est que nous avons également signé trois autres contrats où nous avons perdu chaque centime de notre investissement, avant même que l'encre du contrat soit complètement sèche. La règle d'or pour toute entreprise souhaitant s'aventurer en Russie, c'est de choisir avec soin ses partenaires. Quand il y a des opportunités d'un rendement de mille pour cent en une année, les imbéciles, les cupides et les malhonnêtes sortent de leurs trous comme des rats. Et si votre partenaire déroge à son contrat, ce n'est pas la peine de porter plainte, le juge est très certainement un des bénéficiaires de ses bakchichs.

» La situation va-t-elle s'améliorer ? Oui. En 2000, les citoyens russes se rendront aux urnes pour élire un nouveau président. Nous pouvons espérer qu'ils ne réélisent pas Boris Eltsine, qui, à Washington, aurait déjà fait l'objet d'une procédure d'*impeachment* et, au Royaume-Uni, aurait été enfermé dans la Tour de Londres.

Des rires montèrent dans la salle, comme souvent ils accompagnaient la vérité. Alex tourna une page.

— Le Parti communiste, qui semblait mort et enterré il y a dix ans, a une nouvelle fois relevé la tête et caracolle en tête des sondages. Mais si un candidat dont le premier intérêt est la démocratie et non l'enrichissement personnel se présentait, qui sait jusqu'où il pourrait aller ?

» Vous avez devant vous un Russe qui a fui vers les États-Unis il y a près de trente ans, mais qui, depuis quelques années, retourne régulièrement sur la terre qui l'a vu naître, parce que la Lowell Bank and Trust préfère voir à long terme. J'espère que dans un siècle l'Amérique sera toujours la grande rivale de la Russie. Non sur les champs de bataille, mais dans les salles de conférences. Non dans des courses à l'armement nucléaire, mais dans des courses pour soigner des maladies. Non dans les rues, mais dans les salles de classe. Mais cela ne peut arriver que si chaque vote russe a la même valeur.

Alex tourna une nouvelle page sous un tonnerre d'applaudissements.

— Il y a deux cents ans, les États-Unis affrontaient la Grande-Bretagne. Au siècle dernier, les deux nations ont affronté main dans la main un ennemi commun. Les États-Unis et la Russie ne devraient-ils pas avoir ce même objectif ?

Alex baissa la voix, murmurant presque.

— J'espère que certains parmi vous me rejoindront pour donner vie à cet idéal, en construisant des ponts plutôt qu'en les détruisant et en croyant, comme devrait le faire toute société civilisée, que les hommes et les femmes naissent égaux, peu importe le pays qui les voit naître. Je ne peux qu'espérer que la prochaine génération de Russes pourra, comme la prochaine génération d'Américains, tenir cela pour acquis.

Toute l'assemblée, qui avait décidé d'attendre la fin du discours d'Alex pour se prononcer, se leva comme un seul homme, et il se demanda, mais ce n'était pas la première fois, s'il n'aurait pas dû prendre la place de Lawrence non pas au conseil d'administration mais dans l'arène politique.

— Tu as été formidable, mon chéri, lui dit Anna lorsqu'il quitta la scène. Mais je ne me souviens pas de ces derniers paragraphes quand tu as révisé ton discours ce matin.

Alex n'ajouta rien. Et pour ne rien arranger, dans les jours suivants on l'arrêtait dans les couloirs du siège du Forum, à son hôtel, dans la rue et même à l'aéroport, où des délégués lui glissaient : « Peut-être devriez-vous vous présenter à l'élection présidentielle dans votre pays ? » Et ils ne parlaient pas des États-Unis.

***

— Tu as fait quoi ? s'écria Douglas Ackroyd.

— J'ai vendu un pour cent de mes parts de la Lowell Bank pour vingt millions de dollars, expliqua Evelyn.

— Mais pourquoi aurais-tu fait une chose aussi idiote ?

— Parce qu'en vendant un pour cent à vingt millions, j'ai établi que la valeur de mes cinquante pour cent était bien d'un milliard.

— Mais tu as donné le contrôle de la banque à Karpenko, répondit Ackroyd en crachant ses mots. Il possède maintenant cinquante et un pour cent et tu n'en as plus que quarante-neuf.

— Non, protesta Evelyn, je ne l'ai pas vendu à la banque.

— Alors à qui ? J'ose à peine te demander.

— À George Soros, qui, je suis sûr que tu le reconnaîtras, en sait un peu plus que toi sur la banque et les affaires.

— C'est certain. Mais comment as-tu rencontré ce grand homme ?

— Je l'ai rencontré il y a deux semaines, à Monte-Carlo. Une heureuse coïncidence, tu ne trouves pas ?

— Non, je ne trouve pas que ce soit une heureuse coïncidence, Evelyn. C'était plutôt une arnaque bien orchestrée si tu veux mon avis et tu es tombée dans le panneau.

— Comment ? Qu'est-ce qui te fait dire ça ?

— Il y a deux semaines, George Soros donnait une conférence sur le mécanisme de taux de change européen au Forum de Davos. Je le sais parce que j'étais dans le public.

Les jambes d'Evelyn se dérobèrent d'un coup et elle s'effondra sur une chaise. Elle resta silencieuse pendant un long moment puis demanda :

— Qu'est-ce que je fais maintenant ?

— Accepte l'offre de la banque pour six cents millions avant qu'ils changent d'avis.

***

— Mme Lowell-Halliday a accepté l'offre de la banque de racheter ses parts pour six cents millions de dollars, annonça le secrétaire général. Mais il me faut la signature du conseil d'administration.

— Mais cette offre a été faite lorsqu'elle possédait encore la moitié des parts de la banque, répondit Jake. Grâce à la ruse de Bob, il ne lui reste que quarante-neuf pour cent et c'est nous qui avons le contrôle.

— Proposons-lui trois cents millions, ajouta Alex. Et montons jusqu'à quatre.

— Tu crois qu'elle acceptera ? demanda Mitch Blake.

— Sans aucun doute, répondit Alex. Ackroyd lui dira qu'elle ne pourra pas trouver de meilleure offre ailleurs et si elle accepte la banque n'aura même pas à lui verser le moindre centime.

— Comment ça ? demanda Cliff Nesbit.

— C'est très simple, le temps est venu pour Jake de vous en dire un peu plus sur l'atout que nous avons gardé au chaud dans notre manche.

Jake ouvrit un dossier et tourna quelques pages avant de trouver ce qu'il cherchait.

— Au fil des années, lorsque son frère était président, Mme Lowell-Halliday a contracté plusieurs emprunts auprès de la banque. Ackroyd, en tant que directeur général, a approuvé les transactions et, pour donner un semblant de légitimité au contrat, Evelyn a accepté de payer des intérêts de cinq pour cent tant que l'emprunt n'est pas remboursé. Malheureusement pour elle mais heureusement pour la banque, elle n'a pas remboursé un centime. Mais elle n'en a jamais eu l'intention.

Jake tourna une page et reprit :

— Résultat, après vingt ans de dette et d'intérêts cumulés, elle doit à la banque un peu plus de quatre cent quinze millions de dollars.

Jake referma le dossier. Il y eut un long silence suivi d'une salve d'applaudissements.

— Mais même si elle accepte l'offre, ajouta Bob, elle devra tout de même cinquante et un millions.

— Que nous nous engagerons à effacer en échange de ses parts, répondit Jake.

— Bravo ! lança Alex en regardant les membres du conseil. Néanmoins, j'attends toujours que Bob nous raconte comment il a rendu tout cela possible.

Tous les membres se tournèrent vers le plus ancien d'entre eux, qui n'avait plus un seul cheveu blanc.

— Un gentleman ne doit jamais faire d'indiscrétion à propos d'une dame, répondit Bob, mais je peux annoncer au conseil que Mme Evelyn Lowell-Halliday ne sait pas faire la différence entre coucher et se faire endormir. Par ailleurs, monsieur le président, est-ce que je peux donner ma démission maintenant ?

Tous les membres se tournèrent vers le plus ancien d'entre eux qui n'avait plus un seul cheveu blanc.

— Un gentleman ne doit jamais faire d'indiscrétion à propos d'une dame, répondit Bob, mais je peux annoncer au conseil que Mme Evelyn Lowell-Halliday ne sait pas faire la différence entre coucher et se faire [illegible]. Par ailleurs, monsieur le président, est-ce que je peux donner ma démission maintenant ?

Chapitre 42

Sasha
Londres, 1999

— Monsieur le secrétaire d'État a-t-il prévu de rendre visite à son autre circonscription dans un avenir proche ?

Sasha sourit, certains riaient à la pique, mais il avait préparé sa réplique.

— Je peux dire à mon estimé collègue que je n'ai aucune intention de visiter la Russie dans un futur proche. Mais j'ai hâte d'assister à la première du *Lac des cygnes* par le Bolchoï au Royal Opera House.

Il s'apprêtait à ajouter « la meilleure compagnie de ballet au monde » mais se ravisa.

— M. Kenneth Clarke, annonça le président de la Chambre des communes.

— Lorsque monsieur le secrétaire d'État se rendra à Moscou, pourra-t-il rappeler au président Eltsine que pour une nation qui prétend être une démocratie, les droits de l'homme dans son pays laissent à désirer ?

Cette fois, les encouragements étaient plus forts et n'avaient plus rien de moqueur.

Sasha se leva à nouveau.

— Si monsieur le député avait la gentillesse de me citer des exemples en particulier, je me ferais une joie de les examiner. Néanmoins, les députés de la Chambre aimeraient peut-être savoir que M. Boris Nemtsov, un ancien vice-président de Russie, se trouve actuellement dans le public et je suis certain qu'il aura entendu la question du très honorable député.

Sasha leva les yeux vers le public et sourit à son ami, qui semblait amusé par ce bref instant de notoriété.

À la fin des questions au Premier Ministre, quand le président annonça l'ordre du jour, Sasha quitta discrètement la salle et se dirigea vers le vestibule central, où il devait retrouver Nemtsov.

— Bienvenue à Westminster, Boris, dit-il en lui serrant chaleureusement la main.

— Merci, répondit Nemtsov. Je suis très heureux de te voir te défendre aussi bien contre les moqueurs. Mais je suis d'accord concernant les droits de l'homme, notre bilan ne résiste pas à l'examen et cela fera grand plaisir à mes collègues de savoir le sujet discuté en Grande-Bretagne, à la Chambre des communes.

— Tu as le temps de prendre le thé sur la terrasse ? demanda Sasha en russe.

— Je n'attends que ça depuis ce matin.

Sasha guida son hôte le long de l'escalier couvert d'un tapis vert jusqu'à la terrasse, où ils prirent place à une table qui surplombait la Tamise.

— Qu'est-ce qui t'amène à Londres ? demanda Sasha alors que le serveur arrivait.

Il commanda du thé pour deux.

— Officiellement, je suis ici afin de rendre visite au maire de Londres pour discuter des problèmes environnementaux qui menacent les villes surpeuplées, mais mon but réel c'était de te voir pour te tenir au courant de la politique russe.

Sasha s'enfonça dans sa chaise et écouta attentivement.

— Comme tu le sais, l'élection présidentielle est dans un an.

— Un peu avant les prochaines élections en Grande-Bretagne.

Le serveur revint avec un plateau chargé d'un service à thé et de biscuits.

— Eltsine a déjà annoncé qu'il ne se représenterait pas. C'est sûrement à cause de sa cote de popularité qui, d'après les récents sondages, avoisine les quatre pour cent.

— Quel exploit ! dit Sasha en servant le thé.

— Pas quand tu te lèves chaque matin avec la gueule de bois et que tu es ivre avant midi.

— Eltsine a un successeur désigné ?

— Non, pas que je sache. Mais même si c'était le cas, ce serait le baiser de Judas. Non, le seul nom qui circule en ce moment c'est celui de Guennadi Ziouganov, le chef du Parti communiste. La plupart des gens voient ce retour en arrière comme un désastre, mais la possibilité ne peut pas être écartée. Très honnêtement, Sasha, tu n'auras peut-être jamais de meilleures chances de devenir président.

— Mais ma cote de popularité risque aussi d'être de quatre pour cent.

— Je suis content que tu soulèves la question, répondit Nemtsov en sortant un morceau de papier de sa poche intérieure, parce que nous avons fait faire quelques sondages, qui montrent qu'actuellement tu es à quatorze pour cent. Néanmoins, vingt-six pour cent n'ont pas reconnu ton nom et trente et un pour cent sont encore indécis. C'est très encourageant. Si tu venais à Saint-Pétersbourg et que tu te présentais, je n'ai aucun doute que ce chiffre changerait du jour au lendemain.

— Je t'avoue que je suis partagé. La semaine dernière, le *Times* a déclaré dans un éditorial que si les travaillistes gagnaient les prochaines élections, ce qui s'annonce bien parti, je pourrais devenir le nouveau ministre des Affaires étrangères.

— Et après t'avoir entendu cet après-midi à la Chambre, avec ta maîtrise de si nombreux sujets, je ne suis pas surpris. Pourtant, pour quelqu'un qui est né et qui a grandi à Saint-Pétersbourg, devenir président de la Russie est un prix bien plus important.

— Je suis d'accord avec toi, murmura Sasha, mais je ne peux pas me permettre que mes collègues le découvrent. En plus, il va falloir me convaincre que j'ai une véritable chance de gagner avant que j'abandonne tout ce pour quoi j'ai travaillé si dur.

— C'est compréhensible, mais nous n'en saurons rien de précis tant que ton rival ne sera pas annoncé.

— Mais tu étais vice-président. Pourquoi ne te présentes-tu pas ?

— Ma cote de popularité n'est pas franchement meilleure que celle d'Eltsine. Néanmoins, avec mon soutien, je suis sûr que tu peux gagner.

— C'est gentil de dire ça. Mais Vladimir pourrait tout de même poser problème. Après tout, il était maire adjoint de Saint-Pétersbourg et il n'aimera pas l'idée que je me présente à la présidentielle.

— Tu ne dois pas t'inquiéter à propos de Vladimir. Il a quitté Saint-Pétersbourg précipitamment, juste avant d'être arrêté pour détournement de fonds publics. Il a fui vers Moscou et a été vu pour la dernière fois au Kremlin.

— Qu'est-ce qu'il y faisait ?

— D'après la rumeur, il travaille en étroite collaboration avec Eltsine, mais personne ne sait vraiment quelles sont ses fonctions.

— Vladimir ne veut qu'une chose : devenir le chef du FSB.

— De qui se moquent-ils en abolissant le KGB pour le remplacer instantanément par le FSB ? La même bande de voyous qui font toujours la même chose, depuis le même bâtiment qui plus est, lâcha Nemtsov. Mais si Vladimir réussissait, il vaudrait mieux ne pas s'en faire un ennemi. Au contraire, il vaudrait mieux l'avoir de notre côté, il pourrait nous être utile.

— Mais s'il était de mon côté, il ne pourrait que faire du tort à ma cause. Je ne pourrai pas espérer changer quoi que ce soit avec lui regardant toujours par-dessus mon épaule. À vrai dire, tous les changements que je voudrais faire en tant que président, il y serait totalement réfractaire.

— Mais en politique, il faut parfois faire des compromis…

— Les compromis c'est pour ceux qui n'ont ni courage ni principes moraux.

— Tu n'as pas besoin de me convaincre que tu es l'homme de la situation, Sasha, mais il faut d'abord que nous te fassions élire.

— Je suis désolé d'être si négatif, mais je ne voudrais pas devenir président pour découvrir ensuite que quelqu'un d'autre tire les ficelles.

— Je comprends bien. Mais une fois que tu es en fonction, tu peux couper les ficelles. N'oublie pas, il n'y a pas de pouvoir sans poste.

— Tu as raison. Je te préviendrai dès que j'aurai pris ma décision.

— Tu as une idée de quand ce sera ?

— Ce ne sera plus très long, Boris. Mais il y a une ou deux personnes que je dois consulter avant de prendre ma décision.

— Ta mère te pousse à te présenter, non ? Après tout, ton père aurait voulu que tu sois président.

— C'est la seule de la famille à être fermement opposée à l'idée. Elle croit beaucoup à l'expression « un tiens vaut… »

— Je ne la connais pas. Et ta femme, qu'en pense-t-elle ?

— Elle a le cul entre deux chaises, comme on dit.

— Voilà une expression que tous les politiciens du monde connaissent !

Sasha éclata de rire.

— Mais elle me soutiendrait si je voulais vraiment me présenter et si j'avais mes chances.

— Et ta fille ?

— La seule chose à laquelle Natasha s'intéresse en ce moment, c'est Brad Pitt.

— Un jeune loup de la politique ?

— Non, un acteur américain. Natasha est persuadée qu'il tomberait amoureux d'elle si seulement ils avaient une chance de se rencontrer. Et elle ne comprend pas pourquoi un secrétaire d'État au ministère des Affaires étrangères et du Commonwealth ne peut pas organiser une rencontre. « Tu es sûr que tu as vraiment un poste important, Papa ? »

Nemtsov éclata de rire.

— Ce n'est pas si différent chez moi. Mon fils veut devenir batteur dans un groupe de jazz local et ne s'intéresse absolument pas à ses études.

Big Ben sonna quatre heures.

— Il vaudrait mieux que j'aille rejoindre mes collègues avant qu'ils ne se doutent de la vraie raison de ma présence à Londres, reprit Nemtsov.

— Merci de m'avoir accordé ton temps, Boris, et de me soutenir autant, dit Sasha en le raccompagnant au vestibule central.

— À chaque fois qu'on se voit, Sasha, je suis de plus en plus convaincu que tu es fait pour devenir président.

— Je suis flatté de ton soutien et je te préviendrai à la seconde où j'aurai pris ma décision.

— Si tu revenais à Saint-Pétersbourg, tu serais sûrement surpris par l'accueil.

***

— Je suis contente de ne pas avoir à prendre cette décision, dit Charlie.

— Mais il le faut, ma chérie, répondit Sasha. Je n'envisage pas de prendre un aussi gros risque sans ton assentiment.

— Tu as pris en compte tout ce que tu pourrais perdre ?

— Bien sûr. Et comme les travaillistes sont presque sûrs de gagner les prochaines élections, ce serait facile pour moi de ne rien faire et d'attendre en espérant être nommé ministre des Affaires étrangères. C'est beaucoup plus risqué de démissionner de la Chambre des communes, de retourner en Russie et de passer l'année à faire campagne, juste pour voir quelqu'un d'autre devenir président.

— Surtout si cette personne se révèle être ton vieil ami Vladimir.

— Tant qu'il reste le sbire d'Eltsine, il a plus de chance de finir en prison qu'au Kremlin.

— Alors, laisse-moi te poser une question simple. Si je t'offrais les deux postes sur un plateau : président de Russie ou ministre des Affaires étrangères britannique, que choisirais-tu ?

— Président de Russie, répondit Sasha sans hésiter.

— Alors tu as ta réponse. Et la mienne. Sinon tu passeras le reste de ta vie à te demander « et si ».

— Tu crois qu'il y a quelqu'un d'autre à qui je devrais en parler avant de prendre une décision si irrévocable ?

Charlie réfléchit longuement et dit :

— Pas la peine de demander à ta mère, on sait tous les deux ce qu'elle en pense. Ni à ta fille, son esprit est ailleurs. Mais j'aimerais beaucoup connaître l'avis d'Alf Rycroft. C'est un vieux ronchon mais il est aussi rusé qu'un renard, il te connaît depuis plus de vingt ans et il a la rare capacité à penser en dehors des clous. Et plus important encore, il ne veut que le meilleur pour toi.

***

— Et à quoi dois-je ce grand honneur, monsieur le secrétaire d'État ? demanda Alf en faisant entrer Sasha.

— J'ai besoin d'un conseil, Alf.

— Alors, assieds-toi. On ne devrait pas être dérangé, Millicent est sortie faire des bonnes œuvres. C'est le jour où elle travaille comme bibliothécaire à l'hôpital.

— C'est une sainte.

— Tout comme Charlie. À vrai dire, nous avons tous les deux remporté le gros lot. Comment puis-je t'être utile, jeune homme ?

— J'ai quarante-six ans. Tu m'appelais « jeune homme » la première fois que je suis venu dans la circonscription, il y a vingt ans. Plus personne ne le fait maintenant.

— Attends d'avoir mon âge, tu seras très heureux que quelqu'un t'appelle encore comme ça. Bon, tu m'as téléphoné en disant que tu voulais discuter d'une affaire privée, ce n'est pas difficile de comprendre ce qui te tracasse.

— Tu es parvenu à quelle conclusion ?

— Naturellement, si tu devenais ministre des Affaires étrangères, je pourrais passer le restant de mes jours à dire aux copains du club de pétanque que j'ai été le premier à voir ton potentiel.

— Ce qui est la stricte vérité.

— J'ai su que tu étais spécial le jour où nous sommes venus pour l'entretien concernant Merrifield. Alors ce que je vais te dire, Sasha, sera peut-être un peu surprenant. Je crois que tu devrais démissionner de la Chambre des communes, retourner en Russie et, si ma formulation n'est pas trop grandiloquente, accomplir ta destinée.

— Mais ça veut dire tout risquer, alors qu'il me reste des opportunités ici.

— C'est vrai, mais tu n'as jamais vraiment aimé la facilité. Quand tu aurais pu te présenter à un siège sûr à Londres, tu as choisi de revenir à Merrifield et de te battre.

— Il y a beaucoup plus en jeu cette fois.

— Tout comme pour Winston Churchill quand il a traversé la Chambre pour rejoindre les conservateurs ; il ne serait certainement jamais devenu Premier Ministre s'il était resté chez les libéraux.

— Mais j'ai passé les trente dernières années ici. Traverser la Chambre des communes et marcher jusqu'à Moscou, ce n'est pas la même distance.

— Ce n'était pas l'avis de Lénine, n'oublie pas qu'il était coincé en Suisse quand la Révolution a éclaté.

— Tu n'as pas un meilleur exemple ? demanda Sasha en riant.

— Gandhi était avocat en Afrique du Sud lorsqu'il a senti le vent de la révolution souffler et qu'il est revenu en Inde pour guider son pays. Mon conseil, Sasha, c'est de rentrer, ton peuple verra ce que j'ai vu en toi il y a vingt ans : un homme honnête, un homme bien, aux convictions inébranlables. Et ils accueilleront ces convictions avec soulagement et enthousiasme. Mais ce ne sont peut-être que les divagations d'un vieil homme.

— C'est d'autant plus fort que ce n'est pas ce à quoi je m'attendais.

***

Sasha avait toujours apprécié ses visites à l'ambassade de Russie, d'autant plus que personne ne savait organiser une fête aussi bien que l'ambassadeur, Yuri Fokine. Comme ils étaient loin les jours où le bâtiment était cerné de hautes barrières et où personne ne savait ce qui se fomentait derrière ses portes closes.

Sasha se souvenait de l'époque où, lorsque l'on demandait l'heure à un diplomate russe, il vous répondait l'heure de Moscou. Maintenant, l'ambassadeur répondait à toutes les questions avec entrain. Il ne restait plus qu'à déterminer quand il mentait et quand il disait la vérité.

Cette fois-ci, néanmoins, Sasha ne se rendait pas à l'ambassade pour profiter d'une soirée conviviale. C'était sa dernière occasion de mesurer ses chances s'il se présentait à la présidentielle. Parmi les convives se trouvaient une demi-douzaine de Russes qui pouvaient influencer sa décision dans un sens comme dans un autre et il voulait parler à chacun d'entre eux. Les autres invités seraient un mélange d'hommes politiques, d'hommes d'affaires et de pique-assiettes, qui venaient à n'importe quelle soirée pourvu qu'il y ait de l'alcool et assez de petits fours pour ne pas avoir à dîner après.

Le chauffeur de Sasha tourna à droite dans Kensington High Street et s'arrêta devant la barrière qui menait à Kensington Palace Gardens, aussi connu sous le nom de l'avenue des millionnaires. Une longue rue droite bordée d'élégantes résidences, rarement remises sur le marché.

Un garde salua et la barrière fut levée à l'approche de la voiture du secrétaire d'État. Ils passèrent devant l'Inde, le Népal et la France avant d'atteindre la Russie. Un valet s'approcha promptement de la voiture et ouvrit la porte arrière de la limousine. Le secrétaire d'État sortit, le remercia et entra dans l'ambassade.

L'ambassade aurait pu être n'importe quelle maison anglaise provinciale du début du siècle, avec son hall d'entrée en boiseries de chêne, sa grande horloge de parquet et ses portraits de figures historiques. Cela amusait toujours Sasha de constater qu'il n'y avait nulle part le moindre signe d'un tsar, ni même de Lénine ou de Staline. Pour l'un des plus vieux empires au monde, l'histoire semblait avoir débuté en 1991.

Quand Sasha entra dans le salon, il remarqua que certains invités se détachèrent soudain de leurs conversations et se tournèrent vers lui ; voilà une chose à laquelle il ne s'était pas encore habitué, il se demandait quand cela arriverait.

Il regarda la salle comble et trouva quatre de ses cibles. L'une d'entre elles, Anatoli Savnikov, attaché diplomatique par son titre, mais en vérité chef des services secrets russes à Londres, discutait avec Fiona. S'ils n'avaient pas été à l'ambassade russe, Sasha aurait sûrement pensé qu'il lui faisait du gringue. Il y avait sans nul doute une dizaine d'autres agents des renseignements dans la pièce, qu'il serait bien plus difficile d'identifier. La consigne du ministère des Affaires étrangères était simple : partez du principe que tout le monde est un espion.

En se retournant, Sasha remarqua l'ambassadeur au beau milieu d'une discussion avec Charles Moore, le rédacteur en chef du *Daily Telegraph.* Sasha devrait attendre le bon moment avant de pouvoir dire quelques mots à Yuri, des mots qui avaient été répétés avec soin.

Il se dirigea vers Leonid Bubka, le ministre du Commerce, espérant pouvoir lui dévoiler ses ambitions ; or Bubka changeait de sujet chaque fois que le terme « élection » apparaissait dans la conversation. Sasha ne baissait pas les bras, mais Bubka parait toutes ses tentatives de marquer avec le talent du célèbre gardien de but Lev Yachine. Quand son vieil ami Ilia Resinev, le deuxième secrétaire de l'ambassade, toucha son coude, Sasha s'écarta discrètement et écouta avec attention ce qu'il avait à lui dire.

— Sais-tu qui vient d'être nommé à la tête du FSB ? murmura Ilia.

— Ne me dis pas que Vladimir a finalement eu ce qu'il voulait ?

— J'en ai peur.

— Le KGB s'est contenté de changer de nom, il est toujours dirigé par la même bande de truands, qui ont troqué leurs uniformes pour des costumes. À qui a-t-il fait du chantage pour obtenir ça ?

— Eltsine, visiblement. Vladimir lui a promis que peu importait qui lui succéderait comme président, lui et sa famille ne seraient pas inquiétés dans des affaires de fraude ou de corruption.

— Alors la première chose que je ferais si j'étais président serait de virer Vladimir et de réaffirmer que personne coupable de crimes graves contre l'État n'aura d'immunité.

— Si tu faisais ça, Sasha, il faudrait construire beaucoup plus de prisons. Et prends garde à qui tu en parles, son adjoint est là ce soir.

— Qui est-ce ?

— Le colosse qui discute avec Fiona Hunter.

Sasha jeta un coup d'œil par-dessus l'épaule d'Ilia et vit l'homme tendre sa carte à Fiona. Voilà quelqu'un qu'il ferait mieux d'éviter. En se retournant, il remarqua l'ambassadeur qui fumait, seul, un cigare près de la cheminée.

— Pardonne-moi, Ilia. Il faut que je dise un mot en privé à ton patron. Mais merci pour l'information, elle me sera précieuse.

Sasha traversa promptement la pièce.

— Bonsoir, Yuri. Quelle fête mémorable !

Sasha se plaça dos au mur, pour que l'ambassadeur soit obligé de tourner le dos à ses invités et qu'ainsi seuls les convives les plus déterminés ou les plus impolis l'interrompent.

— Je vous ai vu au Bolchoï la semaine dernière, dit l'ambassadeur. Cela reste un des fleurons de nos exportations.

— Goudanov a été magnifique.

— Nous avons un problème avec lui dont il faudra peut-être que je vous parle, mais ce n'est pas le moment. Ce que je voudrais savoir, Sasha, c'est si vous avez pris une décision ?

— Avant de répondre à cette question, Yuri, je serais très heureux d'entendre ce que vous pensez de mes chances.

— Comme vous le savez, monsieur le secrétaire d'État, je n'ai pas le droit de donner mon opinion. Je ne suis que l'humble porte-parole du gouvernement que je sers. Mais, reprit Yuri en changeant de langue, si j'étais homme à parier, ce que je ne suis pas, je parierais une petite somme sur la possibilité que vous soyez mon patron l'année prochaine.

— Seulement une petite somme ?

— Les ambassadeurs doivent toujours ménager leurs paris, répondit Yuri, sans sourire.

Sasha rit et se demanda combien d'autres hommes politiques avaient entendu le même discours ces six derniers mois.

— Et si je peux solliciter une petite chose, ajouta Yuri. Il serait utile que je sois au courant avant que vous fassiez toute déclaration officielle.

— Si je décide de me présenter, je m'assurerai que vous ayez mon communiqué de presse entre les mains bien avant qu'il ne soit diffusé.

— Merci. Et une dernière petite chose avant…

— Monsieur l'ambassadeur, quelle soirée fantastique ! s'écria un homme qui n'avait visiblement pas remarqué qu'ils étaient au beau milieu d'une conversation et ne voulaient peut-être pas être interrompus.

— Merci, Piers, répondit l'ambassadeur. Je suis très heureux que vous soyez ici.

Le moment était passé, Sasha s'éclipsa. Piers, le rédacteur en chef du *Daily Mirror*, ne faisait pas partie des quatre personnes auxquelles il devait parler. Il se dirigea lentement vers la sortie, s'arrêtant pour discuter avec quelques convives, redoublant d'attention lorsqu'on s'adressait à lui en russe ; après tout, les frontières de sa circonscription allaient peut-être bientôt changer. Alors qu'il jetait un coup d'œil dans la salle, il remarqua que l'homme qu'il évitait le fixait.

L'horloge sonna une heure, rappelant à Sasha qu'il devait voter dans trente minutes à la Chambre des communes. Dans quelques instants, la soirée allait se vider des politiques de tous bords qui se dirigeraient vers la Chambre pour un vote important, mais Sasha ignorait jusqu'à l'objet du vote.

Tandis qu'il passait le seuil de l'entrée principale de l'ambassade, sa voiture sortit de nulle part et Arthur ouvrit la porte arrière. Sasha s'apprêtait à monter lorsqu'une voix qu'il connaissait bien le héla.

— Sasha !

Il se retourna et vit Fiona qui dévalait les marches du perron.

— Est-ce que tu peux me déposer ?

— Bien sûr, répondit Sasha en s'écartant pour laisser monter son ancienne ennemie.

— Bonsoir, Arthur.

— Bonsoir, mademoiselle Hunter.

— J'aurais voulu rester plus longtemps, ajouta Fiona alors que la voiture démarrait, mais le chef n'aimerait pas que je rate un vote aussi important. Mais surtout, Sasha, quand vas-tu répondre à la question qui était sur les lèvres de tout le monde à la soirée ?

— Et que disent les gens de mes chances ? répliqua Sasha en se reposant sur un vieux tour de politicien, répondre à une question par une autre question, même s'il savait que Fiona ne serait pas dupe.

— Tous ceux qui parlent anglais étaient de ton côté, ainsi que la moitié des Russes, mais l'un d'entre eux, dit-elle en sortant une carte de son sac, un Ivan

Donokov, n'est certainement pas un ami. Il m'a posé une question très étrange, il m'a demandé si tu avais déjà vécu aux États-Unis.

Sasha eut l'air perplexe.

— Je lui ai expliqué que non, pas à ma connaissance. Puis j'ai insisté pour qu'il me dise si tu avais tes chances.

— Et qu'est-ce qu'il a répondu ?

— Il a reconnu que tu es sûrement le favori, mais qu'un outsider gagne du terrain.

— Est-ce qu'il a donné le nom de ce coureur ? demanda Sasha en essayant de cacher son inquiétude.

— Il pense qu'un vieil ami à toi, un certain Vladimir...

— Ce n'est pas vraiment un ami. De toute façon, son seul but était de devenir chef du FSB, et maintenant qu'il a réussi il ne cherchera pas plus loin, il se contentera de s'accrocher à son poste.

— Ce n'est pas l'avis de Donokov. En vérité, il est presque certain que Vladimir a les yeux rivés sur l'autre côté de la place Rouge, sur le Kremlin.

— Mais ce n'est pas réaliste.

— Pourquoi pas ? Si Eltsine le soutient.

— Pourquoi est-ce qu'Eltsine irait soutenir quelqu'un comme lui ?

— Apparemment, la fille d'Eltsine et son mari étaient sur le point d'être arrêtés pour fraude et il a réussi à faire disparaître le problème. J'ai entendu dire qu'une vidéo impliquant une prostituée prise en train d'exercer ses talents particuliers dans le bureau du procureur général vaut son pesant de cacahuètes.

— Mais ce n'est pas une raison pour soutenir quelqu'un de totalement inapproprié pour une élection présidentielle.

— Comment te sentirais-tu, Sasha, si tu étais président et que ta fille était en passe d'être emprisonnée pour de nombreuses années ?

— Je laisserais faire la justice.

— Je te crois, ce qui prouve bien que les Russes auraient de la chance de t'avoir comme président. Mais es-tu vraiment prêt à sacrifier le ministère des Affaires étrangères quand tu pourrais te retrouver sans rien ?

— Donokov t'a dit de quel côté il était ? demanda Sasha sans répondre à sa question.

— Non. Mais en tant que directeur adjoint du FSB, je suppose qu'il soutiendra son patron.

— Ce n'est pas toujours comme ça que ça se passe en Russie. T'a-t-il dit ce qu'il pensait de mes chances ? répéta Sasha, sans changer de tactique.

— Non, mais il m'a dit que si tu ne te présentais pas, l'identité du prochain président ne faisait aucun doute.

— Je ne vois pas de meilleure raison de me présenter, répondit Sasha, baissant la garde.

Il n'avait jamais vraiment considéré Vladimir comme un candidat sérieux, mais accepta que s'il se présentait, ce serait un combat sans merci ; la lutte était le seul sport où Vladimir ait jamais excellé.

— Si tu décides de te présenter, ajouta Fiona en interrompant sa rêverie, j'espère vraiment que tu gagneras. Tu manqueras beaucoup à la Chambre et tu aurais fait un ministre des Affaires étrangères formidable. Mais la Russie est un vrai défi. Et si tu devenais président, les relations avec le monde occidental s'amélioreraient d'un seul coup, ce qui ne pourrait être que positif pour tout le monde, y compris pour le peuple russe.

— C'est très gentil, Fiona. Et maintenant que je sais qui je vais affronter, j'aurais bien besoin d'un ou deux de tes talents politiques.

— Je vais prendre ça comme un compliment, répondit Fiona alors que la voiture dépassait l'entrée du personnel et s'arrêtait sur Old Palace Yard. Au moment où Sasha sortait de la voiture, la *division bell*, dont la sonnerie annonçait la reprise des débats, sonna, ils se séparèrent et se dirigèrent chacun de leur côté.

En se dirigeant vers le hall, Sasha pensa qu'il était ironique que ce ne soit pas ce qu'il avait vu à la soirée qui le décide vraiment, mais une information récoltée à l'arrière d'une voiture venant de la plus improbable des sources.

***

Quand Sasha apprit à Elena qu'il retournerait dans leur pays pour se présenter à la présidentielle, c'était comme si elle n'avait pas entendu un traître mot de ce qu'il avait dit.

— Bien sûr, Maman, je comprendrais que tu ne veuilles pas venir avec moi.

— Je viendrai avec toi, dit-elle d'une voix faible.

D'abord Sasha fut surpris, puis enchanté, et enfin triste quand elle lui apprit la véritable raison qui l'avait poussée à changer d'avis.

— Je suis vraiment désolé, dit-il en prenant sa mère dans ses bras. Oncle Niko était un homme formidable, nous lui devons tant.

— La famille m'a demandé si tu accepterais de faire un discours à son enterrement.

— Bien sûr. Dis-leur que j'en serais très honoré.

— Sa femme m'a dit que ses derniers mots ont été : « Dis à Sasha que s'il est bien le fils de son père, il fera un grand président. »

***

À dix heures le lendemain matin, Sasha publia un bref communiqué de presse à destination des journalistes politiques.

« Le très honorable Sasha Karpenko donne sa démission en tant que secrétaire d'État au ministère des Affaires étrangères et du Commonwealth. Il quitte également ses fonctions de député à la Chambre des communes de la circonscription de Merrifield. Il a l'intention de retourner en Russie pour se présenter à la prochaine élection présidentielle. »

Le Premier Ministre répondit depuis Downing Street.

— Le gouvernement a perdu un secrétaire d'État exemplaire et un parlementaire formidable. J'espère de tout cœur que ces mêmes talents seront pleinement utilisés dans le pays qui l'a vu naître. Et s'il remportait l'élection qu'il convoite, nous pouvons tous nous attendre à une nouvelle ère dans les relations anglo-russes.

Lord Goldsmith fut parmi les premiers à l'appeler.

— Si tu cherches un directeur de campagne, je suis disponible.

— Je ne pourrais pas en trouver de meilleur, Ben, ça c'est sûr.

L'ancien vice-président russe lui téléphona le lendemain matin, pendant qu'il se rasait.

— Je suis très enchanté de cette nouvelle, dit Nemtsov. Les médias sont en ébullition et les premiers sondages dans les journaux du matin te donnent à vingt-neuf pour cent.

— Et Vladimir ?

— Deux pour cent, sachant qu'il était à quatre pour cent la semaine dernière.

La plus grande surprise pour Sasha fut peut-être le nombre de chefs d'État et de Premiers ministres qui l'appelèrent des quatre coins du monde pour, en substance, lui dire « si seulement je pouvais voter ».

La nuit précédant son départ pour Saint-Pétersbourg, l'ambassadeur russe lui téléphona.

— Sasha, j'ai essayé de vous joindre ces derniers jours, mais la ligne est constamment occupée. Est-ce que j'ai raté quelque chose ?

Sasha rit.

— Mes supérieurs m'ont ordonné de faire en sorte que votre voyage se passe dans les meilleures conditions. Une voiture vous emmènera vous et votre famille à l'aéroport et j'ai demandé à Aeroflot d'interdire l'accès de la première classe au reste des passagers, pour que vous ne soyez pas dérangé.

— Merci, Yuri, c'est très gentil de votre part, surtout que j'ai deux discours très importants à préparer.

— Vous voulez connaître la bonne ou la mauvaise nouvelle d'abord ?

— La bonne, répondit Sasha en se pliant au jeu.

— Plus de la moitié des femmes russes vous trouvent plus séduisant que George Clooney.

Sasha rit.

— Et la mauvaise ?

— Vous n'allez pas être ravi d'apprendre le nom du nouveau Premier ministre choisi par Eltsine.

Livre 6

Chapitre 43

Alex et Sasha
Direction Amsterdam, 1999

Alex décrocha le téléphone de son bureau.

— Un certain Dimitri à l'appareil, annonça Mlle Robbins. Il dit qu'il est un vieil ami et qu'il ne vous dérangerait pas si ce n'était pas urgent.

— Je le connais depuis plus longtemps encore que vous, Pamela, et c'est effectivement un vieil ami. Passez-le-moi.

— Alex ? C'est bien toi ?

— Dimitri, quel plaisir de t'entendre après si longtemps ! Tu appelles de New York ?

— Non, de Saint-Pétersbourg. Je t'appelle pour t'annoncer une triste nouvelle : ton oncle Niko est mort.

Alex était sans voix. Il se sentait coupable de ne pas lui avoir rendu visite la dernière fois qu'il était allé à Saint-Pétersbourg.

— J'aurais appelé Elena pour ne pas te déranger, mais je ne sais pas comment la joindre au travail, reprit Dimitri.

— Tu peux me déranger quand tu le souhaites, Dimitri. Je vais prévenir ma mère, elle voudra aller à l'enterrement. Est-ce que tu sais quand il aura lieu ?

— Vendredi prochain, à l'église Saint-André. Je sais que c'est précipité, mais si tu venais, la famille aimerait que tu fasses un discours.

— Il n'y a pas de « précipité » qui tienne pour quelqu'un qui m'a sauvé la vie. Dis-leur que j'en serai très honoré.

— La famille sera ravie. Tu es un peu un héros par ici, prépare-toi à un accueil en grande pompe.

— Merci, Dimitri, j'ai hâte de te voir.

Alex raccrocha le combiné et appuya sur un bouton sous son bureau. Mlle Robbins entra quelques instants plus tard, un stylo et un bloc-notes à la main.

— Annulez tous mes rendez-vous. Je pars pour Saint-Pétersbourg.

***

— C'est dans ces moments-là, dit Charlie en soupirant exagérément, que j'aimerais avoir un jet privé, pour qu'on n'ait pas à faire des queues interminables et à passer les contrôles.

— Pourriez-vous ouvrir votre sac, madame ?

— Est-ce que tu devais faire tout ça quand tu étais secrétaire d'État, Papa ? demanda Natasha en ouvrant son sac.

— Non, mais on garde toujours dans un coin de sa tête que c'est seulement pour une période limitée. Margaret Thatcher a dit une fois que seule la reine pouvait se permettre d'en faire une habitude.

— Mais si tu deviens président…

— Même ça, ça a une limite légale de huit ans, répondit Sasha en récupérant les sacs. La Douma vient de faire passer un décret qui restreint un président à deux mandats consécutifs de quatre ans chacun, et qui peut blâmer les Russes après des siècles de dictature. En plus, très honnêtement, huit ans c'est déjà long pour n'importe quel individu sain d'esprit.

— Mamie n'a pas l'air très en forme, murmura Natasha alors qu'ils traversaient le *duty free.* Je ne savais pas qu'elle n'avait jamais pris l'avion.

Sasha se retourna et sa mère lui adressa un sourire timide.

— Je ne suis pas certain que ce soit pour ça qu'elle s'inquiète. N'oublie pas qu'elle n'a pas remis les pieds en Russie depuis plus de trente ans et que c'est son frère qui nous a permis de nous échapper et de commencer une nouvelle vie en Angleterre.

— Papa, est-ce que parfois tu regrettes de ne pas être monté dans l'autre caisse, celle qui allait aux États-Unis ? demanda Natasha.

— Certainement pas, répondit-il en passant son bras sur son épaule. Si c'était le cas, tu ne serais pas dans ma vie. Mais je dois admettre que de temps en temps, j'y songe.

— Tu serais peut-être devenu député au Congrès. Ou même sénateur.

— Ou peut-être que ma vie aurait pris une tout autre direction et que je n'aurais pas fait de politique. Qui sait ?

— Tu aurais peut-être eu un jet privé, comme Maman voudrait.

— Je ne me plains pas, répondit Charlie en prenant le bras de Sasha. Le choix de cette caisse a changé ma vie.

— Les passagers du vol British Airways 017 à destination d'Amsterdam sont priés de se rendre à la porte 14 pour un embarquement immédiat.

***

Anna regarda par le hublot de la petite cabine et vit Alex qui marchait à pas pressés sur le tarmac, un immanquable téléphone rivé à l'oreille.

— Désolé, désolé, dit-il en entrant dans la cabine. Parfois, j'aimerais que le téléphone portable n'ait jamais été inventé.

— Mais seulement parfois, répondit Anna tandis qu'Alex s'asseyait à côté d'elle.

Dès qu'il attacha sa ceinture, la lourde porte se referma et quelques instants plus tard l'avion se dirigeait vers la piste sud, exclusivement réservée aux jets privés.

— Ta mère n'a pas dit grand-chose depuis l'embarquement, murmura Anna.

Alex se retourna et regarda Elena assise à côté de Konstantin, qui lui serrait la main. Elle lui adressa un sourire crispé tandis que le jet Gulfstream accélérait sur la piste.

— Niko était son seul frère et ça fait longtemps qu'elle serait retournée lui rendre visite si elle n'avait pas eu peur de trouver le major Poliakov l'attendant sur le tarmac.

— Mais elle doit être heureuse de rentrer en Russie après tant d'années ?

— Et en même temps très inquiète, je suppose. Elle est probablement partagée entre la peur et l'excitation, ce n'est pas simple.

— Ta vie aurait été si différente si Poliakov était allé au match de foot cet après-midi-là et si tu étais resté à Saint-Pétersbourg.

— Nous pouvons tous trouver un moment où quelque chose a fait basculer notre destin dans une tout autre direction. Ça peut être aussi simple que l'instant où tu es montée dans le métro et que tu t'es assise à côté de moi.

— En réalité, c'est toi qui es monté pour t'asseoir à côté de moi, rappela Anna alors que l'avion décollait.

— Ou encore, choisir dans quelle caisse grimper, continua Alex. Je me demande parfois…

— Papa, où est-ce qu'on va s'arrêter pour faire le plein ? questionna Konstantin.

Alex se retourna et dit à son fils :

— À Amsterdam. Nous ferons une courte escale avant de filer droit vers Saint-Pétersbourg.

***

— Combien de temps restera-t-on à Amsterdam ? demanda Natasha alors qu'ils traversaient la salle de transit.

— Quelques heures avant de prendre la correspondance, l'avion de l'Aeroflot.

— Aura-t-on assez de temps pour aller au Rijksmuseum en taxi ? demanda Charlie. J'ai toujours voulu voir *La Ronde de nuit*.

— Ce serait un peu risqué, expliqua Sasha. Le gouverneur de Saint-Pétersbourg m'a dit qu'ils attendaient une foule monstre à l'aéroport, et si nous rations l'avion…

— Je comprends, répondit Charlie, qui se rappela combien son mari était nerveux. De toute façon, je pourrai visiter l'Ermitage pendant la campagne et nous pourrons aller au Rijks une autre fois.

— En rentrant à la maison, lança Natasha avec un petit sourire.

— Dans huit ans, tu veux dire, ajouta Charlie.

— Je vais vous dire ce qu'on va faire. Si je suis élu, nous prendrons tous des vacances à Amsterdam, on pourra aller au musée Van Gogh et au Rijks.

— Les présidents russes ne partent pas en vacances, ajouta Elena. S'ils le faisaient, en rentrant, ils pourraient bien trouver quelqu'un d'autre assis à leur bureau, et eux seraient déjà mis à la décharge.

Sasha rit.

— Je crois que tu verras que tout ça a bien changé, Maman.

— Je ne compterais pas là-dessus. Du moins pas tant que ton ami Vladimir est dans les parages.

***

— Comment va Elena ? demanda Anna quand Alex revint s'asseoir près d'elle.

— Elle regrette de ne pas être retournée à Saint-Pétersbourg il y a des années, pour remercier Niko d'avoir risqué sa vie pour nous sauver.

— Elle l'a invité à Boston de nombreuses fois, mais il n'est jamais venu, lui rappela Anna.

— Je suspecte Poliakov d'avoir tout fait pour qu'il n'obtienne pas de visa. Elena a sans cesse dit qu'elle serait heureuse de rentrer à la maison pour l'enterrement de ce sale type.

— Après toutes ces années, elle considère toujours Saint-Pétersbourg comme chez elle. C'est la même chose pour toi ?

Alex ne répondit pas.

— Veuillez attacher vos ceintures de sécurité, dit le commandant de bord, nous atterrirons à Amsterdam dans vingt minutes.

— C'est dommage que nous n'ayons pas assez de temps pour visiter le Rijksmuseum, dit Anna alors que l'avion descendait au milieu des nuages.

— La dernière fois qu'on a fait quelque chose comme ça, c'est en revenant de Davos, quand on est allés à la Tate.

— C'était avant Davos, pas après. Mon souvenir inoubliable de ce séjour, c'est toi dans la baignoire travaillant ton discours.

— Quand j'ai fait tomber mes feuilles dans le bain et que tu as dû tout retaper à la machine.

— Et tu t'es endormi, plaisanta Anna, pendant que je travaillais.

— Ça me semble une division du travail assez équitable.

— Qu'allons-nous faire maintenant, ô maître ? demanda Anna alors que l'avion atterrissait. Aller manger une pizza à l'aéroport pour mesurer la concurrence ?

— Non, je sais déjà qu'aucun restaurant à Amsterdam n'arrive à la cheville de l'Elena. En revanche, quand nous descendrons de l'avion, une voiture nous attend pour nous conduire au Rijks et au musée Van Gogh. Mais on ne peut rester qu'une heure dans chacun d'eux si l'on ne veut pas rater l'horaire de décollage.

Anna se jeta à son cou.

— Merci, mon chéri. Et deux musées-à-voir-avant-de-mourir de M. Rosenthal, deux !

— Je n'ai pas prévu de mourir tout de suite, dit Alex alors que l'avion s'arrêtait à côté de la limousine.

***

Sasha et sa famille montèrent à bord du vol Aeroflot 109 à destination de Saint-Pétersbourg juste après midi. Le capitaine sortit du cockpit pour les saluer.

— Je voulais vous dire que c'est un honneur de vous avoir à bord, monsieur Karpenko. Tout mon équipage et moi-même vous souhaitons bonne chance pour l'élection. Je voterai pour vous.

— Merci beaucoup, répondit Sasha alors qu'une hôtesse de l'air les guidait jusqu'à leurs sièges et leur servait un verre.

Même Elena était impressionnée.

L'avion décolla à midi vingt et une et tandis que le reste de la famille somnolait, Sasha révisa le discours qu'il devait prononcer en arrivant à l'aéroport. Il fallait également qu'il prépare l'éloge funèbre de Niko, mais cela devrait attendre qu'il soit à l'hôtel.

« Laissez-moi d'abord vous remercier d'être venus si nombreux… »

Sasha se renfonça dans son fauteuil et se demanda ce que Nemtsov voulait dire en parlant de foule monstre. Il regarda à nouveau ses notes.

« Je suis peut-être parti quelque temps, mais mon cœur est toujours… »

***

Alex et sa famille retournèrent à l'aéroport juste avant onze heures et demie, après avoir visité le Rijks et le musée Van Gogh.

— *La Ronde de nuit* et *Les Tournesols* en moins de deux heures, dit Anna en regardant les cartes postales qu'elle s'était achetées.

Le commandant de bord Fullerton avait choisi une heure de décollage qui leur permettrait d'atterrir à Saint-Pétersbourg à cinq heures et demie, heure locale. Il fut soulagé de voir la limousine de M. Karpenko franchir les portes de la sécurité quelques minutes avant le décollage.

Une fois la famille à bord, il roula vers la piste est, où il s'arrêta pour laisser passer le vol Aeroflot qui partait avant lui, puis la tour de contrôle lui donna le feu vert pour décoller.

Anna se [illegible] dans son lit [illegible] de [illegible] que [illegible] une [illegible] Il regarda [illegible] ses notes.

« Je [illegible] pour quelque temps, mais [illegible] est toujours [illegible]. »

Alex et sa famille arrivèrent à l'[illegible] juste avant onze heures, après avoir [illegible] et le musée [illegible].

[illegible] au bout de deux heures, et Anne, en regardant [illegible], qu'elle [illegible].

Le [illegible] de [illegible] heures [illegible] de [illegible] à Saint-Pétersbourg [illegible] une heure [illegible] M. [illegible] les [illegible] de la [illegible] [illegible].

[illegible] la famille [illegible] où il [illegible] pour [illegible] passer [illegible] [illegible].

Livre 7

[illegible]

[illegible]

[illegible]

[illegible] Doucement [illegible]

[illegible]

[illegible]

[illegible]

Chapitre 44

Aleksandr
Direction Saint-Pétersbourg, 1999

Ils se trouvaient à près de cent kilomètres de leur destination quand l'avion se mit à trembler. Doucement d'abord, puis plus violemment. Au début, Aleksandr pensa que ce n'était rien de plus que de violentes turbulences, mais en regardant par le hublot il constata qu'ils perdaient rapidement de l'altitude. Il se tourna vers sa famille, pour voir comment ils allaient, et découvrit qu'ils dormaient tous à poings fermés, visiblement indifférents à tout problème. Il aurait voulu se lever pour discuter avec le commandant de bord, mais il resta assis, agrippé à l'accoudoir, et pria.

— *Mayday*, *mayday*, *mayday*. Alpha Foxtrot 409. Panne du moteur numéro deux, impossible de garder l'altitude, nous descendons en dessous de trois mille mètres, demande guidage radar jusqu'à Pulkovo. Sept personnes à bord.

— Bien reçu, Alpha Foxtrot 409. Cap à 330 degrés, l'aéroport est à soixante kilomètres, vous avez l'autorisation d'atterrir sur la piste dix, trois mille mètres disponibles. Aurez-vous besoin de services d'urgence ?

— Tenez-vous prêts. Je ne peux pas garder un cap ou maintenir l'altitude. Je vois une rangée de montagnes devant moi.

— Vous êtes à quarante-deux kilomètres. Vous avez l'autorisation d'atterrir sur la piste dix, à gauche. Vent d'est de surface à cinq mètres par seconde.

— 409. Panne du moteur numéro un, annonça le commandant de bord, en essayant de ne pas avoir l'air désespéré. Impossible de rallumer l'un ou l'autre des moteurs. Actuellement en vol plané.

— Vous êtes à trente kilomètres de la piste. Après ces montagnes, ce n'est plus que de la prairie plate droit devant. Les services d'urgence sont en attente au sol.

— Bien reçu. Je vois une ouverture entre les collines. Si je ne parviens pas à atteindre la piste, j'effectuerai un atterrissage d'urgence.

Il appuya sur le bouton du train d'atterrissage, mais les roues ne répondirent pas. Il pressa à nouveau le bouton, mais elles restèrent obstinément à leur place. Il tourna un autre interrupteur tandis que l'avion continuait à descendre.

— Attention, ici votre commandant de bord. Nous allons devoir faire un atterrissage d'urgence. Veuillez attacher vos ceintures et vous mettre en position de sécurité.

Aleksandr se tourna vers sa famille et se sentit coupable d'avoir laissé son ambition les mettre en danger.

Mais il n'avait pas mesuré jusqu'où irait Vladimir pour ne pas avoir de rival dans la course présidentielle.

Hors de contrôle, l'avion vrilla, toujours plus bas, faisant des cercles en piqué, puis s'écrasa au sol et s'enflamma, tuant l'équipage et les passagers sur le coup.

Une équipe d'élite de parachutistes russes se rendit sur les lieux en seulement quelques minutes, mais elle était sur le pied de guerre depuis plusieurs heures. Après avoir trouvé la boîte noire, les soldats disparurent.

Un autre avion continua son chemin vers Saint-Pétersbourg, ignorant tout de la tragédie qui venait de s'accomplir.

***

Lorsque l'avion atterrit à l'aéroport de Pulkovo, Aleksandr regarda par le hublot et aperçut les hectares de prairie plate qui s'étendaient. Au loin, de grands immeubles en béton gris dominaient l'horizon.

L'avion tourna et s'arrêta devant le terminal, mais il fallut que les moteurs s'éteignent pour qu'il entende les cris au-dehors : « Kar-pen-ko ! Kar-pen-ko ! Kar-pen-ko ! »

Il se retourna vers sa famille avec un sourire rassurant, auquel Elena ne répondit pas. La porte de l'avion s'ouvrit, l'escalier se mit en place et Aleksandr sortit dans la lumière pâle de l'après-midi. Rien n'aurait pu le préparer à ce qui allait arriver.

Il fut accueilli par une foule de personnes qui s'étendait à perte de vue et qui scandait à l'unisson « Kar-pen-ko !

Kar-pen-ko ! Kar-pen-ko ! » Instinctivement, il leva la main pour les saluer et un océan de mains lui rendit son salut.

Au bas des marches se tenait le comité de réception, dirigé par le maire et ses premiers adjoints. Alors qu'il descendait les marches, le vacarme augmenta et il n'était pas sûr de la façon dont il devait réagir à un enthousiasme aussi débordant. Il se tourna vers sa famille qui marchait derrière lui, sa mère inquiète, sa femme déconcertée et son enfant, qui semblait profiter de chaque instant.

Quand il posa le pied sur le tarmac, une clameur que nul président russe n'avait auparavant entendue s'éleva. Le maire s'avança et serra chaleureusement la main du fils prodigue.

— Bon retour à Saint-Pétersbourg, Aleksandr. Même dans vos rêves les plus fous, vous ne vous attendiez pas à ça, je parie. Selon les estimations du chef de la police, plus de cent mille personnes sont venues vous accueillir pour votre grand retour chez vous. Cette démonstration de soutien devrait vous convaincre du nombre de gens qui souhaitent que vous preniez la tête de ce pays.

— Merci beaucoup, répondit Aleksandr, incapable de trouver les mots pour exprimer ce qu'il ressentait.

— Peut-être voudriez-vous dire quelques mots à vos soutiens, suggéra le maire. Nombre d'entre eux attendent depuis plusieurs heures.

— Je n'avais pas prévu un tel accueil, avoua Aleksandr, mais ses mots furent couverts par les acclamations de « Kar-pen-ko ! Kar-pen-ko ! Kar-pen-ko ! »

Le maire l'accompagna jusqu'à un petit podium installé au bord de la piste. Bien qu'entouré par cent mille personnes qui scandaient son nom, Aleksandr ne s'était jamais senti aussi seul. Il lui fallut attendre quelques minutes que la foule s'apaise suffisamment pour qu'il puisse lui parler, ce qui lui laissa du temps pour rassembler ses pensées.

— Mes chers compatriotes, commença-t-il, comment vous remercier pour un si chaleureux accueil ? Un accueil qui me permet de rêver avec vous. Mais pour que ce rêve devienne réalité, il faut que chacun d'entre vous travaille avec moi.

Une fois de plus, les clameurs et les exclamations éclatèrent, réaffirmant leur volonté d'aller dans ce sens. Il n'essaya pas de reprendre son allocution avant que la foule soit à nouveau silencieuse.

— Je crois depuis longtemps que la Russie est capable de prendre la place qu'elle mérite parmi les plus importantes nations du globe, mais pour y parvenir, nous devons nous libérer des chaînes de la dictature et nous assurer que la richesse de la Russie soit partagée entre tous, plutôt que de remplir les poches d'une minorité. Laissons libre cours à notre génie pour qu'enfin le monde ne craigne plus notre puissance militaire, mais soit au contraire ébahi par nos prouesses en temps de paix. Pourquoi donc les Britanniques sont-ils décrits comme des leaders mondiaux alors que leur pays est plus petit que la plus petite de nos régions ? Parce qu'ils osent jouer dans la cour des grands. Pourquoi les États-Unis sont-ils toujours décrits comme les leaders du monde libre ? Parce que nous ne sommes pas libres.

Cette liberté est désormais à notre portée, emparons-nous-en tous ensemble.

Il leva les bras triomphalement et une fois de plus il lui fallut quelques minutes avant de pouvoir reprendre son discours.

Alors qu'il regardait les visages pleins d'espoir qui se levaient vers lui, il essaya de ne pas laisser leur adulation influencer ses opinions, mais il savait qu'un moment comme celui-ci ne se répéterait peut-être jamais et qu'il devait en tirer profit. Il se pencha en avant, jusqu'à ce que ses lèvres touchent presque le micro, et il se fit un calme qui ne pouvait durer qu'un instant, il le savait, avant que le charme se rompe.

— C'est mon père, et non moi, qui devrait se tenir ici et recevoir ces acclamations. Il a risqué sa vie pour défendre cette ville contre notre ennemi commun, ce pour quoi la nation reconnaissante lui a donné la médaille de l'ordre de Lénine. Mais désormais nous devons faire face à un nouvel ennemi plus insidieux, dépourvu de sens moral, de scrupules et dont le seul intérêt est le sien. Ce sont ces hommes qui ont tué mon père, parce qu'il voulait fonder un syndicat pour protéger les droits de ses camarades. Des hommes cupides et égoïstes qui ne représentent personne d'autre qu'eux-mêmes.

Le silence qui s'était abattu sur la foule était presque palpable.

— Mes chers compatriotes, je ne suis pas revenu sur ma terre natale pour chercher vengeance, mais pour marcher dans les pas de mon père. Inspiré par votre foi en moi, mon seul but est de vous servir. Je vais donc me présenter pour le plus haut poste du pays et tenter de devenir votre prochain président.

Le tonnerre d'applaudissements et d'acclamations qui suivit dut être entendu jusqu'au centre de Saint-Pétersbourg. Comme Marc Antoine, Aleksandr savait qu'il n'y avait rien à ajouter, le temps était venu pour lui d'avancer vers le champ de bataille. Il avait planté les graines d'une révolution et devait maintenant attendre qu'elles prennent racine. Alors qu'il quittait discrètement la scène, ses soutiens continuaient à l'acclamer : « Kar-pen-ko ! Kar-pen-ko ! Kar-pen-ko ! »

Seul, à l'arrière de la foule, se tenait un homme élégant, à la carrure imposante, qui n'applaudissait pas. Le nouveau chef des services secrets composa un numéro sur son téléphone portable, mais dut attendre un peu avant d'entendre une voix à l'autre bout du fil.

Donokov leva son téléphone pour que son chef puisse entendre les acclamations de la foule.

— J'étais sur le point de publier un communiqué de presse, dit le Premier ministre, annonçant mon profond chagrin en apprenant la mort tragique d'Aleksandr Karpenko et de sa famille. Un homme héroïque, qui serait sûrement devenu notre prochain président et aurait joué un grand rôle dans la construction d'une nouvelle Russie, si je me souviens de mes mots exacts.

— C'est un peu prématuré, je dirais, répondit Donokov. Mais soyez sûr, monsieur le Premier ministre, que la situation est sous contrôle. Je ne ferai pas la même erreur une seconde fois.

— Espérons-le, pour vous, ajouta le Premier ministre en écoutant la foule en liesse en fond sonore.

— Je suis confiant, vous pourrez très vite publier un communiqué de presse plus à jour.

— C'est rassurant, répondit Vladimir Poutine. Mais je devrais tout de même attendre d'avoir prononcé l'oraison funèbre de mon vieil ami d'enfance avant d'annoncer ma candidature à la présidentielle.

Pour leurs conseils inestimables et leurs recherches, mes remerciements à :

Simon Bainbridge, Sir Rodric Braithwaite, William Browder, Maria Teresa Burgoni, Jonathan Caplan QC, Captain Rob Fullerton, Moonpal Grewal, Vicki Mellor, Sir Christopher et Lady Meyer, Professeur Keith Moffatt, Andrey Palchevski, Melissa Pimentel, Alison Prince, Catherine Richards et Susan Watt.

Composition et mise en pages
Nord Compo à Villeneuve-d'Ascq

Imprimé en France par CPI
en juin 2020
N° d'impression : 3038803

S31176/01